古典文獻研究輯刊

三八編

潘美月・杜潔祥 主編

第43冊

《獨斷》校注

邢 培 順 著

國家圖書館出版品預行編目資料

《獨斷》校注／邢培順 著 -- 初版 -- 新北市：花木蘭文化事業有限公司，2024〔民113〕
序 8+ 目 4+236 面；19×26 公分
（古典文獻研究輯刊 三八編；第 43 冊）
ISBN 978-626-344-746-2（精裝）
1.CST：（漢）蔡邕 2.CST：獨斷 3.CST：政治制度
4.CST：注釋 5.CST：研究考訂
011.08   112022607

ISBN-978-626-344-746-2

9 786263 447462

古典文獻研究輯刊
三八編　第四三冊　　　　　　　ISBN：978-626-344-746-2

《獨斷》校注

作　　者　邢培順
主　　編　潘美月、杜潔祥
總 編 輯　杜潔祥
副總編輯　楊嘉樂
編輯主任　許郁翎
編　　輯　潘玟靜、蔡正宣　美術編輯　陳逸婷
出　　版　花木蘭文化事業有限公司
發 行 人　高小娟
聯絡地址　235 新北市中和區中安街七二號十三樓
　　　　　電話：02-2923-1455 ／傳真：02-2923-1452
網　　址　http://www.huamulan.tw 信箱 service@huamulans.com
印　　刷　普羅文化出版廣告事業
初　　版　2024 年 3 月
定　　價　三八編 60 冊（精裝）新台幣 156,000 元　　版權所有 · 請勿翻印

《獨斷》校注

邢培順　著

作者簡介

邢培順，男，山東省安丘市人。山東航空學院人文學院教授，文學博士，中華孔子學會董仲舒研究會理事，山東省古典文學學會理事，濱州學院國學文化研究中心主任、古代文學學科帶頭人。出版《劉向散文研究》《山東分體文學史・散文卷（合著）》《西漢散文論稿（合著）》《蘇洵蘇轍集（選評，合著）》《曹植文學研究》《漢魏文學散論》《唐前地志研究》等學術著作 7 部。在《山東大學學報》等期刊發表學術論文 70 篇，主持完成國家社科項目 1 項，參與國家社科項目 3項。主持完成省、廳社科項目多項，獲省、廳社科優秀成果獎多項。

提　　要

　　《獨斷》是蔡邕的重要著作，其記漢世制度、禮文、車服及諸帝世次，而兼及前代禮樂，以其內容的繁富、新奇而對後世產生了較大的影響，《四庫全書總目》稱其為「考證家之淵藪」，然其在長期流傳過程中，散而復集，輾轉傳抄，以致產生了各種各樣的問題，除內容順序顛倒、殘缺凌亂外，文字的魚魯豕亥、羨奪訛偽也所在多有。有鑑於此，筆者在前賢整理成果的基礎上，對其進行系統的校核、整理、注釋和疏證，以期有助於對此重要著作的閱讀和接受。

序　言

　　《獨斷》是蔡邕的重要著作，其記漢世制度、禮文、車服及諸帝世次，而兼及前代禮樂，以其內容的繁富、新奇而對後世產生了較大的影響，《四庫全書總目》稱其為「考證家之淵藪」，然其在長期流傳的過程中，散而復集，輾轉傳抄，以致產生了各種各樣的問題，除內容順序顛倒、殘缺凌亂外，文字的魚魯亥豕、羨奪訛偽也所在多有。有鑑於此，筆者在前賢整理成果的基礎上，對其進行了系統的校核、整理，注釋和疏證，以期有助於對此重要著作的閱讀和接受。在此過程中發現了一些問題，產生了一些感想，今提出來，以請教於學界同仁。

一、《獨斷》的散而復集

　　《後漢書》本傳說蔡邕：「其撰集漢事，未見錄以繼後史。適作《靈紀》及《十意》，又補諸列傳四十二篇，因李傕之亂，湮沒多不存。所著詩、賦、碑、誄、銘、贊、連珠、箴、弔、論議、《獨斷》《勸學》《釋誨》《敘樂》《女訓》《篆埶》、祝文、章表、書記，凡百四篇，傳於世。」從這個記載來看，《獨斷》的篇幅應該不大，故在此後的較長時間內，它與蔡邕文集一體流行。《隋書·經籍志四》：「後漢左中郎將《蔡邕集》十二卷。注：梁有二十卷，《錄》一卷。」《舊唐書·經籍志》：「《蔡邕集》二十卷。」《新唐書·藝文志》：「《蔡邕集》二十卷。」都未記載《獨斷》，說明其唐時尚未脫離文集而單行。〔註1〕

〔註1〕　《日本國見在書目》雜家類著錄《獨斷》一卷，注云：「今案：蔡邕撰。」姚振宗《隋書經籍志考證》：「案：《獨斷》集外別行見於著錄者，莫先於此，其云『今案』者，知其前不著錄撰人也。」蔡邕文集傳入日本的情形難確知，單

　　晚唐五代戰亂，蔡邕集一度散佚，宋人在重新整理蔡邕集時，《獨斷》也從集中分離出來，這一點，是有清晰的線索可以追尋的。

　　我們先看蔡邕的文集。蔡邕集在晚唐五代散佚後，宋人又重新對其進行了整理，宋人歐靜為當時的蔡邕集作《敘》說：

　　　　漢蔡中郎《傳》，邕博學辭章，為《靈紀》《十意》及雜文，凡百四篇傳於世。《傳》所載者，《釋誨》《幽冀刺史闕疏》《陳政要七事》《金商門答災異疏》《被收時表》，及世傳《獨斷》《女訓》《文選‧陳太丘等〈碑文〉》《初學記‧〈短人賦〉》，才十數篇而已。按《唐書‧藝文志》，洎吳氏《西齋書目》並云邕集十五卷，今之所傳才十卷，亡外計六十四篇，其中可疑者，《宗廟頌讚》述武皇平亂之功，又有「昊天眷祐我魏」之句，蓋以宗廟指魏也。又有魏武帝《祀橋太尉文》，稱丞相冀州牧魏主操謹遣掾再拜祀。《姜伯淮碑》稱建安二年卒，《劉鎮南碑》建安十三年薨，太和二年葬。按邕本《傳》，董卓被誅，邕為王允所害，時年六十一。據邕《金商門答災異被收表》云：臣今年四十八，靈帝光和元年也。董卓被誅，獻帝初平三年也。光和元年戊子至初平三年壬申，邕正六十一矣。又初平盡四年改興平，二年改建安，至二十五年正月操薨。三月改延康，十月禪子魏王丕。即初平四年，是為二十六年。太和二年乃魏明帝之二年，至是又八年，計邕死已三十六年矣。按初平已前操尚在，誅卓之歲，操始為東郡太守，破黃巾於壽張，至建安十三年，操自為丞相，二十一年，操自進為魏王，亦有魏宗廟，而操不得先稱魏王、武帝及武皇也。其姜伯淮、劉鎮南薨葬，相後年代差遠，邕安得紀述邪？是《集》也，今既缺五卷矣，見所傳者，蓋後之好事者不本事蹟，編他人之文相混之耳，非十五卷之本編固矣。建安、黃初之文體多相類，復不逮廣披眾集，固不可知其誰之作也，偶閱而有得，識於帙末。天聖紀號，龍集癸亥，餘月哉生，明後八日，海陵西齋平陽歐靜識之敘。

　　「天聖」乃宋仁宗年號，「癸亥」年即1023年。則歐靜所見到的蔡邕集，顯然是宋人對散亂的蔡邕作品進行重新搜輯、整理後形成的本子，所以有許多顯而易見的謬誤。歐靜雖然沒說對其做加工整理的工作，但他既明識其謬誤，

　　憑此點似難確定唐時《獨斷》已有單行本。

則必當有所糾正。歐靜所敘的蔡邕集成為後世共同的祖本，後世除極個別的且非主流的本子外，都有歐靜的《敘》。歐靜的這個本子，即不包括《獨斷》，因為通觀後世的《蔡中郎集》各個主要版本，都不包含《獨斷》，有的《蔡中郎集》附有《獨斷》，那是編者臨時加上去的，如著名的海源閣楊刻《蔡中郎集》，其所據底本為黃丕烈、顧廣圻合校的明萬曆徐子器翻刻北宋歐靜刻本之十卷本，本不包含《獨斷》，楊刻《蔡中郎集》以外集的形式附於後面。

再看《獨斷》的流傳情況。現存國內文獻最早單獨記錄《獨斷》的是歐陽修參與修訂的《崇文總目》，其中記載有「《獨斷》二卷」。此時的《獨斷》殘亂訛衍十分嚴重，故在此後不久的嘉祐（宋仁宗年號，1056～1063）年間，余擇中對其進行了大力整理，王應麟在《玉海》中說：「漢蔡邕《獨斷》，蔡邕《傳》著《獨斷》《勸學》。《書目》二卷，採前古及漢以來典章制度，品式稱謂，考證辨釋凡數百事，其書間有顛錯。嘉祐中，余擇中更為次序，釋以己說，故別本題《新定獨斷》。《光武紀》注引之。」有人認為余擇中的整理本已失傳，筆者認為現在流傳下來的《獨斷》，正是余擇中的整理本。理由有三：

第一，王應麟（1223～1296）為南宋人，時間與余擇中相去不遠，其對余擇中整理《獨斷》情形的敘述，清晰而肯定，詳其語氣，他也見到過《新定獨斷》。「別本題《新定獨斷》」，意謂王應麟時社會上流行的《獨斷》，有的就題為《新定獨斷》。

第二，元代學者戴表元的《讀蔡氏〈獨斷〉》說：「蔡氏《獨斷》二卷，本傳載伯喈嘗著此書，而世儒或疑今本非真，出於後來者掇拾漢史餘文以成之。余考之，伯喈之學不止於此，謂不出於伯喈，亦非也。當由本書散亡，幸而存者僅此耳。若車服諸《志》乃其所已創，與范曄《史》文時相出入，蓋曄取伯喈，非仿伯喈者取曄也。古人作史，咸有所本，一史成而諸書皆廢。伯喈之書，其以范曄《史》廢哉！然猶僅存，則猶有不可盡廢焉者矣。」所言甚有見地。現存《獨斷》有十分明顯的輯錄拼湊的痕跡，而宋以來的各個版本，無論一卷本還是二卷本，內容和順序完全相同，只在段落分合及文字上有微小的差異，顯然出自同一祖本，這個祖本，就是余擇中的整理本。

第三，余擇中在歷史上雖不顯，但其校書的事情直到南宋還被人們記得這樣清晰，則當時必有相當的影響，以宋朝印刷術的先進及宋人對文化的重視，必不至於讓這樣一部有價值的著作遺失不傳。王應麟所說的《書目》即《崇文總目》，則余擇中整理的《獨斷》即《崇文總目》所載本，這個傳承順序必為

後世學者所熟知。

余擇中之後不久，晁公武《郡齋讀書志》載錄《獨斷》二卷：「蔡邕《獨斷》二卷。右漢左中郎將蔡邕纂，雜記自古國家制度及漢朝故事，王莽無發，蓋見於此。公武得孫蜀州道夫本，乃閣下所藏。」說明此時《獨斷》版本漸廣。此後不久的《中興書目》也載錄《獨斷》二卷。宋孝宗淳熙七年（1180），江都人呂宗孟又對傳本進行整理，並刊刻於舒州，他在文後說：「右蔡氏《獨斷》一編，古之制度文為，類於此乎！考錄本多舛，今稍是正而刻之舒頹。淳熙庚子，六月初吉，江都呂宗孟書。」余本在長期的流傳過程中，諸版本在綱目分合及文字上又產生了一些差異，呂宗孟對其稍作「是正」，面貌大為改觀。兩年後，即淳熙九年（1182），左圭將其輯入他刊刻的《百川學海》中，從此，呂宗孟整理本即成為傳世《獨斷》的最佳版本。陳振孫《直齋書錄解題》記載的就是這個刊本：「《獨斷》二卷，漢議郎陳留蔡邕伯喈撰。記漢世制度、禮文、車服及諸帝世次，而兼及前代禮樂。舒、臺二郡皆有刻本。向在莆田嘗錄李氏本，大略與二本同，而上下卷前後錯互，因並存之。」

元明以後，《獨斷》分為一卷本和二卷本兩個系統。一卷本如明初陶宗儀《說郛》本、明張邦翼《漢魏叢書鈔》本、清王謨《增訂漢魏叢書》本等。這些版本與二卷本相比，除分卷及綱目段落分合方面有所不同外，字句差異很小，應該出於同一祖本。

二卷本又分兩種情況，一種是傳自舒州本，後有呂宗孟的跋語，如明劉遜《獨斷》本、程榮《漢唐叢書》本、盧文弨《抱經堂》校本等。另一種是沒有呂宗孟跋語者，如吳琯《古今逸史》本、《四庫全書》本等，它們雖非傳自舒州本，但字句差異很小。總之，無論是一卷本還是二卷本，是傳自舒州本還是非舒州本，除分卷及綱目分合有區別外，文字略有不同，它們應該都來自余擇中的整理本。

清代以來，眾多學者花大力氣對《獨斷》進行考訂、整理，取得了較大成就。其中成績最大的是盧文弨，他據宋刻《百川學海》本而校刊的《抱經堂叢書》本，糾正、增補了許多訛誤佚脫，理順了舊本的一些顛倒錯亂，使文本變得通順可讀。他在《序》中說：

> 《獨斷》，蔡中郎所著，見《漢書》本傳，唐人多引用之，而傳
> 者絕少，宋《崇文總目》云二卷，採前古及漢以來典章制度品式稱
> 謂，考證辨釋凡數百事，其書間有顛錯，嘉祐中余擇中更為次序，

釋以己說，故別本題《新定獨斷》云。案今世唯《漢魏叢書》中有之，其僞舛甚不易讀，未必是嘉祐余本之舊。友人海寧吳槎客，詒余宋刻《百川學海》中本，蓋出於南宋淳熙中呂宗孟刻之舒沔者，所異於時本者，只綱與目分合之間，而他亦未有以遠過也。余不欲虛良友之意，思校訂傳之，而又自歎精力之已衰，識一忘十。賴有武進臧生鏞堂、顧生明，助余不逮，偽者正，脫者補，始可授梓以傳人間。以視前人舊本，庶或過之。顧吾猶惜中郎所欲為之《十意》未就，而此書亦因流傳久遠，轉寫多偽，中間復為後人所增損，雖復參稽互考，有可取正者正之，而疑者仍缺，冀後人有能通之者，且加之注釋，如余氏所為，不更善之善乎！抑今內府梓有衛宏《漢官舊儀》，倘更取以係此後而合梓之，則漢氏一代之儀文法制，鍪然大備，較王深寧之區區掇拾者，自遠不侔矣。

　　乾隆五十五年九月，杭東里人盧文弨書於常州之龍城書院。

　　但盧校本仍有嚴重不足，不僅許多問題沒有校出來，已經校改的內容也有不當之處。近代張元濟以明劉遜本為底本，校以《百川學海》本、《古今逸史》本、《漢魏叢書》本、《抱經堂叢書》本等，對《獨斷》進行校勘，他在校勘記中說：「據《百川學海》本，校者曰《百川》，《古今逸史》曰《逸史》，《漢魏叢書》曰《漢魏》，《抱經堂叢書》曰《抱經》，各本皆同則不復指明某本。校者識。」張校主要指出了諸本在綱目分合及文字上的差異，成就不及盧校。此外，尚有許瀚《楊刻蔡中郎集校勘記》、羅以智校《獨斷》、曹元忠校《獨斷》等，其成就遠不及前二家，如許瀚本主要復述了盧校的成果。值得注意的是胡玉縉的《獨斷注疏》，可惜未曾面世。

二、今存《獨斷》的明顯缺陷

　　經過前賢的不斷努力，《獨斷》的面貌有了很大的改善，但仍存在著許多問題。

　　（一）內容遠不完備。從現存內容來看，許多跡象表明，《獨斷》雖經後人盡力搜輯，但內容遠不完備，與作品原貌已相距甚遠。首先是漏輯甚多，筆者從各種文獻中輯得佚文30餘條，恐尚有遺漏。如卷上「陛下」條與「上」條之間，盧文弨補「制詔」一條：「制詔，制者，王者之言，必為法制也。詔，猶告也，告教也。三代無其文，秦漢有也。」並加按語說：「各本皆缺此條。

案卷首一條為綱，下文皆依之申敘。卷首有『制詔』，在『陛下』與『上』之間，此條正與相應。今據李善注《文選》潘元茂《冊魏公九錫文》引，及《太平御覽》五百九十三補。」這是非常正確的。再如《後漢書·光武帝紀》章懷注引蔡邕《獨斷》曰：「皇帝六璽，皆玉螭虎紐，文曰『皇帝行璽』、『皇帝之璽』、『皇帝信璽』、『天子行璽』、『天子之璽』、『天子信璽』，皆以武都紫泥封之。」此為今本所無，可以補足現存「璽」條的內容。再一種情況是語義不完整，顯然有闕文。如「天子諸侯后妃夫人之別名」條：「天子之妃曰后，后之言後也。諸侯之妃曰夫人，夫之言扶也。大夫曰孺人，孺之言屬也。士曰婦人，婦之言服也。庶人曰妻，妻之言齊也。公侯有夫人，有世婦，有妻有妾。皇后赤綬玉璽，貴人綠綬金印。綠綬色似綠。」此處「皇后赤綬玉璽，貴人綠綬金印。綠綬色似綠」，超出前面的綱，顯然是另一條的內容，而且語義不完。再如「五等爵之別名」：「三公者，天子之相。相，助也，助理天下，其地方百里。侯者，候也，候逆順也，其地方百里。伯者，白也，明白於德，其地方七十里。子者，滋也，奉天王之恩德，其地方五十里。男者，任也，立功業以化民，其地方五十里（一云周制也）。守者，秦置也，秦兼天下，置三川守，伊、河、洛也。漢改曰河南守。武帝命曰太守。世祖都洛陽，改曰正。」其中「守者」云云，顯然超出上面的綱，而且表達的內容不完整，是另一條內容。此外像「王者子女封邑之差」等條目都存在這種情況。又如：「大夫以下自立三祀之別名：曰族厲，曰門，曰行。」條，《禮記·祭法》尚有：「適士立二祀：曰門，曰行。庶士、庶人立一祀，或立戶，或立灶。」當據補，內容始與綱領中「大夫以下」相對應。這樣的情況甚多。

（二）錯輯甚多。現存《獨斷》的部分內容是宋人從注釋、類書、叢書等類文獻中搜輯出來的，因而極易錯輯，一個十分明顯的例子是卷上「璽」條：「璽者，印也，印者，信也，天子璽以玉螭虎紐。古者尊卑共之，《月令》曰：『固封璽。』《春秋左氏傳》曰：『魯襄公在楚，季武子使公冶問璽書，追而與之。』此諸侯大夫印稱璽者也。衛宏曰：『秦以前，民皆以金玉為印，龍虎紐，唯其所好。然則秦以來，天子獨以印稱璽，又獨以玉，群臣莫敢用也。』」這一段話，與《史記·秦始皇本紀》裴駰集解相同，中華書局校點本將「衛宏曰」幾句分離出來，不將其作為《獨斷》中的話，這是對的。其實上面《月令》曰」和「《左傳》曰」也不是《獨斷》中的話，而「此諸侯大夫印稱璽者也」，是裴駰自己的斷語，後人在輯錄整理《獨斷》的時候，將裴駰集解的整段話都

作為蔡邕的話收到《獨斷》中去了。這樣的情況非只一處。

（三）內容順序錯亂。《獨斷》的現存內容，從整體來看，其順序頗為凌亂，拼湊的痕跡十分明顯。如文本前四段，第一段應置於「皇帝、皇、王、后、帝，皆君也」節後，始文義相承。理由有二：從時間順序說，不應先說漢代，後說伏羲、神農、天子；從體例說，《獨斷》皆先說總綱，後列細目，則此段正與解「皇帝」一節相銜接。第二段應在「王者至尊四號之別名」一節後，以釋古帝王稱號之演變。第三段文字應為首段，總領全文，無論從內容的邏輯順序，還是文章體例，皆當如是。第四段應接在「漢天子正號曰皇帝」後，《獨斷》的體例是先列總綱，後加疏釋。此下各條，正是對「漢天子正號曰皇帝」一節的疏釋。

微觀來看，更是如此。如：

天子大蠟八神之別名：

蠟之言索也，祭日，索此八神而祭之也。大同小異，為位相對
向，祝曰：土反其宅，水歸其壑，昆蟲毋作，豐年若土，歲取千百。

先嗇、司嗇、農、郵表畷、貓虎（貓食田鼠，虎食田豕，迎其
神而祭之）、坊、水庸、昆蟲。

後「八神」應置於「蠟之言索也」前，語義始順，「索此」二字方得落實。

再如卷下記錄乘輿種類、結構、裝飾的內容，不僅凌亂不堪，而且語義不完。如「前驅有九斿」條，是說明法駕的儀仗及裝飾的，據《漢書・輿服上》應接在上文「屬車三十六乘」後面。「重轂者，轂外復有一轂，施牽其外，乃復設牽施銅，金鐕形如緹亞，飛軨以緹油，廣八寸，長注地，左畫蒼龍，右白虎，繫軸頭。今二千石亦然，但無畫耳」一條，應置於「凡乘輿，車皆羽蓋、金華爪、黃屋、左纛、金鐕，方釳、繁纓、重轂、副牽」後面，以說明「重轂」的結構和樣貌。

（四）表述混亂。現存《獨斷》的一些內容表述混亂，顯然不是蔡著的本來面貌。如「五等爵之別名：三公者，天子之相。相，助也，助理天下。其地封百里。侯者，候也，候逆順也。其地方百里。伯者，白也，明白於德。其地方七十里。子者，滋也，奉天王之恩德。其地方五十里。男者，任也，立功業以化民。其地方五十里。」「三公」之「公」與「公侯」之「公」顯然不同，「三公」是官，「公侯」是爵，怎可混為一談？再如「四代獄之別名：唐虞曰士官，《史記》曰皋陶為理。《尚書》曰皋陶作士。夏曰均臺，周曰圜圄，漢曰

獄。」其中的「士官」、「理」、「士」是法官名,「均臺」、「圉圄」、「獄」是牢獄名,不可混為一談。以蔡邕之博學與嚴謹,怎會出現這種情況?

至於文字的羨奪訛偽,則是古籍流傳過程中的通病,此不一一臚舉。

學界至今未有一個較好的《獨斷》整理本,這成為學者們的一大憾事,筆者費數年之力,完成《獨斷》校注,欣慰之餘,自知學識寡淺,其中必有許多不足和失誤,誠請方家批評指正。

目 次

凡　例

一、此次整理，以公認的目前最好的整理本盧文弨《抱經堂叢書》本（簡稱盧校本）為底本，凡文字增刪，一依其舊。應刪的文字，用【】標出，增加的文字，用〔〕標出，同時在注釋中說明。

二、除盧文弨《抱經堂叢書》本外，主要吸取的校勘成果有：

1. 許瀚《楊刻蔡中郎集校勘記》（簡稱許校本）。許校所依據的版本為海源閣楊刻《蔡中郎集》。楊刻蔡集是歷來蔡集刻本中的著名善本，始刻於清咸豐初年，所據底本為黃丕烈、顧廣圻合校的明萬曆徐子器翻刻北宋歐靜刻本之十卷本，高均儒更據明清以來蔡集名鈔佳槧，再加校補，精益求精，故能遠超前人。許瀚自稱「自有蔡集刻本以來未有如此本之善也」。

2. 張元濟《獨斷校勘記》（簡稱張校本）。張氏編《四部叢刊三編》，影印上海涵芬樓影印常熟瞿氏鐵琴銅劍樓藏明弘治癸亥刊本（即劉遜本），並以此為底本，校以《百川學海》本、《古今逸史》本、《漢魏叢書》本、《抱經堂叢書》本。

三、以《四庫全書》單行本（簡稱《四庫》本）、《蔡中郎集》本（簡稱蔡集本）、陶宗儀《說郛》本（簡稱《說郛》本）與上述諸刻本合校，其斷語以「愚按」的形式出之。

四、同時吸收曹元忠校《獨斷》（簡稱曹校本）、羅以智校《獨斷》（簡稱羅校本）的校釋成果。

五、成果除對文字進行校訂刪補、對字詞進行解釋外，還對內容進行調整，對字義和名物制度及史實典故進行疏證。

《獨斷》卷上

漢天子正號

漢天子正號曰皇帝〔1〕，自稱曰朕〔2〕，臣民稱之曰陛下〔3〕。其言曰制詔〔4〕，史官記事曰上〔5〕，車馬、衣服、器械、百物曰乘輿〔6〕。所在曰行在所〔7〕，所居曰禁中〔8〕，後曰省中〔9〕。印曰璽〔10〕，所至曰幸〔11〕，所進曰御〔12〕。其命令一曰策書〔13〕，二曰制書〔14〕，三曰詔書〔15〕，四曰戒書〔16〕。

【注釋】

〔1〕愚按：此節似應置於「皇帝、皇、王、后、帝，皆君也」節後，始文義相承。理由有二：從時間順序說，不應先說漢代，後說伏羲、神農、天子；從體例說，《獨斷》皆先說總綱，後列細目，則此段正與解「皇帝」一節相銜接。天子：古以君權為神所授，故稱帝王為天子。《詩經‧大雅‧江漢》：「明明天子，令聞不已。」《史記‧五帝本紀》：「於是帝堯老，命舜攝行天子之政，以觀天命。」皇帝：最初為對前代帝王的尊稱。《尚書‧呂刑》：「皇帝哀矜庶戮之不辜。」又：「皇帝清問下民，鰥寡有辭於苗。」秦以後成為封建國家最高統治者的稱號。《史記‧秦始皇本紀》：「『寡人以眇眇之身，興兵誅暴亂，賴宗廟之靈，六王咸伏其辜，天下大定。今名號不更，無以稱成功，傳後世。其議帝號。』丞相綰、御史大夫劫、廷尉斯等皆曰：『昔者五帝地方千里，其外侯服夷服諸侯或朝或否，天子不能制。今陛下興義兵，誅殘賊，平定天下，海內為郡縣，法令由一統，自上古以來未嘗有，五帝所不及。臣等謹與博士議曰：古有天皇，有地皇，有泰皇，泰皇最貴。臣等昧死上尊號，王為泰皇。命為制，令為詔，天子自稱

曰朕。』王曰：『去泰，著皇，採上古帝位號，號曰皇帝。他如議。』制曰：『可。』」
又《高祖本紀》：「甲午，乃即皇帝位氾水之陽。」

〔2〕朕：先秦時為通用的第一人稱，即「我」，秦始皇二十六年起定為帝王自稱之
詞，沿用至清。屈原《離騷》：「帝高陽之苗裔兮。朕皇考曰伯庸。」《史記·秦
始皇本紀》：「天子自稱曰朕。」皇太后聽政或下詔時亦自稱「朕」。《漢書·郊
祀志下》：「皇太后詔有司曰：『春秋六十，未見皇孫，食不甘味，寢不安席。朕
甚悼焉。』」又《王莽傳上》：「太后以為至誠，乃下詔曰：『王氏女，朕之外家，
其勿採。』」《後漢書·和帝紀》：「皇太后詔曰：『今皇帝以幼年，煢煢在疚，朕
且佐助聽政。』」

〔3〕陛下：陛下，帝王宮殿的臺階之下。後轉變為對帝王的尊稱，取借陛下之人以
轉達之義，以示對皇帝的敬畏。《韓非子·存韓》：「陛下雖以金石相弊，則兼天
下之日未也。」《史記·秦始皇本紀》：「今陛下興義兵，誅殘賊，平定天下，海
內為郡縣，法令由一統，自上古以來未嘗有，五帝所不及。」陛，臺階。《墨子·
備城門》：「陛高二尺五，廣長各三尺，遠廣各六尺。」《戰國策·燕策三》：「秦
武陽奉地圖匣，以次進至陛下。」《呂氏春秋·制樂》：「臣請伏於陛下以伺候之。
熒惑不徙，臣請死。」

〔4〕制詔：皇帝的命令。《史記·秦始皇本紀》：「命為制，令為詔。」《漢官儀》：「《漢
禮儀》曰：『天子尊稱號曰皇帝，言曰制，補制言曰詔，稱民有言有辭曰陛下』。
今皆施行。」《漢書·高帝紀》五年詔注引如淳曰：「詔，告也，自秦漢以下，
唯天子獨稱之。」

〔5〕上：君主；皇帝。《尚書·君陳》：「違上所命，從厥攸好。」孔傳：「人之於上，
不從其令，從其所好。」《國語·齊語》：「於子之鄉，有不慈於父母……不用上
令者，有則以告。」韋昭注：「上，君長也。」

〔6〕乘輿：亦作「乘轝」。特指天子和諸侯所乘坐的車子。《孟子·梁惠王下》：「今
乘輿已駕矣，有司未知所之。」賈誼《新書·等齊》：「天子車曰乘輿，諸侯車
曰乘輿，乘輿等也。」酈道元《水經注·蕩水》：「惠帝征成都王穎……乘輿頓
地，帝傷三矢。」也泛指皇帝用的器物。後用做皇帝的代稱。《史記·封禪書》：
「乘輿斥車馬帷幄器物以充其家。」

〔7〕行在所：指天子所在的地方。《史記·衛將軍驃騎列傳》：「右將軍蘇建盡亡其
軍，獨以身得亡去，自歸大將軍。遂囚建詣行在所。」裴駰《集解》引蔡邕說。
《漢書·武帝紀》：「論三老孝悌以為民師，舉獨行之君子，徵詣行在所。」顏

師古注：「天子或在京師，或出巡狩，不可豫定，故言行在所耳，不得亦謂京師為行在也。」後專指天子巡行所到之地。《晉書・忠義傳・嵇紹》：「紹以天子蒙塵，承詔馳詣行在所。」

〔8〕禁中：帝王所居宮內。《史記・秦始皇本紀》：「於是二世常居禁中，與高決諸事。」《漢書・孔光傳》：「上於是召丞相翟方進、御史大夫光……皆引入禁中，議中山、定陶王誰宜為嗣者。」

〔9〕省中：宮禁之中。原作「禁中」，漢元帝王皇后之父名王禁，為避諱而改稱「省中」。《漢書・昭帝紀》：「帝姊鄂邑公主，益湯沐邑，為長公主，共養省中。」顏師古注：「省，察也。言入此中，皆當察視，不可妄也。」《文選左思〈魏都賦〉》：「禁臺省中，連闥對廊。」李善注引《魏武集》：「荀欣等曰：『漢制，王所居曰禁中，諸公所居曰省中。』」

〔10〕璽：印信。秦以前用金、玉、銀、銅製成，尊卑通用。秦以來專指皇帝的印，以玉製。《韓非子・外儲說左下》：「豹對曰：『往年臣為君治鄴，而君奪臣璽；今臣為左右治鄴，而君拜臣，臣不能治矣。』遂納璽而去。」《史記・高祖本紀》：「秦王子嬰素車白馬，繫頸以組，封皇帝璽符節，降軹道旁。」張守節《正義》：「按：天子有六璽，皇帝行璽、皇帝之璽、皇帝信璽、天子行璽、天子之璽、天子信璽。皇帝信璽凡事皆用之，璽令施行；天子信璽以遣拜封王侯；天子之璽以發兵。皆以武都紫泥封，青囊白素裏，兩端無縫。」

〔11〕幸：封建時代稱帝王親臨。《史記・孝文本紀》：「五月，匈奴入北地，居河南為寇。帝初幸甘泉。」

〔12〕御：天子所進用及所臨幸皆曰御。《周禮・天官・女御》：「女御，掌御敘於王之燕寢。」鄭玄注：「言掌御敘，防上之專妒者。於王之燕寢，則王不就後宮息。」按：御謂侍寢。《禮記・月令》：「乃禮天子所御。」鄭玄注：「天子所御謂今有娠者。」孔穎達疏：「乃禮接天子所御幸有娠之人。」亦指皇帝臨幸至某處。《漢書・王商傳》：「天子親御前殿，召公卿議。」對帝王所作所為及所用物的敬稱。《後漢書・丁鴻傳》：「永平十年詔徵鴻，至即召見，說《文侯之命篇》，賜御衣及綬。」亦謂進呈御覽。《後漢書・王綱傳》：「書御，京師震悚。」劉勰《文心雕龍・詮賦》：「進御之賦千有餘首，討其源流，信興楚而盛漢矣。」

〔13〕策書：指書寫帝王任免官員等命令的簡策。《漢書・龔勝傳》：「自昭帝時，涿郡韓福以德行徵至京師，賜策書束帛遣歸。」《南史・褚裕之傳》：「即事緣情，不容均之凡僚，宜有策書，用申隆寄。」

〔14〕制書：皇帝命令的一種。《後漢書·蔡邕傳》：「時頻有雷霆疾風，傷樹拔木，地震、隕雹、蝗蟲之害。又鮮卑犯境，役賦及民。六年七月，制書引咎，詔群臣各陳政要所當施行。」

〔15〕詔書：皇帝頒發的命令。《史記·儒林列傳》：「臣謹案詔書律令下者，明天人分際，通古今之義，文章爾雅，訓辭深厚，恩施甚美。」

〔16〕戒書：皇帝四種命令的一種，用以戒敕刺史、太守及三邊營官。《周禮·秋官·士師》：「以五戒先後刑罰，毋使罪麗於民：一曰誓，用之於軍旅；二曰誥，用之於會同；三曰禁，用諸田役；四曰糾，用諸國中；五曰憲，用諸都鄙。」《後漢書·光武帝紀》章懷注引《漢制度》曰：「帝之下書有四：一曰策書，二曰制書，三曰詔書，四月誡敕。策書者，編簡也，其制長二尺，短者半之，篆書，起年月日，稱皇帝，以命諸侯王。三公以罪免，亦賜策，而以隸書，用尺一木，兩行，唯此為異也。制書者，帝者制度之命，其文曰制詔三公，皆璽封，尚書令印重封，露布州郡也。詔書者，詔，告也，其文曰告某官云云，如故事。誡敕者，謂敕刺史、太守，其文曰有詔敕某官。它皆仿此。」愚按：此四種文體始於漢初。《文心雕龍·詔策》：「漢初定儀則，則命有四品：一曰策書，二曰制書，三曰詔書，四曰戒敕。敕戒州郡，詔告百官，制施赦命，策封王侯。」

皇帝皇王后帝皆君也

皇帝、皇、王、后、帝，皆君也〔1〕。上古天子，庖犧氏、神農氏稱皇〔2〕，堯、舜稱帝〔3〕，夏、殷、周稱王〔4〕。秦承周末〔5〕，為漢驅除〔6〕，自以德兼三皇〔7〕，功包五帝〔8〕，故並以為號〔9〕。漢高祖受命，功德宜之，因而不改也〔10〕。

【注釋】

〔1〕愚按：此節似應在「王者至尊四號之別名」一節後，以釋古帝王稱號之演變。皇：本是天或天神的稱號。《詩經·大雅·文王》：「思皇多士，生此王國。」毛傳：「皇，天。」《楚辭·遠遊》：「鳳凰翼其承旂兮，遇蓐收乎西皇。」姜亮夫校注：「西皇，西方天神也。」後指君主、帝王。《詩經·周頌·酌》：「於昭于天，皇以間之。」鄭玄箋：「皇，君也。」班固《白虎通·爵》：「何以言皇亦稱天子也？以言其天覆地載俱王天下也。」宋孫奕《履齋示兒編·總說·皇帝王通稱》：「皇，可以謂之帝，《月令》云『其帝太皞是也』；亦可以謂之王，《禮運》云『昔者先王未有宮室』是也。」

王：夏、商、周三代天子之稱號。《尚書·盤庚上》：「王若曰：『格，汝眾。』」《周禮·天官序》：「惟王建國。」陸德明釋文引干寶云：「王，天子之號，三代所稱也。」《史記·殷本紀》：「於是周武王為天子，其後世貶帝號，號為王。」戰國時列國國君皆稱王。《孟子·梁惠王下》：「吾王之好鼓樂，夫何使我至於此極也。」秦漢以來皇帝對親屬、臣屬的最高封爵。《史記·東越列傳》：「漢五年，復立無諸為閩越王。」

后：本指土神或地神。《周禮·春官·大宗伯》：「王大封，則先告后土。」鄭玄注：「后土，土神也。」《禮記·檀弓上》：「君舉而哭於后土。」鄭玄注：「后土，社也。」後指君王；帝王。《商書·湯誓》：「我后不恤我眾。」孫星衍疏：「后者，《釋詁》云：君也。」《尚書·仲虺之誥》：「徯予后，后來其蘇。」亦指列國諸侯。《尚書·舜典》：「肆覲東后。」鄭玄注：「東后，東方之諸侯也。」

帝：本指上帝、最高的天神。古人想像中宇宙萬物的主宰。《尚書·洪範》：「帝乃震怒，不畀洪範九疇。」《禮記·文王世子》：「武王對曰：『夢帝與我九齡。』」三代時稱已逝的君主。《禮記·曲禮下》：「天王登假，措之廟，立之主，曰帝。」《大戴禮記·誥志》：「天子崩，步於四川，代於四山，卒葬曰帝。」遠古亦指部落聯盟的領袖。《孟子·公孫丑上》：「（舜）自耕稼陶漁以至於帝，無非取於人者。」秦漢後稱天子、國家的最高統治者。《史記·秦始皇本紀》：「秦故王國，始皇君天下，故稱帝。」《史記·五帝本紀》張守節正義引鄭玄注《中候敕省圖》云：「德合五帝坐星者，稱帝。」又《坤靈圖》云：「德配天地，在正不在私，曰帝。」案：太史公依《世本》《大戴禮》，以黃帝、顓頊、帝嚳、唐堯、虞舜為五帝。譙周、應劭、宋均皆同。而孔安國《尚書序》、皇甫謐《帝王世紀》、孫氏注《世本》，並以伏犧、神農、黃帝為三皇，少昊、顓頊、高辛、唐、虞為五帝。

君：古代大夫以上、據有土地的各級統治者的通稱。《儀禮·喪服》：「君，至尊也。」鄭玄注：「天子、諸侯及卿大夫有地者，皆曰君。」1. 稱帝王。《尚書·大禹謨》：「皇天眷命，奄有四海，為天下君。」2. 稱諸侯。《詩經·大雅·假樂》：「宜君宜王。」孔穎達疏：「君則諸侯也。」《國語·周語上》：「夫事君者，險而不懟。」韋昭注：「君，諸侯也。」《左傳·隱公三年》：「先君捨與夷而立寡人，寡人弗敢忘。若以大夫之靈，得保首領以沒，先君若問與夷，其將何辭以對？」3. 稱大夫，指有封地的大夫。《禮記·曲禮下》：「君大夫之子，不敢自稱曰余小子。」孔穎達疏：「大夫有地者則亦稱曰君，故云君大夫也。」亦稱

天子、諸侯之妻。《詩經·鄘風·鶉之奔奔》：「人之無良，我以為君。」《穀梁傳·莊公二十二年》：「癸丑，葬我小君文姜。小君，非君也。其曰君何也？以其為公配，可以言小君也。」

〔2〕庖犧氏：亦作「伏羲」、「伏戲」。古代傳說中的三皇之一。風姓。相傳其始畫八卦，又教民漁獵，取犧牲以供庖廚，因稱庖犧。《莊子·繕性》：「逮德下衰，及燧人、伏羲始為天下，是故順而不一。」又《大宗師》：「伏戲氏得之，以襲氣母。」揚雄《法言·問道》：「鴻荒之世，聖人惡之，是以法始乎伏羲而成乎堯。」《周禮·春官·大司樂》：「以樂舞教國子。」賈公彥疏引《孝經緯》：「伏羲之樂曰《立基》。」晉王嘉《拾遺記·春皇庖犧》：「庖者，包也，言包含萬象。以犧牲登薦於百神，民服其聖，故曰庖犧，亦曰伏羲。」

神農氏：傳說中的太古帝王名。始教民為耒耜，務農業，故稱神農氏。又傳說他曾嘗百草，發現藥材，教人治病。也稱炎帝，謂以火德王。《易·繫辭下》：「包犧氏沒，神農氏作，斫木為耜，揉木為耒；耒耨之利，以教天下。」《淮南子·主術訓》：「昔者，神農之治天下也，神不馳於胸中，智不出於四域，懷其仁誠之心，甘雨時降，五穀蕃植。」

〔3〕堯：傳說中古帝陶唐氏之號。《易·繫辭下》：「神農氏沒，黃帝、堯、舜氏作。」《史記·五帝本紀》：「帝嚳崩，而摯代立。帝摯立，不善，而弟放勳立，是為帝堯。」

舜：古帝王名，五帝之一，傳說中我國父系氏族社會後期部落聯盟的首領。姚姓，有虞氏，名重華，史稱虞舜或舜。相傳受堯禪讓，後禪位於禹，死於蒼梧。

〔4〕夏：朝代名，姒姓，即夏后氏。是我國歷史上第一個朝代。相傳為禹子啟所創立的奴隸制國家。建都安邑（今山西省夏縣北）。

殷：即商，朝代名，子姓。公元前十六世紀商湯滅夏所建立，都亳。中經幾次遷都，盤庚時遷殷（今河南安陽小屯），因亦稱殷。傳至紂，為周武王所滅。共傳十七代，三十一王。約前十六世紀至前十一世紀。

周：朝代名，姬姓。前十一世紀武王滅商建周，建都鎬京（今陝西西安），史稱西周。前771年，犬戎攻破鎬京，殺周幽王。次年周平王東遷洛邑（今河南洛陽），史稱東周。前256年為秦所滅。共歷三十四王，八百餘年。

〔5〕盧校：「《史記·高祖本紀》集解作『秦承三王之末』。」愚按：秦：秦朝（前221～前207），是由戰國時期的秦國發展起來的中國歷史上第一個大一統王朝。秦王嬴政先後滅韓、趙、魏、楚、燕、齊，完成統一大業。前221年，秦王政稱

帝，史稱「秦始皇」。秦朝建立了完善的中央集權的封建專制制度，形成中國
2000餘年政治制度基本格局，奠定中國大一統王朝的統治基礎。然秦朝用嚴酷
的法律治理國家，採取鉗制文化的政策，引起廣大百姓，特別是知識階層的強
烈不滿，所以它很快被推翻。漢朝人不認為它能代表「五德」中的一統，認為
它的作用只是為漢朝的建立掃除障礙

〔6〕驅除：排除；趕走。《史記‧秦楚之際月表序》：「向秦之禁，適足以資賢者為驅
除難耳。」司馬貞《索隱》：「言驅除患難耳。」

〔7〕張校：「『王』作『皇』。」愚按：四庫本、抱經本皆作「皇」。三皇：傳說中上
古三帝王，所指說法不一。1. 謂伏羲、神農、黃帝。《周禮‧春官‧外史》：「（外
史）掌三皇五帝之書。」鄭玄注：「楚靈王所謂《三墳》《五典》。」孔穎達疏：
「《三墳》，三皇時書。」孔安國《書序》云：「伏羲、神農、黃帝之書謂之《三
墳》。」《莊子‧天運》：「余語汝三皇五帝之治天下。」成玄英疏：「三皇者，伏
羲、神農、黃帝也。」2. 謂伏羲、神農、女媧。《呂氏春秋‧用眾》：「此三皇
五帝之所以大立功名也。」高誘注：「三皇，伏羲、神農、女媧也。」3. 謂伏
羲、神農、燧人。班固《白虎通‧號》：「三皇者，何謂也？謂伏羲、神農、燧
人也。」4. 謂伏羲、神農、祝融。班固《白虎通‧號》：「《禮》曰：伏羲、神
農、祝融，三皇也。」5. 謂天皇、地皇、泰皇。《史記‧秦始皇本紀》：「古有
天皇、有地皇、有泰皇。泰皇最貴。」6. 謂天皇、地皇、人皇。《藝文類聚》
卷十一引《春秋緯》：「天皇、地皇、人皇，兄弟九人，分九州，掌天下也。」
此外，《通鑑外紀》又以伏羲、神農（赤帝）、共工為三皇。

〔8〕五帝：上古傳說中的五位帝王，所指說法不一。1. 謂黃帝（軒轅）、顓頊（高陽）、
帝嚳（高辛）、唐堯、虞舜。《大戴禮記‧五帝德》：「孔子曰：『五帝用記，三王
用度。』」《史記‧五帝本紀》張守節正義：「太史公依《世本》《大戴禮》，以黃
帝、顓頊、帝嚳、唐堯、虞舜為五帝。譙周、應劭、宋均皆同。」班固《白虎通‧
號》：「五帝者，何謂也？《禮》曰：『黃帝、顓頊、帝嚳、帝堯、帝舜也。』」2.
《禮記‧月令》謂太昊（伏羲）、炎帝（神農）、黃帝、少昊（摯）、顓頊為五帝。
3. 謂少昊、顓頊、高辛、唐堯、虞舜。《書序》：「少昊、顓頊、高辛、唐、虞之
書，謂之五典，言常道也。」孔穎達疏：「言五帝之道，可以百代常行。」皇甫
謐《帝王世紀》：「伏羲、神農、黃帝為三皇，少昊、高陽、高辛、唐、虞為五帝。」
4.《易‧繫辭下》、宋胡宏《皇王大紀》以伏羲、神農、黃帝、唐堯、虞舜為五帝。

〔9〕張校：「『故』下有『並』字。」愚按：四庫本、抱經本不誤。《藝文類聚》卷十

一：「《尚書刑德放》曰：『帝者，天號也；王者，人稱也。天有五帝以立名，人有三王以正度。天子，爵稱也。皇者，煌煌也。』……《漢雜事》曰：『古者天子稱皇，其次稱王。秦承百王之末，為漢驅除，自以德兼三皇五帝，故並為號。』」

〔10〕意謂高祖之功德與皇帝稱號相符，故因襲秦之皇帝稱號而不改也。《史記·高祖本紀》裴駰《集解》引蔡邕曰：「上古天子稱皇，其次稱帝，其次稱王。秦承三王之末，為漢驅除，自以德兼三皇、五帝，故並以為號。漢高祖受命，功德宜之，因而不改。」與此有異。

王者至尊四號之別名

王者至尊〔1〕，四號之別名〔2〕：

王，畿內之所稱，王有天下，故稱王〔3〕。

天王〔4〕，諸夏之所稱〔5〕，天下之所歸往，故稱天王。

天子，夷狄之所稱〔6〕，父天母地，故稱天子〔7〕。

天家，百官小吏之所稱，天子無外，以天下為家，故稱天家〔8〕。

【注釋】

〔1〕愚按：此節文字似應為首段，總領全文，無論從內容的邏輯順序，還是文章體例，皆當如是。至尊：最尊貴，最崇高。《荀子·正論》：「天子者勢位至尊，無敵於天下。」班固《白虎通·號》：「或稱天子，或稱帝王何？以為接上稱天子者，明以爵事天也；接下稱帝王者，明位號天下至尊之稱，以號令臣下也。」也指至高無上的地位，多指君、后之位。賈誼《過秦論》：「及至始皇，奮六世之餘烈，振長策而御宇內，吞二周而亡諸侯，履至尊而制六合。」《漢書·路溫舒傳》：「陛下初登至尊，與天合符，宜改前世之失，正始受之統。」

〔2〕作為最高統治者的君王，在不同的時期和場合有不同的稱號。《禮記·曲禮下》：「君天下，曰天子。朝諸侯，分職授政任功，曰予一人。踐阼臨祭祀：內事曰孝王某，外事曰嗣王某。臨諸侯，畛於鬼神，曰有天王某甫。崩，曰天王崩。復，曰天子復矣。告喪，曰天王登假。措之廟，立之主，曰帝。天子未除喪，曰予小子。生名之，死亦名之。」班固《白虎通·爵》陳立疏引《周易乾鑿度》云：「孔子曰：《易》有君人五號：帝者，天稱也；王者，美行也；天子者，爵號也；大君者，興盛行異也；大人者，聖明德備也。」楊伯峻《春秋左傳注》：「秋七月，天王使宰咺來歸惠公仲子之賵。」楊注：「天王，周平王。周王，《經》文或稱『天子』，如成公八年『天子使召伯來賜公命』；或稱『王』，如文公五年

『王使榮叔歸含且賵』；或稱『天王』。統計稱『天子使』者一，『王使』者三，『天王使』者十二，其實一也。」

〔3〕畿內：王都及其周圍千里以內的地區。《周禮・夏官・職方氏》：「凡邦國，千里封公。」鄭玄注：「周九州之界方七千里，七七四十九，方千里者四十九，其一為畿內，餘四十八，八州各有方千里者六。」後指京城管轄的地區。

〔4〕天王：西周、春秋時特指周天子。《春秋・隱公元年》：「秋七月，天王使宰咺來歸惠公仲子之賵。」孔穎達疏：「天王，周平王也。」亦以稱帝王。《莊子・天道》：「昔者舜問於堯曰：『天王之用心何如？』」王符《潛夫論・巫列》：「及民間繕治，微蔑小禁，本非天王所當憚也。」顧炎武《日知錄・天王》：「《尚書》之文，但稱王，《春秋》則曰天王，以當時楚、吳、徐、越皆僭稱王，故加天以別之也。」

〔5〕諸夏：周代分封的中原各個諸侯國。也泛指中原地區。《左傳・閔公元年》：「諸夏親昵，不可棄也。」董仲舒《春秋繁露・觀德》：「滅國十五有餘，獨先諸夏，魯、晉俱諸夏也。」後亦指中國。明王鏊《震澤長語・音韻》：「瞿曇之書，能入諸夏，而宣尼之書，不能至跋提河者，以聲音之道障閡耳。」

〔6〕愚按：《天中記》十一引作「天子朝諸侯所稱」。《禮記・曲禮下》「君天下，曰『天子』。」賈公彥疏引許慎《五經異義》曰：「許慎謹案：《春秋左氏》云施於夷狄稱天子，施於諸夏稱天王，施於京師稱王。」夷狄：古稱東方部族為夷，北方部族為狄。常用以泛稱除華夏族以外的各族。《論語・八佾》：「夷狄之有君，不如諸夏之亡也。」《漢書・蕭望之傳》：「聖王之制，施德行禮，先京師而後諸夏，先諸夏而後夷狄。」

〔7〕父天母地：謂以天為父，以地為母。《禮記・曲禮下》：「君天下，曰『天子』。」鄭玄注：「天子，謂外及四海也。今漢於蠻夷稱天子，於王侯稱皇帝。」賈公彥疏：「『君天下』者，『天下』謂七千里外也。天子若接七千里外四海之諸侯，則擯者稱天子以對之也。所以然者，四海難伏，宜尊名以威臨之也。不言王者，以父天母地，是上天之子，又為天所命，子養下民，此尊名也。崔靈恩云：『夷狄不識王化，無有歸往之義，故不稱王臨之也。』不云皇者，戎狄不識尊極之理，皇號，尊大也，夷狄唯知畏天，故舉天子威之也。」《白虎通・爵》：「王者父天母地，為天之子也。」

〔8〕天家：對天子的稱謂。《資治通鑒》卷五十七：「於是曹節、朱瑀等權勢復盛，節領尚書令，郎中梁人審忠上書曰：『（宦官）盜取御水以作魚釣，車馬服玩擬於天家。』」胡三省注：「天家，猶王家也。君，天也，故謂之天家」《晉書・胡

奮傳》:「奮謂駿曰:『卿恃女更益豪邪?歷觀前代與天家婚,未有不滅門者,但早晚事耳。觀卿舉措,適所以速禍。』駿曰:『卿女不在天家乎?』」

天子正號之別名

天子正號之別名〔1〕:

【注釋】

〔1〕愚按:《獨斷》的體例是先列總綱,後加疏釋。此七字,應是第二段之題目。此下各條,正是對「漢天子正號曰皇帝」一節的疏釋。正號:正式的名位或爵號。《後漢書·皇后紀序》:「雖成敗事異,而同居正號者,並列於篇。」

皇帝

皇帝,至尊之稱。皇者,煌也,盛德煌煌,無所不照。帝者,諦也,能行天道,事天審諦,故稱皇帝〔1〕。

【注釋】

〔1〕自秦始皇合皇與帝作為最高統治者的稱號,後人做出各種解釋,而離其本義愈加遙遠。《白虎通·號》云:「帝王者何?號也。號者,功之表也,所以表功明德,號令臣下者也。德合天地者稱帝,仁義合者稱王,別優劣也。《禮記·謚法》曰:『德象天地稱帝,仁義所在稱王。』帝者天號,王者五行之稱也。皇者何謂也?亦號也。皇,君也,美也,大也。天之總,美大稱也,時質,故總之也。號之為皇者,煌煌人莫違也。煩一夫、擾一士以勞天下不為皇也,不擾匹夫匹婦故為皇。」又曰:「帝者,諦也。象可承也。號之為皇者,煌煌人莫違也。」《漢官儀》:「皇者,大也,言其煌煌盛美。帝者,德象天地,言其能行天(下號曰皇帝)道,舉措審諦,父天母地,為天下主。」

朕

朕,我也,古者尊卑共之〔1〕,貴賤不嫌,則可同號之義也〔2〕。堯曰:「朕在位七十載」〔3〕。皋陶與帝舜言曰:「朕言惠,可底行」〔4〕。屈原曰:「朕皇考。」〔5〕此其義也,至秦,天子獨以為稱,漢因而不改也〔6〕。

【注釋】

〔1〕盧校:「《史記·秦始皇本紀·集解》引作:『古者上下共稱之』。」

〔2〕盧校:「《公羊·隱七年傳》:『貴賤不嫌同號。』」愚按:嫌:避忌。《公羊傳·隱公七年》:「《春秋》貴賤不嫌同號,美惡不嫌同辭。」何休注曰:「貴賤不嫌

者，通同號稱也。美惡不嫌同辭。」唐封演《封氏聞見錄・定諡》：「昔周公，文王之子，諡曰『文公』，苟有令德，不嫌同諡。」

〔3〕《尚書・堯典》：「帝曰：『諮，四嶽，朕在位七十載，汝能庸命，巽朕位。』」

〔4〕許校：「『底』當作『厎』。」《尚書・皋陶謨》：「皋陶曰：『朕言惠，可厎行？』禹曰：『俞！乃言厎可績。』」

〔5〕屈原《離騷》：「帝高陽之苗裔兮，朕皇考曰伯庸。」

〔6〕漢承秦制，因襲其名號而不變。

陛下

陛下者，陛，階也，所由升堂也。天子必有近臣執兵，陳于陛側，以戒不虞。謂之陛下者，群臣與天子言，不敢指斥天子〔1〕，故呼在陛下者而告之，因卑達尊之意也。上書亦如之。及群臣庶士〔2〕相與言〔3〕曰殿下〔4〕、閣下〔5〕、〔足下、侍者〕〔6〕、執事之屬，皆此類也〔7〕。

【注釋】

〔1〕盧校：「舊又有『天子』二字，據《史記集解》《後漢書・光武帝紀》下注引皆無。」愚按：四庫本、《蔡集》本皆有「天子」二字。劉熙《釋名・釋宮室》：「陛，卑也，有高卑也，天子殿謂之納陛，言所以納人言之階陛也。」《後漢書・光武帝紀》：「陛下識知寺舍。」章懷注引蔡邕《獨斷》曰：「陛，階陛也。與天子言不敢指斥，故云陛下。」文似有節略。

〔2〕盧校：「各本倒，今從《文選》注引改。」愚按：四庫本、《蔡集》本皆作「士庶」。

〔3〕盧校：「下『曰』字衍。」張校：「《抱經》無『曰』。」愚按：四庫本、《蔡集》本亦有「曰」字。

〔4〕殿下：亦因卑達尊之稱，意謂借在殿下之人而告之。漢魏以後對諸侯王、太子、諸王的尊稱。《三國志・魏志・邢顒傳》：「初，太子未定，而臨淄侯植有寵，丁儀等並贊翼其美，太祖問顒，顒對曰：『以庶代宗，先世之戒也。願殿下（指魏王曹操）深重察之！』」王羲之《與會稽王箋》：「殿下德冠宇內，以公室輔朝，最可直道行之。」對皇太后、皇后亦可稱殿下。《三國志・魏志・高貴鄉公髦傳》：「辛卯，群公奏太后曰：『殿下聖德光隆，寧濟六合。』」宋高承《事物紀原・公式姓諱・殿下》：「漢以來，皇太子、諸王稱殿下，漢之前未聞。唐初，百官於皇太后亦稱之，百官泊東宮官對皇太子亦呼之。」

[5] 盧校：「『閤』宋本『閣』。」閣下：用於對尊顯的人的敬稱。後泛用作對人的敬稱。唐趙璘《因話錄‧徵》：「古者三公開閣，郡守比古之侯伯，亦有閣，所以世之書題有閣下之稱……今又布衣相呼，盡曰閣下。」

[6] 盧校：「四字脫，俱據《文選》注引刪補。」愚按：四庫本無此四字。足下：下稱上或同輩相稱的敬詞。《韓非子‧難三》：「今足下雖強，未若知氏；韓、魏雖弱，未至如其在晉陽之下也。」嵇康《與山巨源絕交書》：「足下昔稱吾於潁川，吾常謂之知言。」

侍者：隨侍左右聽候使喚的人。《左傳‧襄公七年》：「（鄭僖公）及將會於鄬，子駟相，又不禮焉。侍者諫，不聽；又諫，殺之。」《韓非子‧內儲說上》：「韓昭侯使人藏弊袴，侍者曰：『君亦不仁矣，弊袴不以賜左右而藏之。』」《史記‧萬石張叔列傳》：「入子舍，竊問侍者，取親中帬廁牏，身自浣滌，復與侍者，不敢令萬石君知，以為常。」

[7] 盧校：「《史‧集解》作『皆謙類』。上亦作『士庶』，有『曰』字，『閣』作『閤』。今皆不從。『足下』、『侍者』集解亦有。」執事：對對方的敬稱。《左傳‧僖公二十六年》：「寡君聞君親舉玉趾，將辱於敝邑，使下臣犒執事。」杜預注：「言執事，不敢斥尊。」《左傳‧僖公三十年》：「若亡鄭而有益於君，敢以煩執事。」

制詔

〔制詔，制者，王者之言，必為法制也。詔，猶告也，告，教也。三代無其文，秦、漢有也。〕[1]

【注釋】

[1] 盧校：「各本皆缺此條。案卷首一條為綱，下文皆依之申敘。卷首有『制詔』，在『陛下』與『上』之間，此條正與相應。今據李善注《文選》潘元茂《冊魏公九錫文》引，及《太平御覽》五百九十三補。」愚按：盧校是也。三代：謂夏、商、周也。

上

上者，尊位所在也，太史令司馬遷記事當言帝，則依違 [1] 但言上，不敢褻瀆言尊號 [2]，尊王之義也 [3]。

[1] 愚按：《藝文類聚》卷十一引有「之」字。

[2] 愚按：《藝文類聚》卷十一引「褻」作「泄」，「言」作「者」。褻瀆：也作「褻黷」、「褻黷」。褻慢，輕慢不嚴肅。班固《白虎通‧辟雍》：「父所以不自教子何？

為䙝瀆也。」《公羊傳·桓公八年》:「亟則黷,黷則不敬。」何休注:「黷,䙝黷也。」一般作「褻瀆」。班固《白虎通·社稷》:「社稷在中門之外,外門之內何?尊而親之,與先祖同也。不置中門內何?敬之,示不褻瀆也。」葛洪《抱朴子·刺驕》:「夫古人所謂通達者,謂通於道德,達於仁義耳。豈謂通乎褻黷,而達於淫邪哉!」

[3] 愚按:「尊王之義也」,《藝文類聚》卷十一引作「言尊尊之義也。」文字稍異。《史記·孝武本紀》裴駰《集解》云:「太史公自序曰『作今上本紀』,又其述事皆云『今上』,『今天子』,或有言『孝武帝』者,悉後人所定也。」

乘輿

乘輿出於律 [1],律 [2] 曰:敢盜乘輿服御物,謂天子所服食者也。天子至尊,不敢褻瀆言之,故託之於乘輿。乘猶載也,輿猶車也,天子以天下為家,不以京師宮室為常處 [3],則當乘車輿以行天下,故群臣託乘輿以言之,或謂之車駕 [4]。

【注釋】

[1] 律:謂聲律。「乘輿出於律」,謂乘輿據聲律之理而成其制。則此處之「律」,與下文之「律」,其義相去絕遠,疑此處闕文甚多。古人依據大自然聲調以制聲律。《後漢書·律曆志》劉昭注引《月令章句》曰:「律,率也,聲之管也。上古聖人本陰陽,別風聲,審清濁,而不可以文載口傳也。於是始鑄金作鍾,以主十二月之聲,然後以效升降之氣。鍾難分別,乃截竹為管,謂之律。律者,清濁之率法也。聲之清濁,以律長短為制。」《史記·律書》:「王者制事立法,物度軌則,壹稟於六律,六律為萬事根本焉。」又曰:「太史公曰:在旋璣玉衡以齊七政,即天地二十八宿。十母、十二子鍾律調自上古。建律運曆造日度,可據而度也。合符節,通道德,即從斯之謂也。」由聲律而生曆法,又據曆法原理興事造物,故曰「六律為萬事根本」。車輿即據曆法和星象而興造,故曰「乘輿出於律」。《漢書·律曆志》:「夫推歷生律製器,規圜矩方,權重衡平,準繩嘉量,探賾索隱,鉤深至遠,莫不用焉。」《周禮·冬官·考工記》:「軫之方也,以象地也。蓋之圜也,以象天也。輪輻三十,以象日月也。蓋弓二十有八,以象星也。龍旂九斿,以象大火也。鳥旟七斿,以象鶉火也。熊旗六斿,以象伐也。龜蛇四斿,以象營室也。弧旌枉矢,以象弧也。」《後漢書·輿服上》:「後世聖人觀於天,視斗周旋,魁方杓曲,以攜龍、角為帝車,於是迺曲其輈,

乘牛駕馬，登險赴難，周覽八極。……輿方法地，蓋圓象天；三十輻以象日月；蓋弓二十八以象列星；龍旂九斿，七仞齊軫，以象大火；鳥旗七斿，五仞齊較，以象鶉火；熊旗六斿，五仞齊肩，以象參、伐；龜旐四斿，四仞齊首，以象營室；弧旌枉矢，以象弧也：此諸侯以下之所建者也。」劉昭注曰：「《孝經援神契》曰：『斗曲杓橈，象成車。房為龍馬，華蓋覆鉤。天理入魁，神不獨居，故驂駕陪乘，以道踟躕。』宋均注曰：『房星既體蒼龍，又像駕駟馬，故兼言之也。覆鉤，既覆且鉤曲似蓋也。天理入魁，又似御陪乘。』」

〔2〕愚按：「律」，《藝文類聚》卷十一、傅寅《禹貢說斷》卷十一、《御定淵鑒類函》卷四十皆引作「文」。此處「律」謂法律。《史記・張釋之傳》：「其後有人盜高廟坐前玉環，捕得，文帝怒，下廷尉治。釋之案《律》『盜宗廟服御物者』為奏，奏當棄市。上大怒曰：『人之無道，乃盜先帝廟器，吾屬廷尉者，欲致之族，而君以法奏之，非吾所以共承宗廟意也。』釋之免冠頓首謝曰：『法如是足也。且罪等，然以逆順為差。今盜宗廟器而族之，有如萬分之一，假令愚民取長陵一抔土，陛下何以加其法乎？』」是漢《律》有「盜乘輿服御物」之律條。

〔3〕京師：謂京都。《詩經・大雅・公劉》：「京師之野，于時處處。」馬瑞辰通釋：「京為豳國之地名，……吳斗南曰：『京者，地名；師者，都邑之稱，如洛邑亦稱洛師之類。』其說是也。」「京師」之稱始此。後世因以稱國都。《公羊傳・桓公九年》：「京師者何？天子之居也。」《史記・儒林列傳》：「教化之行也，建首善自京師始，由內及外。」一說，陝西鳳翔有山曰京，有水曰師，周文、武建都於此，統名之曰京師。

〔4〕車駕：帝王所乘的車。亦用為帝王的代稱。《漢書・高帝紀下》：「車駕西都長安。」顏師古注：「凡言車駕者，謂天子乘車而行，不敢指斥也。」

行在所

天子〔以四海為家〕〔1〕，【自】〔故〕〔2〕謂〔所居〕【曰】〔為〕〔3〕行在所，猶言今雖在京師〔4〕，行所至耳〔5〕。巡狩天下，所奏事處皆為宮。在京師曰奏長安宮〔6〕，在泰山則曰奏奉高宮〔7〕，唯當時所在〔8〕。或曰朝廷，亦依違尊者所都，連舉朝廷以言之也〔9〕。親近侍從官稱曰大家，百官小吏稱曰天家〔10〕。

【注釋】

〔1〕愚按：《史記・衛將軍驃騎列傳》裴駰《集解》引與舊同，盧氏補此五字，校曰：

「五字脱。」盧校是也。《後漢書・光武帝紀》章懷注引蔡邕《獨斷》曰:「天子以四海為家,故謂所居為行在所。」

〔2〕按:《史記・衛將軍驃騎列傳》裴駰《集解》引與舊同,盧氏刪「自」補「故」。

〔3〕《史記・衛將軍驃騎列傳》裴駰《集解》引有「所居」二字,它與此同,盧氏補「所居」二字,易「曰」作「為」,校曰:「俱據《後漢書・光武帝紀上》注引補,《文選・顏延年〈曲水詩序〉》注同。」

〔4〕《史記・衛將軍驃騎列傳》裴駰《集解》引無「猶」字。《白虎通・京師》:「京師者,何謂也?千里之邑號也。京,大也;師,眾也。天子所居,故以大眾言之,明什倍諸侯,法日月之經千里。《春秋傳》曰:『京師,天子之居也。』《王制》曰:『天子之田方千里』。」

〔5〕愚按:《蔡集》本「耳」作「爾」。

〔6〕《史記・衛將軍驃騎列傳》裴駰《集解》引「京師」作「長安」。《藝文類聚》卷十一無「奏」字,「京師」作「長安」。

〔7〕《史記・衛將軍驃騎列傳》裴駰《集解》引無「奏」字。《藝文類聚》卷十一無「奏」字,「奉高」作「泰山」。奉高:縣名,屬泰山郡,建有明堂,漢武帝曾在此祭諸神及朝見諸侯。《漢書・地理志上》:「奉高,有明堂,在西南四里;武帝元封二年造。有工官。」《史記・孝武本紀》:「初,天子封泰山,泰山東北阯古時有明堂處,處險不敞。上欲治明堂奉高旁,未曉其制度。濟南人公玉帶上黃帝時明堂圖。明堂圖中有一殿,四面無壁,以茅蓋,通水,圜宮垣為複道,上有樓,從西南入,命曰崑崙,天子從之入,以拜祠上帝焉。於是上令奉高作明堂汶上,如帶圖。及五年脩封,則祠泰一、五帝於明堂上坐,令高皇帝祠坐對之。祠后土於下房,以二十太牢。天子從崑崙道入,始拜明堂如郊禮。禮畢,燎堂下。而上又上泰山,有祕祠其顛。而泰山下祠五帝,各如其方,黃帝並赤帝,而有司侍祠焉。泰山上舉火,下悉應之。」

〔8〕愚按:《蔡集》本「唯」作「惟」。

〔9〕盧校:「《文選・兩都賦序》注引與此同,又《與彭寵書》注作『朝廷者,不敢指斥君,故言朝廷』。」愚按:《文選・兩都賦序》注引「亦」下有「皆」字。朝廷:亦作「朝庭」。君王接受朝見和處理政務的地方。《論語・鄉黨》:「其在宗廟朝廷,便便言,唯謹爾。」邢昺疏:「朝廷,布政之所。」《淮南子・主術訓》:「是故朝廷蕪而無跡,田野闢而無草。」亦指以君王為首的中央政府。《商君書・農戰》:「今境內之民及處官爵者,見朝廷之可以巧言辯說取官爵也,故

官爵不可得而常也。」《史記·汲鄭列傳》:「大將軍聞,愈賢黯,數請問國家朝廷所疑,遇黯過於平生。」亦借指帝王。《東觀漢記·朱遂傳》:「至乃殘食孩幼,朝廷愍悼。」《文選·朱浮〈為幽州牧與彭寵書〉》:「朝廷之於伯通,恩亦厚矣。」李善注:「蔡邕《獨斷》云:『朝廷者,不敢指斥君。故言朝廷。』」

〔10〕張校:「《逸史》《漢魏》《抱經》『史』作『吏』。」愚按:四庫本亦作「吏」。此二句文義與上文不屬,疑為前文「王者至尊四號之別名」之文句逸於此者。大家:本指世家大族。林之奇《尚書全解》卷二九:「大家者,天子建國,諸侯立家,故魯三桓謂之三家。其曰大家,猶孟子之所謂巨室也。」陳櫟《書集傳纂疏》卷四下:「陳氏大猷曰:大家如晉六卿,魯三家,齊諸田,楚昭、屈、景之屬。《左氏》載封康叔以殷民七族,陶氏至終葵氏,即衛之大家也。大家之情,與國君常疏,與國之臣民常親,蓋臣民素服屬於大家,而大家之強阻,亦臣民擁助之。國君能撫其臣民,由臣民以達其情於天子,而邦君之責盡矣。」秦漢時,稱呼公主、后妃為大家,以之稱呼皇帝的極少見。南北朝後始專門稱呼皇帝。《北齊書·安德王延宗傳》:「大家但在營莫動,以兵馬付臣,臣能破之。」

禁中

禁中者,門戶有禁,非侍御者不得入,故曰禁中〔1〕。孝元皇后父大司馬陽平侯名禁〔2〕,當時避之,故曰省中。今宜改,後遂無〔復〕言之者〔3〕。

【注釋】

〔1〕《後漢書·百官二》:「凡居宮中者,皆有口籍於門之所屬。宮名兩字,為鐵印文符,案省符乃內之。若外人以事當入,本官長史為封棨傳;其有官位,出入令御者言其官。」

〔2〕《漢書·王后傳》:「孝元皇后,王莽姑也。……翁孺生禁,字稚君,少學法律長安,為廷尉史,本始三年,生女政君,即元后也。」

〔3〕盧氏補「復」字,校曰:「宋本無。」張校:「又,『無』下有『復』字。」愚按:四庫本、《蔡集》本皆無「復」字。衛宏《漢官舊儀》:「冗從吏僕射,出則騎從夾乘輿車,居則宿衛,直守省中門戶。本注曰:『省中,禁中也。成帝外家王禁貴重,朝中為諱禁,故曰省。』」

璽

璽者,印也〔1〕,印者,信也〔2〕。【天子璽以玉螭虎紐】〔3〕。古者尊卑共之〔4〕,《月令》曰:「固封璽〔5〕。」《春秋左氏傳》曰:「魯襄公在楚,季武子

使公冶問璽書，追而與之〔6〕。」此諸侯大夫印稱璽者也。衛宏〔7〕曰：「秦以前，名〔8〕皆以金玉為印，龍虎紐，唯其所好〔9〕。」然則秦以來，天子獨以印稱璽，又獨以玉，群臣莫敢用也。〔天子璽以玉，螭虎紐〕〔10〕，〔文曰：皇帝行璽、皇帝之璽、皇帝信璽、天子行璽、天子之璽、天子信璽〕〔11〕。

【注釋】

〔1〕印：官印。《墨子·號令》：「守還授其印，尊寵官之。」劉熙《釋名》：「璽，徙也，封物使可轉徙而不可發也。印，信也，所以封物為信驗也。亦言因也，封物相因付也。」《史記·高祖本紀》司馬貞《索隱》引韋昭云：「天子印稱璽，又獨以玉。符，發兵符也。節，使者所擁也。」虎紐：虎形的印鼻。紐，本作「鈕」，印鼻，印章上端的雕飾。古代用以分別官印的等級。有各種不同的形狀，如瓦鈕、龜鈕、虎鈕、獅鈕等。《初學記》卷二六引漢衛宏《漢舊儀》：「諸侯玉印，黃金橐駝鈕，文曰璽。」

〔2〕信：符契；憑證。《墨子·號令》：「大將使人行，守操信符，信不合，及號不相應者，伯長以上輒止之。」《周禮·地官》：「掌節上士二人。」鄭玄注：「節猶信也，行者所執之信。」《史記·刺客列傳》：「今行而毋信，則秦未可親也。」

〔3〕盧校：「舊有『天子璽以玉螭虎紐』八字，案不當間側在此，且其文詳，當別為一條，今補於後。」孫詒讓《札迻》云：「案『天子璽』八字，《左傳·襄二十九年·正義》及釋慧苑《華嚴經音義三》並引在『信也』下，則唐本已如此，似不宜移後。『以玉』，《左疏》作『白玉』。（《漢舊儀》同）張校：『天子』下有『璽』字。」愚按：四庫本、《蔡集》本有「璽」字。

〔4〕張校：「『之』作『者』。」愚按：《四庫》本作「者」。《漢官儀》：「傳曰：『封者以金泥銀繩，印之以璽。璽，施也，信也。古者尊卑共之。』」。

〔5〕盧校：「臧在東云：《禮記·月令》『固封疆』，鄭注今《月令》『疆』或為『璽』。《呂氏春秋》《淮南子》並作『固封璽』，《御覽》六百八十二載應劭《漢官儀》，引《月令》曰『固封璽』，此亦用今《月令》也。」愚按：《禮記·月令》：「孟冬之月，……命司徒循行積聚，無有不斂。坏城郭，戒門閭，修鍵閉，慎管籥，固封疆，備邊竟，完要塞，謹關梁，塞徯徑。」鄭玄注：「固封疆，謂使有司循其溝樹及其眾庶之守法也。要塞，邊城要害處也。梁，橋橫也。徯徑，禽獸之道也。今《月令》『疆』或為『璽』。」詳其文義，以「疆」為是。

〔6〕《左傳·襄公二十九年》：「（魯襄）公還，及方城。季武子取卞，使公冶問，璽書追而與之，曰：『聞守卞者將叛，臣帥徒以討之，既得之矣，敢告。』公冶致

使而退，及舍而後聞取卞。」鄭玄注：「璽，印也。」

〔7〕衛宏：字敬仲，東漢著名經學家，東海（今魯南蘇北一帶）人。善《毛詩》，因著《毛詩序》；修《古文尚書》，為之作《訓旨》；著《漢舊儀》四篇，以載西京雜事。又著賦、頌、誄七首。作品大都散佚。

〔8〕張校：「《抱經》『民』作『名』。」愚按：諸本皆作「民」，抱經誤。

〔9〕愚按：《蔡集》本「唯」作「惟」。

〔10〕盧校：「此句從上移此。案《光武帝紀上》注引作『皇帝六璽，皆玉，螭虎紐』，此下二十六字亦據所引補。」孫詒讓《札迻》曰：「案，『命』，《左傳》疏引作『民』，與《漢舊儀》同，是也。當據校正。又案：《華嚴經音義》引此書云：『天子之璽以螭虎鈕，古者尊卑共之。《月令》云：固封璽，秦以前諸侯卿大夫皆曰璽，自茲以降，天子獨稱，不敢用也。秦王子嬰上高祖傳國璽，文曰：受命於天，既壽且康。此印章古名璽，即今謂檢文也。』（自『秦王子嬰』以下，今本無。或慧苑別據他書增益，非蔡語。）所引與今本上下文多舛異，附錄於此，以備校核。」愚按：《漢官舊儀》：「秦以前民皆佩綬，以金、玉、銀、銅、犀、象為方寸璽，各服所好。」《漢官儀》同。《史記·秦始皇本紀》裴駰《集解》引衛宏曰：「秦以前，民皆以金玉為印，龍虎鈕，唯其所好。秦以來，天子獨以印稱璽，又獨以玉，群臣莫敢用。」《後漢書·輿服下》：「乘輿黃赤綬，四采，黃赤縹紺，淳黃圭，長二丈九尺九寸，五百首。」劉昭注：「《漢舊儀》曰：『璽皆白玉螭虎紐，文曰皇帝行璽、皇帝之璽、皇帝信璽、天子行璽、天子之璽、天子信璽，凡六璽。皇帝行璽，凡封之璽賜諸侯王書；信璽，發兵徵大臣；天子行璽，策拜外國，事天地鬼神。璽皆以武都紫泥封，青囊白素裏，兩端無縫，尺一板中約署。皇帝帶綬，黃地六采，不佩璽。璽以金銀縢組，侍中組負以從。秦以前民皆佩綬，金、玉、銀、銅、犀、象為方寸璽，各服所好。奉璽書使者乘馳傳。其驛騎也，三騎行，晝夜千里為程。』」

螭虎紐：龍形和虎形的襻紐。螭，古代傳說中無角的龍。一說認為「螭虎」為一物，為傳說中的龍子之一。「螭虎紐」即印璽上龍形的襻紐。清顧張思《土風錄》：「衣飾、器皿、繪畫龍象，呼曰螭虎。按蔡邕《獨斷》『天子璽以玉，螭虎紐。』衛宏《漢舊儀》云：『秦以前用金玉朱印，龍虎紐。』《正字通》云『或龍或虎為紐，非謂螭虎一物也。今俗連螭讀誤，合為一物云云。』則以龍曰螭虎，自明已然。」

〔11〕愚按：盧氏補此二十八字，校云：「下有『皆以武都紫泥封』之句，或非《獨斷》

文。」愚按：《後漢書‧光武帝紀》：「奉高皇帝璽綬。」章懷注引蔡邕《獨斷》曰：「皇帝六璽，皆玉螭虎紐，文曰『皇帝行璽』、『皇帝之璽』、『皇帝信璽』、『天子行璽』、『天子之璽』、『天子信璽』，皆以武都紫泥封之。」又《御批資治通鑑綱目》卷十二下「璽」引蔡邕《獨斷》曰：「璽凡九，各有文刻，皆以玉為之，螭虎紐，一曰傳國璽，一曰神璽，以鎮國，中藏而不用。一曰受命璽，以封禪禮神。其所謂六璽者，皇帝行璽，以報王公書；皇帝之璽，以勞王公；皇帝信璽，以召王公；天子行璽，以報四夷書；天子之璽，以勞四夷；天子信璽，以召兵四夷。皆以武都紫泥封，盛以青囊，白素裏，兩端無縫，尺一板中約署。」《漢官儀》：「璽皆白玉螭虎紐，文曰『皇帝行璽』、『皇帝之璽』、『皇帝信璽』、『天子行璽』、『 』天子之璽、『天子信璽』，凡六璽。」紀昀等輯《漢官舊儀》：「皇帝六璽，皆白玉螭虎紐，文曰『皇帝行璽』、『皇帝之璽』、『皇帝信璽』、『天子行璽』、『天子之璽』、『天子信璽』，凡六璽。皇帝行璽，凡封（按：此句有脫字，應云「凡封命用之」）之璽，（按：此句應云「皇帝之璽」）賜諸侯王書；信璽（按：此句應云「皇帝信璽」）發兵；其徵大臣，以天子行璽；策拜外國事，以天子之璽；事天地鬼神，以天子信璽（按：此條「皇帝行璽」下各句，並有脫字。《續漢書‧輿服志》注所引亦同。惟《隋書‧禮儀志》稱「皇帝行璽」，封命諸侯及三公用之；皇帝之璽，與諸侯及三公書用之；皇帝信璽，發諸夏兵用之。文義完備，謹參校以正其缺。又《漢書‧霍光傳》「皇帝信璽、行璽」，孟康注：「天子之璽自佩，行璽、信璽在符節臺。」亦可考見漢時藏璽之制，並附著之，以補此文所未備）。皆以武都紫泥封，青布囊，（按：《續漢書‧輿服志》注引此文無「布」字）白素裏，兩端無縫，尺一板中約署。（按：此句疑有脫字）皇帝帶綬，黃地六采，（按：「六采」舊作「赤采」，似誤。又考《宋書‧禮志》引《漢制》：「皇帝黃赤綬，四采，黃赤縹紺。」亦與此互異。今據《續漢書‧輿服志》注校正）不佩璽。（按：《續漢書志》注引此文，「璽」下重一「璽」字）以金銀縢組，侍中組負以從。秦以前民皆佩綬，以金、玉、銀、銅、犀、象為方寸璽，各服所好。奉璽書使者乘馳傳。其驛騎也，三騎行，晝夜行千里為程。」

幸

幸者，宜幸也，世俗謂幸為僥倖〔1〕。車駕所至，民臣被其德澤〔2〕，以〔為〕〔3〕僥倖，故曰幸也。先帝故事，所至見長吏三老官屬〔4〕，親臨軒作樂〔5〕，賜食〔6〕、【皂】帛、越巾、刀、珮帶〔7〕，民爵有級數，或賜田租之半，是故謂之幸〔8〕。皆非其所當必〔9〕而得之。王仲任曰：君子無幸而有不幸，小人有

幸而無不幸〔10〕。《春秋傳》曰：「民之多幸，國之不幸也〔11〕。」言民之得所不當得，故謂之幸。然則人主必慎所幸也〔12〕。

【注釋】

〔1〕張校：「『以』作『謂』。」愚按：四庫本、《蔡集》本作「謂」。僥倖：亦作「僥倖」。謂意外獲得成功或免除災害，猶幸運。王符《潛伏論·述赦》：「或抱罪之家，僥倖蒙恩，故宣此言，以自悅喜。」

〔2〕張校：「《漢魏》『民臣』作『臣民』。」愚按：四庫本作「民臣」，《蔡集》本作「臣民」。德澤：恩德，恩惠。《韓非子·解老》：「有道之君，外無怨仇於鄰敵，而內有德澤於人民。」《尚書大傳》卷二：「清廟升歌者，歌先人之功烈德澤也。」《樂府詩集·相和歌辭·長歌行三》：「陽春布德澤，萬物生光輝。」

〔3〕盧校：「舊脫，據《史記·孝文本紀·集解》補。」

〔4〕愚按：「見長吏三老官屬」，《史記·孝文本紀·》裴駰《集解》引、《此木軒四書說》卷一注、《三輔黃圖》卷六注、《前漢書》卷四注、《皇朝文獻通考》卷一三七注、《資治通鑒》卷十四注等皆作「見令長三老官屬」。令長：秦漢時治萬戶以上縣者為令，不足萬戶者為長。後因以「令長」泛指縣令。《史記·滑稽列傳》：「於是乃朝諸縣令長七十二人，賞一人，誅一人，奮兵而出。」葛洪《抱朴子·百里》：「牧守雖賢而令長不堪，則國事不舉，萬機有闕，其損敗豈徒止乎一境而已哉！」

三老：掌教化之官。鄉、縣、郡均曾先後設置。《禮記·禮運》：「故宗祝在廟，三公在朝，三老在學。」《史記·陳涉世家》：「三老豪傑皆曰：『將軍身披堅執銳，伐無道，誅暴秦，復立楚國之社稷，功宜為王。』」《漢書·高帝紀上》：「舉民年五十以上，有修行，能帥眾為善，置以為三老，鄉一人。擇鄉三老一人為縣三老，與縣令丞尉以事相教。」《後漢書·循吏傳·王景》：「父閎為郡三老。」

官屬：主要官員的屬吏。《周禮·天官·大宰》：「以八灋治官府：一曰官屬，以舉邦治。」鄭玄注：「官屬，謂六官，其屬各六十。」《史記·滑稽列傳》：「至其時，西門豹往會之河上。三老、官屬、豪長者、里父老皆會，以人民往觀之者三二千人。」《後漢書·班彪傳》：「今皇太子諸王，雖結髮學問，修習禮樂，而傅相未值賢才，官屬多闕舊典。」

〔5〕臨軒：皇帝不坐正殿而御前殿，殿前堂陛之間近簷處兩邊有檻楯，如車之軒，故稱。《後漢書·黨錮·李膺傳》：「讓訴冤於帝，詔膺入殿，御親臨軒，詰以不

先請便加誅辟之意。」

作樂：奏樂。《後漢書・顯宗孝明帝紀》：「（永平十年）閏月甲午，南巡狩，幸南陽，祠章陵。日北至，又祠舊宅。禮畢，召校官弟子作雅樂，奏《鹿鳴》，帝自御塤篪和之，以娛嘉賓。」《後漢書・禮儀上》：「諸行出入皆鳴鐘，皆作樂。其有災眚，有他故，若請雨、止雨，皆不鳴鐘，不作樂。」

〔6〕盧注：「下『帛』字衍，《史記集解》無。」愚按：四庫本、《蔡集》本皆作「皂帛」。賜食：國君贈予熟食。《論語・鄉黨》：「君賜食，必正席先嘗。」邢昺疏：「君賜食必先嘗之者，謂君以熟食賜己，必正席而坐，先品嘗之。」後多指皇帝宴請臣下。

〔7〕張校：「『加』作『刀』，《漢魏》『珮』作『佩』。」愚按：四庫本、《蔡集》本作「刀」、「珮」。

〔8〕盧注：「《史記集解》作『故因是謂之幸』。」愚按：漢天子巡幸所至，例有免租、賜爵、賜錢穀、賑鰥寡等舉措。《漢書・武帝紀》：「（元鼎）四年冬十月，行幸雍，祠五畤。賜民爵一級，女子百戶牛、酒。」又曰：「（天漢三年）三月，行幸泰山，修封，祀明堂，因受計。還幸北地，祠常山，瘞玄玉。夏四月，赦天下。行所過毋出田租。」

〔9〕盧校：「『得』，宋本『必』。」張校：「《百川》《抱經》『得』作『必』。」許校：「上『得』字，盧校宋本作『必』，勝。」愚按：四庫本作「必」，《蔡集》本作「得」。

〔10〕《論衡・幸偶篇》：「故孔子曰：『君子有不幸而無有幸，小人有幸而無不幸。』」黃暉釋曰：「未知何出。《獨斷》引作王仲任語，上句作『君子無幸而有不幸』。《論語・雍也篇》『人之生也直』章，皇疏引李充有此語，蓋亦述傳文。《困學紀聞》六曰：『韓文公謂：君子得禍為不幸，而小人得禍為常；君子得福為常，而小人得福為不幸。』亦仲任之意。」

〔11〕《左傳・宣公十六年》：「善人在上，則國無幸民。諺曰：『民之多幸，國之不幸也。』」

〔12〕謂天子多施恩賜，則民生苟得僥倖之心，若可不勞而獲，則懶惰苟且之心生矣。

御

御者，進也〔1〕。凡衣服加於身，飲食入於口，妃妾接於寢，皆曰御。親愛者〔2〕皆曰幸〔3〕，幸說從上章〔4〕。

【注釋】

〔1〕盧校：「舊連上，今改提行。」

〔2〕親愛：親近喜愛。《禮記・大學》：「人之其所親愛而辟焉。」《漢書・張禹傳》：「禹心親愛崇，敬宣而疏之。」

〔3〕盧校：「顧云：《一切經音義》九引作『御之所親愛皆曰幸』。」

〔4〕盧校：「宋本、程本皆有此五字，別本無。」張校：「《逸史》《漢魏》無此五字。」
愚按：四庫本有此五字，《蔡集》本無此五字。

天子命令

策書，策者〔1〕，簡也〔2〕。《禮》曰：不滿百〔文〕【丈】〔3〕，不書於策〔4〕。其制，長二尺〔5〕，短者半之。其次一長一短，兩編，下附篆書〔6〕，起年月日，稱皇帝曰，以命諸侯王、三公。其諸侯王、三公之薨於位者〔7〕，亦以策書誄諡其行而賜之〔8〕，如諸侯之策〔9〕。三公以罪免，亦賜策，文體如上策而隸書〔10〕。以一尺木，兩行，唯此為異者也〔11〕。

【注釋】

〔1〕策：古代用以記事的竹、木片，編在一起的叫策。亦借指書簡，簿冊。《儀禮・聘禮》：「若有故，則卒聘，束帛加書將命，百名以上書於策，不及百名書於方。」鄭玄注：「策，簡也；方，板也。」賈公彥疏：「云策簡、方板也者，簡謂據一片而言，策是編連之稱。」《國語・魯語上》：「書以為三策。」韋昭注：「策，簡書也。」指君主對臣下封土、授爵、免官或發布其他教令的文書。《左傳・昭公三年》：「夏四月，鄭伯如晉，公孫段相，甚敬而卑，禮無違者，晉侯嘉焉，授之以策。」杜預注：「策，賜命之書。」《晏子春秋・外篇上》二四：「昔吾先君桓公，予管仲狐與谷，其縣十七，著之於帛，申之以策，通之諸侯，以為其子孫賞邑。」

〔2〕簡：古代用以寫字的竹片。亦指功用與簡相同的書寫用品。《墨子・非命下》：「子胡不尚考之乎商、周、虞、夏之記？從十簡之篇以尚，皆無之。」《左傳・襄公二十五年》：「南史氏聞大史盡死，執簡以往，聞既書矣，乃還。」《太平御覽》卷六〇六引應劭《風俗通》：「劉向《別錄》：殺青者，直治竹作簡書之耳。新竹有汁，善折蠹，凡作簡者，皆於火上炙乾之。陳楚間謂之汗。汗者，去其汁也。」

〔3〕盧校：「『丈』偽，《御覽》『文』。」愚按：四庫本亦作「丈」，《蔡集》本作「字」，

或是。

〔4〕盧校：「《聘禮記》：『百名以上書於策，不及百名書於方。』鄭注：『名，書文也，今謂之字。』案此作『百文』，即『百名』也。」

〔5〕愚按：《蔡集》本作「三尺」。

〔6〕愚按：楊刻本「附」作「坿」。許校：「『坿』字新校改。」篆書：象形性較強的書體，即隸書之前的字體。篆書分為大篆和小篆。大篆包括甲骨文、金文、籀文、石鼓文等。小篆是秦國宰相李斯改造大篆形成的字體，也是秦始皇實施書同文後採用的字體。

〔7〕張校：「『諸侯』下有『王三公』三字。」愚按：四庫本、《蔡集》本皆有「王三公」三字。

〔8〕誄：列述死者德行，表示哀悼並以之定謚（多用於上對下）。《禮記·曾子問》：「賤不誄貴，幼不誄長，禮也。」鄭玄注：「誄，累也。累列生時行跡，讀之以作謚，謚當由尊者成。」也指列述死者德行以表悼念的一種文體。《周禮·春官·大祝》：「作六辭以通上下親疏遠近，一曰祠，二曰命，三曰誥，四曰會，五曰禱，六曰誄。」劉勰《文心雕龍·誄碑》：「誄者，累也；累其德行，旌之不朽也。夏商已前，其詞靡聞。周雖有誄，未被於士。又賤不誄貴，幼不誄長，在萬乘，則稱天以誄之。讀誄定謚，其節文大矣。自魯莊戰乘丘，始及於士。逮尼父之卒，哀公作誄，觀其慭遺之切，嗚呼之歎，雖非睿作，古式存焉。至柳妻之誄惠子，則辭哀而韻長矣。」

謚：古代帝王、貴族、大臣、士大夫或其他有地位的人死後，據其生前業跡評定帶有褒貶意義的稱號。亦指按上述情況評定的這種稱號。《周禮·春官·大史》：「小喪，賜謚。」《禮記·檀弓下》：「公叔文子卒，其子戍請謚於君曰：『日月有時，將葬矣。請所以易其名者。』」鄭玄注：「謚者，行之跡。」《史記·曹相國世家》：「卒，謚懿侯。」《晉書·禮志中》：「《五經通義》以為有德則謚善，無德則謚惡，故雖君臣可同。」

〔9〕張校：「『加』作『如』。」愚按：四庫本、《蔡集》本皆作「如」。

〔10〕隸書：漢字字體名。也叫隸字，又稱隸文、佐書、史書。由篆書簡化演變而成。把篆書圓轉的筆劃變成方折，改象形為筆劃化，以便書寫。始於秦代，普遍使用於漢魏。秦人程邈將這種書寫體加以搜集整理，後世遂有程邈創隸書之說。荀悅《漢紀·成帝紀》：「秦時獄官多事，省文從易，施之於隸，故謂之隸書。」《魏書·術藝傳·江式》：「隸書者，始皇使下杜人程邈附於小篆所作也，以邈

徒隸，即謂之隸書。」唐張懷瓘《書斷》卷上：「蔡邕《聖皇篇》云：『程邈刪古立隸文。』」《宣和書譜·隸書敘論》：「秦並六國，一天下，欲愚黔首，自我作古，往往非昔而是今。故以李斯變大篆，以程邈作隸文，種種有不勝言者。」《晉書·衛恒傳》：「秦既用篆，奏事繁多，篆字難成，即令隸人佐書，曰隸字。漢因行之。獨符、印璽、幡信、題署用篆。隸書者，篆之捷也。」《宣和書譜·隸書敘論》：「又以赴急速官府刑獄間用之，餘尚用篆，此天下始用隸字之初也。」諸說不同，可相互補充。

〔11〕愚按：《蔡集》本「唯」作「惟」。《漢制度》：「策書者，編簡也，其制長二尺，短者半之，篆書，起年日月，稱皇帝，以命諸侯王。三公以罪免，亦賜策（書），而以隸書，用尺一木，兩行，惟此為異也。」劉熙《釋名·釋書契》：「策，書教令於上，所以驅策諸下也。漢制約敕封侯曰冊。冊，賾也，敕使整賾不犯之也。」

　　制書〔1〕【帝】者，制度之命也。其文曰制詔三公〔2〕，赦令、贖令之屬〔3〕，是也。刺史、太守相劾奏〔4〕，申下土，遷文書〔5〕，亦如之。其徵為九卿，若遷京師近〔臣〕【宮】〔6〕，則言官，具言姓名。其免若得罪〔7〕，無姓。凡制書，有印使符，下遠近皆璽封〔8〕，尚書令印重封。唯赦令、贖令、召三公詣朝堂〔9〕，受制書，司徒印封，露布下州郡〔10〕。

【注釋】

〔1〕盧校：「下『帝』字《御覽》無。」

〔2〕張校：「『誥』作『詔』。」愚按：《四庫》本、《蔡集》本皆作「詔」。

〔3〕赦令：舊時君主發布的減免罪行或賦役的命令。《史記·越王句踐世家》：「楚王大怒曰：『寡人雖不德耳，奈何以朱公之子故而施惠乎！』令論殺朱公子，明日遂下赦令。」

〔4〕刺史：官名。原為朝廷所派督察地方之官，後沿為地方官職名稱。漢武帝時，分全國為十三部（州），部置刺史。成帝改稱州牧，哀帝時復稱刺史。《漢書·百官公卿表上》：「武帝元封五年初置部刺史，掌奉詔條察州，秩六百石，員十三人。」顧炎武《日知錄·隋以後刺史》：「漢之刺史猶今之巡按御史；魏晉以下之刺史，猶今之總督；隋以後之刺史，猶今之知府及直隸知州也。」

太守：官名。秦置郡守，漢景帝時改名太守，為一郡之最高行政長官。《漢書百官公卿表上》：「郡守，秦官，掌治其郡，秩二千石。有丞，邊郡又有長史，掌兵馬，秩皆六百石。景帝中二年更名太守。」

劾奏：向皇帝檢舉官吏的過失或罪行。《漢書・韋玄成傳》：「徵至長安，既葬，當襲爵，以狂不應……而丞相御史遂以玄成實不病，劾奏之。」《漢書・晁錯傳》：「丞相青翟、中尉嘉、廷尉毆劾奏錯曰：『吳王反逆亡道，欲危宗廟，天下所當共誅。』」

〔5〕張校：「《抱經》『書文』作『文書』。」愚按：四庫本亦作「書文」，《蔡集》本「土」作「上」，「文書」作「書文」。申下土：意謂告誡天下。申：申誡、告誡。《尚書・多士》：「今予惟不爾殺，予惟時命有申。」孔傳：「所以徙汝，是我不欲殺汝，故惟是教命申戒之。」《荀子・正名》：「故明君臨之以勢，道之以道，申之以命，章之以論，禁之以刑。」下土：四方、天下。《尚書・舜典》：「帝釐下土，方設居方。」孔傳：「言舜理四方，諸侯各設其官居其方。」《國語・吳語》：「余心豈忘憂恤，不惟下土之康靖。」韋昭注：「不但憂四方，乃憂王室也。」《後漢書・仲長統傳》：「故下土無壅滯之士，國朝無專貴之人。」

遷文書：官員改任、貶謫、降職的公文。《漢書・王尊傳》：「有詔左遷尊為高陵令，數月，以病免。」文書：謂公文、案牘。《漢書・刑法志》：「文書盈於几閣，典者不能遍睹。」

〔6〕盧校：「『宮』偽，今改。」許校：「『近臣』，程本作『近宮』，劉本作『近官』，盧本改作『近臣』，不言所據。此似依盧校改，字有剜補之跡。」張校：「《百川》《漢魏》『宮』作『官』。」愚按：四庫本、《蔡集》本皆作「宮」。九卿：中國古代中央政府的九個高級官職。《周禮・冬官・匠人》「外有九室，九卿居焉。」鄭玄注：「六卿三孤為九卿，三孤佐三公論道，六卿治六官之屬。」歷代多設九卿，然名號不同。周以少師、少傅、少保、冢宰、司徒、宗伯、司馬、司寇、司空為九卿。秦以奉常、郎中令、衛尉、太僕、廷尉、典客、宗正、治粟內史、少府為九卿。漢以太常、光祿勳、衛尉、太僕、廷尉、大鴻臚、宗正、司農、少府為九卿。

近臣：指君主左右親近之臣。《墨子・親士》：「臣下重其爵位而不言，近臣則喑，遠臣則唫。」《史記・周本紀》：「故天子聽政，使公卿至於列士獻詩，瞽獻曲，史獻書，師箴，瞍賦，矇誦，百工諫，庶人傳語，近臣盡規，親戚補察，瞽史教誨，耆艾修之，而後王斟酌焉，是以事行而不悖。」

若：和、及。下同。《尚書・召誥》：「拜手稽首，旅王若公。」《史記・魏其武安侯列傳》：「願取吳王若將軍頭，以報父之仇。」

〔7〕言官：監官和諫官，通稱言官。監官是代表君主監察各級官吏的官吏。諫官是

對君主的過失直言規勸並使其改正的官吏。

免若得罪：意謂免官及獲罪。

〔8〕璽封：蓋上璽印的文書封口。王嘉《拾遺記・前漢上》：「元封元年，浮忻國貢蘭金之泥……常以此泥封諸函匣及諸宮門，鬼魅不敢干。當漢世，上將出征，及使絕國，多以此泥為璽封。」

〔9〕愚按：《蔡集》本「唯」作「惟」。尚書令：《後漢書・百官三》：「尚書令一人，千石。本注曰：承秦所置，武帝用宦者，更為中書謁者令，成帝用士人，復故。掌凡選署及奏下尚書曹文書眾事。」

三公：古代中央三種最高官銜的合稱。周以太師、太傅、太保為三公。《尚書・周官》：「立太師、太傅、太保，茲惟三公。論道經邦，燮理陰陽。」或以司馬、司徒、司空為三公，見《漢書・百官公卿表序》。西漢以丞相、太尉、御史大夫為三公。東漢以太尉、司徒、司空為三公。

朝堂：漢代正朝左右官議政之處，亦泛指朝廷。《周禮・冬官・匠人》「九卿朝焉」漢鄭玄注：「如今朝堂諸曹治事處。」賈公彥疏：「鄭據漢法，朝堂諸曹治事處，謂正朝之左右為廬舍者也。」《後漢書・明帝紀》：「夏五月戊子，公卿百官以帝威德懷遠，祥物顯應，乃並集朝堂，奉觴上壽。」

〔10〕司徒：官名。相傳少昊始置，唐虞因之。周時為六卿之一，曰地官大司徒，掌管國家的土地和人民的教化。漢哀帝元壽二年，改丞相為大司徒，與大司馬、大司空並列三公。東漢時改稱司徒。《史記・五帝本紀》：「契，百姓不親，五品不馴，汝為司徒，而敬敷五教，在寬。」

露布：不緘封的文書。亦謂公布文書。《東觀漢記・李雲傳》：「白馬令李雲素剛，憂國，乃露布上書。」《漢官儀》：「群臣上書，公、卿、校尉、諸將不言姓。凡制書皆（稱）璽封，尚書令重封。惟赦贖令司徒印，露布州郡也。」《漢制度》：「制書者，帝者制度之命，其文曰制詔三公，皆璽封，尚書令印重封，露布州郡也。」曹操《讓縣自明本志令》：「人有勸術使遂即帝位，露布天下。」

詔書者，詔，誥也〔1〕，有三品〔2〕。其文曰告某官【官】〔某〕〔3〕，如故事〔4〕，是為詔書。群臣有所奏請，尚書令奏之，下有〔司〕曰制〔5〕，天子答之曰可。若下某官云云。亦曰詔書，群臣有所奏請，無尚書令奏制之〔6〕字，則答曰已奏如書。本官下所當至，亦曰詔〔7〕。

【注釋】

〔1〕誥：告也，以文言告曉之也。《尚書・太甲下》：「伊尹申誥于王曰：『嗚呼！惟天

無親，克敬惟親。』」又告誡，勸勉。《國語·楚語上》：「近臣諫，遠臣謗，輿人誦，以自誥也。」韋昭注：「誥，告也。」王引之《經義述聞·國語下》：「《爾雅》：『誥、誓，謹也。』郭注曰：『皆所以約勒、謹戒眾。』自誥者，自戒敕也。」

〔2〕三品：三種，三類。《周易·巽》：「六四：悔亡，田獲三品。」高亨注：「田，獵也。品，種也。筮遇此爻，其悔將亡，行獵將得三種獵物。」《尚書·禹貢》：「厥貢惟金三品。」孔傳：「金、銀、銅也。」孔穎達疏：「鄭玄以為銅三色也。」

〔3〕盧校：「舊重『官』字，今正作『某』。」愚按：四庫本、《蔡集》本皆作「官官」。

〔4〕故事：先例，舊日的典章制度。《史記·三王世家》：「臣請令史官擇吉日，具禮儀，上御史奏輿地圖，他皆如前故事。制曰可。」《漢書·平帝紀》：「其出媵妾皆歸家得嫁，如孝文時故事。」《漢書·劉向傳》：「宣帝循武帝故事，招名儒俊材置左右。」

〔5〕盧校：「舊作『下有制曰』，偽，據《秦始皇本紀集解》引補正。」愚按：四庫本、《蔡集》本皆作「下有制曰」。

〔6〕盧校：「脫，宋本有。」張校：「《逸史》《漢魏》無『之』字。」愚按：《四庫》本有「之」字，《蔡集》本無。

〔7〕《漢制度》：「詔書者，詔，告也，其文曰告某官云，如故事。」《史記·秦始皇本紀》張守節《正義》：「制詔三代無文，秦始有之。」吳訥《文章辨體序說》謂：「按三代王言，見於《書》者有三，曰誥、曰誓、曰命。至秦改之曰詔，歷代因之。」是「詔」起於秦時。劉熙《釋名·釋典藝》：「詔書，詔，照也。人暗不見事宜則有所犯，以此照示之，使昭然知所由也。」《漢書·高帝紀》五年詔顏注：「如淳曰：詔，告也，自秦以下，唯天子獨稱之。」

戒書，戒敕刺史、太守及三邊營官〔1〕，被敕文曰：有詔敕某官，是為戒敕也。世皆名此為策書，失之遠矣〔2〕。

【注釋】

〔1〕戒敕：亦作「戒勅」、「戒飭」。作動詞時，意謂告戒。《漢書·杜周傳》：「至高宗，遭雉雊之戒飭，已正事，享百年之壽，殷道復興。」《楊惲傳》：「廷尉定國考問，左驗明白，奏惲不服罪，而召戶將尊，欲令戒飭富平侯延壽。」作名詞時即戒書。漢代皇帝四種命令之一。劉勰《文心雕龍·詔策》：「漢初定儀則，則命有四品：一曰策書，二曰制書，三曰詔書，四曰戒敕。敕戒州部，詔誥百官，制施赦命，策封王侯。策者，簡也。制者，裁也。詔者，告也。敕者，正也。」

三邊：漢時指匈奴、南越、朝鮮。《史記·律書》：「高祖有天下，三邊外畔。」亦指東、西、北邊陲。《後漢書·楊震傳》：「羌虜鈔掠，三邊震儷。」《資治通鑒·漢安帝延光二年》引此文，胡三省注云：「三邊，東、西、北也。」

〔2〕《漢制度》：「誡敕者，謂敕刺史、太守，其文曰有詔敕某官，他皆仿此。」劉熙《釋名》：「敕，飾也，使自警飾，不敢廢慢也。」《文心雕龍·詔策》：「誡敕為文，實詔之切者。」是對於各地刺史、太守的命令。

凡群臣上書於天子者有四名

凡群臣上書於天子者有四名〔1〕，一曰章〔2〕，二曰奏〔3〕，三曰表〔4〕，四曰駁議〔5〕。

【注釋】

〔1〕張校：「『尚』作『上』。」愚按：四庫本作「上」，《蔡集》本「書」作「疏」。

〔2〕章：臣下給君主的奏本。《後漢書·寒朗傳》：「帝問曰：『誰與共為章？』」《文心雕龍·章表》：「章以謝恩，奏以按劾，表以陳請，議以執異。章者，明也。《詩》云：『為章于天。』謂文明也。其在文物，赤白曰章。表者，標也。《禮》有《表記》，謂德見於儀。其在器式，揆景曰表。章表之目，蓋取諸此也。」

〔3〕奏：臣子上帝王的文書。《論衡·對作》：「上書謂之奏。」《文選·陸機〈文賦〉》：「奏平徹以閒雅。」李善注：「奏以陳情敘事，故平徹閒雅。」

〔4〕表：奏章的一種，多用於陳請謝賀。《釋名·釋書契》：「下言上曰表，思之於內，表施於外也。」諸葛亮《出師表》：「今當遠離，臨表涕零，不知所言。」劉勰《文心雕龍·章表》：「陳思之表，獨冠群才。」

〔5〕愚按：《蔡集》本「駁」作「駮」。駁議：亦作「駮議」。臣屬向皇帝上書的名稱之一，就他人所論而予以辯駁。《後漢書·應劭傳》：「又集駁議三十篇，以類相從，凡八十二事。」劉勰《文心雕龍·議對》：「迄至有漢，始立駁議。駁者，雜也。雜議不純，故曰駁也。自兩漢文明，楷式昭備，藹藹多士，發言盈庭：若賈誼之遍代諸生，可謂捷於議也。至如主父之駁挾弓，安國之辨匈奴，賈捐之之陳於朱崖，劉歆之辨於祖宗：雖質文不同，得事要矣。」

章者，需頭〔1〕，稱稽首〔2〕，上書謝恩、陳事、詣闕通者也〔3〕。

【注釋】

〔1〕吳景旭《歷代詩話》卷五十五：「蔡邕《獨斷》所謂『需頭』者，蓋空其首一幅

以俟詔旨批答，陳請之奏用之；不需頭者，申謝之奏用之。」

〔2〕稽首：一種跪拜禮，叩頭至地，是九拜中最恭敬者。《周禮・春官・大祝》：「辨九拜，一曰稽首，二曰頓首，三曰空首，四曰振動，五曰吉，六曰凶，七曰奇，八曰褒，九曰肅拜，以享右祭祀。」鄭玄注：「稽首，拜頭至地也。」賈公彥疏：「一曰稽首，其稽，稽留之字，頭至地多時，則為稽首也。此三者，正拜也。稽首，拜中最重，臣拜君之拜。」《公羊傳・宣公六年》：「靈公望見趙盾，愬而再拜；趙盾逡巡北面再拜稽首，趨而出。」《史記・趙世家》：「公子成再拜稽首曰：『臣固聞王之胡服也。』」

〔3〕愚按：梁任昉《文章緣起》引「陳事」作「陳情」。《文心雕龍・章表》：「章者，明也……前漢表謝，遺篇寡存。及後漢察舉，必試章奏。」其特點是「對揚王庭，昭明心曲」。

奏者亦需頭，其京師官但言稽首，下言稽首以聞〔1〕，其中〔有〕【者】所請〔2〕，若罪法劾案〔3〕，公府送御史臺〔4〕，公卿校尉送謁者臺也〔5〕。

【注釋】

〔1〕張校：「『稽首』下有『下言稽首』四字。」愚按：四庫本、《蔡集》本有「下言稽首」四字。《後漢書・班固傳》章懷注：「奏，進也。記，書。」《文心雕龍・章表》：「秦初定制，改書曰奏。」奏用以按劾。《後漢書・百官志》：「蘭臺令史，六百石。本注曰：掌奏及印工文書。」《後漢書・班彪傳》章懷注：「《漢官儀》曰：『蘭臺令史六人，秩百石，掌書劾奏。』」

〔2〕盧校：「舊『者』，誤。」許校：「各本『有』皆誤『者』，惟盧校改作『有』。此字亦有剜改之跡。」愚按：四庫本、《蔡集》本皆作「其中者所請」。

〔3〕劾案：亦作「劾按」。審查核實罪狀。《後漢書・虞詡傳》：「尋永平、章和中，州郡以走卒錢給貸貧人，司空劾案，州及郡縣皆坐免黜。」

〔4〕公府：三公之府。《漢書・遊俠・陳遵傳》：「哀帝之末俱著名字，為後進冠。併入公府。」漢王符《潛夫論・愛日》：「郡縣既加冤枉，州司不治，令破家活，遠詣公府。」汪繼培箋：「《後漢書・靈帝紀》光和三年章懷注：『公府，三公府也。』」劉勰《文心雕龍・書記》：「迄至後漢，稍有名品，公府奏記，而郡將奏箋。」

御史臺：官署名。專司彈劾之職。西漢時稱御史府，東漢初改稱御史臺，又名蘭臺寺。《後漢書・百官三》：「御史中丞一人，千石。本注曰：御史大夫之丞也。舊別監御史在殿中，密舉非法。及御史大夫轉為司空，因別留中，為御史臺率，

後又屬少府。治書侍御史二人，六百石。本注曰：掌選明法律者為之。凡天下諸讞疑事，掌以法律當其是非。侍御史十五人，六百石。本注曰：掌察舉非法，受公卿群吏奏事，有違失舉劾之。凡郊廟之祠及大朝會、大封拜，則二人監威儀，有違失則劾奏。」

〔5〕公卿：三公九卿的簡稱。《儀禮·喪服》：「公卿大夫室老士貴臣。」《論語·子罕》：「出則事公卿，入則事父兄。」《國語·周語》：「王乃使司徒咸戒公卿、百吏、庶民。」《後漢書·陳寵傳》：「及竇憲為大將軍征匈奴，公卿以下及郡國無不遣吏子弟奉獻遺者。」亦泛指高官。

校尉：軍職名。據《史記》，秦末已有此職。《項羽本紀》：「（項梁）部署吳中豪傑為校尉、候、司馬。」又《張耳陳餘列傳》：「（陳勝）以張耳、陳餘為左右校尉。」漢代始建為常職，其地位略次於將軍，並各隨其職務冠以各種名號。掌管少數民族地區事務的長官，亦有稱校尉者。

謁者臺：官署名。東漢置，設謁者僕射為長官，常侍謁者五員、謁者三十員，掌朝會典禮，遣使傳宣詔命、巡視監察。名義上隸光祿勳，實際直達皇帝，時號外臺，與尚書、御史合稱三臺，共掌朝政。

　　表者不需頭，上言臣某言，下言臣某，誠惶誠恐，頓首頓首〔1〕，死罪死罪。左方下附曰某官臣某甲上，文多，用編兩行；文少，以五行，詣尚書通者也〔2〕。公卿校尉諸將不言姓，大夫以下有同姓官別者言姓〔3〕。章曰報聞〔4〕，公卿使謁者〔5〕，將大夫以下至吏民，尚書左丞奏聞報可〔6〕，表文報已奏如書。凡章表皆啟封〔7〕，其言密事，得帛囊盛〔8〕。

【注釋】

〔1〕張校：「『稽』作『頓』。」愚按：四庫本作「稽首頓首」。劉熙《釋名》：「下言上曰表，思之於內，表施於外也。又曰上，示之於上也。又曰言，言其意也。」

頓首：磕頭。古時候的禮節之一。以頭叩地即舉而不停留。《周禮·春官·大祝》：「二曰頓首。」鄭玄注：「頓首，拜頭叩地也。」賈公彥疏：「頓首者，為空首之時引頭至地，首頓地即舉，故名頓首。」《史記·周本紀》：「西周君犇秦，頓首受罪，盡獻其邑三十六，口三萬。」班固《漢書·東方朔傳》：「居有頃，聞上過，朱儒皆號泣頓首。」

〔2〕尚書：官名。始置於戰國時，或稱掌書，尚即執掌之義。秦為少府屬官，漢武帝加強皇權，因尚書在皇帝左右辦事，掌管文書奏章，地位逐漸重要。漢成帝時設尚書五人，開始分曹辦事。東漢時正式成為協助皇帝處理政務的官員，從

此三公權力大大削弱。《後漢書·百官三》:「尚書六人,六百石。本注曰:成帝初署尚書四人,分為四曹:常侍曹尚書主公卿事,二千石曹尚書主郡國二千石事,民曹尚書主凡吏上書事,客曹尚書主外國夷狄事。世祖承遵,後分二千石曹,又分客曹為南主客曹、北主客曹,凡六曹。左右丞各一人,四百石。本注曰:掌錄文書期會。左丞主吏民章報及騶伯史。右丞假署印綬及紙筆墨諸財用庫藏。侍郎三十六人,四百石。本注曰:一曹有六人,主作文書起草。令史十八人,二百石。本注曰:曹有三,主書。後增劇曹三人,合二十一人。」

〔3〕將:將軍。《後漢書·百官一》:「將軍,不常置。本注曰:掌征伐背叛。比公者四:第一大將軍,次驃騎將軍,次車騎將軍,次衛將軍。又有前、後、左、右將軍。」李賢注引蔡質《漢儀》曰:「漢興,置大將軍、驃騎,位次丞相;車騎、衛將軍、左、右、前、後,皆金紫,位次上卿。典京師兵衛,四夷屯警。」

大夫:《漢書·百官公卿表序》:「大夫掌論議,有太中大夫、中大夫、諫大夫,皆無員,多至數十人。武帝元狩五年初置諫大夫,秩比八百石,太初元年更名中大夫為光祿大夫,秩比二千石,太中大夫秩比千石如故。」此外,漢爵中亦有大夫之號:「五大夫,六官大夫,七公大夫。」

〔4〕愚按:四庫本「曰」作「口」。報聞:封建時代,天子批答臣下奏章時,書一「聞」字,謂之報聞。意謂所奏之事已知。《漢書·哀帝紀》:「書奏,天子報聞。」亦泛指天子批答。陳琳《為袁紹檄豫州》:「曹欲迷奪時明,杜絕言路,擅收立殺,不俟報聞。」

〔5〕謁者:官名。1. 始置於春秋、戰國時,秦漢因之。掌賓贊受事,即為天子傳達。2. 光祿勳屬官,有謁者僕射,率諸謁者。《後漢書·百官二》:「謁者僕射一人,比千石。本注曰:為謁者臺率,主謁者,天子出,奉引。古重習武,有主射以督錄之。故曰僕射。常侍謁者五人,比六百石。本注曰:主殿上時節威儀。謁者三十人。其給事謁者,四百石。其灌謁者郎中,比三百石。本注曰:掌賓贊受事,及上章報問。將、大夫以下之喪,掌使弔。本員七十人,中興但三十人。初為灌謁者,滿歲為給事謁者。」3. 東漢大長秋屬官,有中宮謁者二人,主報中章。

〔6〕尚書左丞:官名。漢成帝建始四年置尚書,員五人,丞四人。漢光武帝時,減二人,始分左右丞。尚書左丞佐尚書令,總領綱紀;右丞佐僕射,掌錢穀等事,秩均四百石。

奏聞:臣下將情事向帝王報告。《後漢書·安帝紀》:「三司之職,內外是監,既

不奏聞，又無舉正。」

報可：批覆照准。岳飛《奏乞復襄陽箚子》：「臣今已厲兵飭士，惟俟報可，指期北向，伏乞睿斷，速賜施行。」《金史・章宗紀三》：「尚書省奏減親軍武衛軍額及太學女直、漢兒生員，罷小學官及外路教授。詔學校仍舊，武衛軍額再議，余報可。」

〔7〕啟封：開拆封閉物。《列子・湯問》：「此三寶者，傳之十三世矣，而無施於事。匣而藏之，未嘗啟封。」

〔8〕盧校：「宋本是『帛囊』，考邕《傳》及他書所稱引，俱是『皂囊』，疑『帛』字誤。」張校：「《逸史》《漢魏》『帛』作『皂』。」愚按：盧注、張校是也，《蔡集》本正作「皂囊」。皂囊：亦作「皁囊」，黑綢口袋。漢制，群臣上章奏，如事涉秘密，則以皂囊封之。《後漢書・蔡邕傳》：「以邕經學深奧，故密特稽問，宜披露失得，指陳政要，勿有依違，自生疑諱。具對經術，以皁囊封上。」章懷注引應劭《漢官儀》：「凡章表皆啟封，其言密事得皁囊也。」劉勰《文心雕龍・奏啟》：「自漢置八儀，密奏陰陽，皂囊封板，故曰封事。」

其有疑事〔1〕，公卿百官會議〔2〕，若臺閣有所正處〔3〕，而獨執異意者〔4〕，曰駁議〔5〕。駁議曰：某官某甲議以為如是，下言臣愚戇議異〔6〕。其非駁議，不言議異，其合於上意者，文報曰某官某甲議可〔7〕。

【注釋】

〔1〕疑事：難以辨別的事。《禮記・曲禮上》：「疑事毋質，直而勿有。」《史記・范睢蔡澤列傳》：「今臣之胸不足以當椹質，而要不足以待斧鉞，豈敢以疑事嘗試於王哉！」《後漢書・范升傳》：「疑道不可由，疑事不可行。」亦指複雜難斷的案件。《史記・酷吏列傳》：「奏讞疑事，必豫先為上分別其原，上所是，受而著讞決法廷尉絜令，揚主之明。」《漢書・路溫舒傳》：「稍習善，求為獄小吏，因學律令，轉為獄史，縣中疑事皆問焉。」

〔2〕百官：古指公卿以下的眾官。後泛指各級官吏。《尚書・說命中》：「惟說（傅說）命總百官。」《禮記・郊特牲》：「獻命庫門之內，戒百官也。」鄭玄注：「百官，公卿以下也。」《史記・五帝本紀》：「舜復事瞽叟愛弟彌謹。於是堯乃試舜五典百官，皆治。」

會議：聚會論議。《史記・平津侯主父列傳》：「每朝會議，開陳其端，令人主自擇，不肯面折庭爭。」《後漢書・班勇傳》：「宗因此請出兵五千人擊匈奴，報索班之恥，因復取西域。鄧太后召勇詣朝堂會議。」《黃瓊傳》：「桓帝欲褒崇大將

軍梁冀，使中朝二千石以上會議其禮。」

〔3〕臺閣：漢時指尚書臺。後亦泛指中央政府機構。《後漢書・鄧騭傳》：「騭子侍中
鳳嘗與尚書郎張龕書，屬郎中馬融宜在臺閣。」《郅惲傳》：「又臺閣平事，分爭
可否，雖唐虞之隆，三代之盛，猶謂諤諤以昌，不以誹謗為罪。」《仲長統傳》：
「光武皇帝慍數世之失權，忿強臣之竊命，矯枉過直，政不任下，雖置三公，
事歸臺閣。」章懷注：「臺閣，謂尚書也。」

正處：按規定的程序處理。

〔4〕愚按：四庫本「意」作「議」。

〔5〕愚按：《蔡集》本「駮」作「駁」，下同。

〔6〕愚戇：亦作「愚戇」。愚笨戇直。亦用作自謙之辭。《韓非子・六反》：「嘉厚純
粹，整谷之民也，而世少之曰：愚戇之民也。」《隸釋・漢無極山碑》：「臣耽愚
戇，頓首頓首上尚書。」《後漢書・蔡邕傳》：「臣以愚戇，感激忘身。」

〔7〕《文心雕龍・議對篇》：「迄至有漢，始立駁議。駁者，雜也；雜議不純，故曰駁
也。」其特點是：「必樞紐經典，採故實於前代，觀通變於當今，理不謬搖其枝，
字不妄舒其藻。」

　　漢承秦法，群臣上書皆言昧死言〔1〕，王莽盜位，慕古法，去昧死曰稽首
〔2〕。光武因而不改，朝臣曰稽首頓首〔3〕，非朝臣曰稽首再拜，公卿、侍中、
尚書，衣【帛】〔皂〕〔4〕而朝〔5〕，曰朝臣。諸營校尉將大夫以下【亦】〔不〕
〔6〕為朝臣〔7〕。

【注釋】

〔1〕昧死：冒死，猶言冒昧而犯死罪。古時臣下上書帝王習用此語，表示敬畏之意。
《韓非子・初見秦》：「臣昧死願望見大王，言所以破天下之從。」賈誼《新書・
數寧》：「雖然誠不安，誠不治，故不敢顧身，敢不昧死以聞。」

〔2〕王莽：（前45～23），字巨君，魏郡元城（今河北省大名縣）人。漢元帝王皇后
之侄。王莽先任黃門郎，遷射聲校尉。漢成帝永始元年封新都侯，遷騎都尉、
光祿大夫、給事中。綏和元年任大司馬。哀帝時，罷官就第。哀帝死，太皇太
后臨朝稱制，復任大司馬，立漢平帝，進封安漢公。元始五年平帝死，立孺子
嬰，自稱「假皇帝」。初始元年自立為帝，改國號為「新」，建元「始建國」。王
莽託古改制，政令屢變，造成社會混亂，綠林、赤眉起義。地皇四年，綠林軍
攻入長安，王莽被殺，新朝滅亡。

盜位：竊取帝位。漢焦贛《易林・解之萃》：「竊名盜位，居非其家。」王充《論

衡・語增》：「殺主隆於誅臣，嗣立順於盜位。」《後漢書・伏隆傳》：「猾臣王莽，殺帝盜位。」顧炎武《日知錄・稽首頓首》：「漢承秦法，群臣上書皆言『昧死言』，王莽盜位慕古法，去『昧死』曰『稽首』。」

〔3〕朝臣：參與朝請的官員。《漢書・萬石君傳》：「景帝季年，萬石君以上大夫祿歸老於家，以歲時為朝臣。」顏師古注：「豫朝請。」常泛指朝廷官員。《韓非子・三守》：「國無臣者，豈郎中虛而朝臣少哉？」《史記・魏其武安侯列傳》：「於是上問朝臣，兩人孰是。」

〔4〕盧校：「『帛』偽。」愚按：盧校是也。四庫本、《蔡集》本皆作「衣帛而朝」，「帛」應為「皁」，說見前。侍中：加官，由外朝官兼任。《後漢書・百官三》：「侍中，比二千石。本注曰：無員。掌侍左右，贊導眾事，顧問應對。法駕出，則多識者一人參乘，余皆騎在乘輿車後。本有僕射一人，中興轉為祭酒，或置或否。」

〔5〕盧校：「劉昭注《續漢書・輿服志》引作『衣皁而入朝者』。」愚按：《後漢書・輿服下》劉昭注作「衣皁而入朝者」。

〔6〕盧校：「『亦』偽。」愚按：四庫本、《蔡集》本皆作「亦為朝臣」。《後漢書・輿服下》劉昭注引作「不為朝臣」。校尉：軍職名。據《史記》，秦末起義軍中已有此職。《項羽本紀》：「（項梁）部署吳中豪傑為校尉、候、司馬。」又《張耳陳餘列傳》：「（陳勝）以張耳、陳餘為左右校尉。」漢代始建為常職，其地位略次於將軍，並各隨其職務冠以各種名號。掌管少數民族地區事務的長官，亦有稱校尉者。

〔7〕盧校：「顧云，李善注《文選》陸士衡《謝平原內史表》引『諸侯境內自相以下，皆為諸侯稱臣，於朝皆稱陪臣』，今書內無之，脫耳，宜補於此下。」愚按：盧校是也。

王者臨撫之別名

王者臨撫之別名〔1〕。

天子曰兆民〔2〕，諸侯曰萬民〔3〕（今之令長，古之諸侯），百乘之家曰百姓（百乘之家，子男之國也）〔4〕。

【注釋】

〔1〕盧校：「明刻本下不提行，今從宋本，下皆仿此。」張校：「《逸史》《漢魏》連上不提行。」愚按：四庫本提行。臨撫：亦作「撫臨」。據有，統治。《史記・

文帝本紀》:「以不敏不明而久撫臨天下,朕甚自愧。」《三國志·魏志·陳留王奐傳》:「陛下稽德期運,撫臨萬國。」

〔2〕兆民:古稱天子之民,後泛指眾民、百姓。《尚書·呂刑》:「一人有慶,兆民賴之。」《禮記·月令》:「(孟春之月)命相布德和令,行慶施惠,下及兆民。」鄭玄注:「天子曰兆民。」劉勰《文心雕龍·祝盟》:「兆民所仰,美報興焉。」

〔3〕萬民:廣大百姓。《易·謙》:「勞謙君子,萬民服也。」《禮記·內則》:「萬億曰兆,天子曰兆民,諸侯曰萬民。」《史記·蒙恬列傳》:「凡臣之言,非以求免於咎也,將以諫而死,願陛下為萬民思從道也。」

〔4〕百乘:兵車一百輛。《禮記·大學》:「百乘之家,不蓄聚斂之臣。」《晏子春秋·諫上十》:「景公有男子五人,所使傅之者,皆有車百乘者也。」《史記·蘇秦列傳》:「乃飾車百乘,黃金千溢,白璧百雙,錦繡千純,以約諸侯。」清何焯《義門讀書記·孟子上》:「春秋時,僭制逾限,故列國多千乘,大夫多百乘。」

家:卿大夫或卿大夫的采地食邑。《周禮·夏官·序官》:「家司馬各使其臣以正於公司馬。」鄭玄注:「家,卿大夫采地。」《論語·八佾》:「三家者以《雝》撤。」朱熹集注:「三家,魯大夫孟孫、叔孫、季孫之家也。」《莊子·駢拇》:「小人則以身殉利,士則以身殉名,大夫則以身殉家,聖人則以身殉天下。」漢時列侯亦稱家。

百姓:百官。《尚書·堯典》:「九族既睦,平章百姓。」孔傳:「百姓,百官。」《國語·周語中》:「官不易方,而財不匱竭,求無不至,動無不濟。百姓兆民,夫人奉利而歸諸上,是利之內也。」《大戴禮記·保傅》:「此五義者既成於上,則百姓黎民化輯於下矣。」亦指人民、民眾。《尚書·泰誓中》:「百姓有過,在予一人。」孔穎達疏:「此『百姓』與下『百姓懍懍』皆謂天下眾民也。」《論語·顏淵》:「百姓足,君孰與不足?百姓不足,君孰與足?」

天子所都曰京師。京,水也〔1〕,地下之眾者,莫過於水;地上之眾者,莫過於人。京,大;師,眾也,故曰京師也〔2〕。

京師,天子之畿內千里〔3〕,象日月,日月躔次千里〔4〕。

【注釋】

〔1〕愚按:此處疑誤「師」為「京」,或有缺文,京無水義。《易·師》:「象曰:地中有水,師,君子以容民畜眾。」正與文義合。

〔2〕《白虎通義·京師》:「京,大也。師,眾也。天子所居,故以大眾言之也。」《春秋公羊傳·桓公九年》:「京師者何?天子之居也。京者何?大也。師者何?眾

也。天子之居，必以眾大之辭言之。」

〔3〕畿：王都所領轄的千里地面。《周禮·地官·大司徒》：「乃建王國焉，制其畿方千里而封樹之。」賈公彥疏：「王畿千里，以象日月之大。中置國城，面各五百里，制畿界。」《後漢書·孔融傳》：「又嘗奏宜準古王畿之制，千里寰內，不以封建諸侯。」後指京城管轄的地區。《史記·孝文本紀》：「夫四荒之外不安其生，封畿之內勤勞不處，二者之咎，皆自於朕之德薄而不能遠達也。」《白虎通·京師》：「京師者，何謂也？千里之邑號也。……明什倍諸侯，法日月之經千里。《春秋傳》曰：『京師，天子之居也。』《王制》曰：『天子之田方千里。』」

〔4〕躔次：日月星辰運行的軌跡。《資治通鑒》卷六：「臣聞天有二十八宿。」胡三省注：「日月五星之行，躔次所舍，故謂之宿。」《古今韻會舉要》卷六：「躔，《說文》：踐也，從足，廛聲。徐曰：星之躔次，星所履行也。」躔，日月星辰在黃道上運行。亦指其運行的軌跡。《呂氏春秋·圜道》：「月躔二十八宿，軫與角屬，圜道也。」

天子命令之別名

天子命令之別名〔1〕：

命（出君下臣名曰命）〔2〕。

令（奉而行之名曰令）〔3〕。

政（著之竹帛名曰政）〔4〕。

【注釋】

〔1〕盧校：「明刻：一曰命，二曰令，三曰政，皆不提行，今從宋本。」張校：「《逸史》《漢魏》連上不提行。」愚按：四庫本提行。《蔡集》本作「一曰命，二曰令，三曰政」。命令：帝王的詔命；朝廷的文書。《楚辭·天問》：「何親揆發足，周之命以諮嗟。」王逸注：「當此之時，周之命令已行天下，百姓諮嗟歎而美之也。」

〔2〕張校：「《逸史》《漢魏》『命』上有『一曰』二字。」愚按：四庫本無。命：教令，政令；王命，朝命。《易·姤》：「后以施命誥四方。」孔穎達疏：「風行草偃，天之威令，故人君法此以施教命誥於四方也。」《禮記·緇衣》：「《甫刑》曰：『苗民匪用命，制以刑，惟作五虐之刑曰法。』」鄭玄注：「命謂政令也。」

〔3〕張校：「又，『令』上有『二曰』二字。」愚按：四庫本無。令：命令；法令。《尚書·冏命》：「出入起居，罔有不欽；發號施令，罔有不臧。下民祇若，萬

邦咸休。」《韓非子・內儲說上》:「於是乃下令曰:『棄灰過度者戮其尸,罪夫當喪者。』」

〔4〕張校:「又,『政』上有『三曰』二字。以上四節,均不提行。」愚按:四庫本無「三曰」二字,四節均提行。政:政令;政策。《逸周書・命訓》:「震之以政,動之以事。」朱右曾校釋:「政,政令。」荀悅《漢紀・惠帝紀》:「參為相國,遵何之政。」

天子父事天母事地

天子父事天,母事地,兄事日,姊事月〔1〕,常以春分朝日於東門之外〔2〕,示有所尊,訓人民事君之道也〔3〕。秋【夕】〔分〕〔4〕夕月於西門之外〔5〕,別陰陽之義也〔6〕。

【注釋】

〔1〕意謂以事父之禮事天,以事母之禮事地,以事兄之禮事日,以事姊之禮事月,蓋皇帝號稱上天之子,故言。

〔2〕春分:二十四節氣之一。每年在公曆 3 月 20 或 21 日。此日,太陽直射赤道,南北半球晝夜長短平分,故稱春分。《逸周書・周月》:「春三月中氣:驚蟄,春分,清明。」董仲舒《春秋繁露・陰陽出入上下》:「至於仲春之月,陽在正東,陰在正西,謂之春分。春分者,陰陽相半也,故晝夜均而寒暑平。」

朝日:古代帝王祭日之禮。《周禮・天官・掌次》:「朝日,祀五帝,則張大次小次,設重帟重案。」鄭玄注:「朝日,春分拜日於東門之外。」《漢書・郊祀志上》:「十一月辛巳朔旦冬至,昒爽,天子始郊拜泰一。朝朝日,夕夕月,則揖。」顏師古注:「以朝旦拜日為朝。」

〔3〕張校:「下有『秋分夕月於西門之外,別陰陽之義也』十五字。《逸史》《漢魏》『秋分』作『秋夕』。」愚按:四庫本亦作「秋夕夕月」,《蔡集》本作「秋夕朝月」。

〔4〕盧校:「『夕』誤。」愚按:盧校是也。秋分:二十四節氣之一,每年在公曆 9 月 23 或 24 日,此日南北半球晝夜等長。董仲舒《春秋繁露・陰陽出入上下》:「至於中秋之月,陽在正西,陰在正東,謂之秋分。秋分者,陰陽相半也,故晝夜均而寒暑平。」

〔5〕許校:「『秋夕朝月』,集本如此,甚非。程本作『秋夕夕月』,較勝。盧改作『秋分夕月』,是也,或宋本如此。」愚按:《蔡集》本作「秋夕朝月」。夕月:古代

帝王祭月的儀式。《國語・周語上》：「古者，先王既有天下，又崇立於上帝，明神而敬事之，於是乎有朝日、夕月以教民事君。」韋昭注：「禮：天子搢大圭，執鎮圭，繅藉五采五就，以春分朝日，秋分夕月，拜日於東門之外，然則夕月在西門之外也。」《周禮・春官・典瑞》「以朝日」，鄭玄注：「天子當春分朝日，秋分夕月。」《史記・孝武本紀》：「十一月辛巳朔旦冬至，昧爽天子始郊拜泰一，朝朝日，夕夕月，則揖；而見泰一如雍禮。」裴駰《集解》：「應劭曰：『天子春朝日，秋夕月，拜日東門之外，朝日以朝，夕月以夕。』瓚曰：『漢儀郊泰一時，皇帝平旦出竹宮，東向揖日，其夕西向揖月，便用郊日，不用春、秋也。』」

〔6〕陰陽：此指陽尊陰卑之理。

天子父事三老者

　　天子父事三老者，【適】〔道〕〔1〕成於天地人也〔2〕。兄事五更者〔3〕，訓於五品也〔4〕。更者，長也〔5〕，更相代至五也〔6〕。能以善道改更己也〔7〕。又三老，老謂久也，舊也，壽也，皆取首妻男女完具者〔8〕。古者天子親袒割牲〔9〕，執醬而饋〔10〕，三公設几〔11〕，九卿正履〔12〕，使者安車軟輪〔13〕，送迎而至其家。天子獨拜於屏〔14〕，其明旦，三老詣闕謝〔15〕，以其禮過厚故也〔16〕。又五更或為叟，叟，老稱，與三老同義也〔17〕。

【注釋】

〔1〕盧校：「『適』偽。」愚按：四庫本、《蔡集》本皆作「適」。三老：此指國三老，多以致仕三公任之。《逸周書・大匡》：「王乃召冢卿、三老、三吏、大夫、百執事之人，朝於大庭。」朱右曾校釋：「三老，國老也，謂致仕者。」《後漢書・孝明帝紀》：「三老孝悌力田人三級。」章懷注：「三老、孝悌、力田，三者皆鄉官之名。三老，高帝置，孝悌、力田，高后置，所以勸導鄉里，助成風化也。文帝詔曰：『孝悌，天下之大順也。力田，為生之本也，三老，眾人之師也。其以戶口率置員。』」

〔2〕天地人：所謂三才也。《周易集解》卷十五虞翻曰：「彖說三才，則三分天象以為三才，謂天地人道也。」道成於天地人：謂通達天地人之道也。

〔3〕五更：古代鄉官名。用以安置年老致仕的官員。《禮記・樂記》：「食三老、五更於大學，天子袒而割牲，執醬而饋，執爵而酳，冕而總干，所以教諸侯之弟也。」鄭玄注：「三老五更，互言之耳，皆老人更知三德五事者也。」

〔4〕五品：五常，指五種倫理道德。《尚書・舜典》：「帝曰：『契，百姓不親，五

品不遜。』」孔傳：「五品謂五常。」孔穎達疏：「品謂品秩，一家之內尊卑之差，即父母兄弟子是也。教之義、慈、友、恭、孝，此事可常行，乃為五常耳。」《漢書・王莽傳中》：「帥民承上，宣美風俗，五品乃訓。」顏師古注：「五品即五常，謂仁、義、禮、智、信。」《禮記・文王世子》：「遂設三老、五更、群老之席位焉。」鄭玄注：「三老、五更各一人也，皆年老更事致仕者也。天子以父兄養之，示天下之孝悌也。名以三、五者，取象三辰五星，天所因以照明天下者。」鄭玄據漢制以三老、五更各一人，蔡邕以三老為三人，五更為五人。

〔5〕盧校：「下當有『長子』二字。」愚按：《漢官儀》：「更者，五世長子，更更相代。」有「長子」語義始明。《白虎通義・鄉射》：「即如是，不但言老言三何？欲其明於天地人之道而老也。五更者，欲其明於五行之道而更事也。」

〔6〕盧校：「下疑當有『又言』二字。」更相代至五：謂五世皆長子相承也。

〔7〕盧校：「案劉昭注《續漢・禮儀志》引應劭《漢官儀》云：『更者，五世長子。更更相代，言其能以善道改更己也。』與此大同小異，故參互訂正。」

〔8〕意謂選用退休官員中與首娶嫡妻子女雙全者。《漢官儀》：「三者，道成於天、地、人。老者，久也，舊也。五者，訓於五品。更者，五世長子，更更相代，言其能以善道改更己也。三老、五更皆取有首妻，男女完具。」

〔9〕袒：古代行禮時脫去上衣的左袖，露出褻衣。《儀禮・鄉射禮》：「司射適堂西，袒決遂。」鄭玄注：「袒，左免衣也。」《禮記・檀弓上》：「主人既小斂，袒，括髮。」孔穎達疏：「凡弔喪之禮，主人未變之前，弔者吉服而弔，吉服謂羔裘、玄冠、緇衣、素裳，又袒去上服以露褻衣，則此褻裘而弔是也。」

割牲：《禮記・祭義》鄭玄注：「割牲，制俎實也。」割，用刀分解牲畜的骨肉。《周禮・天官・內饔》：「掌王及后、世子膳羞之割亨煎和之事。」鄭玄注：「割，肆解肉也。」孫詒讓《正義》：「肆解即割裂牲體骨肉之通名。」此處割牲即割裂宴席上之肉食。

〔10〕醬：亦作「醬」。用鹽醋等調料醃製而成的肉醬。《周禮・天官・膳夫》：「凡王之饋，使用六穀。……醬用百有二十甕。」鄭玄注：「醬，謂醯醢也。」

饋：進食於人。《周禮・天官・膳夫》：「凡王之饋，使用六穀，膳用六牲。」鄭玄注：「進物與尊者曰饋。」孫詒讓《正義》：「此謂膳夫親進饋於王也。」

〔11〕設几：設置用於依靠的几案。因老人易於疲勞故也。几，古人坐時憑倚或擱置對象的小桌。《尚書・顧命》：「相被冕服，憑玉几。」《禮記・檀弓下》：「有司

以几筵舍奠於墓左。」陳澔集說：「几，所以依神。」此處設几以示尊老。

〔12〕正履：九卿親自為三老、五更擺正鞋子，以示尊敬。

〔13〕安車輭輪：亦作「安車蒲輪」，安車的輪子用蒲草包裹，以防顛簸，用以迎送德高望重的人，表示優禮。《漢書‧武帝紀》：「遣使者安車蒲輪，束帛加璧，徵魯申公。」顏師古注：「以蒲裹輪，取其安也。」《後漢書‧明帝紀》：「尊事三老，兄事五更，安車輭輪，供綏執綬。」章懷注：「安車，乘坐之車；輭輪，以蒲裹輪。」

〔14〕屏：照壁。對著門的小牆。《荀子‧大略》：「天子外屏，諸侯內屏。外屏，不欲見外也；內屏，不欲見內也。」楊倞注：「屏謂之樹，鄭康成云，若今之浮思也。」《大戴禮記‧武王踐阼》：「王端冕，師尚父亦端冕，奉書而入，負屏而立。」盧辯注：「樹謂之屏。」

〔15〕張校：「『明旦三老詣闕謝』上有『其』字。」愚按：四庫本、《蔡集》本皆有「其」字。

〔16〕《後漢書‧禮儀志上》：「養三老、五更之儀，先吉日，司徒上太傅若講師故三公人名，用其德行年耆高者一人為老，次一人為更也。皆服都紵大袍單衣，皁緣領袖中衣，冠進賢，扶王杖。五更一如之，不杖。皆齋於太學講堂。其日，乘輿先到辟雍禮殿，御坐東廂，遣使者安車迎三老、五更。天子迎於門屏，交禮，道自阼階，三老升自賓階。至階，天子揖如禮。三老升，東面，三公設几，九卿正履，天子親袒割牲，執醬而饋，執爵而酳，祝鯁在前，祝噎在後。五更南面，公進供禮，亦如之。明日皆詣闕謝恩，以見禮遇大尊顯故也。」

〔17〕盧校：「臧云：叟，老稱。《月令問答》作『長老之稱』，語意較足。」愚按：蔡邕《明堂論》：「更應作叟，叟，長老之稱，字與更相似，書者遂誤以為更。」《禮記‧樂記》：「食三老五更於大學，天子袒而割牲，執醬而饋，執爵而酳，冕而總干，所以教諸侯之弟也。」

三代建正之別名

三代建正之別名〔1〕：

夏以十三月為正〔2〕，十寸為尺，律中太簇〔3〕，言萬物始簇而生，故以為正也〔4〕。殷以十二月為正，九寸為尺，律中大呂〔5〕，言陰氣大勝，助黃鍾宣氣而萬物生〔6〕，故以為正也。周以十一月為正，八寸為尺，律中黃鍾〔7〕，言陽氣踵黃泉而出，故以為正也〔8〕。

【注釋】

〔1〕三代：指夏、商、周。《論語·衛靈公》：「斯民也，三代之所以直道而行也。」邢昺疏：「三代，夏、殷、周也。」劉勰《文心雕龍·銘箴》：「斯文之興，盛於三代，夏商二箴，餘句頗存。」

建正：確定一年的起始時間。古代天文學稱北斗星斗柄所指為建。一年之中，斗柄旋轉而依次指向十二辰，稱為十二月建。夏曆（農曆）的月份即由此而定，如正月稱建寅，二月稱建卯，……十一月稱建子，十二月稱建丑。《後漢書·卓魯魏劉列傳》：「其變者唯正朔、服色、犧牲、徽號、器械而已。」章懷注曰：「夏以建寅為正，服色、犧牲、徽號、器械皆尚黑；殷以建丑為正，尚白；周以建子為正，尚赤。周以夜半為朔，殷以雞鳴為朔，夏以平旦為朔。祭天地宗廟曰犧，卜得吉曰牲。徽號，旌旗之名也。器械，禮樂之器及甲兵也。」《白虎通·三正》：「王者受命必改朔何？明易姓，示不相襲也。明受之於天，不受之於人，所以變易民心，革其耳目，以助化也。故《大傳》曰：『王者始起，改正朔，易服色，殊徽號，異器械，別衣服也。』是以禹舜雖繼太平，猶宜改以應天。王者改作樂，必得天應而後作何？重改制也。《春秋瑞應傳》曰：『敬受瑞應而王，改正朔，易服色。』《易》曰：『湯武革命，順乎天而應乎民也』。文家先改正、質家先伐何？改正者文，伐者質。文家先其文，質者先其質。」

〔2〕為正：作為正月，即作為一年的第一個月。正，正月。《尚書·舜典》：「月正元日，舜格於文祖。」孔傳：「月正，正月。」《東觀漢記·光武帝紀》：「自漢草創德運，正朔服色，未有所定，高祖以十月為正。」

〔3〕太簇：亦作太蔟、太族。十二律中陽律的第二律。《漢書·律曆志上》：「律十有二，陽六為律，陰六為呂。律以統氣類物，一曰黃鍾，二曰太族，三曰姑洗，四曰蕤賓，五曰夷則，六曰亡射。」《國語·周語下》：「二月太蔟，所以金奏贊陽出滯也。」《淮南子·時則訓》：「律中太蔟，其數八。」古人將十二律與十二月相配，太蔟配正月，因以為農曆正月的別稱：《呂氏春秋·音律》：「太蔟之月，陽氣始生，草木繁動。」高誘注：「太蔟，正月。」

〔4〕張校：「『夏以十三月為正』以下六行，《逸史》《漢魏》連上不提行。」愚按：四庫本提行。《白虎通·三正》：「十三月之時，萬物始達，孚甲而出，皆黑，人得加功，故夏為人正，色尚黑。」《白虎通·五行》：「正月律謂之太蔟何？太亦大也，蔟者湊也。言萬物始大，湊地而出也。」

〔5〕大呂：古代樂律名。古樂分十二律，陰陽各六，六陰皆稱呂，其四為大呂。《周

禮・春官・大司樂》：「乃奏黃鍾，歌大呂，舞雲門，以祀天神。」《楚辭・招魂》：
「吳歈蔡謳，奏大呂些。」王逸注：「大呂，六律名也。」

〔6〕愚按：《蔡集》本「大」作「太」。黃鍾：樂律十二律中的第一律。《禮記・月令》：
「（季夏之月）其日戊己，其帝黃帝，其神后土，其蟲倮，其音宮，律中黃鍾之
宮。」孔穎達疏：「黃鍾宮最長，為聲調之始，十二宮之主。」《呂氏春秋・適
音》：「黃鍾之宮，音之本也，清濁之衷也。」陳奇猷校釋：「黃鍾即今所謂標準
音，故是音之本。但黃鍾是所有樂律之標準……黃鍾既是標準音，則自黃鍾始，
愈上音愈高，愈下音愈底，故黃鍾是清濁之衷。」《白虎通・三正》：「十二月之
時，萬物始牙而白，白者，陰氣，故殷為地正，色尚白也。」《尚書大傳・甘誓》：
「殷以十二月為正，色尚白，以雞鳴為朔。」

宣氣：謂發散陽氣，以生萬物。《國語・魯語上》：「古者大寒降，土蟄發，水虞
於是乎講罛罶，取名魚，登川禽，而嘗之寢廟，行諸國，助宣氣也。」《漢書・
律曆志上》：「位於卯，在二月。姑洗：洗，潔也，言陽氣洗物辜潔之也。位於
辰，在三月。中呂：言微陰始起未成，著於其中旅助姑洗宣氣齊物也。」

〔7〕古代為了預測節氣，將葦膜燒成灰，放在律管內，到某一節氣，相應律管內的
灰就會自動飛出。黃鍾律和冬至相應，時在十一月。《淮南子・天文訓》：「日行
一度，十五日為一節，以生二十四時之變，斗指子則冬至，音比黃鍾。」高誘
注：「黃鍾，十一月也。鍾者，聚也，陽氣聚於黃泉之下也。」

〔8〕《史記・曆書》：「昔自在古，曆建正作於孟春。」司馬貞《索引》：「按：古曆者，
謂黃帝《調曆》以前有《上元》《太初曆》等，皆以建寅為正，謂之孟春也。及
顓頊、夏禹亦以建寅為正。唯黃帝及殷、周、魯並建子為正。而秦正建亥，漢
初因之。至武帝元封七年始改用《太初曆》，仍以周正建子為十一月朔旦冬至，
改元太初焉。」又曰：「王者易姓受命，必慎始初，改正朔，易服色，推本天元，
順承厥意。」司馬貞《索引》：「言王者易姓而興，必當推本天之元氣行運所在，
以定正朔，以承天意，故云承順厥意。」又曰：「夏正以正月，殷正以十二月，
周正以十一月。蓋三王之正若循環，窮則反本。天下有道，則不失紀序；無道，
則正朔不行於諸侯。」《白虎通・三正》：「十一月之時，陽氣始養根株黃泉之下，
萬物皆赤，赤者，盛陽之氣也。故周為天正，色尚赤也。《尚書大傳・甘誓》：
周以十一月為正，色尚赤，以夜半為朔。」《白虎通・五行》：「《月令》十一月
律謂之黃鍾何？黃者，中和之色。鍾者，動也。言陽氣於黃泉之下動，養萬物
也。」

三代年歲之別名

三代年歲之別名〔1〕：

唐虞曰載，載，歲也，言一歲莫不覆載，故曰載也〔2〕。夏曰歲〔3〕，一曰稔也〔4〕。商曰祀〔5〕，周曰年〔6〕。

閏月者〔7〕，所以補小月之減日〔8〕，以正歲數，故三年一閏，五年再閏〔9〕。

【注釋】

〔1〕《爾雅·釋天》：「載，歲也。夏曰歲，取歲星行一次。商曰祀，取四時一終。周曰年，取禾一熟。唐虞曰載。取物終更始。歲名。」此說後人並不完全相信，如邵晉涵《爾雅正義》說：「《堯典》言『成歲』，是唐虞亦稱歲。《商頌·殷武》云『歲事來辟』，是商亦稱歲也。」郝懿行《爾雅義疏》云：「《尚書大傳》引《書》曰『三歲考績』，是唐虞亦曰歲。《禹貢》云『作十有三載』，是夏亦曰載。《洪範五行傳》云『維王后元祀』，鄭注『王謂禹也』，是夏亦曰祀。《大傳》又引《書》曰『高宗諒闇，三年不言』，是商亦曰年。《詩·殷武》云『歲事來辟』，是商亦曰歲。《周禮·茝蕝氏》云『十有二歲之號』；《太史》云『正歲年以序事』，是周亦曰歲也。然則此類，蓋亦通名矣。」陳立《白虎通疏證》曰：「年、歲、載，對文異，散則通。故《堯典》言『成歲』，則唐虞亦稱歲。《商頌》言『歲事來辟』，則商亦稱歲。《周禮·太史》『正歲年以序事』，則周亦稱歲。《周書》言『惟十有三祀』，知周亦稱祀。《漢書·律曆志》引《伊訓篇》曰『惟太甲元年，十有二日朔』，知殷亦稱年也。」王玉樹《說文拈字》云：「《堯典》『三載汝陟帝位』，鄭作『三年』；『百姓如喪考妣三載』，《孟子》作『三年』；《禹貢》『十有三載乃同』，馬鄭俱作『年』；劉歆引《伊訓》云『惟太甲元年』，《論語》引《書》『高宗諒陰，三年不言』；《多方》前云『五年』，後云『五載』，是可通稱也。」諸家都認為歲、祀、年、載可通稱，然其所據之古典文獻多為後起資料，尚難據以確定，近來人們通過對甲骨卜辭的研究，證明商代稱祀也稱年。

〔2〕載：年；歲。《尚書·堯典》：「帝曰：往，欽哉！九載績用弗成。」孔傳：「載，年也。」劉熙《釋名》：「唐虞曰載，載生物也。」

〔3〕歲：年，一年為一歲。《爾雅·釋天》：「載，歲也。夏曰歲。商曰祀。周曰年。唐虞曰載。」邢昺疏：「取歲星行一次。」《尚書·堯典》：「朞，三百有六旬有六日，以閏月定四時，成歲。」王充《論衡·難歲》：「積分為日，累日為月，連月為時，紀時為歲，歲則日、月、時之類也。」劉熙《釋名》：「歲，越也，越故限也。」

〔4〕稔：年。古代穀物一年一熟，因稱年為稔。《春秋左傳‧襄公二十七年》：「所謂
　　不及五稔者，夫子之謂矣。」杜預注：「稔，年也。」《國語‧晉語八》：「國無
　　道而年穀龢熟，鮮不五稔。」韋昭注：「稔，年也。」

〔5〕祀：歲；年。《尚書‧伊訓》：「惟元祀，十有二月，乙丑，伊尹祠於先王。」蔡
　　沈《集傳》：「夏曰歲，商曰祀，周曰年，一也。」《逸周書‧武儆》：「惟十有二
　　祀，四月，王告夢。」劉熙《釋名》：「殷曰祀，祀，巳也，新氣升故氣巳也。」

〔6〕張校：「『唐虞曰』以下三行，《逸史》《漢魏》『唐虞曰載』至『周曰年』連上不
　　提行，『閏月者』至『五年再閏』提行。」愚按：四庫本提行。年：地球繞太陽
　　一周的時間，古代稱為歲，初定為三百六十六日，後經實測改進為三百六十五
　　日又四分之一。《史記‧曆書》：「大餘五。」司馬貞索隱：「周天三百六十五度
　　四分度之一，日行一度，去歲十一月朔在牽牛初為冬至，今歲十一月十二日又
　　至牽牛初為一周，以六甲除之，六六三十六，除三百六十餘五，故云大餘五也。」
　　今測定一年為 365 日 5 時 48 分 46 秒。劉熙《釋名》：「年，進也，進而前也。」

〔7〕愚按：此節文字當為另條，且語義不完，缺佚嚴重。閏月：農曆一年較回歸年
　　相差約 10 日 21 時，故須置閏，即三年閏一個月，五年閏兩個月，十九年閏七
　　個月。每逢閏年所加的一個月叫閏月。最初放在歲末，稱「十三月」或「閏月」；
　　後加在某月之後，稱「閏某月」。《尚書‧堯典》：「朞，三百有六旬有六日，以
　　閏月定四時成歲。」

〔8〕小月：農曆一月僅二十九日為小月。《周髀算經》卷下：「小月不及，故捨二十
　　二度萬七千八百六十分度之七千七百五十五。」趙爽注：「小月者，二十九日為
　　一月。」《尚書‧洪範》「二曰月」，孔穎達疏：「二曰月，從朔至晦，大月三十
　　日，小月二十九日，所以紀一月也。」陽曆以三十日為小月。

〔9〕《白虎通義‧日月》：「月有閏餘何？周天三百六十五度四分之一，歲十二月，日
　　過十二度，故三年一閏，五年再閏。」

天子諸侯后妃夫人之別名

　　天子、諸侯后妃夫人之別名：

　　天子之妃〔1〕曰后〔2〕，后之言後也〔3〕。諸侯之妃曰夫人〔4〕，夫之言扶也
〔5〕。大夫曰孺人〔6〕，孺之言屬也〔7〕。士曰婦人〔8〕，婦之言服也〔9〕。庶人曰
妻〔10〕，妻之言齊也〔11〕。公侯有夫人〔12〕，有世婦〔13〕，有妻、有妾〔14〕。皇
后赤綬玉璽〔15〕，貴人緺綬〔16〕金印。緺綬色似綠〔17〕。

【注釋】

〔1〕張校：「『天子之妃』以下四行，《逸史》《漢魏》連上不提行。」愚按：《四庫》
本提行。按此節文字由《禮記・曲禮下》「天子之妃曰后」一段之正文與鄭玄注
組合而成。妃：亦作「斐」，配偶，妻。《左傳・桓公二年》：「嘉耦曰妃。」《儀
禮・少牢饋食禮》：「以某妃配某氏。」鄭玄注：「某妃，某妻也。」《禮記・曲
禮下》：「天子之妃曰后。」孔穎達疏：「以特牲、少牢是大夫、士之禮，皆云『某
妃配某氏』，尊卑通稱也。」揚雄《太玄經・內》：「初一，謹於妃仇，初貞後
寧。……次五，龍下於泥，君子利用取妃。」後世專指皇帝的姬妾，太子和王
侯的妻。《呂氏春秋・季春紀》：「后妃齋戒，親東向躬桑。」高誘注：「王者一
后三夫人，妃即夫人。」《漢書・外戚傳上・衛太子史良娣》：「太子有妃，有良
娣，有孺子，妻妾凡三等。」

〔2〕愚按：此句在《禮記・曲禮下》屬正文。后：君王的正妻，皇后。《左傳・莊公
二十一年》：「鄭伯之享王也，王以后之鞶鑒予之。」《後漢書・皇后紀上・光武
郭皇后》：「后叔父良，早終。」《後漢書・皇后紀》：「《周禮》王者立后。」章
懷注：「鄭玄注《禮記》曰：『后之言後，言在夫之後也。』」

〔3〕愚按：此句在《禮記・曲禮下》屬鄭玄注。後：後面，意謂跟隨在丈夫之後。
《釋名・釋親屬》：「天子之妃曰后。后，後也，言在後，不敢以副言也。」

〔4〕愚按：此句在《禮記・曲禮下》屬正文。諸侯：古代帝王所分封的各國君主。
《周易・比》：「先王以建萬國，親諸侯。」《史記・五帝本紀》：「於是軒轅乃習
用干戈，以征不享，諸侯咸來賓從。」《史記・孝武本紀》：「而上鄉儒術，招賢
良，趙綰、王臧等以文學為公卿，欲議古立明堂城南，以朝諸侯。」宋高承《事
物紀原・官爵封建・諸侯》：「《帝王世紀》曰：女媧未有諸侯，有共工氏任智刑
以強霸而不王，炎帝世，乃有諸侯，風沙氏叛，炎帝修德，風沙之民自攻其君，
則建侯分土自炎帝始也。」

夫人：諸侯之妻。《論語・季氏》：「邦君之妻，君稱之曰夫人。夫人自稱曰小
童。」邢昺疏：「邦君之妻者，諸侯之夫人也。」《韓非子・內儲說下》：「魏王
遺荊王美人，荊王甚悅之，夫人鄭袖知王悅愛之也，亦悅愛之，甚於王。」漢
代亦稱列侯之妻。《漢書・文帝紀》：「七年冬十月，令列侯太夫人、夫人、諸侯
王子及吏二千石，無得擅徵捕。」顏師古注引如淳曰：「列侯之妻稱夫人。」《後
漢書・皇后紀》：「夫人坐論婦禮。」章懷注：「鄭玄注《周禮》云：『夫人之於
后，猶三公之於王，坐而論婦禮也。』」

〔5〕張校：「『夫人之言扶也』，《逸史》《漢魏》《抱經》無『人』字。」愚按：四庫
　　本有「人」字，《蔡集》本無。按此句《禮記・曲禮下》屬鄭玄注，無「人」字
　　是。扶：扶持，扶助。《荀子・勸學》：「蓬生麻中，不扶而直。」《釋名・釋親
　　屬》：「諸侯之妃曰夫人。夫，扶也，扶助其君也。」意謂夫人的職責是扶助丈
　　夫。

〔6〕愚按：此句在《禮記・曲禮下》屬正文。孺人：大夫的妻子。《禮記・曲禮下》
　　孔穎達疏：「『大夫曰孺人』者，孺，屬也，言其為親屬。」

〔7〕張校：「『孺人之言屬也』，無『人』字。」愚按：四庫本、《蔡集》本皆無「人」
　　字。按此句在《禮記・曲禮下》屬鄭玄注。《禮記・曲禮下》孔疏：「『孺人之言
　　屬也』，案《爾雅》云：『孺，屬也。』」

〔8〕愚按：此句在《禮記・曲禮下》屬正文。婦人：士之妻稱婦人。《禮記・曲禮下》
　　孔穎達疏：「『士曰婦人』者，婦之言服也，服事其夫也。其婦號亦上下通名，
　　故《春秋》『逆婦姜於齊』，是諸侯亦呼婦也。《穀梁傳》云：『言婦，有姑之辭。』
　　言服事舅姑，知通名也。」後為成年女子的通稱，多指已婚者。

〔9〕張校：「『婦之言服也』，無『人』字。」愚按：四庫本、《蔡集》本皆無『人』
　　字。按此句在《禮記・曲禮下》屬鄭玄注。「婦之言服也」意謂婦人的職責為服
　　侍其夫。

〔10〕愚按：此句在《禮記・曲禮下》屬正文。妻：指男子的嫡配。《周易・小畜》：
　　「九三，輿說輻，夫妻反目。」《詩經・齊風・南山》：「取妻如之何，必告父母。」
　　《禮記・曲禮下》孔疏：「『庶人曰妻』者，妻之言齊也。庶人賤，無別稱，判
　　合齊體而已。尊卑如此，若通而言之，則貴賤悉曰妻，故《詩》曰：『刑于寡妻。』
　　是天子曰妻也。周家大夫妻曰內子，趙姬以叔隗為內子是也。」班固《白虎通・
　　嫁娶》：「妻者，齊也，與夫齊體。」

〔11〕愚按：此句在《禮記・曲禮下》屬鄭玄注。《釋名・釋親屬》：「士庶人曰妻。妻，
　　齊也，夫賤不足以尊稱，故其等言也。」

〔12〕愚按：此句至「有妾」，在《禮記・曲禮下》屬正文。鄭玄注：「貶於天子也，
　　無后與嬪，去上中。」孔穎達疏：「『公侯』至『有妾』，今言諸侯，舉其上者，
　　余從可知也。既下於天子，不得立后，故以敵體一人正者為夫人。」

〔13〕世婦：宮中女官。《禮記・曲禮下》孔穎達疏：「『有世婦』者，謂夫人之侄娣，
　　故《公羊》云，夫人無子，立侄娣子也。質家先立侄之子，文家先立娣之子。
　　《左氏》亦夫人侄娣貴於二媵，則此世婦者，謂夫人侄娣也，其數二人。」《周

禮・天官・世婦》：「世婦掌祭祀、賓客、喪紀之事。」後世宮廷，每設此官，掌管賓客祭祀事務。《後漢書・皇后紀》：「世婦主喪、祭、賓客。」章懷注曰：「婦，服也，明其能服事於人也，比二十七大夫。《周禮》：『世婦，掌祭祀、賓客、喪紀之事。祭之日，涖陳女宮之具，凡內羞之物，掌弔臨於卿大夫之喪。』」

〔14〕妾：女奴。《尚書・費誓》：「臣妾逋逃。」孔傳：「役人賤者，男曰臣，女曰妾。」《國語・晉語七》：「鄭伯嘉來納女、工、妾三十人。」韋昭注：「妾，給使者。」《禮記・曲禮下》孔穎達疏：「『有妻』者，謂二媵及姪娣也，凡六人。『有妾』者，謂九女之外，別有其妾。知者，以上文云天子八十一御妻之外，更有妾。鄭注云：『妾，賤者，不入百二十人數。』故知此妾不在九女之數也。」後亦稱男子在妻以外娶的女子。《周易・鼎》：「得妾以其子，无咎。」孔穎達疏：「妾者側媵，非正室也。」《呂氏春秋・慎勢》：「妻妾不分則家室亂。」

〔15〕愚按：此下數句當為另條，且佚脫嚴重。皇后：皇帝的正妻。《史記・孝文本紀》：「三月，有司請立皇后。薄太后曰：『諸侯皆同姓，立太子母為后。』」《後漢書・輿服下》：「太皇太后、皇太后，其綬皆與乘輿同，皇后亦如之。」

〔16〕盧校：「下當有『綬』字。」愚按：貴人：女官名。後漢光武帝始置，地位次於皇后。歷代沿其名，而位尊卑不一。《後漢書・皇后紀序》：「及光武中興，斫雕為樸，六宮稱號，唯皇后、貴人。貴人金印紫綬，奉不過粟數十斛。」
綟綬：綟綬應即深綠色的印綬。綟，青紫色綬帶。《史記・滑稽列傳》：「及其拜為二千石，佩青綟。」裴駰集解：「徐廣曰：音瓜，一音螺，青綬。」《後漢書・輿服下》：「公、侯、將軍紫綬。」劉昭注：「紫綬名綟綬，其色青紫。」綟，蒼艾色。《急就篇》二：「縹綟綠紈皁紫磺。」顏師古注：「綟，蒼艾色也。東海有草，其名曰蒩，以染此色，因名綟云。」《後漢書・輿服下》：「諸國貴人、相國皆綠綬。」劉昭注引徐廣曰：「『金印綠綟綬。』綟音戾，草名也。」

〔17〕盧校：「《輿服志》注引徐廣曰：綟音戾，草名，以染似綠。紫綬名綟，音瓜，其色青紫。」《漢官舊儀》：「皇后玉璽，文與帝同。皇后之璽，金螭虎紐。」《後漢書・輿服下》：「長公主、天子貴人與諸侯王同綬者，加特也。」

天子后立六宮之別名

天子后立六宮之別名〔1〕：

三夫人〔2〕，帝嚳有四妃〔3〕，以象后妃四星〔4〕。其一明者為正妃，三者為次妃也〔5〕。九嬪〔6〕，夏后氏增以三三而九，合十二人〔7〕。《春秋》：天子

取十二，夏制也〔8〕。二十七世婦〔9〕，殷人又增三九二十七，合三十九人〔10〕。八十一御女〔11〕，周人上法帝嚳正妃〔12〕，又九九為八十一，增之〔13〕合百二十人也〔14〕。天子一取十二女，象十二月，三夫人九嬪〔15〕。諸侯一取九女，象九州〔16〕，一妻八妾。卿大夫一妻二妾，士一妻一妾〔17〕。

【注釋】

〔1〕愚按：此節文字，用《禮記·檀弓上》鄭玄注。六宮：古代皇后的寢宮，正寢一，燕寢五，合為六宮。《禮記·昏義》：「古者，天子后立六宮，三夫人、九嬪、二十七世婦、八十一御妻，以聽天下之內治，以明章婦順，故天下內和而家理。」鄭玄注：「天子六寢，而六宮在後，六官在前，所以承副施外內之政也。」因用以稱后妃或其所居之地。

〔2〕張校：「『三夫人』以下七行，《逸史》《漢魏》連上不提行。」愚按：四庫本提行。《禮記·檀弓上》：「其位后也、夫人也、嬪也、世婦也、女御也。五者相參以定尊卑。」以此而推，則此「三夫人」前應有「一后」，方與下文相應。夫人：帝王的妾。《禮記·曲禮下》：「天子有后，有夫人，有世婦，有嬪，有妻，有妾。」

〔3〕愚按：《禮記·檀弓上》鄭玄注作「帝嚳而立四妃矣」。帝嚳：傳說中的五帝之一。黃帝子玄囂後裔。居亳，號高辛氏。卜辭中商人以帝嚳為高祖。《禮記·祭法》：「殷人禘嚳而郊冥。」

〔4〕愚按：《禮記·檀弓上》鄭玄注無「以」。后妃：指皇后妃嬪。《詩經·周南·關雎序》：「《關雎》，后妃之德也。」孔穎達疏：「《曲禮》曰：『天子之妃曰后。』……《釋詁》云：『妃，媲也。』言媲匹於夫也，天子之妻唯稱后耳，妃則上下通名，故以妃配后言之。」后妃四星：《史記·天官書》：「中宮天極星，其一明者，太一常居也；旁三星三公，或曰子屬。後句四星，末大星正妃，餘三星後宮之屬也。」司馬貞《索隱》：「案：《援神契》云『辰極橫，后妃四星從，端大妃光明』。又案：星經以後句四星名為四輔，其句陳六星為六宮，亦主六軍，與此不同也。」

〔5〕愚按：《禮記·檀弓上》鄭玄注作「餘三小者為次妃」。此後尚有「帝堯因焉。至舜不告而取，不立正妃，但三而已，謂之三夫人。《離騷》所歌湘夫人，舜妃也」。

〔6〕九嬪：宮中女官。也是帝王的妃子。《周禮·天官·九嬪》：「九嬪掌婦學之法，以教九御婦德、婦言、婦容、婦功，各帥其屬而以時御敘於王所。」《禮記·昏義》：「古者天子后立六宮、三夫人、九嬪、二十七世婦、八十一御妻。」歷代王朝多有九嬪之制。

〔7〕愚按：「合十二人」，按蔡邕所述計算，應為十三人，蓋因略去「帝堯因焉」一段，以致意義不明。夏后氏：指禹受舜禪而建立的夏王朝，稱夏后氏，亦稱「夏氏」、「夏后」。《論語・八佾》：「夏后氏以松，殷人以柏，周人以栗，曰使民戰慄。」《左傳・定公四年》：「分魯公以大路、大旂、夏后氏之璜，封父之繁弱。」《商書・湯誓》：「夏氏有罪，予畏上帝，不敢不正。」《史記・夏本紀》：「禹於是遂即天子位，南面朝天下，國號曰夏后，姓姒氏。」

〔8〕許校：「集本如此，程本無『一』字，盧亦無。」張校：「『天子取十二』，《逸史》《漢魏》『天子』下有『一』字。」愚按：四庫本無「一」字，《蔡集》本有「一」字。《公羊春秋・成公十年》：「齊人來勝。」何休注：「唯天子取十二女。」《禮記・檀弓下》鄭玄注：「《春秋》說云：『天子取十二。』即夏制也。」

〔9〕愚按：《禮記・檀弓上》鄭玄注無此五字，有「以虞、夏及周制差之，則」。世婦：《周禮・天官・世婦》：「世婦掌祭祀、賓客、喪紀之事，帥女宮而濯摡，為齍盛。」賈公彥疏：「此婦人所掌，祭祀謂祭宗廟，賓客謂饗食諸侯在廟，喪紀謂大喪朝廟、設祖奠與大遣奠時。為此三事，則帥女宮而濯摡。」

〔10〕愚按：《禮記・檀弓下》鄭玄注「增」下有「以」。按蔡邕所述計算，應為四十人。

〔11〕愚按：《禮記・檀弓上》鄭玄注無此五字。御女：又稱「女御」，即御妻。《周禮・天官・女御》：「女御掌御敘於王之燕寢。」鄭玄注：「言掌御敘，防上之專妒者。於王之燕寢，則王不就后宮息。」《淮南子・時則訓》：「東宮御女青色，衣青采，鼓琴瑟。」《後漢書・皇后紀序》：「《周禮》王者立后，三夫人，九嬪，二十七世婦，八十一女御，以備內職焉。」

〔12〕愚按；《禮記・檀弓上》鄭玄注「正妃」上有「立」字，有之語義始明。

〔13〕張校：「又，『九九』下無『為』字。」愚按：四庫本、《抱經》本皆有「為」字。《禮記・檀弓上》鄭玄注作「又三二十七為八十一人，以增之」。例之前文，此較勝。

〔14〕愚按：《禮記・檀弓上》鄭玄注作「百二十一人」，無「也」字，是也。三十九加八十一，再加正妃，應是百二十一人。以上一段文字見於《禮記・檀弓上》鄭玄注，有所刪節，以致語意不明。

〔15〕愚按：「天子一取十二女」以下文字，用《公羊春秋》及緯書之說，顯與上段不同，且與總綱不合。《白虎通・嫁娶》：「或曰：天子娶十二女，法天有十二月，萬物必生也。」

〔16〕《白虎通・嫁娶》：「天子、諸侯，一娶九女者何？重國廣繼嗣也。適九者何？法地有九州，承天之施，無所不生也。一娶九女，亦足以成君施也。九而無子，百亦無益也。」

九州：古代分中國為九州，說法不一。《尚書・禹貢》作冀州、兗州、青州、徐州、揚州、荊州、豫州、梁州和雍州。《爾雅・釋地》有幽、營州而無青、梁州；《周禮・夏官・職方》有幽、并州而無徐、梁州。後以九州泛指天下、全中國。

〔17〕《白虎通・嫁娶》：「卿、大夫一妻二妾者何？尊賢重繼嗣也。不備姪娣何？北面之臣賤，勢不足盡人骨肉之親。《禮服經》曰：『貴臣貴妾。』明有卑賤妾也。士一妻一妾何？下卿大夫，禮也。《喪服小記》曰：『士妾有子，則為之緦。』」

王者子女封邑之差

王者子女封邑之差〔1〕：

帝之女曰公主〔2〕，儀比諸侯〔3〕。帝之姊妹曰長公主，儀比諸侯王〔4〕。異姓婦女以恩澤封者曰君〔5〕，比長公主〔6〕。

【注釋】

〔1〕張校：「『子』下有『女』字。案《四庫》本、《抱經》本皆有『女』字。」愚按：此段文字語義不完，疑有缺文。封邑：帝王賜給諸侯、功臣以領地或食邑。《史記・晉世家》：「賞從亡者及功臣，大者封邑，小者尊爵。」《史記・李廣列傳》：「以軍功取侯者數十人，廣不為後人，然終無尺寸功以得封邑者，何也？」也指領地、食邑。《史記・田敬仲完世家》：「田常於是盡誅鮑、晏、監止及公族之強者，而割齊自安平以東，自為封邑。」《管晏列傳》：「鮑叔既進管仲，以身下之，子孫世祿於齊，有封邑者十餘世。」

〔2〕張校：「『帝之女曰公主』以下二行，《逸史》《漢魏》連上不提行。」公主：帝王、諸侯之女的稱號。《史記・孫子吳起列傳》：「田文既死，公叔為相，尚魏公主，而害吳起。」宋高承《事物紀原・天地生殖・公主》：「《春秋公羊傳》曰：天子嫁女於諸侯，至尊不自主婚，必使同姓者主之，謂之公主。蓋周事也。《史記》曰：公叔相魏，尚魏公主，文侯時也，蓋僭天子之女也。《春秋指掌碎玉》曰：天子嫁女，秦漢以來，使三公主之，故呼公主也。」

〔3〕意謂公主之儀仗、禮遇及封地與諸侯同。《後漢書・皇后紀》：「漢制，皇女皆封縣公主，儀服同列侯。」《後漢書・百官五》：「列侯，所食縣為侯國。」

〔4〕長公主：皇帝的姊妹或皇女之尊崇者的封號。《漢書・昭帝紀》：「（昭）帝姊鄂

邑公主益湯沐邑，為長公主共養省中。」《後漢書·皇后紀》：「漢制皇女皆封縣公主，儀服同列侯。其尊崇者，加號長公主，儀服同蕃王。」章懷注：「蔡邕曰：『帝女曰公主，姊妹曰長公主。』建武十五年，封舞陽公主為長公主，即是帝女尊崇亦為長，非惟姊妹也。」儀比諸侯王：此諸侯王即「藩王」，皇子所封。長公主儀仗、禮遇、封地同王子。《後漢書·百官五》：「皇子封王，其郡為國。」

〔5〕恩澤：帝王或朝廷給予臣民的恩惠，言其如雨露之澤及萬物，故云。《逸周書·時訓》：「大雨不行時，國無恩澤。」《史記·律書》：「今陛下仁惠撫百姓，恩澤加海內。」《漢書·郊祀志下》：「亦施恩澤，時所過毋出田租，賜百戶牛、酒，或賜爵，赦罪人。」

君：此指漢統治者為尊崇自己的親屬或對自己有恩的女性而加的封號。如漢武帝尊王皇后母臧兒為平原君，王莽母賜號曰功顯君，安帝乳母王聖封野王君，順帝號阿母宋娥為山陽君等。

〔6〕盧校：「《後漢書·皇后紀下》注云：建武十五年，封武陽公主為長公主，即是帝女，尊崇亦為長，非唯姊妹也。」愚按：《史記·孝武本紀》裴駰《集解》：「蔡邕曰：『異姓婦人以恩澤封者曰君，儀比長公主。』」依文例有「儀」字為是。

天子諸侯宗廟之別名

天子諸侯宗廟之別名〔1〕：

左宗廟，東曰左〔2〕。帝牲牢三月〔3〕，在外牢一月，在中牢一月，在明牢一月，謂近明堂也〔4〕。三月一時，已足肥矣〔5〕。徙之三月，示其潔也〔6〕。右社稷〔7〕，西曰右，宗廟、社稷皆在庫門之內〔8〕，雉門之外〔9〕。天子三昭三穆〔10〕，與太祖之廟七〔11〕。七廟一壇一墠〔12〕，曰考廟、王考廟、皇考廟、顯考廟、祖考廟，皆月祭之〔13〕。諸侯二昭二穆，與太祖之廟五〔14〕，五廟一壇一墠，曰考廟、王考廟、皇考廟，皆月祭之〔15〕。

【注釋】

〔1〕宗廟：帝王、諸侯祭祀祖宗的廟宇。《禮記·禮器》：「有以多為貴者：天子七廟，諸侯五，大夫三，士一。」《國語·魯語上》：「夫宗廟之有昭穆也，以次世之長幼，而等冑之親疏也。」《史記·魏公子列傳》：「今秦攻魏，魏急而公子不恤，使秦破大梁而夷先王之宗廟，公子當何面目立天下乎？」

〔2〕《禮記·祭義》：「建國之神位，右社稷而左宗廟。」鄭玄注：「周尚左也。」孔

穎達疏：「此一節明神位所在，周人尚左，故宗廟在左，社稷在右。案桓二年：『取郜大鼎，納於大廟』。何休云：『質家右宗廟，尚親親，文家右社稷，上尊尊。』此說與鄭合，故鄭云『周尚左』也。」

〔３〕愚按：此及以下至「明堂也」為另條摻入此者。帝牲：祭祀天帝的牲物。《公羊傳・宣公三年》：「帝牲不吉，則扳稷牲而卜之。」《春秋繁露・郊事對》：「帝牲在滌三月，牲貴肥潔而不貪其大也。」帝：天神。《儀禮經傳通解續》卷二十二「帝牲不吉」：「帝，皇天大帝，在北辰之中，主總領天地、五帝、群神也。」牢：關養牲畜的欄圈。《詩經・大雅・公劉》：「執豕于牢，酌之用匏。」《春秋公羊傳・宣公三年》：「帝牲在於滌三月。」何休注：「滌，宮名，養帝牲三牢之處也。謂之滌者，取其蕩滌絜清。三牢者，各主一月，取三月一時，足以充其天牲。」

〔４〕明堂：古代帝王宣明政教的地方。凡朝會、祭祀、慶賞、選士、養老、教學等大典，都在此舉行。《孟子・梁惠王下》：「夫明堂者，王者之堂也。」《史記・孝武本紀》：「而上鄉儒術，招賢良，趙綰、王臧等以文學為公卿，欲議古立明堂城南，以朝諸侯。」《史記・孝武本紀》：「天子從封禪還，坐明堂，群臣更上壽。」《漢書・地理志》：「奉高，有明堂，在西南四里；武帝元封二年造。」

〔５〕時：季度。三個月為一時。《尚書・康誥》：「要囚，服念五六日，至於旬時。」孔傳：「至於十日，至於三月。」蔡沈《集傳》：「時，三月。」

〔６〕盧校：「下宋本提行，今不從。」張校：「『左宗廟』以下八行，《逸史》《漢魏》連上不提行。」

〔７〕愚按：此句上接「東曰左」。社稷：帝王、諸侯所祭的土神和谷神。社，土神；稷，谷神。《尚書・太甲上》：「先王顧諟天之明命，以承上下神祇，社稷宗廟罔不祗肅。」《孟子・盡心下》：「民為貴，社稷次之，君為輕。」亦用為國家的代稱。《禮記・檀弓下》：「能執干戈以衛社稷。」《周禮・春官・小宗伯》：「小宗伯之職，掌建國之神位，右社稷，左宗廟。」鄭玄注：「庫門內、雉門外之左右。」則宗廟在雉門之東，社稷在雉門之西。

〔８〕庫門：天子宮室有五門，庫門是其外數第二門。《禮記・郊特牲》：「獻命庫門之內，戒百官也。」鄭玄注：「庫門，在雉門之外，入庫門則至廟門外矣。」《孔叢子・問軍禮》：「天子素服哭於庫門之外三日。」亦為諸侯宮外三門之一。《禮記・明堂位》：「大廟，天子明堂；庫門，天子皋門；雉門，天子應門。」鄭玄注：「言廟及門如天子之制也。天子五門：皋、庫、雉、應、路。魯有庫、雉、

路，則諸侯三門與！」

〔9〕雉門：天子宮室五門之中門。《周禮・天官・閽人》「閽人掌守王宮之中門之禁」，
鄭玄注：「鄭司農云：『王有五門，外曰皋門，二曰雉門，三曰庫門，四曰應門，
五曰路門。』玄謂雉門，三門也。」後因泛指皇宮之宮門。

〔10〕愚按：《禮記・王制》「天子」後有「七廟」二字。昭：古代宗廟制度，在始祖
廟之左者為「昭」。又墳地葬位的左右次序亦如此。《左傳・定公四年》：「曹，
文之昭也；晉，武之穆也。」

穆：古代宗廟排列的次序，始祖居廟中，父子依序為昭穆。左為昭，右為穆。
《周禮・春官・小宗伯》：「辨廟祧之昭穆。」鄭玄注：「父曰昭，子曰穆。」《禮
記・中庸》：「宗廟之禮所以序昭穆也。」清毛奇齡《廟制折衷・昭穆》：「南面
為昭，以其向陽；北面為穆，以其向幽，此昭穆之名所由始也。」亦指按輩分
排坐的右邊。

〔11〕愚按：《禮記・王制》「七」前有「而」字。太祖：亦作「大祖」，謂始祖也。《詩
經・周頌・雝序》：「《雝》，禘大祖也。」鄭玄箋：「大祖，謂文王。」後世統稱
開國皇帝曰太祖。《禮記・王制》鄭玄注：「（周）太祖，后稷。」「（諸侯）太祖，
別子始爵者。」

〔12〕壇：高臺。古代祭祀天地、帝王、遠祖或舉行朝會、盟誓及拜將的場所，多用
土石等建成。《禮記・祭法》鄭玄注：「封土曰壇。」《尚書・金縢》：「公乃自以
為功，為三壇同墠。為壇於南方北面，周公立焉。」孔傳：「壇，築土。」《左
傳・襄公二十八年》：「子產相鄭伯以如楚，舍不為壇。」《穀梁傳・定公十年》：
「兩君就壇，兩相相揖。」范甯注：「將欲行盟會之禮。」《東觀漢記・吳良傳》：
「蕭何舉韓信，社壇即拜。」

墠：供祭祀用的經清掃的場地。《禮記・祭法》鄭玄注：「除地曰墠。」《逸周書・
王會解》：「成周之會，墠上張赤帟陰羽。」

〔13〕盧校：「此較之《祭法》，文皆不完。」許校：「『考廟』下，誤脫『王考廟』三
字，宜補正。」愚按：《抱經》、四庫本、《蔡集》本不誤。《禮記・祭法》，「考
廟」以下四廟皆有「曰」。《禮記・祭法》孔穎達疏：「此之五廟，則並同，日月
祭之也。」

〔14〕愚按：《禮記・王制》「諸侯」下有「五廟」二字；「之廟」後有「而」字。

〔15〕愚按：「天子三昭三穆」以下，合《禮記・王制》與《禮記・祭法》兩段文字而
成，字句多有割裂，以致文義不明。

大夫以下廟之別名

大夫以下廟之別名〔1〕：

大夫一昭一穆，與太祖之廟三〔2〕，三廟一壇〔3〕，考廟、王考廟、〔皇考廟〕〔4〕，四時祭之也〔5〕。士一廟，降大夫二也〔6〕。上士二廟一壇，考廟、王考廟，亦四時祭之而已〔7〕。自立二祀，曰門〔8〕，曰行〔9〕。下士一廟，曰考廟，王考無廟而祭之，所謂祖稱曰廟者也〔10〕。亦立二祀，與上士同〔11〕。府史以下〔12〕，未有爵命，號為庶人〔13〕，及庶人皆無廟〔14〕，四時祭於寢也。

【注釋】

〔1〕愚按：此節文字亦由《禮記‧王制》《祭法》兩段文字整合而成。大夫：古職官名。周代在國君之下有卿、大夫、士三等；各等又分上、中、下三級。後因以大夫為任官職者之稱。秦漢以後中央要職有御史大夫，備顧問者有諫大夫、中大夫、光祿大夫等。秦漢分爵位為公士、上造等二十級，其中大夫居第五級，官大夫為第六級，公大夫為第七級，五大夫為第九級。

〔2〕愚按：《禮記‧王制》「大夫」下有「三廟」二字。「之廟」下有「而」字。

〔3〕盧校：「當依《祭法》作『二壇』，謂顯考、祖考無廟者也。」張校：「《逸史》《漢魏》『大夫一昭一穆』至『祭於寢也』連上不提行，『周祧文武』至『而無屋者也』提行。」愚按：盧校是也。

〔4〕盧校：「三字脫，依《祭法》補。」張校：「『考廟王廟』，《漢魏》《抱經》『王』下有『考』字。」愚按：盧校是也。四庫本「王考廟」作「王廟」。又按《禮記‧祭法》，上三廟前皆有「曰」字。四時：四季。《禮記‧孔子閒居》：「天有四時，春秋冬夏。」

〔5〕愚按：《禮記‧祭法》作「享嘗乃止」。鄭玄注：「享嘗，謂四時之祭。」

〔6〕盧校：「此七字雜出，疑當在『下士一廟』之下，此『士一廟』三字衍文。」張校：「『四時祭之也』，《漢魏》無『也』字。」士：古代諸侯設上士、中士、下士，「士」的地位次於大夫。《禮記‧王制》：「王者之制祿爵：公、侯、伯、子、男，凡五等。諸侯之上大夫卿、下大夫、上士、中士、下士，凡五等。」《國語‧周語上》：「諸侯春、秋受職於王以臨其民，大夫士日恪位著以儆其官，庶人、工、商各守其業以共其上。」桓寬《鹽鐵論‧刺復》：「官得其人，人任其事，故官治而不亂，事起而不廢，士守其職，大夫理其位，公卿總要執凡而已。」

〔7〕愚按：《禮記‧祭法》「上士」作「適士」。諸廟前皆有「曰」字。「亦四時祭之而已」作「享嘗乃止」。鄭玄注：「適士，上士也。」

〔8〕門：古代祭祀名。《禮記・祭法》：「大夫立三祀：曰族厲，曰門，曰行。」

〔9〕愚按：此上八字，《禮記・祭法》無，疑為誤入。行：路神名。即行神。《禮記・月令》：「（孟冬之月）其祀行，祭先腎。」

〔10〕愚按：《禮記・祭法》「下士」作「官師」，無「所謂祖稱曰廟者也」。鄭玄注：「官師，中士、下士。」祖稱曰廟：意謂祖即廟之稱。

〔11〕盧校：「《祭法》：庶士庶人立一祀，與此異。」愚按：以上八字，《禮記・祭法》無，意亦竄入。上士：古代官階之一。其地位次於下大夫，高於中士。《周禮・天官・序官》：「宰夫下大夫四人，上士八人，中士十有六人，旅下士三十有二人。」孫詒讓正義：「凡諸官上士，《王制》謂之元士，又謂之適士，中、下士又謂之官師。」《孟子・萬章下》：「君一位，卿一位，大夫一位，上士一位，中士一位，下士一位，凡六等。」秦以後亦有襲用古制，以上士、中士、下士為官秩者。

〔12〕愚按：《禮記・祭法》作「庶士、庶人無廟，死曰鬼」。鄭玄注：「庶士，府史之屬。」府史：古時管理財貨文書出納的小吏。《周禮・天官・序官》：「府六人，史十有二人。」鄭玄注：「府，治藏；史，掌書者。凡府、史，皆其官長所自辟除。」《儀禮・士冠禮》「有司如主人服」，鄭玄注：「有司，郡吏有事者，謂主人之吏所自辟除。府史以下，今時卒吏及假吏是也。」司馬光《知人論》：「謹蓋藏，吝出納，治文書，精會計，此府史之職也。」清夏炘《學禮管釋・釋君服》：「府史之類，即庶人在官者。」

〔13〕庶人：古代特指官府的吏役。《尚書・胤征》：「嗇夫馳，庶人走。」孔穎達疏：「庶人走，蓋是庶人在官者，謂諸侯胥徒也。」《儀禮・喪服》：「庶人為國君。」賈公彥疏：「庶人為府史胥徒，經不言民而言庶人，庶人或有在官者，據在官者而言之。」《禮記・曲禮上》：「庶人甌之。」孔穎達疏：「庶人，府史之屬也。」

〔14〕張校：「『皆寢無廟』，無『寢』字。」愚按：四庫本、《蔡集》本皆無「寢」字。孫詒讓《札迻》云：「案：『號為庶人』，『人』當作『士』。此用《禮記・祭法》鄭注義。」愚按：孫說是也，作「庶士」方與下文「及庶人」相應。

　　周祧〔1〕，文武為祧，四時祭之而已〔2〕。去祧為壇，去壇為墠，有禱焉祭之〔3〕，無禱乃止。去墠曰鬼〔4〕，壇謂築土起堂，墠謂築土而無屋者也〔5〕。

【注釋】

〔1〕祧：遠祖廟。《禮記・祭法》：「遠祖為祧。」孫希旦集解：「蓋謂高祖之父、高祖之祖之廟也。謂之遠廟者，言其數遠而將遷也。引申為遷去神主之稱。」愚

按：孫氏之說是也，然周代情況特殊。

〔2〕《禮記·祭法》：「遠廟為祧，有二祧，享嘗乃止。」鄭玄注：「祧之言超也，超上去意也。」孔疏：「『遠廟為祧』者，遠廟謂文、武廟也。文、武廟在應遷之例，故云『遠廟』也。特為功德而留，故謂為祧，祧之言超也，言其超然上去也。『有二祧』者，有文、武二廟不遷，故云『有二祧』焉。『享嘗乃止』者，享嘗，四時祭祀，文、武特留，故不得月祭，但四時祭而已。」愚按：以上用《禮記·祭法》鄭玄注義。

〔3〕禱：祝頌。《周禮·春官·大祝》：「作六辭以通上下、親疏、遠近……五曰禱。」鄭玄注：「禱，賀慶言福祚之辭。」《禮記·檀弓下》：「君子謂之善頌善禱。」《禮記·祭法》孔疏：「『去祧為壇』者，謂高祖之父也。若是昭行，寄藏武王祧。若是穆行，即寄藏文王祧，不得四時而祭之。若有四時之祈禱，則出就壇受祭也。『去壇為墠』者，謂高祖之祖也，不得在壇。若有祈禱則出就墠受祭也。高祖之父，既初寄在祧，而不得於祧中受祭，故曰『去祧』也。高祖之祖，經在壇而今不得祭，故云『去壇』也。『壇、墠有禱焉祭之』者，在壇、墠者，不得享嘗，應有祈禱於壇、墠乃祭之也。」

〔4〕愚按：依《禮記·祭法》，以上五句應接上「天子……祖考廟皆月祭之」後，由於內容割裂、刪節嚴重，以致意義不明。《禮記·祭法》：「天下有王，分地建國，置都立邑，設廟、祧、壇、墠而祭之，乃為親疏多少之數。」即廟、祧、壇、墠是根據祖先之親疏而設之祭禮。父、祖父、曾祖、高祖及始祖五廟，每月一祭；高祖之父、高祖之祖為二祧，每季一祭；再上推二代為壇墠，已親盡廟毀，其神主藏於祧中，平時不得受祭，四時有所祈禱時方就壇受祭；壇、墠再前的祖先稱為鬼，只有禘、祫時才受祭。大夫、士、庶人無禘祫之祭，故其鬼「薦而不祭」。

鬼：祖先。《論語·為政》：「非其鬼而祭之，諂也。」何晏《集解》引鄭玄曰：「人神曰鬼，非其祖考而祭之者，是諂求福。」劉寶楠《正義》：「非其鬼為非祖考。」又特指天子諸侯貴族已不在廟、壇、墠中享祭的遠祖。《禮記·祭法》：「去墠曰鬼。」鄭玄注：「天子遷廟之主，以昭穆合藏於二祧之中。諸侯無祧，藏於祖考之廟中。」《禮記·喪服大記》：「去祧為壇，去壇為墠，壇、墠有禱焉，祭之；無禱，乃止。去墠曰鬼。」

〔5〕張校：「『壇謂築土而無屋者也』，『築土』下有『起堂墠謂築土』六字，《逸史》《漢魏》《抱經》『無屋』下有『者』字。」愚按：四庫本與《抱經》同。此二

句用鄭玄注義。堂：夯土使高出地面成四方形的屋基。《尚書‧大誥》：「厥子乃弗肯堂，矧肯構？」俞樾《群經平議‧尚書三》：「古人封土而高之，其形四方，即謂之堂。」《禮記‧檀弓上》：「昔者，夫子言之曰：『吾見封之若堂者矣。』」鄭玄注：「封，築土為壟堂，形四方而高。」

薦考妣於適寢之所祭

薦考妣於適寢之所祭〔1〕：

春薦韭、卵〔2〕，夏薦麥、魚，秋薦黍、豚，冬薦稻、雁〔3〕，制無常牲，取與新物相宜而已〔4〕。

【注釋】

〔1〕愚按：此節文字唯說庶人祭禮，恐有脫佚。薦：進獻；送上。《儀禮‧鄉射禮》：「主人阼階上拜送爵，賓少退，薦脯醢。」鄭玄注：「薦，進。」《國語‧晉語三》：「補乏薦饑，道也，不可以廢道於天下。」韋昭注：「薦，進也。」袁宏《後漢紀‧桓帝紀下》：「臣實懷愚，不憚瞽言，使身死名著，碎體糞土，薦肉狐鼠，猶生之年。」亦指祭祀時獻牲。《周易‧觀》：「觀，盥而不薦，有孚顒若。」孔穎達疏：「既盥之後，陳薦籩豆之事。」《左傳‧隱公三年》：「可薦於鬼神，可羞於王公。」

考妣：考，對死去的父親的稱呼。《禮記‧曲禮下》：「生曰父曰母曰妻，死曰考曰妣曰嬪。」《公羊傳‧隱公元年》：「惠公者何？隱之考也。」何休注：「生稱父，死稱考。」古代父生亦稱考。《周易‧蠱》：「幹父之蠱，意承考也。」孔穎達疏：「對文，父沒稱考，若散而言之，生亦稱考。」《爾雅‧釋親》：「父為考，母為妣。」郭璞注引《尚書》：「大傷厥考心」、「如喪考妣」，以為考妣「非死生之異稱」。一說，自父以上皆稱考。妣：稱祖母和祖母輩以上的女性祖先。《周易‧小過》：「過其祖，遇其妣。」《詩經‧周頌‧豐年》：「為酒為醴，烝畀祖妣。」皆「祖」、「妣」並稱。《左傳‧昭公十年》：「邑姜，晉（平公）之妣也。」平公去邑姜已二十世。亦稱母親。《尚書‧堯典》：「百姓如喪考妣。」《蒼頡篇》：「考妣延年。」後專指亡母。

適寢：正寢，舊式住宅的正屋。《禮記‧喪大記》：「君夫人卒於路寢，大夫世婦卒於適寢。」鄭玄注：「言死者必皆於正處也。寢、室通耳。其尊者所不燕焉。君謂之路寢，大夫謂之適寢，士或謂之適室。」孔穎達疏：「適寢，猶今聽事處也。」亦謂之適室。《儀禮‧士喪禮》：「士喪禮，死於適室，幠用斂衾。」鄭玄

注：「適室，正寢之室也。」賈公彥疏：「若對天子諸侯謂之路寢，卿大夫士謂
之適室，亦謂之適寢，故下記云『士處適寢』，總而言之，皆謂之正寢。」《禮
記・檀弓下》：「妻之昆弟為父後者死，哭之適室。」孔穎達疏：「適室，正寢也。」
袁宏《後漢紀・安帝紀》：「諸侯薨於路寢，大夫卒於適室，死生有命，本無偏
旁可避者。」

〔2〕張校：「『春薦韭卵』以下二行，《逸史》《漢魏》連上不提行。」愚按：《禮記・
王制》「春薦」上有「庶人」。韭卵：韭菜與雞子。韭，亦作「韮」，韭菜。《詩
經・豳風・七月》：「獻羔祭韭。」自古以來充作獻祭之物。

〔3〕許校：「各本『雁』皆作『鴈』。《說文》：『鴈，鵝也。』恐作『鴈』是。」愚按：
此上四句，組合《禮記・王制》之文，唯說庶人之祭禮。

〔4〕愚按：此二句用鄭玄注，唯「制」作「庶人」。制無常牲：意謂祭祀所用之牲並
無硬性規定，只要與新產菜、糧等物相宜即可。孔穎達疏：「注『新物相宜』。
言『相宜』者，謂四時之間，有此牲穀，兩物俱有，故云相宜，非謂氣味相宜。
其相宜者，若牛宜稌、羊宜黍之屬是也。」

天子之宗廟曰泰社

天子之宗社曰泰社〔1〕，天子所為群姓立社也〔2〕。天子之社曰王社〔3〕，
一曰帝社〔4〕。古者有命將行師〔5〕，必於此社授以政。《尚書》曰：「用命，賞
於祖；不用命，戮於社〔6〕。」

【注釋】

〔1〕宗社：宗廟與社稷的合稱。王聘珍《大戴禮記解詁》卷九：「立子設如宗社，宗
社先示威，威明顯見，辨爵集德。」《解詁》曰：「宗社，謂宗廟社稷。」《南史・
虞寄傳》：「朕不食言，誓之宗社。」後借指國家。

泰社：天子的宗社。亦作「太社」，古代天子為群姓祈福報功而設立的祭祀土神
穀神的場所。《史記・三王世家》：「《春秋大傳》曰：『天子之國有泰社，東方青，
南方赤，西方白，北方黑，上方黃。』」《白虎通・社稷》：「太社為天下報功，
王社為京師報功。」

〔2〕愚按：《蔡集》本「為」作「與」。群姓：百官萬民。《禮記・祭法》：「王為群
姓立社曰泰社。」孔穎達疏：「群姓，謂百官以下及兆民。言群姓者，包百官
也。」

〔3〕王社：天子祀土神穀神之所。《禮記・祭法》：「王為群姓立社曰太社。王自為立

社曰王社。」孔穎達疏：「王社所在《書》《傳》無文，或云與太社同處，王社
在太社之西。崔氏並云：『王社在籍田。王自所祭，以供粢盛。』今從其說。」
然惠士奇《禮說》卷六云：「又壇圓社，故郊曰泰壇，社曰泰社。」又云：「孔
疏以門右之社為大社，而王社所書傳無文，崔氏為王社在籍田，臆說也。《祭
法》云『王自為立社曰王社』，故在中門之右；『為群姓立社曰大社』，故在澤中
之丘。」說法不一。

〔4〕帝社：古代帝王祭祀土神、谷神所設的壇，又名王社、籍田壇、先農壇。《五經
通義》：「太社在中門之外，稷在西，王社在籍田中。在國者為天下報功，在籍
田者為千畝報功也。」愚按：以上四句見於《禮記·祭法》。

〔5〕命將行師：任命將帥，出兵打仗。古人重視戰爭，故命將行師必告泰社。

〔6〕《尚書·甘誓》：「用命，賞於祖；弗用命，戮於社。予則孥戮汝。」《周禮·秋
官·司寇》：「大軍旅，蒞戮於社。」鄭玄注：「社，謂社主在軍者也。鄭司農說
以《書》曰『用命賞於祖，不用命戮於社。』」賈公彥疏：「鄭知『社，謂社主
在軍者也』者，以其大軍旅非在國，故先鄭引《書》為證，彼《書》，謂《甘誓》，
啟與有扈戰於甘之野，誓士眾辭。社是陰，殺亦陰，賞是陽，祖是遷主亦陽，
故各於其所。必於祖社主前者，尊祖嚴社之義也。」

諸侯為百姓立社曰國社

諸侯為百姓立社，曰國社〔1〕，諸侯之社曰侯社〔2〕。

【注釋】

〔1〕國社：諸侯受封後為百姓所設祭土地神之所。《禮記·祭法》：「諸侯為百姓立社
曰國社，諸侯自為立社曰侯社。」孔穎達疏：「諸侯國社亦在公宮之右。」《史
記·三王世家》：「所謂『受此土』者，諸侯王始封者必受土於天子之社，歸立
之以為國社，以歲時祠之。」

〔2〕侯社：諸侯為己所立的祀社神之所。《禮記·祭法》：「諸侯為百姓立社曰國社，
諸侯自為立社曰侯社。」孔穎達疏：「其諸侯國社亦在公宮之右，侯社在籍田。」
又曰：「諸侯自立社，曰侯社。大夫以下，成群立社曰置社。」愚按：此段文字
見於《禮記·祭法》。

亡國之社〔1〕，古者天子亦取亡國之社以分諸侯，使為社以自儆戒〔2〕。屋
之〔3〕，奄其上〔4〕，使不通天；柴其下〔5〕，使不通地，示與天地絕也〔6〕；北
面向陰〔7〕，示滅亡也。

【注釋】

〔1〕亡國之社：已亡國家的祠社。古代天子將其作為亡國的象徵，以自儆戒。《穀梁傳·哀公四年》：「亳社者，亳之社也。亳，亡國也；亡國之社，以為廟屏，戒也。其屋，亡國之社，不得達上也。」《呂氏春秋·貴直》：「亡國之社不得見於天……所以為戒。」

〔2〕儆戒：警戒；戒備；戒懼。《尚書·大禹謨》：「儆戒無虞，罔失法度。罔遊於逸，罔淫於樂。」朱熹以為「敬」為「儆」之古字，故古作「敬戒」。《周禮·夏官·職方氏》：「各修平乃守，考乃職事，無敢不敬戒，國有大刑。」

〔3〕屋：用物覆蓋。《禮記·郊特牲》：「是故喪國之社屋之，不受天陽也。」孔穎達疏：「喪國社者，謂周立殷社也，立以為戒……屋隔之，令不受天之陽也。」後遂以「屋」謂國家覆亡。

〔4〕許校：「程本、盧本作『奄』。」張校：「『奄其上』，《逸史》《漢魏》『奄』作『掩』。」愚按：四庫本作「奄」，《蔡集》本作「掩」。奄：奄、掩通，皆有「覆蓋」義。《淮南子·脩務訓》：「萬物至眾，而知不足以奄之。」高誘注：「奄，蓋也。」《尚書·盤庚上》：「世選爾勞，予不掩爾善。」孔傳：「言我世世選汝功勤，不掩蔽汝善。」《左傳·僖公三十三年》：「且吾不以一眚掩大德。」

〔5〕柴：編木維護四周。《公羊傳·哀公四年》：「亡國之社蓋揜之，揜其上而柴其下。」何休注：「揜柴之者，絕，不得使通天地四方。」《淮南子·道應訓》：「（周武王）乃封比干之墓，表商容之閭，柴箕子之門。」

〔6〕許校：「盧『自』作『示』，皆勝。」張校：「『自與天地絕也』，《抱經》『自』作『示』。」愚按：四庫本、《蔡集》本皆作「自」。

〔7〕許校：「『面北』，盧本、程本作『北面』。」張校：「『面北向陰』，《逸史》《抱經》『面北』作『北面』。」愚按：四庫本、《蔡集》本皆作「面北」，「面北」較勝。《春秋公羊傳·哀公四年》：「亡國之社也。社者，封也。其言災何？亡國之社掩其上而柴其下。」《禮記·郊特牲》：「天子大社必受霜露風雨，以達天地之氣也。是故喪國之社屋之，不受天陽也。薄社北牖，使陰明也。」《白虎通·社稷》：「王者、諸侯必有誡社者何？示有存亡也。明為善者得之，為惡者失之。故《春秋公羊傳》曰：『亡國之社，奄其上，柴其下。』《郊特牲》記曰：『喪國之社，屋之。』示與天地絕也。在門東，明自下之無事處也。或曰：皆當著明誡，當近君，置宗廟之牆南。《禮》曰：『亡國之社稷，必以為宗廟之屏。』示賤之也。」

大夫以下成群立社曰置社

大夫以下，成群立社，曰置社〔1〕。大夫不得特立社〔2〕，與民族居〔3〕，百姓已上，則共一社，今之里社是也〔4〕。

【注釋】

〔1〕愚按：此數句應接上文「曰侯社」。見《禮記・祭法》。置社：古時大夫、士庶共同設置的供奉社神之所。《禮記・祭法》：「大夫以下成群立社曰置社。」鄭玄注：「大夫不得特立社，與民族居，百家以上，則共立一社，今時里社是也。」孔穎達疏：「大夫以下，謂包士庶，成群聚而居，其群眾滿百家以上得立社，為眾特置，故曰置社。」

〔2〕愚按：此及以下數句用鄭注。特：單個；單獨。《禮記・內則》：「君已食，撤矣，使之特餕。」鄭玄注：「使獨餕也。」

〔3〕族居：群居；聚居。《逸周書・程典》：「士不族居，不足以給官。」孔晁注：「族，猶群也。」《漢書・司馬相如傳》：「文成顛歌，族居遞奏，金鼓迭起。」顏師古注：「族，聚也。聚居而遞奏也。」

〔4〕張校：「『百姓已上』，《逸史》《漢魏》『已』作『以』。」愚按：四庫本作「已」，《蔡集》本作「以」。里社：古代里中祭祀土地神的處所。《史記・封禪書》：「民里社，各自財以祠。」《禮記・喪服大記》：「王為群姓立社，曰大社。王自為立社，曰王社。諸侯為百姓立社，曰國社。諸侯自為立社，曰侯社。大夫以下，成群立社曰置社。」《白虎通・社稷》：「大夫有民，其有社稷者，亦為報功也。」

天子社稷

天子社稷，土壇，方廣五丈〔1〕，諸侯半之〔2〕。

天子社稷皆太牢〔3〕，諸侯社稷皆少牢〔4〕。

【注釋】

〔1〕方廣：範圍。《周禮・地官・封人》：「封人，掌設王之社壇，為畿封而樹之。凡封國，設其社稷之壇，封其四疆。」鄭玄注：「壇謂壇及堳埒也。畿上有封，若今時界矣。不言稷者，稷，社之細也。」賈公彥疏：「云『掌設王之社壇』者，謂王之三社三稷之壇，及壇外四邊之壝，皆設置之。直言壇不云壝，舉外以見內，內有壇可知也。」「云『設其社稷之壇』者，案《禹貢》，徐州貢五色土。孔注云：『王者封五色土為社，建諸侯則各割其方色土與之，使立社。燾以黃

土，苴以白茅，茅取其潔，黃取王者覆四方。』是封乎諸侯立社稷之法也。」

〔2〕《白虎通・社稷之壇》：「其壇大如何？《春秋大義》曰：『天子之社稷廣五丈，諸侯半之。』」

〔3〕太牢：古代祭祀，牛羊豕三牲具備謂之太牢。《莊子・至樂》：「具太牢以為膳。」成玄英疏：「太牢，牛羊豕也。」

〔4〕愚按：此二句見《禮記・王制》，語義似不完，其後尚有「大夫、士宗廟之祭，有田則祭，無田則薦。」少牢：舊時祭禮的犧牲，牛、羊、豕俱用叫太牢，只用羊、豕二牲叫少牢。《左傳・襄公二十二年》：「祭以特羊，殷以少牢。」杜預注：「四時祀以一羊，三年盛祭以羊、豕。殷，盛也。」《白虎通・社稷》：「宗廟俱大牢，社稷獨少牢何？宗廟大牢，所以廣孝道也。社稷為報功，諸侯一國，所報者少故也。」

天子為群姓立七祀之別名

天子為群姓立七祀之別名〔1〕：

曰司命〔2〕，曰中霤〔3〕，曰國行〔4〕，曰國門〔5〕，曰泰厲〔6〕，曰戶〔7〕，曰灶〔8〕。

【注釋】

〔1〕七祀：周代設立的七種祭祀。《禮記・祭法》鄭玄注：「此非大神所祈報大事者也，小神居人之間，司察小過，作譴告者爾。《樂記》曰：『明則有禮樂，幽則有鬼神。』鬼神謂此與？」

〔2〕張校：「『曰司命』以下十九字，《逸史》《漢魏》連上不提行。」愚按：司命：神名。《禮記・祭法》鄭玄注：「司命，主督察三命。」孔穎達疏：「司命者，宮中小神。熊氏云：非天之司命，故祭於宮中。」

〔3〕中霤：古代天子七祀及諸侯五祀所祭對象之一。《禮記・祭法》鄭玄注：「中霤，主堂室居處。」孔穎達疏：「『曰中霤』者，主堂室神。」亦即后土之神。《禮記・郊特牲》：「家主中霤而國主社。」孔穎達疏：「中霤謂土神。」班固《白虎通・五祀》：「六月祭中霤。中霤者，象土在中央也。」亦指宅神。劉熙《釋名》：「中央曰中霤，古者寢穴，後室之霤，當今之棟下，直室之中。古者霤下之處也。」

〔4〕國行：行神。天子七祀及諸侯五祀之一。《禮記・祭法》鄭玄注：「行，主道路行作。」孔穎達疏：「『曰國行』者，謂行神，在國門外之西。」

〔5〕愚按：《禮記・祭法》先「國門」後「國行」。國門：主城門之神。天子七祀及

諸侯五祀所祭對象之一。《禮記·祭法》鄭玄注:「門、戶,主出入。」孔穎達疏:「『曰國門』者,國門,謂城門也。」

〔6〕泰厲:古代帝王七祀之一,所祀之主為帝王無後者之鬼。《禮記·祭法》鄭玄注:「厲,主殺罰。」孔穎達疏:「『曰泰厲』者,謂古帝王無後者也。此鬼無所依歸,好為民作禍,故祀之也。」

〔7〕戶:古代帝王七祀之一,主門戶之神。《禮記·祭法》鄭玄注:「門、戶,主出入。」

〔8〕愚按:《禮記·祭法》此後尚有「王自為立七祀。」孔疏:「『王自為立七祀』者,前是為民所立,與眾共之,四時常祀,及為群姓禱祀。其自為立者,王自禱祭,不知其當同是一神,為是別更立七祀也。」當據補,方與上文王立社之事相應。
灶:灶神。天子七祀之一。《禮記·祭法》鄭玄注:「灶,主飲食之事。《明堂月令》:『春曰其祀戶,祭先脾。夏曰其祀灶,祭先肺。中央曰其祀中霤,祭先心。秋曰其祀門,祭先肝。冬曰其祀行,祭先腎。』《聘禮》曰使者出,『釋幣於行』;歸,『釋幣於門』。《士喪禮》曰『疾病』,『禱於五祀』。司命與厲,其時不著。今時民家,或春秋祠司命、行神、山神,門、戶、灶在旁,是必春祠司命,秋祠厲也。或者合而祠之。山即厲也,民惡言厲,巫祝以厲山為之,繆乎!《春秋傳》曰:『鬼有所歸,乃不為厲。』」《論語·八佾》:「與其媚於奧,寧媚於灶。」應劭《風俗通·祀典·灶神》:「南陽陰子方積陰好施,喜祀灶。」

諸侯為國立五祀之別名

諸侯為國立五祀之別名〔1〕:

曰司命〔2〕,曰中霤,曰國門,曰國行〔3〕,曰公厲〔4〕。

【注釋】

〔1〕五祀:諸侯所祀之五神。《禮記·祭法》孔疏:「『諸侯為國立五祀』者,減天子戶、灶二祀,故為立五祀也。」

〔2〕張校:「『曰司命』以下十五字,《逸史》《漢魏》連上不提行。」

〔3〕愚按:《蔡集》本「國行」作「行」。

〔4〕愚按:《禮記·祭法》「曰公厲」後有「諸侯自為立五祀」,當據補,始與上文諸侯立社相應。孔疏:「『諸侯自為立五祀』者,義與天子同。」公厲:古代無後諸侯之鬼,為諸侯所立五祀之一。《禮記·祭法》:「諸侯為國立五祀,曰司命,曰中霤,曰國門,曰國行,曰公厲。」孔穎達疏:「『曰公厲』者,謂古諸侯無後者,諸侯稱公,其鬼為厲,故曰公厲。」《後漢書·祭祀下》:「國家亦有五祀

之祭，有司掌之，其禮簡於社稷云。」劉昭注曰：「五祀：門、戶、井、灶、中霤也。韋昭曰：『古者穴居，故名室中為中霤也。』」

大夫以下自立三祀之別名

大夫以下自立三祀之別名〔1〕：

曰族厲〔2〕，曰門，曰行〔3〕。

【注釋】

〔1〕《禮記・祭法》：「大夫立三祀。」孔疏：「『大夫立三祀』者，減諸侯司命、中霤，故為三祀也。」

〔2〕張校：「『曰族厲』以下七字，《逸史》《漢魏》連上不提行。」族厲：謂古大夫死而無後者。《禮記・祭法》孔疏：「『曰族厲』者，謂古大夫無後者鬼也。族，眾也。大夫眾多，其鬼無後者眾，故言族厲。」

〔3〕愚按：《禮記・祭法》尚有「適士立二祀：曰門，曰行。庶士、庶人立一祀，或立戶，或立灶。」當據補，內容始與綱領中「大夫以下」相對應。《禮記・祭法》孔疏：「『曰門，曰行』者，其大夫無民、國，故不言『國門、國行』也。然鄭注《曲禮》『大夫五祀，為夏、殷法』，注《王制》『大夫五祀，是有采地者』，鄭何以知然？《曲禮》文連於『大夫五祀』，故知非周，而《王制》立七廟，故知是周禮。以彼推此，『大夫三祀』，則周諸侯之大夫無地者也。」

五祀之別名

五祀之別名〔1〕：

門，秋為少陰〔2〕，其氣收成，祀之於門〔3〕。祀門之禮，北面設主於門左樞〔4〕。戶，春為少陽〔5〕，其氣始出生養，祀之於戶〔6〕。祀戶之禮，南面設主於門內之西〔7〕。行，冬為太陰，盛寒為水〔8〕，祀之於行〔9〕，在廟門外之西，拔壤厚二尺〔10〕，廣五尺，輪四尺，北面設主於拔【上】【一作載】壤〔11〕。灶，夏為太陽〔12〕，其氣長養，祀之於灶〔13〕。祀灶之禮，在廟門外之東，先席於門奧〔14〕，面東〔15〕設主於灶陘也〔16〕。中霤，季夏之月，土氣始盛，其祀中霤，霤神在室〔17〕，祀中霤〔18〕，設主於牖下也〔19〕。

【注釋】

〔1〕愚按：此整段文字，順序頗為凌亂，五祀之禮，依五行之序而行，《禮記・月令》《禮記・曲禮下》鄭玄注、《白虎通》皆有明文。《禮記・禮運》：「降於五祀之謂

制度。謂教令由五祀下者。五祀有中霤、門、戶、灶、行之神,此始為宮室制度。」
五祀:祭祀住宅內外的五種神。《禮記‧月令》鄭玄注:「凡祭五祀於廟,用特
牲,有主有尸,皆先設席於奧。」《白虎通‧五祀》:「五祀者,何謂也?謂門、
戶、井、灶、中霤也。所以祭何?人之所處出入、所飲食,故為神而祭之。何
以知五祀謂門、戶、井、灶、中霤也?《月令》曰:『其祀戶。』又曰:『其祀
灶。』『其祀中霤。』『其祀門。』『其祀井。』」王充《論衡‧祭意》:「五祀報
門、戶、井、灶、室中霤之功。門、戶,人所出入,井、灶,人所飲食,中霤,
人所託處,五者功鈞,故俱祀之。」

〔2〕張校:「『門秋為少陰』以下八行,《逸史》《漢魏》連上不提行。」愚按:少陰:
指西方。亦指秋季。《春秋繁露‧官制象天》:「夏者,太陽之選也,秋者,少陰
之選也。」《漢書‧律曆志上》:「少陰者,西方。西,遷也,陰氣落物,於時為
秋。」《天文志》:「西方為雨,雨,少陰之位也。」

〔3〕《禮記‧月令》:「孟秋之月……其祀門。」鄭玄注:「秋,陰氣出,祀之於門,
外陰也。」《白虎通‧祭五祀順五行》:「祭五祀所以歲一遍何?順五行也。……
秋祭門。門以閉藏自固也,秋亦萬物成熟,內備自守也。」

〔4〕張校:「『北向設主於門左樞』,『向』作『面』。」愚按:四庫本、《蔡集》本皆
作「面」,作「面」是也。此二句用《禮記‧月令》鄭玄注。孔疏:「云『北面
設主於門左樞』者,謂廟門外左樞北面,以在門外,故主得南鄉而北面設之。」

〔5〕少陽:東方。《漢書‧律曆志上》:「少陽者,東方。東,動也,陽氣動物,於時
為春。春,蠢也,物蠢生,乃動運。」《史記‧司馬相如列傳》:「邪絕少陽而登
太陰兮,與真人乎相求。」裴駰《集解》引《漢書音義》:「少陽,東極。」

〔6〕《禮記‧月令》:「孟春之月……其祀戶。」鄭玄注:「春,陽氣出,祀之於戶,
內陽也。」孔穎達疏:「『春陽氣出,祀之於戶』者,戶在內,從外向內,戶又
在內,故云:『內陽也』。戶是人之出入,戶則有神,故《祭法》注『七祀』云:
『小神居人之間,司察小過,作譴諸者爾。』此戶神則陽氣在戶內之神,故云
『祀之於戶,內陽也』,由位在戶內。」《白虎通‧祭五祀順五行》:「祭五祀所
以歲一遍何?順五行也。……故春即祭戶。戶者,人所出入,亦春萬物始觸戶
而出也。」

〔7〕愚按:此二句用《禮記‧月令》鄭玄注。孔穎達疏:「云『祀之禮設主於戶內西』
者,先設席於奧,乃更設席於廟,戶西,夾北鄉置主位,設主之人南面,設主
於戶西位上,使主北面。」

〔8〕張校：「『盛寒於水』，『於』作『為』。」愚按：四庫本、《蔡集》本皆作「為」。《白虎通·祭五祀順五行》陳立注引蔡邕《獨斷》「冬為太陰」前有「以行當井，謂行」六字。太陰：指北方或北極。《漢書·律曆志上》：「以陰陽言之，大陰者，北方。北，伏也，陽氣伏於下，於時為冬。冬，終也，物終臧，乃可稱。」《淮南子·道應訓》：「盧敖遊乎北海，經乎太陰，入乎玄闕，至於蒙谷之上。」高誘注：「太陰，北方也。」《漢書·司馬相如傳下》：「邪絕少陽而登太陰兮，與真人乎相求。」顏師古注引張揖曰：「太陰，北極。」北方屬水，主冬，故太陰亦指代冬季或水。

〔9〕愚按：句後依例應有「祀行之禮」四字。《禮記·月令》鄭玄注：「冬陰盛，寒於水，祀之於行，從辟除之類也。」《白虎通·祭五祀順五行》，「行」作「井」：「祭五祀所以歲一遍何？順五行也。……冬祭井。井者，水之生藏在地中，冬亦水王，萬物伏藏。」

〔10〕盧校：「『拔』當與『軷』通用，《禮記集說》引作『軷壤』。」愚按：盧校是也，此用鄭玄注，鄭注作「軷上」。《蔡集》本「軷」作「跋」，下同。《白虎通·祭五祀順五行》陳立注引蔡邕《獨斷》「在廟門」前有「其禮」二字，此處依例應有「祀行之禮」四字。軷壤：祭路神用的土壇。《儀禮·聘禮》「出祖釋軷」，賈公彥疏：「國外祀山行之神為軷壤，大小與之同。」

〔11〕盧校：「本作『上』，又有『一作軷壤』四字，乃校者之詞，誤入正文，今定從『壤』字而刪校語。」許校：「注『一作軝壤』，『軝』當作『軷』。程本作『拔』，而四字誤入正文。盧本則直改『上』作『壤』，亦非。」愚按：四庫本作「拔上」，《蔡集》本作「跋上」，皆有「一作軷壤」四字。按鄭注，作「軷上」為是。輪：面積的縱度。《周禮·地官·大司徒》：「以天下土地之圖，周知九州之地域廣輪之數。」鄭玄注：「輪，縱也。」賈公彥疏引馬融曰：「東西為廣，南北為輪。」《禮記·檀弓下》：「既葬而封，廣輪揜次，其高可隱也。」陳澔集說：「橫為廣，直為輪。」

〔12〕太陽：旺盛的陽氣。《漢書·律曆志上》：「大陽者，南方。南，任也，陽氣任養物，於時為夏。夏，假也，物假大，乃宣平。火炎上。」《尚書大傳》卷五：「遂人以火紀；火，太陽也。」董仲舒《春秋繁露·陰陽終始》：「故至春少陽，東出就木，與之俱生；至夏太陽，南出就火，與之俱煖。」

〔13〕《禮記·月令》鄭玄注：「夏陽氣盛，熱於外，祀之於灶，從熱類也。」《白虎通·祭五祀順五行》：「夏祭灶。灶者，火之主，人所以自養也。夏亦火王，長養萬物。」

〔14〕愚按：《禮記·月令》鄭玄注無「在廟門外之東」六字，「奧」前有「之」字。

〔15〕許校：「盧作『面東』，當是。」張校：「『先席於門奧西東』，《抱經》『西』作『面』。」愚按：四庫本、《蔡集》本皆作「西東」。《禮記·月令》鄭玄注作「東面」。奧：室內西南隅。古時祭祀設神主或尊長居坐之處。《儀禮·少牢饋食禮》：「司宮筵於奧，祝設几於筵上，右之。」鄭玄注：「室中西南隅謂之奧。」《韓非子·說林下》：「衛將軍文子見曾子，曾子不起而延於坐席，正身於奧。」王先慎《集解》：「謂藏室之尊處也。」亦泛指內室。

〔16〕愚按：《禮記·月令》鄭玄注無「也」字。灶陘：灶邊突出部分。《禮記·月令》「（孟夏之月）其祀灶」，鄭玄注：「祀灶之禮，先席於門之奧東面，設主於灶陘。」

〔17〕愚按：此用鄭玄注義。《禮記·月令》鄭玄注：「中霤，猶中室也。土主中央，而神在室。古者復穴，是以名室為霤云。」《白虎通·祭五祀順五行》：「六月祭中霤。中霤者，象土在中央也，六月亦土王也。」

〔18〕愚按：此處依例應有「之禮」二字，鄭注正作「祀中霤之禮」。

〔19〕愚按：《禮記·月令》鄭玄注無「也」字。設主於牖下：謂設神主於窗下也。

五方正神之別名

五方正神之別名〔1〕：

東方之神〔2〕，其帝太昊，其神勾芒〔3〕；南方之神，其帝神農〔4〕，其神祝融〔5〕；西方之神，其帝少昊〔6〕，其神蓐收〔7〕。北方之神，其帝顓頊〔8〕，其神玄冥〔9〕。中央之神，其帝黃帝〔10〕，其神后土〔11〕。

【注釋】

〔1〕愚按：此節文字，組合《禮記·月令》有關內容而成。

〔2〕張校：「『東方之神』以下三行，《逸史》《漢魏》連上不提行。」

〔3〕《禮記·月令》鄭玄注：「此蒼精之君，木官之臣，自古以來，著德立功者也。大皥，宓戲氏。」孔穎達疏：「『其帝大皥』者，謂自古以來，木德之君，其帝大皥也。謂之皥者，按《異義》《古尚書》說『元氣廣大謂之皥天』，則皥皥，廣大之意，以伏犧德能同天，故稱皥。以東方生養，元氣盛大，西方收斂，元氣便小，故東方之帝謂之大皥，西方之帝謂之少皥。」太昊：亦作太皓、太皥、太皞。傳說中的古帝名，即伏羲氏。《荀子·正論》：「自太皥、燧人莫不有也。」楊倞注：「太皥，伏羲也。燧人，太皥前帝王。」司馬貞補《史記·三皇本紀》：

「太皞庖犧氏，風姓，代燧人氏繼天而王。」秦漢陰陽家以五帝配四時五方，
認為太皞以木德王天下，故配東方，為司春之神。

勾芒：亦作句芒。古代傳說中的主木之官，又為木神名。《禮記・月令》：「（孟
春之月）其帝太皞，其神句芒。」鄭玄注：「句芒，少皞氏之子曰重，為木官。」
孔穎達疏：「『其神句芒』者，謂自古以來，主春立功之臣，其祀以為神。是句
芒者，生木之官，木初生之時，句屈而有芒角，故云句芒。言大皞、句芒者，
以此二人生時，木王，主春，立德立功。及其死後，春祀之時，則祀此大皞、
句芒，故言也。此之言，據死後享祭之時，不論生存之日，故云『其神句芒』。
句芒言其神，則大皞亦神也。大皞言帝，則句芒當云臣也。互而相通，大皞在
前，句芒在後，相去縣遠，非是一時。大皞木王，句芒有主木之功，故取以相
配也。」《左傳・昭公二十九年》：「木正曰句芒。」《尚書大傳》卷三：「東方之
極，自碣石東至日出榑木之野，帝太皞、神勾芒司之。」

〔4〕神農：傳說中的太古帝王，始教民為耒耜，務農業，故稱神農氏。又傳他曾嘗
百草，發現藥材，教人治病。也稱炎帝，謂以火德王。《周易・繫辭下》：「包犧
氏沒，神農氏作，斲木為耜，揉木為耒。耒耨之利，以教天下。」《禮記・月令》
鄭玄注：「此赤精之君，火官之臣，自古以來，著德立功者也。炎帝，大庭氏
也。」孔穎達疏：「何胤云：『《春秋說》云：炎帝號大庭氏，下為地皇，作耒耜，
播百穀，曰神農也。』」《淮南子・主術訓》：「昔者，神農之治天下也，神不馳
於胸中，智不出於四域，懷其仁誠之心，甘雨時降，五穀蕃植。」

〔5〕祝融：南方之神，南海之神。《禮記・月令》鄭玄注：「祝融，顓頊氏之子曰黎，
為火官。」孔穎達疏：「云『犁為火官』者，按昭二十九年《左傳》云：『顓頊
氏有子曰犁，為祝融。』杜注云：『祝融，明貌。』」

〔6〕少昊：亦作「少皞」。傳說中古代東夷集團首領，名摯（一作質），號金天氏。
東夷集團曾以鳥為圖騰，相傳少皞曾以鳥名為官名。傳說少皞死後為西方之神。
《左傳・昭公十七年》：「我高祖少皞摯之立也，鳳鳥適至，故紀於鳥，為鳥師
而鳥名。」杜預注：「少皞，金天氏，黃帝之子，己姓之祖也。」《禮記・月令》
鄭玄注：「此白精之君，金官之臣，自古以來，著德立功者也。少皞，金天氏。」
孔穎達疏：「案此秋云『其帝少皞』，在西方金位。《左傳》昭元年云，『昔金天
氏有裔子曰昧，為玄冥師，生允格、臺駘』，稱金天氏，與少皞金位相當，故少
昊則金天氏也。又《帝王世紀》『少皞帝號曰金天氏』。」

〔7〕蓐收：古代傳說中的西方神名，司秋。《禮記・月令》鄭玄注：「蓐收，少皞氏

之子，曰該，為金官。」孔穎達疏：「云『少皞氏之子曰該，為金官』者，按《左傳》昭二十九年，蔡墨云『少昊氏之子該』，又云『該為蓐收』，是為金神，佐少皞於秋。蓐收者，言秋時萬物摧辱而收斂。」《國語・晉語二》：「虢公夢在廟，有神人面白毛虎爪，執鉞立於西阿，……覺，召史囂占之，對曰：『如君之言，則蓐收也，天之刑神也，天事官成。』」韋昭注：「蓐收，西方白虎金正之官也。《傳》曰：『少皞氏有子該，為蓐收。』」

〔8〕顓頊：上古帝王名，「五帝」之一，號高陽氏。相傳為黃帝之孫，昌意之子，生於若水，居於帝丘。十歲佐少昊，十二歲而冠，二十登帝位。在位七十八年。死後成為主管北方之神。《禮記・月令》鄭玄注：「此黑精之君，水官之臣，自古以來，著德立功者也。顓頊，高陽氏也。」孔疏：「按《五帝德》云：『顓頊高陽氏，姬姓也。』又《帝王世紀》云：『生十年而佐少皞，十二年而冠，二十年而登帝位，在位七十八年而崩，以水承金也。』」《山海經・海內經》：「黃帝妻雷祖，生昌意。昌意降處若水，生韓流。韓流……取淖子曰阿女，生帝顓頊。」

〔9〕玄冥：水神名。《禮記・月令》鄭玄注：「玄冥，少皞氏之子曰修，曰熙，為水官。」孔疏：「云『玄冥，少皞氏之子曰修曰熙』者，按昭二十九年《左傳》云『少皞氏有子曰修曰熙』，又云『修及熙為玄冥』，是相代為水官也。」《左傳・昭公十八年》：「禳火於玄冥、回祿。」杜預注：「玄冥，水神。」又為冬神。

〔10〕黃帝：我國古代神話傳說中的五天帝之一，為中央之神。《禮記・月令》鄭玄注：「此黃精之君，土官之神，自古以來，著德立功者也。黃帝，軒轅氏也。」《史記・天官書》：「黃帝行德，天夭為之起。」張守節《正義》：「黃帝，中央含樞紐之帝。」

〔11〕后土：指土神或地神。亦指祀土地神的社壇。《禮記・月令》鄭玄注：「后土，亦顓頊氏之子曰黎，兼為土官。」孔穎達疏：「按昭二十九年《左傳》云：『顓頊氏有子曰犁，為祝融。共工氏有子曰句龍，為后土。』后土為土官。知此經后土非句龍而為犁者，以句龍初為后土，後轉為社，后土官闕，犁則兼之，故鄭注《大宗伯》云『犁食於火土』。以《宗伯》別云社稷，又云五祀，句龍為社神，則不得又為五祀，故云『犁兼』也。」《周禮・春官・大宗伯》：「王大封，則先告后土。」鄭玄注：「后土，土神也。」《禮記・檀弓上》：「君舉而哭於后土。」鄭玄注：「后土，社也。」《漢書・武帝紀》：「朕躬祭后土地祇，見光集於靈壇，一夜三燭。」

六神之別名

六神之別名〔1〕：

風伯神〔2〕，箕星也〔3〕，其象在天，能興風〔4〕。雨師神〔5〕，畢星也〔6〕，其象在天，能興雨〔7〕。明星神〔8〕，一曰靈星〔9〕，其象在天，舊說曰靈星，火星也〔10〕，一曰龍星〔11〕，火為天田〔12〕。厲山氏之子柱及后稷〔13〕，能殖百穀，以利天下〔14〕，故〔15〕祠此三神以報其功也〔16〕。《漢書》稱高帝五年〔17〕初置靈星祠〔18〕，【后土祠】位在壬地〔19〕。

【注釋】

〔1〕六神：六宗之神。《楚辭・九章・惜誦》：「靈五帝以折衷兮，戒六神與向服。」王逸注：「六神，謂六宗之神也。」《論衡・祀義》：「風伯、雨師、雷公，是群神也。風猶人之有吹煦也，雨猶人之有精液也，雷猶人之有腹鳴也，三者附於天地，祭天地，三者在矣；人君重之，故復別祭。」愚按：此六神為漢代祭祀之較低級別神靈，其名稱及祭儀見於《後漢書・祭祀下》。

〔2〕張校：「『風伯神』以下十五行，《逸史》《漢魏》連上不提行。」風伯：神話中的風神。《楚辭・遠遊》：「風伯為余先驅兮，氛埃闢而清涼。」《史記・司馬相如列傳》：「時若薆薆將混濁兮，召屏翳誅風伯而刑雨師。」張守節《正義》引張揖曰：「風伯字飛廉。」

〔3〕箕星：星宿名，二十八宿之一。《詩經・小雅・巷伯》：「哆兮侈兮，成是南箕。」毛傳：「南箕，箕星也。」鄭玄箋：「箕星哆然，踵狹而舌廣。」孔穎達疏：「二十八宿有箕星，無南箕，故云南箕即箕星也。箕四星：二為踵，二為舌。」《孫子・火攻》：「日者，月在箕、壁、翼、軫也；凡此四宿者，風起之日也。」梅堯臣注：「箕，龍尾也。」

〔4〕《風俗通義・祀典》：「風師者，箕星也。箕主簸揚，能致風氣。《易》曰：『巽為長女也。』長者伯，故曰風伯。鼓之以雷霆，潤之以風雨，養成萬物，有功於人，王者祀以報功也。」《後漢書・祭祀下》：「縣邑常以乙未日祠先農於乙地，以丙戌日祠風伯於戌地，以己丑日祠雨師於丑地，用羊豕。」

〔5〕雨師：古代傳說中司雨的神。《周禮・春官・大宗伯》：「以槱燎祀司中、司命、風師、雨師。」鄭玄注：「雨師，畢也。」賈公彥疏：「云『雨師畢也』者，《詩》云：『月離于畢，俾滂沱矣。』是雨師畢也。」因用以指雨。

〔6〕畢星：星名，二十八宿之一，為白虎七宿的第五宿。有星八顆，以其分布之狀像古代田獵用的畢網，故名。古人以為此星主兵、主雨。《詩經・小雅・大東》：

「東有啟明，西有長庚。有捄天畢，載施之行。」朱熹《集傳》：「天畢，畢星也，狀如掩兔之畢。」又《詩經・小雅・漸漸之石》：「月離于畢，俾滂沱矣。」毛傳：「月離陰星則雨。」《史記・周本紀》：「九年，武王上祭於畢。」司馬貞索隱：「畢星主兵，故師出而祭畢星也。」

〔7〕《風俗通義・祀典》：「雨師者，畢星也。《易・師卦》：『師者，眾也』。土中之眾者莫若水。雷震百里，風亦如之，至於太山不崇朝而遍雨天下，異於雷風，其德散大，故雨獨稱師也。」《後漢書・祭祀下》：「縣邑常以乙未日祠先農於乙地，以丙戌日祠風伯於戌地，以己丑日祠雨師於丑地，用羊豕。」

〔8〕明星：啟明星，即金星。《詩經・鄭風・女曰雞鳴》：「子興視夜，明星有爛。」朱熹《集傳》：「明星，啟明之星，先日而出者也。」又指彗星。《史記・秦始皇本紀》：「三十三年……禁不得祠。明星出西方。」裴駰《集解》引徐廣曰：「皇甫謐云彗星現。」

〔9〕靈星：星名，又稱天田星、龍星。主農事。古代以壬辰日祀於東南，取祈年報功之義。《詩經・周頌・絲衣序》：「《絲衣》，繹賓尸也。高子曰：靈星之尸也。」《史記・孝武本紀》：「上乃下詔曰：『天旱，意乾封乎？其令天下尊祠靈星焉。』」張守節《正義》：「靈星即龍星也。張晏云：『龍星左角曰天田，則農祥也，見而祭之。』」古祭靈星以后稷配食，故又為后稷之代稱。

〔10〕盧校：「火星，《續漢・祭祀志》作『天田星』。」火星：星名。即熒惑，太陽系九大行星之一。王充《論衡・變虛》：「子韋曰：『熒惑，天罰也……臣請伏於殿下以伺之。星必不徙，臣請死耳。』是夕，火星果徙三舍，如子韋之言。」《左傳・昭公四年》「火出而畢賦」，杜預注：「火星昏見東方，謂三月、四月中。」楊伯峻注：「十七年《傳》云：『火出，於夏為三月』……則夏正三月，天蠍座星於黃昏時出現。」

〔11〕龍星：星名，東方蒼龍七宿的統稱。七宿中的任何一宿，都可稱為龍星。《左傳・桓公五年》「龍見而雩」，服虔注：「龍，角、亢也，謂四月昏龍星體見，萬物始盛，待雨而大，故雩祭以求雨也。」

〔12〕盧校：「《祭祀志》作『龍左角為天田』。」天田：星名。《星經》卷下：「天田九星在牛東南，主畿內田苗之職。」《史記・封禪書》「其令郡國縣立靈星祠」，裴駰《集解》引張晏曰：「龍星左角曰天田，則農祥也，晨見而祭。」

〔13〕厲山氏：即炎帝神農。《禮記・祭法》：「是故厲山氏之有天下也，其子曰農，能殖百穀。」鄭玄注：「厲山氏，炎帝也，起於厲山。或曰有烈山氏。」愚按：《漢

書‧古今人表》作列山氏,《史記‧五帝本紀》作連山氏。

柱:《禮記‧祭法》作「農」。古代的農官。《禮記‧郊特牲》:「饗農及郵表畷、禽獸,仁之至,義之盡也。」鄭玄注:「農,田畯也。」

后稷:此指周之先祖。相傳姜嫄踐天帝足跡,懷孕生子,曾因其不祥棄而不養,因名之為「棄」。天性善稼,虞舜命為農官,教民耕稼,稱為「后稷」。《詩經‧大雅‧生民》:「厥初生民,時維姜嫄。……載生載育,時維后稷。」《韓詩外傳》卷二:「夫辟土殖穀者后稷也,決江疏河者禹也,聽獄折衷者皋陶也。」又古代農官名。《國語‧周語上》:「農師一之,農正再之,后稷三之。」

〔14〕盧校:「此段見下文,不當雜在此,此必別有脫文。」愚按:盧校或是,此段與上下文語義不接。似應在下文「因以稷名其神也」句後。《漢舊儀補遺》:「夏則龍星顯而始雩。龍星左角為天田,右角為大庭。天田為司馬,教人種百穀為稷。靈者,神也。」

〔15〕盧校:「舊本空此字,後人補作『故』。」張校:「『總祠此三神』,《逸史》《漢魏》《抱經》『總』作『故』。」愚按:四庫本、《蔡集》本皆作「故」。

〔16〕《史記‧封禪書》:「於是高祖制詔御史:『其令郡國縣立靈星祠,常以歲時祠以牛。』」裴駰《集解》:「張晏曰:『龍星左角曰天田,則農祥也,晨見而祭。』」張守節《正義》:「《漢舊儀》云:『五年,修復周家舊祠,祀后稷於東南,為民祈農報厥功。夏則龍星見而始雩。龍星左角為天田,右角為天庭。天田為司馬,教人種百穀為稷。靈者,神也。辰之神為靈星,故以壬辰日祠靈星於東南,金勝為土相也。』《廟記》云:『靈星祠在長安城東十里。』」《論衡‧祭意》:「故秋雩之名,自若為明星也,實曰『靈星』,靈星者,神也;神者,謂龍星也。」《風俗通義‧祀典》:「左中郎將賈逵說以為:龍第三有天田星。靈者,神也,故祀以報功。辰之神為靈星,故以壬辰日祀靈星於東南,金勝木為土相。」

〔17〕盧校:「據《漢書》及《續漢志》當是八年,然《風俗通》亦作八年,姑仍之。」愚按:八年是也,據《漢書‧郊祀志》,高祖二年冬,立黑帝祠,後四年,令豐立汾榆社等。其後二歲,令天下立靈星祠,計其時正是八年。《漢書‧郊祀志上》:「其後二歲(高祖八年),或言曰周興而邑立后稷之祠,至今血食天下。於是高祖制詔御史:『其令天下立靈星祠,常以歲時祠以牛。』」

〔18〕盧校:「下『后土祠』三字衍,否則當在下『位在未地』之上。」許校:「『靈官祠』,盧作『靈星祠』,又刪『后土祠』三字。」張校:「『初置靈星祠』,《逸史》《漢魏》『星』作『官』。」愚按:四庫本、《蔡集》本皆作「靈官祠、后土祠」,

據上引《漢書・郊祀志上》，當作「靈星祠」。

〔19〕盧校：「下當提行。」壬地：北方。壬，天干序數的第九位，在五行屬水，位北方。《淮南子・天文訓》：「甲、乙、寅、卯，木也；丙、丁、巳、午，火也；戊、己、四季，土也；庚、辛、申、酉，金也；壬、癸、亥、子，水也。」《說文・壬部》：「壬，位北方也。」《後漢書・祭祀下》：「漢興八年，有言周興而邑立后稷之祀，於是高帝令天下立靈星祠。言祠后稷而謂之靈星者，以后稷又配食星也。舊說，星謂天田星也。一曰，龍左角為天田官，主穀。祀用壬辰位祠之。壬為水，辰為龍，就其類也。牲用太牢，縣邑令長侍祠。舞者用童男十六人。舞者象教田，初為芟除，次耕種、芸耨、驅爵及獲刈、舂簸之形，象其功也。」

社神

社神〔1〕，蓋共工氏之子勾龍也〔2〕，能平水土，帝顓頊之世，舉以為土正〔3〕，天下賴其功。堯祠以為社〔4〕。凡樹社者，欲令萬民加肅敬也。各以其野所宜之木以名其社〔5〕。及其野，位在未地〔6〕。稷神〔7〕，蓋厲山氏之子柱也。柱能殖百穀，帝顓頊之世，舉以為田正〔8〕，天下賴其功。周棄亦播殖百穀〔9〕，以稷五穀之長也，因以稷名其神也〔10〕。社稷二神功同，故同堂別壇，俱在未位〔11〕。土地廣博，不可徧覆〔12〕，故封社稷〔13〕，露之者，必受霜露以達天地之氣〔14〕；樹之者，尊而表之，使人望見則加畏敬也〔15〕。

【注釋】

〔1〕許校：「提行。」社神：謂土地神，即后土。《周禮・春官・太祝》：「建邦國，先告后土，用牲幣。」鄭玄注：「后土，社神也。」賈公彥疏：「注云：『后土，土神。』土神則社神也。按《孝經緯》云：『社者，五土之總神。』《郊特牲》云『社祭土而主陰氣』，故名社為土神。勾龍生為后土之官，死則配社，故舉配食人神以言社，其實告社神也。」《禮記・郊特牲》「社祭土而主陰氣也」，孔穎達疏引許慎曰：「今人謂社神為社公。」

〔2〕共工氏：傳說中的天神，與顓頊爭為帝，以首怒觸不周山。《淮南子・墜形訓》：「共工，景風之所生也。」高誘注：「共工，天神也。人面蛇身，離為景風。」又《天文訓》：「昔者，共工與顓頊爭為帝，怒而觸不周之山，天柱折，地維絕。天傾西北，故日月星辰移焉；地不滿東南，故水潦塵埃歸焉。」有關共工的傳說紛紛不一。

勾龍：又作「句龍」。社神名，在古史傳說中為共工之子「后土」的別稱。《左

傳‧昭公二十九年》：「共工氏有子曰句龍，為后土，后土為社。」《風俗通義‧
祀典》：「謹按《春秋左氏傳》：『共工有子曰勾龍，佐顓頊，能平九土，為后土。』」

〔3〕土正：古官名，五官之一。《左傳‧昭公二十九年》：「木正曰句芒，火正曰祝融，
金正曰蓐收，水正曰玄冥，土正曰后土。」杜預注：「土為群物主，故稱后也。」
《周禮‧春官‧大宗伯》：「以血祭祭社稷。」鄭玄注：「社稷，土穀之神，有德
者配食焉，共工氏之子曰句龍，食於社。」《史記‧龜策列傳》：「甲子重光，得
我者匹夫為人君，有土正，諸侯得我為帝王。」

〔4〕社：古代謂土地神。《國語‧魯語上》：「共工氏之伯九有也，其子曰后土，能平
水土，故祀以為社。」韋昭注：「社，后土之神也。」亦指祭祀時為土地神設立
的木製牌位。《論語‧八佾》：「哀公問社於宰我。宰我對曰：『夏后氏以松，殷
人以柏，周人以栗。』」邢昺疏：「謂用其木以為社主。」

〔5〕張校：「『令萬民知肅敬也』，『知』作『加』。」愚按：四庫本、《蔡集》本皆作
「加」。《周禮‧地官‧司徒》：「設其社稷之壝而樹之田主，各以其野之所宜木，
遂以名其社與其野。」鄭玄注：「社稷，后土及田正之神。壝，壇與埒埾也。田
主，田神后土田正之所依也，詩人謂之田祖。所宜木，謂若松柏栗也。若以松
為社者，則名松社之野，以別方面。」樹社：古代封土為社，各隨其地所宜種
植樹木，以為祀社神之所在。《論語‧八佾》：「哀公問社於宰我。宰我對曰：『夏
后氏以松，殷人以柏，周人以栗，曰，使民戰慄。』」《白虎通‧社無屋有樹》：
「社稷所以有樹何？尊而識之，使民望見即敬之，又所以表功也。故《周官》
曰：『司徒班社而樹之，各以土地所生。』《尚書》逸篇曰：『太社唯松，東社唯
柏，南社唯梓，西社唯栗，北社唯槐。』」

〔6〕張校：「『以名其社其野位在未地』，『社』下有『及』字。」愚按：四庫本、《蔡
集》本有「及」字。未地：地支的第八位，表方位時指西南偏南方位。

〔7〕稷神：謂五穀之神。《周禮‧春官‧宗伯》：「以血祭祭社稷。」鄭玄注：「社稷，
土穀之神，有德者配食焉，共工氏之子曰句龍，食於社；有厲山氏之子曰柱，
食於稷。湯遷之而祀棄。《禮記‧祭法》：「是故厲山氏之有天下也，其子曰農，
能殖百穀。夏之衰也，周棄繼之，故祀以為稷。」孔穎達疏：「『故祀以為稷』
者，謂農及棄，皆祀之以配稷之神。」《孝經緯》：「稷，五穀之長，穀眾不可遍
祭，故稷神以祭也。」

〔8〕田正：古代田官之長。《左傳‧昭公二十九年》：「稷，田正也。」杜預注：「掌
播殖也。」孔穎達疏：「正，長也。稷是田官之長。」《禮記‧祭法》：「是故厲

山氏之有天下也，其子曰農，能殖百穀；夏之衰也，周棄繼之，故祀以為稷。共工氏之霸九州也，其子曰后土，能平九州，故祀以為社。」《風俗通義‧祀典》：「謹按《春秋左氏傳》：『有烈山氏之子曰柱，能殖百穀疏果，故立以為稷正。周棄亦以為稷，自商以來祀之。』」

〔9〕盧校：「文不完，疑又簡脫。」愚按：周棄：周之始祖棄，即后稷。其母姜嫄，踐大人跡而生之。《史記‧周本紀》：「姜原出野，見巨人跡，心忻然說，欲踐之，踐之而身動如孕者。居期而生子，以為不祥，棄之隘巷，馬牛過者皆辟不踐；徙置之林中，適會山林多人，遷之；而棄渠中冰上，飛鳥以其翼覆薦之。姜原以為神，遂收養長之。初欲棄之，因名曰棄。」《尚書‧舜典》：「帝曰：『棄，黎民阻饑，汝后稷，播時百穀。』」王充《論衡‧初稟》：「棄事堯為司馬，居稷官，故為后稷。」《漢書‧郊祀志下》：「其後十三世，湯伐桀，欲遷夏社，不可，作《夏社》。乃遷烈山子柱，而以周棄代為稷祠。」

〔10〕《周禮‧地官‧司徒》：「設其社稷之壝而樹之田主。」鄭玄注：「社稷，后土及田正之神。壝，壇與堳埒也。田主，田神后土田正之所依也，詩人謂之田祖。」賈公彥疏：「稷是原隰之神，宜五穀。五穀不可遍舉，稷者，五穀之長，立稷以表神名，故號稷。棄為堯時稷官，立稼穡之事，有功於民，死乃配稷而食，名為田正也。故云社稷后土及田正之神，雙言之耳。」

〔11〕愚按：《蔡集》本「堂」作「室」。《周禮‧地官‧司徒》：「封人，掌設王之社壝，為畿封而樹之。」鄭玄注：「壝謂壇及堳埒也。畿上有封，若今時界矣。不言稷者，稷，社之細也。」賈公彥疏：「云『不言稷者，稷，社之細也』者，案：《大司徒》及下文皆社稷俱言，此獨言社不言稷，故解之。案《孝經緯》，社是五土總神，稷是原隰之神。原隰即是五土之一耳，故云『稷，社之細』。舉社，則稷從之矣，故言社不言稷也。稷既是原隰之神，但原隰宜五穀，五穀不可遍敬，稷又為五穀之長，故立稷以表名。《孝經注》直云『社謂后土』者，舉配食者而言耳。」

〔12〕盧校：「『覆』字偽，《白虎通》作『不可遍敬』，下云『百穀眾多，不可一一而祭』，此亦當有脫耳。」愚按：《論衡‧祭意》：「共工氏有子曰句龍，為后土，后土為社。稷，田正也。有烈山氏之子曰柱，為稷，自夏以上祀之。周棄亦為稷，自商以來祀之。」《風俗通義‧祀典》：「《孝經》說：『社者，土地之主土地廣博，不可遍敬，故封土以為社而祀之，報功也。』……《孝經》說：『稷者，五穀之長五穀眾多，不可遍祭，故立稷而祭之。』土地之主。故封土以五穀之

長。故立稷而祭之。」

〔13〕盧校：「似當云『故封社立稷以祠之』。」愚按：《禮記》及《國語》皆謂共工氏之子曰句龍，為后土官，能平九土，故祀以為社。烈山氏之子曰柱，能植百穀疏果，自夏以上祀以為稷，至殷以柱久遠，而堯時棄為后稷，亦植百穀，故廢柱，祀棄為稷。《漢書·郊祀志上》：「自共工氏霸九州，其子曰句龍，能平水土，死為社祠。有烈山氏王天下，其子曰柱，能殖百穀，死為稷祠。故郊祀社稷，所從來尚矣。」

〔14〕《禮記·郊特牲》：「天子大社，必受霜露風雨，以達天地之氣也。」孔穎達疏：「『天子大社，必受霜露風雨，以達天地之氣也』者，是解社不屋義也。達，通也。風雨至則萬物生，霜露降則萬物成，故不為屋，以受霜露風雨，霜露風雨至，是天地氣通也，故云『達天地之氣也』。」

〔15〕盧校：「下文當提行。」愚按：《蔡集》本「畏敬」作「敬畏」。

先農神

先農神〔1〕，先農者，蓋神農之神，神農作耒耜〔2〕，教民耕農，至少昊之世，置九農之官如左〔3〕。

春扈氏（扈，止也）〔4〕農正，趣民耕種（鳻鶞）〔5〕；夏扈氏農正〔6〕，趣民芸除（竊玄）〔7〕；秋扈氏農正，趣民收斂（竊藍）〔8〕；冬扈氏農正，趣民蓋藏（竊黃）〔9〕；棘扈氏農正〔10〕，【常謂茅氏。一曰】掌人百果（切丹）〔11〕。行扈氏農正，晝為民驅鳥（唶唶）〔12〕；宵扈氏農正，夜為民驅獸（嘖嘖）〔13〕；桑扈氏農正，趣民養蠶（竊脂）〔14〕；老扈氏農正，趣民收麥（鷃鷃）〔15〕。

【注釋】

〔1〕許校：「提行。」先農：古代傳說中最先教民耕種的農神。或謂神農，或謂后稷。《漢官舊儀》：「先農，即神農炎帝也。祠以太牢，百官皆從。皇帝親執耒耜而耕。天子三推，三公五，孤卿十，大夫十二，士庶人終畝。乃致籍田倉，置令丞，以給祭天地宗廟，以為粢盛。」《漢舊儀》：「春始東耕於耤田，官祠先農，先農即神農炎帝也。祠以一太牢，百官皆從。皇帝親執耒耜而耕。天子三推，三公五，孤卿十，大夫十二，士庶人終畝。大賜三輔二百里孝悌、力田、三老布帛。百穀萬斛，為立籍田倉，置令丞。穀皆給祭天地、宗廟、群神之祀，以為粢盛。」《後漢書·祭祀下》：「縣邑常以乙未日祠先農於乙地，以丙戌日祠風伯於戌地，以己丑日祠雨師於丑地，用羊豕。」

〔2〕耒耜：古代耕地翻土的農具。耒是耒耜的柄，耜是耒耜下端的起土部分。《禮

記・月令》:「（孟春之月）天子親載耒耜,措之於參保介之御間。」鄭玄注:「耒,
耜之上曲也。」亦以為農具的總稱。《孟子・滕文公上》:「陳良之徒陳相,與其
弟辛,負耒耜而自宋之滕。」

〔3〕九農:即「九扈」,傳為少皞時主管農事的官名。《左傳・昭公十七年》:「九扈
為九農正。」杜預注:「扈有九種也……以九扈為九農之號,各隨其宜以教民
事。」愚按:《爾雅・釋鳥》扈作「鳸」,《說文》引作「九雇」,本是農桑候鳥,
藉以作農事官名。《文選・張衡〈東京賦〉》:「嘉田畯之匪懈,勤致賚於九扈。」
薛綜注:「九扈,農正,知田事;扈,正也。」後指九種農事活動,亦泛指各種
農事活動。《左傳・昭公十七年》:「九扈,為九農正,扈民無淫者也。」杜預注:
「扈有九種也。春扈鳻鶞,夏扈竊玄,秋扈竊藍,冬扈竊黃,棘扈竊丹,行扈
唶唶,宵扈嘖嘖,桑扈竊脂,老扈鷃鷃。以九扈為九農之號,各隨其宜以教民
事。扈,止也。止民使不淫放。」孔穎達疏:「注『扈有』至『民事』,《釋鳥》
自『春鳸鳻鶞』至『宵扈嘖嘖』,凡七鳸,其文相次,與此注正同。李巡總釋之
云:『諸扈別春、夏、秋、冬四時之名。唶唶、嘖嘖,鳥聲貌也。郭璞曰:『諸
鳸皆因其毛色、音聲以為名。竊藍,青色。』」

〔4〕盧校:「三字疑非本注,當以『春扈氏農正』為句。下皆仿此。」春扈:亦作「春
鳸」,主管春季農事的官原為鳥名,為農桑候鳥。《爾雅・釋鳥》:「春鳸,鳻鶞。」

〔5〕許校:「『趂』當作『趣』,下同。注『鷃鶞』,盧作『鳻鶞』。」張校:「『鳻鶞』,
《漢魏》作『鴶鳥』。」愚按:四庫本亦作「鴶鳥」。當依《左傳》作「鳻鶞」。
賈逵云:「春扈分循,相五土之宜,趣民耕種者也。」孔穎達疏:「其春扈鳻鶞,
樊光云:『鳻鶞,言分循也。春扈分循五土之宜。』乃以人事名鳥,其義未必然
也。」愚按:此為候鳥,南北遷徙,故名「分循」,是以習性為名也。

〔6〕夏扈:主管夏季農事的官。賈逵云:「夏扈竊玄,趣民耘苗者也。」《爾雅》云:
「鳲鳩,鴶鞠。」郭璞云:「今布穀也,江東呼獲穀。」崔寔《政論》云:「夏
扈趂耕鋤。」嚴可均按:「即竊脂,亦呼獲穀。」《荊楚歲時記》:「四月也,有
鳥名獲穀,其名自呼。農人候此鳥,則犁杷上岸。」

〔7〕許校:「『切亥』,盧作『竊玄』。下四『切』字,皆作『竊』。」張校:「『切玄』,
《逸史》《漢魏》『玄』作『亥』。」愚按:四庫本作「切玄」;《蔡集》本作「竊
玄」。竊玄、切玄:謂淺黑也。《左傳・昭公十七年》孔穎達疏:「李巡云:『竊
脂一名桑扈。』郭璞曰:『俗謂之青雀,觜曲,食肉,好盜脂膏,因名云。』鄭
玄《詩箋》云:『竊脂,肉食。』陸機《毛詩義疏》云:『竊脂,青雀也,好竊

人脯肉及萡中膏，故以名竊脂也。」諸儒說竊脂，皆謂盜人脂膏也。即如此言，竊玄、竊黃者，豈復盜竊玄、黃乎？《爾雅‧釋獸》云：『虎竊毛，謂之虥貓』，『䗶，如小熊，竊毛而黃』。竊毛皆謂淺毛，竊即古之淺字。但此鳥其色不純。竊玄，淺黑也。竊藍，淺青也。竊黃，淺黃也。竊丹，淺赤也。四色皆具，則竊脂為淺白也。其喈喈、嘖嘖，則聲音為之名矣。」甚為有理。

芸除：清除雜草。芸通「耘」，除草。《論語‧微子》：「植其杖而芸。」何晏《集解》引孔安國曰：「除草曰芸。」《孟子‧盡心下》：「人病捨其田而芸人之田。」劉向《說苑‧建本》：「曾子芸瓜而誤斬其根。」

〔8〕秋扈氏：少皞氏主管秋季農事的官，主管催促人們搶收莊稼，以備冬季來臨。賈逵云：「秋扈竊藍，趣民收斂者也。」竊藍，淺青也。說見上。

〔9〕冬扈氏：少皞氏主管冬季農事的官，負責催促農家將收穫之物貯藏起來。賈逵云：「冬扈竊黃，趣民蓋藏者也。」竊黃，淺黃也。說見上。

〔10〕盧校：「下『常謂茅氏』四字語難曉，今並『一曰』二字去之，此『九扈』之說，俱同賈逵，逵云『棘扈氏為果驅鳥』，此文略異。」棘扈氏：少皞氏管理農人清除田中茅茨的農官。

〔11〕許校：「六字盧刪。案：盧本皆是。」愚按：盧校未必當，《蔡集》本作「掌除茅茨，一曰掌人百果」，以農官名言之，以「掌除茅茨」為是。《蔡集》本作「竊丹」，是也。賈逵云：「棘扈竊丹，為果驅鳥者也。」竊丹，淺赤也。說見上。

〔12〕行扈氏：少皞氏農官，負責為農人驅趕鳥雀，以免鳥雀啄食農人莊稼。賈逵云：「行扈喈喈，晝為民驅鳥者也。」愚按：喈喈，鳥鳴聲，此以鳴聲為鳥名者也。

〔13〕宵扈氏：少皞氏農官，負責在夜晚為農人驅趕野獸，以免其糟蹋莊稼蔬果。賈逵云：「宵扈嘖嘖，夜為農驅獸者也。」愚按：嘖嘖，鳥鳴聲，此以鳴聲為鳥名者也。

〔14〕盧校：「逵云『為蠶驅雀』。」桑扈：本為鳥名，即青雀，又名竊脂。《詩經‧小雅‧小宛》：「交交桑扈，率場啄粟。」朱熹《集傳》：「桑扈，竊脂也，俗呼青觜，肉食不食粟。」少皞氏以之為主管蠶桑的官名。賈逵云：「桑扈竊脂，為蠶驅雀者也。」愚按：竊脂，淺白也。說見上。

〔15〕張校：「『趣民收麥』，《逸史》《漢魏》《抱經》『麥』作『麥』。」愚按：四庫本作「麥」。老扈氏：少皞氏主管催促人們收麥的農官。老扈亦稱「老鳸」、「老雇」，小鳥名，即鴳雀。《說文‧隹部‧雇》：「九雇，農桑候鳥，扈民不淫者也。從隹戶聲。春雇鳻盾，夏雇竊玄，秋雇竊藍，冬雇竊黃。棘雇竊丹，行雇喈喈，宵雇嘖嘖，桑雇竊脂，老雇鷃也。」賈逵云：「老扈鷃鷃，趣民收麥令不得晏起

者也。」按：鶃鶃，鳥鳴聲，此以鳴聲為鳥名者也。此上一節文字，用賈逵、鄭玄等之說也。

疫神

疫神〔1〕，帝顓頊有三子，生而亡去為〔疫〕鬼〔2〕，其一者居江水，是為【瘟】〔瘧〕〔3〕鬼。其一者居若水〔4〕，是為魍魎〔5〕。其一者居人宮室【樞】〔區〕〔6〕隅【處】〔7〕，善驚小兒〔8〕。於是命方相氏〔9〕，黃金四目〔10〕，蒙以熊皮〔11〕，玄衣朱裳，執戈揚楯，常以歲竟十二月，從百隸及童兒而時儺〔12〕，以索宮中，驅疫鬼也〔13〕。桃弧棘矢土鼓〔14〕，鼓且射之〔15〕，以赤丸五穀播灑之〔16〕，以除疾殃。已而立桃人、葦索、儋牙虎、神荼、鬱壘以執之〔17〕。儋牙虎〔18〕，神荼、鬱壘二神，海中有度朔之山〔19〕，上有桃木，蟠屈三千里〔20〕，卑枝，東北有鬼門〔21〕，萬鬼所出入也。神荼與鬱壘二神居其門，主閱領諸鬼，其惡害之鬼，執以葦索食虎。故十二月歲竟，常以先臘之夜逐除之也〔22〕。乃畫荼壘，並懸葦索於門戶，以禦凶也〔23〕。

【注釋】

〔1〕疫神：即主疫之神，猶疫鬼。傳說中能作祟以生瘟疫之癘鬼。《說文》：「疫，民皆病也。」疫即瘟疫。

〔2〕盧校：「脫。案《禮儀志》注引《漢舊儀》有，今據補。」《漢舊儀》：「昔顓頊氏有三子，生而亡去為疫鬼，一居江水為瘧鬼；一居若水為魍魎蜮鬼，一居人宮室區隅漚庾，善驚人小兒。於是以歲十二月使方相氏蒙虎皮，黃金四目，玄衣丹裳，執戈持盾，帥百吏及童子而時儺，以索室中，而毆疫鬼。」

〔3〕盧校：「『瘟』偽，『瘧』亦作『虐』。《禮儀志》注作『虎』，亦『虐』之偽，無下『鬼』字。」愚按：四庫本、《蔡集》本皆作「瘟鬼」。江水：即長江。《史記‧封禪書》：「水曰河，祠臨晉；沔，祠漢中；湫淵，祠朝那；江水，祠蜀。」《淮南子‧墬形訓》：「何謂六水？曰河水、赤水、遼水、黑水、江水、淮水。」高誘注：「江水出岷山。」酈道元《水經注‧江水一》：「岷山，即瀆山也，水曰瀆水矣。又謂之汶。皋山在徼外，江水所導也。」

〔4〕張校：「『其一者居○水』，墨丁作『若』字。」愚按：四庫本、《蔡集》本皆作「若」字。若水：古水名。即今雅礱江。其與金沙江合流後的一段，古時亦稱若水。《呂氏春秋‧適音》：「帝顓頊生自若水。」

〔5〕盧校：「一作『蜮鬼』。」愚按：四庫本、《蔡集》本作「魍魎」。魍魎：疫神。

傳為顓頊之子所化。干寶《搜神記》卷十六：「昔顓頊氏有三子，死而為疫鬼。一居江水，為虐鬼；一居若水，為魍魎鬼；一居人宮室，善驚人小兒，為小鬼。」

〔6〕盧校：「『樞』偽。」愚按：宮室：房屋的通稱。《易·繫辭下》：「上古穴居而野處，後世聖人易之以宮室，上棟下宇，以待風雨。」《書序》：「至魯共王好治宮室，壞孔子舊宅，以廣其居。」《史記·秦始皇本紀》：「嫪毐封為長信侯。予之山陽地，令毐居之。宮室車馬衣服苑囿馳獵恣毐。事無小大皆決於毐。又以河西太原郡更為毐國。」

〔7〕盧校：「《禮儀志》注音『漚庚』，此下衍『處』字，彼注無。」愚按：四庫本、《蔡集》本皆作「宮室樞隅處」。諸本文字有異，然此處或不誤，樞者，門轉軸或承軸之臼。《墨子·經說上》：「戶樞免瑟。」《漢書·五行志下之上》：「不信我言，視門樞下，當有白髮。」顏師古注：「樞，門扇所由開閉者也。」則樞隅處指門軸側之角落，合乎文意。

〔8〕意謂容易驚嚇小兒也。善，容易。《史記·河渠書》：「自徵城引洛水至商顏山下。岸善崩，乃鑿井，深者四十餘丈。」劉向《別錄》：「殺青者，直治竹作簡書之耳。新竹有汁，善朽蠹，凡作簡者，皆於火上炙乾之。」

〔9〕張校：「『故命方相氏』，『故』作『於是』二字。」愚按：四庫本、《蔡集》本皆作「於是」。方相氏：周官名。夏官之屬，由武夫充任，職掌驅除疫鬼及山川精怪。《周禮·夏官·司馬》：「方相氏，狂夫四人。」鄭玄注：「方相，猶言放想，可畏怖之貌。」《周禮·夏官·方相氏》：「方相氏，掌蒙熊皮，黃金四目，玄衣朱裳，執戈揚盾，帥百隸而時難，以索室驅疫。大喪，先匶，及墓，入壙，以戈擊四隅，驅方良。」

〔10〕黃金四目：意謂方相氏有四目而皆金黃色也。欲示其威猛。

〔11〕蒙以熊皮：愚按：《周禮·夏官·方相氏》「蒙以熊皮」在「黃金四目」上，鄭玄注：「蒙，冒也。冒熊皮者，以驚驅疫癘之鬼，如今魌頭也。」

〔12〕愚按：《周禮·夏官·方相氏》無「常以歲竟十二月」及「及童兒」，「從」作「帥」。
百隸：眾官吏。
儺：古代的一種巫術儀式，迎神以驅逐疫鬼。儺禮一年數次，大儺在臘日前舉行。《論語·鄉黨》：「鄉人儺，朝服而立於阼階。」《呂氏春秋·季冬紀》：「命有司大儺，旁磔，出土牛，以送寒氣。」高誘注：「今人臘歲前一日擊鼓驅疫謂之逐除是也。」《後漢書·禮儀志中》：「先臘一日，大儺。謂之逐疫。」劉昭注引譙周《論語注》：「儺，卻之也。」時儺：《周禮·夏官·方相氏》鄭玄注：「時

難，四時作方相氏以難卻兇惡也。《月令》：『季冬，命國難。』」

〔13〕愚按：《周禮・夏官・方相氏》作「以索室驅疫」。此上至「方相氏」，見於《周禮・夏官・司馬》。

〔14〕桃弧棘矢：桃木做的弓，棘幹做的箭，舊俗用以辟邪。《左傳・昭公四年》：「桃弧棘矢，以除其災。」杜預注：「桃弓棘箭，所以禳除凶邪，將御至尊故。」《史記・楚世家》：「昔我先王熊繹，闢在荊山，篳路藍縷以處草莽，跋涉山林以事天子，唯是桃弧棘矢，以共王事。」

土鼓：亦作土鼗。古樂器名，鼓的一種。《周禮・春官・籥章》：「掌土鼓豳籥」鄭玄注引杜子春云：「土鼓以瓦為匡，以革為兩面，可擊也。」袁宏《後漢紀・和帝紀》：「古者民人淳樸，制禮至簡，汙樽抔飲，可以盡歡於君親；蕢桴土鼓，可以致敬於鬼神。」

〔15〕張校：「『桃弧棘矢土鼓，鼓旦射之』，《抱經》『旦』作『且』。」愚按：四庫本作「旦」，《蔡集》本作「且」。

〔16〕赤丸：漢代舉行驅逐疫鬼儀式時所用的紅色彈丸。《後漢書・禮儀中》：「先臘一日，大儺，謂之逐疫。其儀：選中黃門子弟年十歲以上，十二以下，百二十人為侲子。皆赤幘皁制，執大鼗。方相氏黃金四目，蒙熊皮，玄衣朱裳，執戈揚盾。十二獸有衣毛角。中黃門行之，冗從僕射將之，以逐惡鬼於禁中。夜漏上水，朝臣會，侍中、尚書、御史、謁者、虎賁、羽林郎將執事，皆赤幘陛衛，乘輿御前殿。黃門令奏曰：『侲子備，請逐疫。』於是中黃門倡，侲子和，曰：『甲作食歹凶，胇胃食虎，雄伯食魅，騰簡食不祥，攬諸食咎，伯奇食夢，強梁、祖明共食磔死寄生，委隨食觀，錯斷食巨，窮奇、騰根共食蠱。凡使十二神追惡凶，赫女軀，拉女幹，節解女肉，抽女肺腸。女不急去，後者為糧！』因作方相與十二獸儛。歡呼，周遍前後省三過，持炬火，送疫出端門；門外騶騎傳炬出宮，司馬闕門門外五營騎士傳火棄雒水中。」

〔17〕盧校：「（儋）疑『倨』。」愚按：儋似不誤，儋謂甚長也。儋牙虎，謂長牙虎也，畫長牙以顯其兇猛也。桃人：桃木俑。舊時迷信，謂鬼畏桃木，因削桃木為人形，用以驅鬼辟邪。《論衡・訂鬼》引《山海經》：「黃帝乃作禮以時驅之，立大桃人，門戶畫神荼、鬱壘與虎，懸葦索以禦。」

葦索：用葦草編成的繩索。古代民俗，年節時以之懸掛門旁，以祛除邪鬼。應劭《風俗通・祀典・桃梗葦茭畫虎》：「謹按《黃帝書》：『上古之時，有神荼與鬱壘昆弟二子，性能執鬼，度朔山上有桃樹，二人於樹下簡閱百鬼，無道理，

妄為人禍害，神荼與鬱壘縛以葦索，執以食虎。」於是縣官常以臘除夕飾桃人，垂葦茭，畫虎於門，皆追效於前事，冀以禦凶也。」

神荼鬱壘：上古傳說能制伏惡鬼的兩位神人，後世遂以為門神，畫像醜怪兇狠。王充《論衡·訂鬼》引《山海經》：「滄海之中，有度朔之山，上有大桃木，其屈蟠三千里，其枝間東北曰鬼門，萬鬼所出入也。上有二神人，一曰神荼，二曰鬱壘，主閱領萬鬼。惡害之鬼，執以葦索，而以食虎。於是黃帝乃作禮，以時驅之，立大桃人，門戶畫神荼、鬱壘與虎，懸葦索以禦凶魅。」

〔18〕盧校：「三字疑衍。」

〔19〕度朔山：古代傳說東海中的山名。王充《論衡·亂龍》：「上古之人，有神荼、鬱壘者，昆弟二人，性能執鬼，居東海度朔山上，立桃樹下，簡閱百鬼。」

〔20〕蟠屈：盤旋屈曲；迴環曲折。《太平廣記》卷四五八引唐谷神子《博異志·李黃》：「但見枯槐樹中，有大蛇蟠屈之跡。」

〔21〕鬼門：傳說的鬼進出之門；通往陰間之門。王充《論衡·訂鬼》：「《山海經》又曰：『滄海之中有度朔之山，上有大桃木，其屈蟠三千里，其枝間東北曰鬼門，萬鬼所出入也。』」

〔22〕張校：「『常以先臘之夜除之也』，『夜』下有『逐』。」愚按：四庫本、《蔡集》本亦有「逐」字。先臘：謂臘祭之前。《禮記·月令》：「命有司大難，旁磔，出土牛，以送寒氣。」鄭玄注：「此難，難陰氣也。難陰始於此者，陰氣右行，此月之中，日曆虛、危，虛、危有墳墓四司之氣，為厲鬼，將隨強陰出害人也。旁磔於四方之門。磔，禳也。出，猶作也。作土牛者，丑為牛，牛可牽止也。送，猶畢也。」

〔23〕《後漢書·禮儀中》：「百官官府各以木面獸能為儺人師訖，設桃梗、鬱儡、葦交畢，執事陛者罷。葦戟、桃杖以賜公、卿、將軍、特侯、諸侯云。」劉昭注：「《山海經》曰：『東海中有度朔山，上有大桃樹，蟠屈三千里，其卑枝門曰東北鬼門，萬鬼出入也。上有二神人，一曰神荼，一曰鬱儡，主閱領眾鬼之惡害人者，執以葦索，而用食虎。』於是黃帝法而象之。驅除畢，因立桃梗於門戶上，畫鬱儡持葦索，以禦凶鬼，畫虎於門，當食鬼也。」

四代臘之別名

四代臘之別名〔1〕：

夏曰嘉平〔2〕，殷曰清祀〔3〕，周曰大蠟〔4〕，漢曰臘〔5〕。

【注釋】

〔1〕許校：「集本如此，程本、盧本皆無『稱』字。」張校：「『四代臘之別名』，《逸史》《漢魏》『四代』下有『稱』字。」愚按：四庫本無「稱」字，《蔡集》本有「稱」字。應劭《風俗通義・祀典》：「謹按：《禮傳》：『夏曰嘉平，殷曰清祀，周曰大蠟，漢改為臘。』臘者，獵也，言田獵取禽獸，以祭祀其先祖也。或曰臘者，接也，新故交接，故大祭以報功也。漢家火行，衰於戌，故以戌臘也。」愚按：臘祭之名，諸說不同，如《禮記・月令》孔疏引蔡邕云：「夏曰清祀，殷曰嘉平，周曰蠟，秦曰臘。」

〔2〕嘉平：臘祭的別稱。《史記・秦始皇本紀》：「三十一年十二月，更名臘曰『嘉平』。」《廣雅》：「『夏曰清祀』，以清潔祭祀。」曾鞏《本朝政要策・臘祭》：「博士和峴言，褡始伊耆，而三代有嘉平、清祀、褡祭之名，褡，臘之別名也。」亦為臘月的別稱。

〔3〕盧校：「案《月令正義》引蔡邕云：『夏曰清祀，殷曰嘉平。』與《初學記》引《風俗通》同。」愚按：清祀：古代十二月臘祭的別稱。始於殷，後代因循未改。一說始於伊耆。《廣雅》云：「『殷曰嘉平』，嘉，善也，平，成也，以歲終萬物善成就而報功。」

〔4〕大蠟：亦作「大褡」，祭名。古代年終合祭農田諸神，以祈來年不降災害。《禮記・郊特牲》：「天子大蠟八，伊耆氏始為蠟。蠟也者，索也，歲十二月，合聚萬物而索饗之也。」鄭玄注：「歲十二月，周之正數，謂建亥之月也。饗者，祭其神也，萬物有功加於民者，神使為之也，祭之以報焉，造者配之也。」《廣雅・釋天》：「臘，索也。夏曰清祀，殷曰嘉平，周曰大褡，秦曰臘。」王念孫疏證：「褡本作『蠟』。」

〔5〕盧校：「《正義》引作『秦曰臘。』《風俗通》作『漢改曰臘』。」張校：「『夏曰嘉平』以下十五字，《逸史》《漢魏》連上不提行。」愚按：《禮記・月令》：「天子乃祈來年於天宗，大割祠於公社及門閭，臘先祖、五祀。」鄭玄注：「此《周禮》所謂蠟祭也。天宗，謂日月星辰也。大割，大殺群牲割之也。臘，謂以田獵所得禽祭也。五祀：門、戶、中霤、灶、行也。或言祈年，或言大割，或言臘，互文。」孔疏：「『臘先祖五祀』者，臘，獵也。謂獵取禽獸，以祭先祖、五祀也。此等之祭，總謂之蠟。若細別言之，天宗、公社、門閭謂之蠟，其祭則皮弁素服，葛帶榛杖。其臘先祖、五祀，謂之息民之祭，其服則黃衣黃冠。鄭注《郊特牲》云：『息民與蠟異也。』」又《禮記・郊特牲》：「蠟之祭，仁之

至，義之盡也。黃衣、黃冠而祭，息田夫也。」鄭玄注：「祭，謂既蠟，臘先祖、五祀也，於是勞農以休息之。」孔疏：「注『祭謂』至『狐裘』，上云「蠟」，此云「祭」，故知『既蠟，臘先祖、五祀』。對文『蠟』、『臘』有別，總其俱名蠟也。故《月令》孟冬『祈來年於天宗，大割祠於公社及門閭，臘先祖五祀』。鄭注云：『此《周禮》所謂蠟。』是也。」《古今事文類聚前集》卷十二引蔡邕《獨斷》：「《禮傳》曰：夏曰嘉平，殷曰清祀，周曰大蠟，漢改曰臘。臘者，獵也，因獵取獸以祭先祖。或曰新故交接大祭以報功也。蠟者，報諸鬼神古聖賢有功於民者也。臘者，祭先祖，蠟者，報百神，同日異祭也。臘者，歲終大祭，縱吏民宴飲，非但迎氣，故但送不迎。」

五帝臘祖之別名

五帝臘祖之別名[1]：

青帝以未臘卯祖（青帝大昊，木行）[2]，赤帝以戌臘午祖（赤帝炎帝，火行）[3]，白帝以丑臘酉祖（白帝少昊，金行）[4]，黑帝以辰臘子祖（黑帝顓頊，水行）[5]，黃帝以辰臘未祖（黃帝軒轅后土，土行）[6]。

【注釋】

[1] 五帝：五帝之說，紛紛不一。漢代讖緯之說盛行，蔡邕治學，多用緯書之說，則此處五帝應為所謂五方天帝。《周禮·春官·小宗伯》：「兆五帝於四郊。」鄭玄注：「五帝，蒼曰靈威仰，太昊食焉；赤曰赤熛怒，炎帝食焉；黃曰含樞紐，黃帝食焉；白曰白招拒，少昊食焉；黑曰汁光紀，顓頊食焉。」按汁光紀亦作葉光紀。《楚辭·九章·惜誦》：「令五帝以折衷兮，戒六神與向服。」《後漢書·孝明帝紀》：「今令月吉日，宗祀光武皇帝於明堂，以配五帝。」

祖：死者將葬時之祭。亦泛指為死者作祭。《儀禮·既夕禮》：「有司請祖期。」鄭玄注：「將行而飲酒曰祖。」賈公彥疏：「此死者將行，亦曰祖。為始行，故曰祖也。」

[2] 張校：「『青帝以未臘』以下三行，《逸史》《漢魏》連上不提行。」愚按：未臘卯祖：即未時舉行臘祭，卯時舉行祖祭。未，未時。古代十二時辰以十二支為紀，未時相當於午後十三時至十五時。《淮南子·天文訓》：「牽牛出以辰、戌，入以丑、未。」卯，卯時。早晨五時至七時。清趙翼《陔餘叢考·一日十二時始於漢》：「古時本無一日十二時之分，《左傳》卜楚丘曰：日之數十，故有十時。是言一日只十時也。其見於史傳者，記日之早晚則曰平旦，曰日中，曰日之夕。

又如《史記・天官書》旦至食、食至日昳之類。記夜之早晚則曰夜半，曰夜未央，曰夜向晨。又如《漢書・廣陵王胥傳》雞唱時，《昌邑王傳》夜漏未盡一刻之類，無所謂子丑寅卯之十二時也。況古人尚以甲、乙、丙、丁、戊分夜之五更，謂之五夜，若其時已有甲子乙丑紀時，又何得以甲乙紀夜乎？又《淮南子》日出暘谷為晨明，登扶桑為朏明，至曲阿為旦明，至曾泉為蚤食，至桑野為晏食，至衡陽為隅中，至昆吾為正中，至烏次為小還，至悲谷為哺時，至女紀為大還，至虞淵為高舂，至連石為下舂，至悲泉為懸車，至虞淵為黃昏，至蒙谷為定昏。是古時一日夜尚分十五時，且其所分之候晝多而夜少。其以一日分十二時，而以干支為紀，蓋自太初改正朔之後，曆家之術益精，故定此法。如《五行志》日加辰巳之類，皆漢法也。」

〔3〕許校：「（赤帝以戌）當作『戌』，中從『一』。」張校：「『赤帝以戌午祖』，『戌』下有『臘』字。」愚按：四庫本有「臘」字，《蔡集》本「戌」作「戌」字。戌臘午祖：即戌時舉行臘祭，午時舉行祖祭。戌，戌時，即晚上七時至九時。王充《論衡・說日》：「五月之時，日出於寅，入於戌。」午，午時，即十一時至十三時。午時日正中，因亦稱日中為午。《後漢書・禮儀中》：「季冬之月，星回歲終，陰陽以交，勞農大享臘。」劉昭注：「高堂隆曰：『帝王各以其行之盛而祖，以其終而臘。火生於寅，盛於午，終於戌，故火家以午祖，以戌臘。』秦靜曰：『古禮，出行有祖祭，歲終有蠟臘，無正月必祖之祀。漢氏以午祖，以戌臘。午南方，故以祖。冬者，歲之終，物畢成，故以戌臘。而小數之學者，因為之說，非典文也。』」

〔4〕許校：「（亝）當作『酉』，不必太古。」丑臘酉祖：即丑時舉行臘祭，酉時舉行祖祭。丑，丑時。凌晨一時至三時，古稱雞鳴時。酉，酉時，即十七時至十九時。

〔5〕辰臘子祖：即辰時舉行臘祭，子時舉行祖祭。辰，辰時，指午前七時至九時。子，子時。指夜十一時至次晨一時。

〔6〕盧校：「案《魏臺訪議》，『未祖』作『戌祖』，是。」愚按：《初學記》卷四引《魏臺訪議》曰：「詔問何以用未祖丑臘？臣崇對曰：『按《月令》，孟冬十月臘先祖五祀，謂薦田獵所得禽獸，謂之臘。《左傳》曰：虞不臘矣。唯見此二者，而皆不書日。聞先師說曰：王者各以其行之盛祖，以其終臘。水始生於申，盛於子，終於辰，故水行之君，以子祖辰臘。火始生於寅，盛於午，終於戌，火行之君，以午祖戌臘。木始生於亥，盛於卯，終於未，故木行之君以卯祖未臘。金始生

於巳，盛於酉，終於丑，故金行之君以酉祖丑臘。土始生於未。盛於戌，終於辰，故土行之君以戌祖辰臘。」辰臘未祖：即辰時舉行臘祭，未時舉行祖祭。盧校或是，此處恐有誤。《漢官舊儀補遺》：「臘者，報諸鬼神，古聖賢有功於民者也。」

天子大臘八神之別名

天子大蠟八神之別名〔1〕：

蠟之言索也，祭日，索此八神而祭之也〔2〕。大同小異〔3〕，為位相對向，祝曰：土反其宅，水歸其壑，昆蟲毋作〔4〕，豐年若【土】〔若〕〔5〕，歲取千百。

先嗇〔6〕、司嗇〔7〕、農〔8〕、郵表畷〔9〕、貓虎（貓食田鼠，虎食田豕，迎其神而祭之）〔10〕、坊〔11〕、水庸〔12〕、昆蟲〔13〕。

【注釋】

〔1〕愚按：此節文字內容見於《禮記·郊特牲》，然文字顛錯割裂，語義不完。八神：八蠟所祭之神。《禮記·郊特牲》「天子大蠟八」鄭玄注：「蠟祭有八神：先嗇一，司嗇二，農三，郵表畷四，貓虎五，坊六，水庸七，昆蟲八。」孔穎達疏：「所祭之神，合聚萬物而索饗之，但以此八神為主。蠟云『大』者，是天子之蠟對諸侯為大。天子既有八神，則諸侯之蠟未必八也。」所謂「八蠟」，周代每年農事完畢，於建亥之月（十二月）舉行的祭祀名稱。《禮記·郊特牲》：「八蠟以記四方，四方不成，八蠟不通，以謹民財也。」鄭玄注：「四方，四方有祭也。其方穀不熟，則不通於蠟焉，使民謹於用財。」孔穎達疏：「言蠟祭八神，因以明記四方之國，記其有豐稔、有凶荒之異也。」愚按：八蠟之神諸家解說不一。

〔2〕《禮記·郊特牲》作「蠟也者，索也，歲十二月，合聚萬物而索饗之也。」所祭之神眾多，故孔穎達言「所祭之神，合聚萬物而索饗之，但以此八神為主」。

〔3〕盧校：「四字不甚分曉。」張校：「『蠟之言索也』以下三行，《逸史》《漢魏》連上不提行。」愚按：「大同小異」，謂八神之祭禮大同小異也。《禮記·郊特牲》鄭玄在祝辭後注曰：「此蠟祝辭也。若辭同，則祭同處可知矣。」

〔4〕盧校：「《郊特牲》有『草木歸其澤』，無下二句。」

〔5〕盧校：「元刻『若土』，近刻『若上』，皆偽。古疊字下一字每作『匕』，故誤作『上』耳。漢有若若語，此當謂有年皆相若也。」許校：「盧上作『若』，謂重字作『匕』，因偽為『上』，是也。『宅』、『壑』、『作』、『若』，為韻，與古音部分合。」張校：「『豐年若土』，《逸史》《漢魏》『土』作『上』。」愚按：四庫本

及後世諸家徵引皆作「土」，或是。《蔡集》本作「上」。

〔6〕愚按：此八神應置於「蠟之言索也」前，語義始順，「索此」二字方得落實。先嗇：即先農。《禮記‧郊特牲》：「蠟之祭也，主先嗇而祭司嗇也。」鄭玄注：「先嗇，若神農者。」孔穎達疏：「『若神農』者，『若』是不定之辭，以神農比擬，故云『若』。」

〔7〕司嗇：農神名，即后稷。相傳堯時后稷始作稼穡，故尊祀后稷為農神。《禮記‧郊特牲》：「蠟之祭也，主先嗇而祭司嗇也。」鄭玄注：「司嗇，后稷是也。」孔穎達疏：「司嗇后稷無所疑，故不言『若』，直云『后稷是也』。」

〔8〕農：農神。古代蠟祭八神名之一。《禮記‧郊特牲》：「饗農及郵表畷、禽獸，仁之至，義之盡也。」鄭玄注：「農，田畯也。」孔穎達疏：「農，謂古之田畯，有功於民。」

〔9〕盧校：「《禮記》作『畷』。」許校：「（郵表畷）『畷』，與《禮》合，程、盧作『綴』。」愚按：《蔡集》本作「畷」。依《禮記》作「畷」是。郵表畷：古代井田間田官督耕所居的廬舍。《禮記‧郊特牲》：「饗農及郵表畷、禽獸，仁之至，義之盡也。」鄭玄注：「郵表畷，謂田畯所以督約百姓於井間之處也。《詩》云：『為下國畷郵。』禽獸，服不氏所教擾猛獸也。」孔穎達疏：「『郵表畷』者，是田畯於井間所舍之處。郵，若郵亭屋宇處所。表，田畔。畷者，謂井畔相連畷。於此田畔相連畷之所，造此郵舍，田畯處焉。」

〔10〕貓虎：貓和虎。古代以為有益於農事的神物。《禮記‧郊特牲》：「饗農及郵表畷、禽獸，仁之至，義之盡也。古之君子，使之必報之。迎貓，為其食田鼠也；迎虎，為其食田豕也，迎而祭之也。」鄭玄注：「迎其神也。」孔穎達疏：「『禽獸』者，即下文云貓虎之屬，言禽獸者，貓虎之外，但有助田除害者，皆悉包之。下特云貓虎，舉其除害甚者。」

〔11〕坊：同「防」。堤防，防水或禦敵的狹長建築物。《禮記‧郊特牲》：「祭坊與水庸，事也。」孔穎達疏：「『祭坊與水庸，事也』者，是皆為所須之事，故云事也。坊者，所以畜水，亦以鄣水。庸者，所以受水，亦以泄水。謂祭此坊與水庸之神。」《禮記‧檀弓上》：「吾見封之若堂者也，見若坊者也。」鄭玄注：「坊形旁殺，平上而長。」孔穎達疏：「坊，堤也，……上平而兩旁殺，其南北長也。」《戰國‧策秦策一》：「濟清河濁，足以為限；長城鉅坊，足以為基。」坊可防水、蓄水，有益於民，故祭其神也。

〔12〕水庸：水溝。《禮記‧郊特牲》：「祭坊與水庸，事也。」鄭玄注：「水庸，溝也。」

孔穎達疏：「水庸者，所以受水，亦以泄水。」

〔13〕昆蟲：《禮記‧郊特牲》：「昆蟲勿作。」鄭玄注：「昆蟲，暑生寒死，螟螽之屬，
為害者也。」孔穎達疏：「『昆蟲毋作』者，昆蟲，螟螽之屬也，得陰而死，得
陽而生，故曰『昆蟲毋作』，謂不為災。」

五祀之別名

五祀之別名（祀臣五義）〔1〕：

法施於民則祀〔2〕，以死勤事則祀〔3〕，以勞定國則祀〔4〕，能禦大災則祀
〔5〕，能扞大患則祀〔6〕。

【注釋】

〔1〕《禮記‧祭法》：「夫聖王之制祭祀也：法施於民則祀之，以死勤事則祀之，以勞
定國則祀之，能禦大菑則祀之，能捍大患則祀之。」

〔2〕愚按：此節文字見於《禮記‧祭法》，唯其各句末皆有「之」字。《禮記‧祭法》
孔穎達疏：「『法施於民則祀之』者，若神農及后土，帝嚳與堯，及黃帝、顓頊
與契之屬是也。」

〔3〕《禮記‧祭法》孔穎達疏：「『以死勤事則祀之』者，若舜及鯀、冥是也。」

〔4〕《禮記‧祭法》孔穎達疏：「『以勞定國則祀之』者，若禹是也。」

〔5〕張校：「『法施於民』以下二行，《逸史》《漢魏》連上不提行。」愚按：《禮記‧
祭法》孔穎達疏：「『能禦大菑』及『能捍大患則祀之』者，若湯及文、武也。」

〔6〕愚按：《蔡集》本「扞」作「捍」。扞：抵禦；抵抗。《史記‧韓長孺列傳》：「吳
楚反時，孝王使安國及張羽為將，扞吳兵於東界。」《漢書‧鄒陽傳》：「此四分
五裂之國，權不足以自守，勁不足以扞寇。」顏師古注：「扞，禦也。」

六號之別名

六號之別名〔1〕：

神號〔2〕，尊其名更為美稱，若曰皇天上帝也〔3〕。鬼號〔4〕，若曰皇祖伯
某〔也〕〔5〕。祇號〔6〕，若曰后土地祇也〔7〕。牲號〔8〕，牛曰一元大武、羊曰柔
毛之屬也〔9〕。齍號〔10〕，黍曰薌合、粱曰香萁之屬也〔11〕。幣號〔12〕，玉曰嘉
玉、幣曰量幣之屬也〔13〕。

【注釋】

〔1〕愚按：此節文字綴合《周禮‧春官‧太祝》文與鄭注而成。六號：古代對三種

神祇和三種祭品各有美稱，合稱「六號」。《周禮・春官・大祝》：「辨六號，一曰神號，二曰鬼號，三曰示號，四曰牲號，五曰齍號，六曰幣號。」鄭玄注：「號，謂尊其名，更為美稱焉。神號，若云皇天上帝。鬼號，若云皇祖伯某。祇號，若云后土地祇。幣號，若玉云嘉玉，幣云量幣。鄭司農云：『牲號，為犧牲皆有名號。《曲禮》曰：牛曰一元大武，豕曰剛鬣，羊曰柔毛，雞曰翰音。粢號，謂黍稷皆有名號也。《曲禮》曰：黍曰香合，粱曰香萁，稻曰嘉疏。』」愚按：祇號即示號，粢號即齍號。

〔2〕張校：「『神號尊其名』以下四行，《逸史》《漢魏》連上不提行。『神號尊其名更為美稱』，『其名』下有『更』字。」愚按：四庫本、《蔡集》本皆有「更」字。神號：神的名號。神，神靈，神仙，宗教及神話中所指的超自然體。《禮記・祭法》：「山林川谷丘陵，能出云為風雨，見怪物，皆曰神。」孔穎達疏：「風雨雲露並益於人，故皆曰神而得祭也。」

〔3〕《周禮・春官・太祝》賈公彥疏：「云『號謂尊其名，更為美稱焉』者，謂若尊天地人之鬼神示，不號為鬼神示，而稱皇天后土及牲幣等，皆別為美號焉。云『神號，若云皇天上帝』者，《月令・季夏》云：『以養犧牲，以供皇天上帝。』皇天，謂北辰曜魄寶。上帝，謂大微五帝。」皇天上帝：天帝，上帝。《呂氏春秋・季夏紀》：「令民無不咸出其力，以供皇天上帝、名山大川、四方之神，以祀宗廟、社稷之靈，為民祈福。」

〔4〕鬼號：祖先的稱號。鬼，人死後魂靈不滅，稱之為鬼。《禮記・祭義》：「眾生必死，死必歸土，此之謂鬼。」宋衛湜《禮記集說》卷十四：「祭王父曰皇祖考，王母曰皇祖妣，父曰皇考，母曰皇妣，夫曰皇辟。」又《集說》云：「長樂陳氏曰：《詩》曰：『皇皇后帝。』又曰：『皇王維辟。』天王祔而臣子加之以帝，尊之與天同故也。祖父死而子孫加之以皇，夫死而妻加之以辟，尊之與君同故也。《周官・大祝》所謂『鬼號』，此也。」

〔5〕盧校：「脫，依上下補。」愚按：四庫本、《蔡集》本皆無「也」字，是，《周禮・春官・太祝》鄭玄注無「也」字。賈公彥疏：「云『鬼號，若云皇祖伯某』者，謂若《儀禮・少牢》《特牲》祝辭，稱皇祖伯某。」皇祖：君主的祖父或遠祖。《尚書・五子之歌》：「皇祖有訓：民可近，不可下。」孔傳：「皇，君也，君祖禹有訓戒。」《儀禮・聘禮》：「孝孫某，孝子某，薦嘉禮於皇祖某甫。」《左傳・哀公二年》：「曾孫蒯聵，敢昭告皇祖文王，列祖康叔，文祖襄公。」

〔6〕愚按：《蔡集》本「祇」作「祇」。下同。祇號：即地神之名號。祇，古本作「示」，

地神。《說文・示部》：「祇，地祇，提出萬物者也。」桂馥義證：「《史記索隱》云，凡《史記》作示者，示即《周禮》古本，地神曰祇，皆作示字。」

〔7〕愚按：四庫本、《蔡集》本皆誤「祇」為「祇」。《周禮・春官・大祝》賈公彥疏：「云『祇號，若云后土地祇』者，《左氏傳》云：『君戴皇天而履后土。』地祇，謂若《大司樂》云『若樂八變，地祇皆出。』」后土：指土神或地神，亦指祀土地神的社壇。《周禮・春官・大宗伯》：「王大封，則先告后土。」鄭玄注：「后土，土神也。」《禮記・檀弓上》：「君舉而哭於后土。」鄭玄注：「后土，社也。」《左傳・昭公二十九年》：「土正曰后土。」杜預注：「土為群物主，故稱后也。」

〔8〕牲號：犧牲的名號。《周禮・春官・大祝》鄭玄注引鄭司農曰：「牲號，為犧牲皆有名號。《曲禮》曰：『牛曰一元大武，豕曰剛鬣，羊曰柔毛，雞曰翰音。』」宋葉時《禮經會元・祭祀》：「且先王致嚴於祭祀者，惟曰犧牲，曰粢盛，曰豆籩，曰尊彝，曰珪幣而已。今以周禮考之，太宰贊王牲，司徒奉牛牲，宗伯省牲鑊，司馬奉馬牲，司寇奉犬牲，小宗伯毛六牲，頒之於五官。肆師則典犧牲，繫於職人。牧人牧牲，牛人共牛，羊人掌羊，犬人掌犬，雞人掌雞，射人贊射牲，封人歌舞牲，太祝則辨牲號，此嚴於犧牲之奉然也。」

〔9〕張校：「『羊曰柔毛之屬』，『屬』下有『也』字。」愚按：四庫本、《蔡集》本有「也」字。《周禮・春官・大祝》賈公彥疏：「先鄭云『牲號，為犧牲皆有名號』，引《曲禮》曰『牛曰一元大武』者，鄭彼注：『元，頭也。武，跡也。』一頭大跡。『豕曰剛鬣』者，豕肥則鬚鬣剛強。『羊曰柔毛』者，羊肥則毛柔潤。『雞曰翰音』者，翰，長也，音，鳴也，謂長鳴雞。」

〔10〕齍號：祭穀的美稱。齍通「粢」，穀物的總稱。《周禮・春官・小宗伯》：「辨六齍之名物與其用，使六宮之人共奉之。」鄭玄注：「齍讀為粢。六粢，謂六穀：黍、稷、稻、粱、麥、苽。」《周禮・春官・大祝》鄭玄注引鄭司農曰：「粢號，謂黍稷皆有名號也。《曲禮》曰：『黍曰香合，粱曰香萁，稻曰嘉疏。』」

〔11〕《周禮・春官・大祝》賈公彥疏：「『齍號』，謂黍稷皆有名號，引《曲禮》『黍曰香合』者，言此黍香合以為祭。云『粱曰香萁』者，鄭注云：『萁，辭也。』言此粱香可祭。云『稻曰嘉疏』者，言稻下萊地所生，嘉，善也，疏，草也，言此稻善疏草可祭。」薌合：祭祀所用之黍類。《禮記・曲禮下》：「凡祭宗廟之禮……黍曰薌合。」孔穎達疏：「黍曰薌合者，夫穀秫者曰黍秫，既軟而相合，氣息又香，故曰薌合也。」孫希旦集解：「黍與稷皆今之小米，黍之性黏，故曰薌合。」

薌萁：祭祀所用之高粱。《禮記・曲禮下》：「凡祭廟之禮……粱曰薌萁。」陳澔集說：「粱，谷之強者，其葉亦香，故曰薌萁。」

〔12〕幣號：古代作祭祀禮神用的玉帛等物的名稱。《周禮・春官・大祝》：「六曰幣號。」鄭玄注：「幣號，若玉云嘉玉，幣云量幣。」

〔13〕《周禮・春官・大祝》賈公彥疏：「云『幣號，若玉云嘉玉，幣云量幣』，此並《曲禮》文。經無玉號，鄭兼言玉者，祭祀禮神有玉，《曲禮》亦有玉號。案：《小行人》合六幣，圭以馬，璋以皮，玉得與幣同號，故鄭兼言玉也。」

嘉玉：指用於祭祀的美玉。《禮記・曲禮下》：「凡祭宗廟之禮……玉曰嘉玉。」陳澔集說云：「無瑕之玉也。」《後漢書・明帝紀》：「今既築堤理渠，絕水立門，河汴分流，復其舊跡，陶丘之北，漸就壞墳，故薦嘉玉絜牲，以禮河神。」

量幣：古代祭祀用的幣帛。《禮記・曲禮下》：「凡祭宗廟之禮……玉曰嘉玉，幣曰量幣。」鄭玄注：「今河東云幣帛也。」孫希旦集解：「量幣者，言幣之長短廣狹合制度也。」

凡祭宗廟禮牲之別名

凡祭宗廟禮牲之別名〔1〕：

牛曰一元大武〔2〕，豕曰剛鬣〔3〕，豚曰腯肥〔4〕，羊曰柔毛〔5〕，雞曰翰音〔6〕，犬曰羹獻〔7〕，雉曰疏趾〔8〕，兔曰明視〔9〕。

凡祭號〔10〕，牲物異於人者，所以尊鬼神也〔11〕。脯曰尹祭〔12〕，槁魚曰商祭〔13〕，鮮魚曰脡祭〔14〕，水曰清滌〔15〕，酒曰清酌〔16〕，黍曰薌合〔17〕，粱曰香萁〔18〕，稻曰嘉疏〔19〕，鹽曰鹹鹺〔20〕，玉曰嘉玉，幣曰量幣〔21〕。

【注釋】

〔1〕盧校：「臧云『禮牲』疑是『牲體』。」愚按：此節文字內容見於《禮記・曲禮下》，其首句云：「凡祭宗廟之禮」，以下「牛曰」云云，蔡邕取以為綱領，故「禮牲」不誤。孔疏：「『凡祭』者，為貴賤悉然。」

〔2〕張校：「『牛曰一元大武』以下二行，《逸史》《漢魏》連上不提行。」一元大武：古代祭祀用牛的別稱。《禮記・曲禮下》：「凡祭宗廟之禮，牛曰一元大武。」鄭玄注：「元，頭也；武，跡也。」孔穎達疏：「『牛曰一元大武』者，元，頭也。武，跡也。牛若肥則腳大，腳大則跡痕大，故云一元大武也。」蔡邕《宗廟祝嘏辭》：「吉日齋宿，敢用潔牲：一元大武、柔毛、剛鬣。」

〔3〕剛鬣：古代祭祀所用豬的專稱。《禮記・曲禮下》孔穎達疏：「『豕曰剛鬣』者，

豕肥則毛鬣剛大也。王云：『剛鬣，言肥大也。』」《儀禮·士虞禮》：「敢用潔牲剛鬣、香合、嘉薦、普淖、明齊溲酒，哀薦祫事，適爾皇祖某甫。」鄭玄注：「豕曰剛鬣。」《少牢饋食禮》：「孝孫某，敢用柔毛、剛鬣、嘉薦、普淖，用薦歲事於皇祖伯某。」鄭玄注：「羊曰柔毛，豬曰剛鬣。」

〔4〕愚按：四庫本、《蔡集》本皆作「肥腯」。腯肥：古時祭祀用的小豬。《禮記·曲禮下》鄭玄注：「腯亦肥也，《春秋傳》作『豚』。腯，充貌也。」孔穎達疏：「『豚曰腯肥』者，腯即充滿貌也。」

〔5〕柔毛：古代祭祀所用之羊的別稱。《禮記·曲禮下》孔穎達疏：「『羊曰柔毛』者，若羊肥則毛細而柔弱，故王云：『柔毛，言肥澤也。』」

〔6〕翰音：古代祭祀宗廟所用之雞的別稱。《禮記·曲禮下》鄭玄注：「翰猶長也。」孔疏：「『雞曰翰音』者，翰，長也，雞肥則其鳴聲長也。」後因以「翰音」為雞的代稱。

〔7〕羹獻：古代祭祀宗廟所用之犬的稱號。《禮記·曲禮下》鄭玄注：「羹獻，食人之餘也。」孔穎達疏：「『犬曰羹獻』者，人將所食羹余以與犬，犬得食之肥，肥可以獻祭於鬼神，故曰羹獻也。」

〔8〕疏趾：古代祭祀所用肥豕的稱號。《禮記·曲禮下》孔穎達疏：「『豕曰疏趾』者，趾，足也，豕肥則兩足開張，趾相去疏也。《音義隱》云：『豕之肥則足疏。』故王云：『足間疏也。』」疏趾，一本作「疏趾」。

〔9〕明視：亦作「明眎」。原為古代祭宗廟所用兔的特稱，後為兔的別名。《禮記·曲禮下》孔穎達疏：「『兔曰明視』者，兔肥則目開而視明也。故王云：『目精明，皆肥貌也。』然自牛至兔，凡有八物，唯有牛云一頭，而豕以下不云數者，皆從其所用而言數也，則並宜云若干也。雞、豕為膳及臘，則不數也。」

〔10〕祭號：即六號。古代祭祀時，對與祭祀有關的神祇、祭品等所給予的六種美稱。如尊稱神為皇天上帝，尊稱鬼為皇祖，尊稱豕牲為剛鬣等。《周禮·春官·大祝》：「頒祭號於邦國都鄙。」鄭玄注：「祭號，六號。」

〔11〕意謂牲畜、稻黍、玉幣等用於祭神時的稱號之所以與人們日常使用時的稱號不同，是為了尊崇鬼神。按：以上三句用鄭玄注義：「號牲物者，異於人用也。」未知蔡邕原著如此，抑或余擇中將鄭注採入。

〔12〕愚按：《禮記·曲禮下》，此句上接「兔曰明視」。脯：乾肉。《詩經·大雅·鳧鷖》：「爾酒既湑，爾肴伊脯。」《漢書·東方朔傳》：「生肉為膾，乾肉為脯。」尹祭：古代用於祭祀的切割方正的乾肉。《禮記·曲禮下》鄭玄注：「尹，正也。」

孔穎達疏：「『脯曰尹祭』者，尹，正也。裁截方正，而用之祭，一通云：正，謂自作之也。脯自作，則知肉之所用也。《論語》云：『沽酒市脯不食。』言其不正也。」

〔13〕藁魚：乾魚。藁同「槀」，枯槀，乾枯。《禮記·曲禮下》孔穎達疏：「藁，乾也」《周易·說卦》：「其於木也，為科上槀。」孔穎達疏：「科，空也……既空中者，上必枯槀也。」

商祭：謂用乾魚祭祀。《禮記·曲禮下》鄭玄注：「商猶量也。」孔穎達疏：「商，量也。祭用乾魚，量度燥滋，得中而用之也。」

〔14〕鮮魚：亦作「鱻魚」。活魚；新鮮的魚。《詩經·大雅·韓奕》：「其肴維何，炰鱉鮮魚。」鄭玄箋：「鮮魚，中膾者也。」

脡祭：古稱供祭祀用的鮮魚。《禮記·曲禮下》鄭玄注：「脡，直也。」孔穎達疏：「『鮮魚曰脡祭』者，脡，直也。祭有鮮魚，必須鮮者，煮熟則脡直。若餒，則敗碎不直。」

〔15〕清滌：古時祭祀用的水。《禮記·曲禮下》孔穎達疏：「『水曰清滌』者，古祭用水當酒，謂之玄酒也。而云『清滌』，言其甚清皎絜也。《樂記》云『尚玄酒』是也。」宋衛湜《禮記集說》卷十四：「清滌者，古祭用水謂之玄酒，言其甚清皎潔也。」

〔16〕清酌：古代祭祀所用的清酒。《禮記·曲禮下》孔穎達疏：「『酒曰清酌』者，酌，斟酌也，言此酒甚清澈，可斟酌。當為三酒，未必為五齊。」宋衛湜《禮記集說》卷十四：「清酌者，酌，斟酌也，此酒甚清可斟酌也。」

〔17〕薌合：《禮記·曲禮下》孔穎達疏：「『黍曰薌合』者，夫穀秫者曰黍，秫既軟而相合，氣息又香，故曰『薌合』也。」宋衛湜《禮記集說》卷十四：「薌合者，穀秫者曰黍，既軟而相合，氣息又香也。」

〔18〕薌萁：《禮記·曲禮下》鄭玄注：「萁，辭也。」孔穎達疏：「『粱曰薌萁』者，粱謂白粱、黃粱也。萁，語助也。」宋衛湜《禮記集說》卷十四：「薌萁者，粱謂白粱、黃粱。萁，語助也。」

〔19〕愚按：《禮記·曲禮下》此上有「稷曰明粢」，孔疏：『稷曰明粢』者，稷，粟也。明，白也。言此祭祀明白粢也。鄭注《甸師》云：『粢，稷也。』《爾雅》云：『粢，稷也。』注：『今江東人呼粟為粢。』隋祕書監王劭勘晉宋古本，皆無『稷曰明粢』一句，立八疑十二證，以為無此一句是。《今尚書》云：『黍稷非馨。』《詩》云：『我黍與與，我稷翼翼，為酒為食，以享以祀。』然則黍稷為五穀之

主，是粢盛之貴，黍既別有異號，稷何因獨無美名？《爾雅》又以粢為稷，此又云『稷曰明粢』，正與《爾雅》相合。又《士虞禮》云：『明齊溲酒。』鄭注云：『或曰明齊當為明視，謂兔髓也。今文曰明粢，粢，稷也。皆非其次也。』如鄭言云『皆非其次』，由《曲禮》有明粢之文，故注《儀禮》云：『非其次。』王劭既背《爾雅》之說，又不見鄭玄之言，苟信錯書，妄生同異，改亂經籍，深可哀哉！嘉疏：疏，《禮記·曲禮下》作「蔬」。指祭祀用的稻。《禮記·曲禮下》鄭玄注：「嘉，善也。稻，菰蔬之屬也。」

〔20〕愚按：《禮記·曲禮下》此前有「韭曰豐本」，當據補。鄭玄注：「豐，茂也。」鹹鹺：古代祭祀時所用的鹽。《禮記·曲禮下》鄭玄注：「大咸曰鹺，今河東云。」

〔21〕《禮記·曲禮下》鄭玄注：「幣，帛也。」孔疏：「此等諸號，若一祭並有，則舉其大者牲牢、酒齊而言，不應諸事皆道，故《少牢禮》稱『敢用柔毛、剛鬣、嘉薦、普淖』是也。或唯有雞犬，或唯魚兔及水酒韭鹽之祭，則各舉其美號，故此經備載其名。必知然者，案《士虞禮》祝辭云：『尹祭。』鄭注云：『尹，脯也。大夫、士祭無云脯者，今不言牲號而云尹祭，亦記者誤矣。』如鄭此言，明單用脯者稱尹祭。以此推之，餘亦可知也。」

太祝掌六祝之辭

太祝掌六祝之辭〔1〕：

順祝，願豐年也〔2〕；年祝，求永貞也〔3〕；吉祝〔4〕，祈福祥也〔5〕；化祝，弭災兵也〔6〕；瑞祝，逆時雨、寧風旱也〔7〕；策祝，遠罪【病】（疾）也〔8〕。

【注釋】

〔1〕愚按：此節文字，為綴合《周禮·春官·大祝》本文及鄭玄注而成，其中「順祝」、「年祝」等六祝為本文，其他為鄭注。而鄭注又採《小祝》之說：「小祝掌小祭祀，將事侯、禳、禱、祠之祝號，以祈福祥，順豐年，逆時雨，寧風旱，彌災兵，遠罪疾。」

大祝：宗伯之屬官，執掌祭祀、出軍、會同、建邦國等場合的禮儀制定、祭拜儀式及祝禱活動。

六祝：謂祭神的六種祈禱辭。《周禮·春官·大祝》：「大祝掌六祝之辭，以事鬼神示，祈福祥，求永貞。」賈公彥疏：「云『掌六祝之辭』者，此六辭，皆是祈禱之事，皆有辭說以告神，故云六祝之辭。云『以事鬼神示』者，此六祝，皆所以事人鬼及天神地祇。云『祈福祥，求永貞』者，禱祈者，皆所以祈福祥、

求永貞之事。」

〔2〕張校：「『順祝』以下二行，《逸史》《漢魏》連上不提行。」又曰「『順豐年也』，
《逸史》《漢魏》《抱經》『順』作『願』。」愚按：四庫本、《蔡集》本皆作「願」。
作「順」是也。順祝：謂祈求豐年。《周禮》六祝之一。《周禮・春官・大祝》
鄭玄注引鄭司農曰：「順祝，順豐年也。」

〔3〕許校：「程、盧『真』作『貞』，是。」張校：「『求永貞也』，《逸史》《漢魏》『貞』
作『真』。」愚按：四庫本作「貞」，《蔡集》本作「真」。作「貞」是也。永貞：
謂長享正命。《周禮・春官・大祝》鄭玄注：「永，長也，貞，正也，求多福，
歷年得正命也。」賈公彥疏：「云『年祝，求永貞也』者，以祈永貞是命年之事，
故知年祝當求永貞也。」《周易・坤》：「用六，利永貞。」孔穎達疏：「永，長
也，貞，正也，言長能貞正也。」

〔4〕許校：「盧作『吉祝』，是。」張校：「『告祝祈福祥也』，《抱經》『告』作『吉』。」
愚按：四庫本、《蔡集》本皆作「告」，據《周禮・春官・大祝》作「吉」是也。
吉祝：古禮六祝之一，祈求福祥。《周禮・春官・大祝》鄭玄注引鄭司農曰：「吉
祝，祈福祥也。」

〔5〕福祥：幸福吉利。《周禮・春官・大祝》賈公彥疏：「云『吉祝，祈福祥也』者，
以其小祝有祈福祥之事，此上總目亦有祈福祥，福祥是吉慶之事，故知吉祝當
祈福祥也。」《後漢書・荀爽傳》：「禮者，所以興福祥之本，而止禍亂之源也。」

〔6〕化：《周禮》太祝所掌六祝之一。謂祈禱消除天災和兵禍。《周禮・春官・大
祝》鄭玄注引鄭司農曰：「化祝，弭災兵也。」賈公彥疏：「云『化祝，弭災兵
也』者，弭，安也。安去災兵，是化惡從善之事，《小祝》有弭災兵，故知化祝
當之。」

〔7〕瑞：古代六祝之一。掌祈求風調雨順，無風旱之災。《周禮・春官・大祝》鄭
玄注引鄭司農曰：「瑞祝，逆時雨，寧風旱也。」賈公彥疏：「云『瑞祝，逆時
雨、寧風旱也』者，《小祝》有逆時雨，寧風旱，此逆時雨即寧風旱，寧風旱即
逆時雨，對則異，理則通，此二者，似若天之應瑞，故總謂之瑞祝。」孫詒讓
正義：「《倉頡》云：『瑞，應也』，風雨應時，是謂之瑞。」

〔8〕盧校：「舊本『疾』皆作『病』。案《周禮・小祝》作「遠罪疾」，今據改。」愚
按：四庫本、《蔡集》本皆作「病」。盧校是也。策祝：亦作「筴祝」。古代祭祀
或求神時，以簡冊祝告鬼神。《周禮・春官・大祝》鄭玄注引鄭司農曰：「筴祝，
遠罪疾也。」賈公彥疏：「云『筴祝，遠罪疾』者，自此已上，差次與《小祝》

不同，惟有筴祝與《小祝》『遠罪疾』相當，宜為一也。」《史記・齊太公世家》：
「明日，武王立於社，群公奉明水，衛康叔封布采席，師尚父牽牲，史佚策祝，
以告神討紂之罪。」荀悅《漢紀・成帝紀一》：「（王）尊殺白馬，祠水神，親執
圭璧，使巫筴祝。」

宗廟所歌詩之別名

宗廟所歌詩之別名〔1〕：

《清廟》一章八句，洛邑既成，諸侯朝見，宗祀文王之所歌也〔2〕。《維天
之命》一章八句，告太平於文王之所歌也〔3〕。《維清》一章五句，奏象武之所
歌也〔4〕。《烈文》一章十三句，成王即政，諸侯助祭之所歌也〔5〕。《天作》一
章七句，祀先王先公之所歌也〔6〕。《昊天有成命》一章七句，郊祀天地之所歌
也〔7〕。《我將》一章十句，祀文王於明堂之所歌也〔8〕。《時邁》一章十五句，
巡守告祭柴望之所歌也〔9〕。《執競》一章十四句，祀武王之所歌也〔10〕。《思
文》一章八句，祀后稷配天之所歌也〔11〕。《臣工》一章十五句，諸侯助祭，遣
之於廟之所歌也〔12〕。《噫嘻》一章八句，春夏祈穀於上帝之所歌也〔13〕。《振
鷺》一章八句，二王之後，來助祭之所歌也〔14〕。《豐年》一章七句，蒸嘗秋冬
之所歌也〔15〕。《有瞽》一章十三句，始作樂，合諸樂而奏之所歌也〔16〕。《潛》
一章六句，季冬薦魚、春獻鮪之所歌也〔17〕。《雝》一章十六句，禘太祖之所歌
也〔18〕。《載見》一章十四句，諸侯始見於武王廟之所歌也〔19〕。《有客》一章
十二句，微子來見祖廟之所歌也〔20〕。《武》一章七句，奏大武，周武所定一代
之樂之所歌也〔21〕。《閔予小子》一章十一句，成王除武王之喪，將始即政，朝
於廟之所歌也〔22〕。《訪落》一章十二句，成王謀政於廟之所歌也〔23〕。《敬之》
一章十二句，群臣進戒嗣王之所歌也〔24〕。《小毖》一章八句，嗣王求忠臣助
己之所歌也〔25〕。《載芟》一章三十一句，春耤田、祈社稷之所歌也〔26〕。《良
耜》一章二十三句，秋報社稷之所歌也〔27〕。《絲衣》一章九句，繹賓尸之所
歌也〔28〕。《酌》一章九句，《告成大武》，言能酌先祖之道，以養天下之所歌
也〔29〕。《桓》一章九句，師祭講武類禡之所歌也〔30〕。《賚》一章六句，大封
於廟、賜有德之所歌也〔31〕。《般》一章七句，巡守祀四嶽河海之所歌也〔32〕。

右詩三十一章，皆天子之禮樂也〔33〕。

【注釋】

〔1〕張校：「『宗廟所歌詩之別名』，《漢魏》『詩』作『施』。」《詩序》提要云：「觀

蔡邕本治《魯詩》，而所作《獨斷》載《周頌》三十一篇之序，皆只有首二句與《毛序》文有詳略而大旨略同。蓋子夏五傳至孫卿，孫卿授毛亨，毛亨授毛萇，是《毛詩》距孫卿再傳。申培師浮丘伯，浮丘伯師孫卿，是《魯詩》距孫卿亦再傳，故二家之序大同小異，其為孫卿以來遞相授受者可知。其所授受只首二句，而以下出於各家之演說亦可知也。」王先謙《詩三家義集疏》引蔡邕《獨斷》：「宗廟所歌詩之別名三十一章，皆天子之禮樂也。」謂蔡邕說《詩》用魯說。

〔2〕許校：「『章』，大謬，當作『章』。此寫者因『章』旁類推之，校者不覺也。」張校：「『《清廟》一章』以下二十七行，《逸史》《漢魏》連上不提行，不空格。」愚按：《毛序》：「《清廟》，祀文王也。周公既成洛邑，朝諸侯，率以祀文王焉。」鄭玄箋：「清廟者，祭有清明之德者之宮，謂祭文王也。天德清明，文王象焉，故祭之而歌此詩也。」孔穎達等正義：「《清廟》詩者，祀文王之樂歌也。序又申說祀之時節，周公攝王之政，營邑於洛，既已成此洛邑，於是大朝諸侯。既受其朝，又率之而至於清廟，以祀此文王焉。以其祀之得禮，詩人歌詠其事，而作此《清廟》之詩，後乃用之於樂，以為常歌也。」

〔3〕《毛序》：「《維天之命》，大平告文王也。」鄭玄箋：「告大平者，居攝五年之末也。文王受命，不卒而崩。今天下大平，故承其意而告之，明六年制禮作樂。」孔穎達等正義：「《維天之命》詩者，大平告文王之樂歌也。以文王受命，造立周邦，未及大平而崩，不得制禮作樂。今周公攝政，繼父之業，致得大平，將欲作樂制禮。其所制作，皆是文王之意，故以大平之時，告於文王，謂設祭以告文王之廟。言今已經大平，已將制作，詩人述其事而為此歌焉。」

〔4〕盧校：「今《序》作『舞』。」張校：「『奏象武之歌也』，《逸史》《漢魏》《抱經》『之』下有『所』字。」愚按：四庫本無「所」字。《毛序》：「《維清》，奏《象舞》也。」鄭玄箋：「《象舞》，象用兵時刺伐之舞，武王制焉。」孔穎達等正義：「《維清》詩者，奏《象舞》之歌樂也。謂文王時有擊刺之法，武王作樂，象而為舞，號其樂曰《象舞》。至周公、成王之時，用而奏之於廟。詩人以今大平由彼五伐，睹其奏而思其本，故述之而為此歌焉。」《白虎通·禮樂》：「武王曰《象》者，象太平而作樂，示已太平也；合曰《大武》者，天下始樂周之征伐行武，故詩人歌之曰：『王赫斯怒，爰整其旅。』當此之時，樂文王之怒以定天下，故樂其武也。周室中制《象》樂何？殷紂為惡日久，其惡最甚，斮涉刳胎，殘賊天下。武王起兵，前歌後舞。克殷之後，民人大喜，故中

作所以節喜盛。」

〔5〕愚按：《蔡集》本「即政」作「執政」。《毛序》：「《烈文》，成王即政，諸侯助祭
也。」鄭玄箋：「新王即政，必以朝享之禮祭於祖考，告嗣位也。」孔穎達等正
義：「《烈文》詩者，成王即政，諸侯助祭之樂歌也。謂周公居攝七年，致政成
王，成王乃以明年歲首，即此為君之政，於是用朝享之禮祭於祖考，有諸侯助
王之祭。既祭，因而戒之。詩人述其戒辭，而為此歌焉。」

〔6〕張校：「『祝先王公之所歌也』，《抱經》『先王』下有『先』字。」愚按：四庫本
作「祝先王公之所歌也」，《蔡集》本作「祀先王公之所歌也」。《毛序》：「《天
作》，祀先王先公也。」鄭玄箋：「先王，謂大王已下。先公，諸盩至不窋。」
孔穎達等正義：「《天作》詩者，祀先王先公之樂歌也。謂周公、成王之時，祭
祀先王先公，詩人以今太平是先祖之力，故因此祭，述其事而作歌焉。」

〔7〕《毛序》：「《昊天有成命》，郊祀天地也。」孔穎達等正義：「《昊天有成命》詩者，
郊祀天地之樂歌也。謂於南郊祀所感之天神，於北郊祭神州之地祇也。天地神
祇佑助周室，文、武受其靈命，王有天下。詩人見其郊祀，思此二王能受天之
命，勤行道德，故述之而為此歌焉。」

〔8〕《毛序》：「《我將》一章，祀文王於明堂也。」孔穎達等正義：「《我將》詩者，
祀文王於明堂之樂歌也。謂祭五帝之神於明堂，以文王配而祀之。以今之大平，
由此明堂所配之文王，故詩人因其配祭，述其事而為此歌焉。」

〔9〕《毛序》：「《時邁》，巡守告祭柴望也。」鄭玄箋：「巡守告祭者，天子巡行邦國，
至於方岳之下而封禪也。《書》曰：『歲二月，東巡守，至於岱宗，柴。望秩於
山川，徧於群神。』」孔穎達等正義：「《時邁》詩者，巡守告祭柴望之樂歌也。
謂武王既定天下，而巡行其守土諸侯，至於方岳之下，乃作告至之祭，為柴望
之禮。柴祭昊天，望祭山川。巡守而安祀百神，乃是王者盛事。周公既致太平，
追念武王之業，故述其事而為此歌焉。」

〔10〕張校：「『《執競》一章』，《漢魏》『競』作『兢』。『祀武公之所歌也』，『公』作
『王』。」愚按：抱經本、四庫本、《蔡集》本皆作「王」。《毛序》：「《執競》，
祀武王也。」孔穎達等正義：「《執競》詩者，祀武王之樂歌也。謂周公、成王
之時，既致太平，祀於武王之廟。時人以今得太平，由武王所致，故因其祀，
述其功，而為此歌焉。經之所陳，皆述武王生時之功也。」

〔11〕張校：「『祀后稷配天之所歌』，『歌』下有『也』字。」愚按：四庫本、《蔡集》
本皆有「也」字。《毛序》：「《思文》，后稷配天也。」孔穎達等正義：「《思文》

詩者，后稷配天之樂歌也。周公既已制禮，推后稷以配所感之帝，祭於南郊。既已祀之，因述后稷之德可以配天之意，而為此歌焉。」

〔12〕張校：「『《臣工》一章十句』，《百川》『十』下有『五』字。」愚按：四庫本、《蔡集》本皆作「十句」。有「五」字是。《毛序》：「《臣工》，諸侯助祭，遣於廟也。」孔穎達等正義：「《臣工》詩者，諸侯助祭，遣於廟之樂歌也。謂周公、成王之時，諸侯以禮春朝，因助天子之祭。事畢將歸，天子戒敕而遣之於廟。詩人述其事而作此歌焉。」

〔13〕《毛序》：「《噫嘻》，春夏祈穀於上帝也。」鄭玄箋：「祈，猶禱也，求也。《月令》『孟春祈穀於上帝，夏則龍見而雩』是與？」孔穎達等正義：「《噫嘻》詩者，春夏祈穀於上帝之樂歌也。謂周公、成王之時，春郊夏雩，以禱求膏雨而成其穀實，為此祭於上帝。詩人述其事而作此歌焉。」

〔14〕《毛序》：「《振鷺》，二王之後來助祭也。」鄭玄箋：「二王，夏、殷也。其後，杞也，宋也。」孔穎達等正義：「《振鷺》詩者，二王之後來助祭之樂歌也。謂周公、成王之時，已致大平，諸侯助祭，二王之後亦在其中，能盡禮備儀，尊崇王室，故詩人述其事而為此歌焉。」

〔15〕許校：「各本『烝』皆作『蒸』，此由新校。」愚按：四庫本、《蔡集》本皆作「烝」。《毛序》：「《豐年》，秋冬報也。」鄭玄箋：「報者，謂嘗也，烝也。」孔穎達等正義：「《豐年》詩者，秋冬報之樂歌也。謂周公、成王之時，致太平而大豐熟，秋冬嘗、烝，報祭宗廟。詩人述其事而為此歌焉。」

〔16〕《毛序》：「《有瞽》，始作樂而合乎祖也。」鄭玄箋：「王者治定制禮，功成作樂。合者，大合諸樂而奏之。」孔穎達等正義：「《有瞽》詩者，始作樂而合於太祖之樂歌也。謂周公攝政六年，制禮作樂，一代之樂功成，而合諸樂器於太祖之廟，奏之，告神以知和否。詩人述其事而為此歌焉。」

〔17〕《毛序》：「《潛》，季冬薦魚，春獻鮪也。」鄭玄箋：「冬魚之性定，春鮪新來，薦獻之者，謂於宗廟也。」孔穎達等正義：「《潛》詩者，季冬薦魚，春獻鮪之樂歌也。謂周公、成王太平之時，季冬薦魚於宗廟，至春又獻鮪。澤及潛逃，魚皆肥美，獻之先祖，神明降福。作者述其事而為此歌焉。」

〔18〕《毛序》：「《雝》，禘大祖也。」鄭玄箋：「禘，大祭也。大於四時，而小於祫。大祖，謂文王。」孔穎達等正義：「《雝》者，禘大祖之樂歌也。謂周公、成王太平之時，禘祭大祖之廟。詩人以今之太平，由此大祖，故因其祭，述其事，而為此歌焉。」

〔19〕《毛序》:「《載見》,諸侯始見於武王廟也。」孔穎達等正義:「《載見》詩者,諸
　　　侯始見武王廟之樂歌也。謂周公居攝七年,而歸政成王。成王即政,諸侯來朝,
　　　於是率之以祭武王之廟。詩人述其事而為此歌焉。」

〔20〕張校:「『《有客》一章十三句』,又,『三』作『二』。」愚按:四庫本、《蔡集》
　　　本皆作「十三」。依《毛詩》,作「十二」是。《毛序》:「《有客》,微子來見祖廟
　　　也。」鄭玄箋:「成王既黜殷命,殺武庚,命微子代殷後。既受命,來朝而見也。」
　　　孔穎達等正義:「《有客》詩者,微子來見於祖廟之樂歌也。謂周公攝政二年,
　　　殺武庚,命微子代為殷後,乃來朝而見於周之祖廟。詩人因其來見,述其美德
　　　而為此歌焉。」

〔21〕張校:「『周武所定一代之樂所歌也』,《逸史》《漢魏》《抱經》『樂』下有『之』
　　　字。」愚按:四庫本無「之」字,《蔡集》本有。《毛序》:「《武》,奏《大武》
　　　也。」鄭玄箋:「《大武》,周公作樂所為舞也。」孔穎達等正義:「《武》詩者,
　　　奏《大武》之樂歌也。謂周公攝政六年之時,象武王伐紂之事,作《大武》之
　　　樂既成,而於廟奏之。詩人睹其奏而思武功,故述其事而作此歌焉。」

〔22〕愚按:《蔡集》本「即政」作「執政」。《毛序》:「《閔予小子》,嗣王朝於廟也。」
　　　鄭玄箋:「嗣王者,謂成王也。除武王之喪,將始即政,朝於廟也。」孔穎達等
　　　正義:「《閔予小子》詩者,嗣王朝於廟之樂歌也。謂成王嗣父為王,朝於宗廟,
　　　自言當嗣之意。詩人述其事而作此詩歌焉。」

〔23〕《毛序》:「《訪落》,嗣王謀於廟也。」鄭玄箋「謀者,謀政事也。」孔穎達等正
　　　義:「《訪落》詩者,嗣王謀於廟之樂歌也。謂成王既朝廟,而與群臣謀事。詩
　　　人述之而為此歌焉。」

〔24〕《毛序》:「《敬之》,群臣進戒嗣王也。」孔穎達等正義:「《敬之》詩者,群臣進
　　　戒嗣王之樂歌也。謂成王朝廟,與群臣謀事,群臣因在廟而進戒嗣王。詩人述
　　　其事,而作此歌焉。」

〔25〕《毛序》:「《小毖》,嗣王求助也。」鄭玄箋:「毖,慎也。天下之事當慎其小,
　　　小時而不慎,後為禍大。故成王求忠臣早輔助己為政,以救患難。」孔穎達等
　　　正義:「《小毖》詩者,嗣王求助之樂歌也。謂周公歸政之後,成王初始嗣位,
　　　因祭在廟,而求群臣助己。詩人述其事而作此歌焉。」

〔26〕盧校:「『籍』,宋本『耤』。下同。」張校:「『春耤田』,《逸史》《漢魏》『耤』
　　　作『籍』。」愚按:四庫本、《蔡集》本皆作「耤」。《毛序》:「《載芟》,春籍田
　　　而祈社稷也。」鄭玄箋:「籍田,甸師氏所掌。王載耒耜所耕之田,天子千畝,

諸侯百畝。籍之言借也,借民力治之,故謂之籍田。」孔穎達等正義:「《載芟》
詩者,春籍田而祈社稷之樂歌也。謂周公、成王太平之時,王者於春時親耕籍
田,以勸農業,又祈求社稷,使獲其年豐歲稔。詩人述其豐熟之事,而為此歌
焉。」

〔27〕《毛序》:「《良耜》,秋報社稷也。」孔穎達等正義:「《良耜》詩者,秋報社稷之
樂歌也。謂周公、成王太平之時,年穀豐稔,以為由社稷之所祐,故於秋物既
成,王者乃祭社稷之神,以報生長之功。詩人述其事而作此歌焉。」

〔28〕張校:「『《綠衣》一章』,『綠』作『絲』。」愚按:四庫本、《蔡集》本皆作「絲」。
《毛序》:「《絲衣》,繹賓尸也。」鄭玄箋:「繹,又祭也。天子諸侯曰繹,以祭
之明日。卿大夫曰賓尸,與祭同日。周曰繹,商謂之肜。」孔穎達等正義:「《絲
衣》詩者,繹賓尸之樂歌也。謂周公、成王太平之時,祭宗廟之明日,又設祭
事,以尋繹昨日之祭,謂之為繹。以賓事所祭之尸,行之得禮。詩人述其事而
為此歌焉。」

〔29〕盧校:「今八句,不同。」許校:「盧注云:『今八句,不同。』瀚案:盧誤,毛
亦九句,無作八句者。《毛序》:「《酌》,告成《大武》也。」鄭玄箋:「周公
居攝六年,制禮作樂,歸政成王,乃後祭於廟而奏之。其始成告之而已。」孔
穎達等正義:「《酌》詩者,告成《大武》之樂歌也。謂周公攝政六年,象武王
之事,作《大武》之樂既成,而告於廟。作者睹其樂成,而思其武功,述之而
作此歌焉。」

〔30〕《毛序》:「《桓》,講武類禡也。」鄭玄箋:「類也、禡也,皆師祭也。」孔穎達
等正義:「《桓》詩者,講武類禡之樂歌也。謂武王將欲伐殷,陳列六軍,講習
武事,又為類祭於上帝,為禡祭於所徵之地。治兵祭神,然後克紂。至周公、
成王太平之時,詩人追述其事而為此歌焉。」

〔31〕《毛序》:「《賚》,大封於廟也。」鄭玄箋:「大封,武王伐紂時,封諸臣有功者。」
孔穎達等正義:「《賚》詩者,大封於廟之樂歌也。謂武王既伐紂,於廟中大封
有功之臣以為諸侯。周公、成王大平之時,詩人追述其事而為此歌焉。」

〔32〕《毛序》:「《般》,巡守而祀四嶽河海也。」鄭玄箋:「般,樂也。」孔穎達等正
義:「《般》詩者,巡守而祀四嶽河海之樂歌也。謂武王既定天下,巡行諸侯所
守之土,祭祀四嶽河海之神,神皆饗其祭祀,降之福助。至周公、成王太平之
時,詩人述其事而作此歌焉。」

〔33〕盧校:「舊本,《臣工》十句,《有客》十三句。案此不比《般》詩毛七句,三家

八句之有異同，直傳寫之誤耳，今並改正。」愚按：《禮記・樂記》：「故聽其雅、
頌之聲，志意得廣焉；執其干戚，習其俯仰詘伸，容貌得莊焉；行其綴兆，要
其節奏，行列得正焉，進退得齊焉。故樂者天地之命，中和之紀，人情之所不
能免也。」

五等爵之別名

五等爵之別名【一本云周制也】〔1〕：

三公者〔2〕，天子之相。相，助也，助理天下，其地方百里〔3〕。侯者，候
也，候逆順也，其地方百里〔4〕。伯者，白也，明白於德，其地方七十里〔5〕。
子者，滋也，奉天王之恩德，其地方五十里〔6〕。男者，任也，立功業以化民，
其地方五十里〔一云周制也〕〔7〕。

守者〔8〕，秦置也〔9〕，秦兼天下，置三川守，伊、河、洛〔10〕也。漢改曰
河南守。武帝【會】〔命〕曰太守〔11〕。世祖都洛陽，改曰正〔12〕。

【注釋】

〔1〕許校：「宋本、程本皆於『五等爵之別名』下注云：『一本云：周制也。』瀚案：
宋本是也，其云『一本云周制也』者，謂一本無『之別名』三字，而作『周制
也』，猶下言『守者秦置也』。此本勝今本，今又移其注於末，而刪『本』字，
益令人不解。」張校：「『一本云周制也』，《逸史》《漢魏》《抱經》無『本』字，
在下節『其地方五十里』下。」愚按：四庫本亦有此六字，《蔡集》本作「一云
周制」。五等爵：公、侯、伯、子、男五等爵位。《禮記・王制》：「王者之制祿
爵，公、侯、伯、子、男，凡五等。諸侯之上大夫卿，下大夫，上士、中士、
下士，凡五等。」《孟子・萬章下》：「天子一位、公一位、侯一位、伯一位、子
男同一位，凡五等也。」孫奭疏：「《孟子》所言周制，《王制》所言夏商之制也。」
《禮記・文王世子》：「王乃命公、侯、伯、子、男及群吏，曰：『反，養老幼於
東序。』」特指五等之爵。

〔2〕張校：「『三公者』以下四行，《逸史》《漢魏》連上不提行。」三公：秦及秦以
前天子之下最高管理者的稱呼，輔佐天子。《尚書・周官》：「立太師、太傅、太
保。茲惟三公，論道竟邦，變理陰陽，官不必備，惟其人。」孔傳：「師，天子
所師法；傅，傅相天子；保，保安天子於德義者，此惟三公之任。佐王論道，
以經緯國事，和理陰陽。言有德乃堪之。」《春秋公羊傳・隱公五年》：「天子三
公者何？天子之相也。天子之相則何以三？自陝而東者，周公主之；自陝而西

者，召公主之；一相處乎內。」《禮記·文王世子》：「天子三公、九卿、二十七大夫、八十一元士。」

〔3〕張校：「『其地封百里』，《逸史》《漢魏》《抱經》『封』作『方』。」愚按：四庫本作「封」，《蔡集》本作「方」。《禮記·王制》：「天子之三公之田視公侯，天子之卿視伯，天子之大夫視子男，天子之元士視附庸。」

〔4〕愚按：《蔡集》本作「侯逆順」。「侯」前應先說「公」，未知為佚脫，抑或蔡氏原文如此。「三公」之公是官，「公侯」之公是爵，未可混同。上引《禮記·王制》「天子之三公之田視公侯」，可知「三公」之「公」與公侯之「公」不同。《公羊傳·隱公五年》：「天子三公稱公，王者之後稱公，其餘大國稱侯，小國稱伯、子、男。」徐彥疏：「公地方五百里，侯四百里，伯三百里，子二百里，男一百里，諸侯亦以功黜陟之。」此亦可證。《春秋公羊傳·隱公元年》疏引《春秋說》：「周五等爵，法五精：公之言公，公正無私。」侯：古代五等爵的第二位，也作為諸侯的通稱。《春秋公羊傳·隱公元年》疏引《春秋說》：「侯之言候，候逆順，兼伺候王命矣。」

〔5〕伯：五等爵位的第三等。《春秋公羊傳·隱公元年》疏引《春秋說》：「伯之言白，明白於德。」《孟子·萬章下》：「天子之制，地方千里。公侯皆方百里，伯七十里，子男五十里，凡四等。」

〔6〕子：五等爵位中的第四等。《春秋公羊傳·隱公元年》疏引《春秋說》：「子者，孳恩宣德。」《尚書·堯典》：「放齊曰：『胤子朱啟明。』」孔傳：「胤，國。子，爵。」《孝經·孝治》：「昔者明王之以孝理天下也，不敢遺小國之臣，而況於公、侯、伯、子、男乎？」

〔7〕盧校：「此疑非本注，宋刻在前『五等爵之別名』下，作『一本云周制也』。」男：五等爵的第五等。《春秋公羊傳·隱公元年》疏引《春秋說》：「男者，任功立業。皆上奉王者之政教、禮法，統理一國，修身絜行矣。」《漢書·翟義傳》：「莽乃並錄，以小大為差，封侯伯子男凡三百九十五人。」

〔8〕愚按：此下一節文字，超出綱領，似為另一條。守：守臣，地方長官。後用為郡守、太守、刺史等的簡稱。《左傳·僖公十二年》：「王以上卿之禮饗管仲。管仲辭曰：『臣，賤有司也。有天子之二守國、高在。』」杜預注：「國子、高子，天子所命為齊守臣。」《墨子·號令》：「守入臨城，必謹問父老吏大夫，請有怨仇讎不相解者，召其人，明白為之解之。」《史記·秦始皇本紀》：「分天下以為三十六郡，郡置守、尉、監。」

〔9〕愚按：《蔡集》本「秦置」作「秦制」。

〔10〕盧校：「似當作『雒』，或寫者亂之，下同。」愚按：盧說或是，《漢書·地理志上》「雒陽」，顏師古注：「魚豢云漢火行忌水，故去『洛』『水』而加『隹』。如魚氏說，則光武以後改為『雒』字也。」此處語義不明，或有脫文，應云：三川：伊、河、洛也。

〔11〕盧校：「舊『會』，偽。」《漢書·百官公卿表上》：「郡守，秦官，掌治其郡，秩二千石。有丞，邊郡又有長史，掌兵馬，秩皆六百石。景帝中二年更名太守。」

〔12〕許校：「（武帝會曰太守。世祖都河陽）盧改『會』為『命』。『河陽』，各本作『洛陽』，此大誤。《後漢書·郡國志》「河南尹」，自注：「秦三川郡，高帝更名。世祖都雒陽，建武十五年改曰河南尹。」劉昭注：「應劭《漢官》曰：『尹，正也。』」《漢官儀》：「河南尹所治，周地也。洛陽本成周，周之衰微，分為東西周，秦兼天下，置三川守，洛、河、伊也。漢更名河南。孝武皇帝增守曰太守。世祖中興，徙都洛陽，改號為尹。尹，正也。《詩》云『赫赫師尹』。」

諸侯大小之差

諸侯大小之差〔1〕：

諸侯王〔2〕，皇子封為王者，稱曰諸侯王。徹侯，群臣異姓有功封者，稱曰徹侯〔3〕。避武帝諱〔4〕，改曰通侯〔5〕，或曰列侯也〔6〕。朝侯，諸侯有功德者，天子特命為朝侯，位次諸卿〔7〕。

【注釋】

〔1〕愚按：此節文字說漢代封制，似有脫佚。諸侯：古代帝王所分封的各國君主。此處所說為漢代封建制度，諸侯之地位和職能與先秦有根本不同。《漢書·諸侯王表》：「漢興之初，海內新定，同姓寡少，懲戒亡秦孤立之敗，於是剖裂疆土，立二等之爵。功臣侯者百有餘邑，尊王子弟，大啟九國。」顏師古注：「韋昭曰：『漢封功臣，大者王，小者侯也。』」《史記·孝武本紀》：「而上鄉儒術，招賢良，趙綰、王臧等以文學為公卿，欲議古立明堂城南，以朝諸侯。」

〔2〕張校：「『諸侯王皇子』以下三行，《逸史》《漢魏》連上不提行。」愚按：諸侯王：漢代皇子例封為王。《後漢書·百官五》：「皇子封王，其郡為國。」《史記·呂太后本紀》：「辛巳，高后崩，遺詔賜諸侯王各千金，將相列侯郎吏皆以秩賜金。」

〔3〕徹侯：爵位名。秦統一後所建立的二十級軍功爵中的最高級。《後漢書·百官

五》：「列侯，所食縣為侯國。本注曰：承秦爵二十等，為徹侯，金印紫綬，以賞有功。功大者食縣，小者食鄉、亭，得臣其所食吏民。後避武帝諱，為列侯。」後用以泛指侯伯高官。賈誼《陳政事疏》：「令信越之倫列為徹侯而居，雖至今存可也。」

〔4〕張校：「又，『稱曰徹侯武帝諱』，『徹侯』下有『避』字。」愚按：四庫本無「避」字，《蔡集》本有。

〔5〕通侯：爵位名。《戰國策・楚策一》：「楚嘗與秦構難，戰於漢中。楚人不勝，通侯、執珪死者七十餘人，遂亡漢中。」鮑彪注：「徹侯，漢諱武帝作『通』，此亦劉向所易也。」《漢書・高帝紀下》：「通侯諸將，毋敢隱朕。」

〔6〕列侯：爵位名。秦制爵分二十級，徹侯位最高。漢承秦制，為避漢武帝劉徹諱，改徹侯為通侯，或稱「列侯」。《史記・秦本紀》：「二十二年，衛鞅擊魏，虜魏公子卬，封鞅為列侯，號商君。」《後漢書・侯霸傳》：「漢家舊制，丞相拜日，封為列侯。」後泛指諸侯。

〔7〕朝侯：爵名。漢朝官制，列侯對國家有功者賜有朝位，參國春秋祭祀。朝侯之朝位在九卿下，平冕文衣。《後漢書・百官志五・列侯》：「中興以來，唯以功德賜位特進者，次車騎將軍；賜位朝侯，次五校尉。」

王者耕耤田之別名

王者耕耤田之別名〔1〕：

天子三推，三公五推，卿諸侯九推〔2〕。

〔1〕張校：「『王者耕籍田之別名』，《逸史》《抱經》『籍』作『耤』。」愚按：四庫本、《蔡集》本皆作「耤」。此節文字用《禮記・月令》文，然缺佚嚴重。耤田：亦作籍田、藉田。古代天子、諸侯徵用民力耕種的田地。天子籍田千畝，諸侯百畝。每逢春耕前，由天子、諸侯執耒耤在籍田上三推或一撥，稱為「籍禮」，以示對農業的重視。所獲穀物，用以祭祀宗廟社稷山川諸神。「耤」為本字，《說文・耒部》：「耤，帝耤千畝也。古者使民如借，故謂之耤。」《詩・周頌・載芟序》：「載芟，春籍田而祈社稷也。」鄭玄箋：「籍田，甸師氏所掌，王載耒耤所耕之田。天子千畝，諸侯百畝。籍之言借也，借民力治之，故謂之籍田。」

〔2〕張校：「『天子三推』以下十三字，《逸史》《漢魏》連上不提行。」愚按：此即古代帝王親耕之禮。天子於每年正月親臨籍田，扶耒耤往還三度，以示勸農，稱三推。後歷代皆有親耕三推儀式，成為例行公事。《禮記・月令》：「是月也，

天子乃以元日祈穀於上帝。乃擇元辰，天子親載耒耜，措之參保介之御間，帥
三公、九卿、諸侯、大夫，躬耕帝藉。天子三推，三公五推，卿諸侯九推。反，
執爵於大寢，三公、九卿、諸侯、大夫皆御，命曰『勞酒』。」

三代學校之別名

三代學校之別名〔1〕：

夏曰校〔2〕，殷曰序〔3〕，周曰庠〔4〕。天子曰辟雍〔5〕，謂流水四面如璧，
以節觀者〔6〕；諸侯曰頖宮〔7〕，頖言半也，義亦如上〔8〕。

【注釋】

〔1〕學校：專門進行教育的機構。我國的學校出現很早，名目不一，如周朝有所謂
辟雍、泮宮等。《孟子·滕文公上》：「設為庠、序、學、校以教之。」揚雄《百
官箴·博士箴》：「國有學校，侯有泮宮。」

〔2〕張校：「『夏曰校』以下二行，《逸史》《漢魏》連上不提行。」愚按：校：古代
稱學校。《孟子·滕文公上》：「設為庠序學校以教之；庠者，養也。校者，教也。
序者，射也。夏曰校，殷曰序，周曰庠，學則三代共之：皆所以明人倫也。人
倫明於上，小民親於下。有王者起，必來取法，是為王者師也。」《左傳·襄公
三十一年》：「鄭人遊於鄉校，以論執政。」杜預注：「鄉之學校。」《漢書·平
帝紀》：「（元始三年）立學官。郡國曰學，縣、道、邑侯國曰校。」

〔3〕愚按：四庫本作「庠」。序：古代學校的名稱。《周禮·地官·州長》：「春秋以
禮會民而射於州序。」鄭玄注：「序，州黨之學也。」《禮記·王制》：「夏后氏
養國老於東序，養庶老於西序。」鄭玄注：「皆學名也。」《漢書·儒林傳序》：
「三代之道，鄉里有教，夏曰校，殷曰庠，周曰序。」

〔4〕張校：「『殷曰庠周曰序』，《逸史》《漢魏》《抱經》『庠』『序』二字互易。」愚
按：四庫本亦作「殷曰庠周曰序」，《蔡集》本作「殷曰序周曰庠」。庠：古代的
學校，特指鄉學。《禮記·學記》：「黨有庠。」孔穎達疏：「庠，學名也，於黨
中立學教閭中所升者也。」《禮記·王制》：「有虞氏養國老於上庠，養庶老於下
庠。」鄭玄注：「上庠，右學，大學也，在西郊。下庠，左學，小學也，在國中
王宮之東。」《禮記·鄉飲酒義》：「主人拜迎賓於庠門之外。」鄭玄注：「鄉學
也。」

〔5〕辟雍：亦作辟廱、璧廱、辟廱。辟，通「璧」。周王朝為貴族子弟所設的大學，
校址圓形，圍以水池，前門外有便橋，形如璧環，故名。大學有五，南為成均，

北為上庠，東為東序，西為瞽宗。

〔6〕關於辟雍，素有二義。《禮記·王制》：「天子曰辟雍，諸侯曰頖宮。」鄭玄注：「辟，明也；雍，和也。所以明和天下。」班固《白虎通·辟雍》：「天子立辟雍何？辟雍所以行禮樂，宣德化也。辟者，璧也，象璧圓，以法天也，雍者，雍之以水，象教化流行也。辟之言積也，積天下之道德；雍之為言壅也，天下之儀則。故謂之辟雍也。」

〔7〕頖宮：又作「泮宮」。西周諸侯所設大學。《詩·魯頌·泮水》：「既作泮宮，淮夷攸服。」《漢書·郊祀志上》：「周公相成王，王道大洽，制禮作樂，天子曰明堂辟雍，諸侯曰泮宮。」《說文》：「泮，諸侯鄉射之宮，西南為水，東北為牆。」或以為「泮」，春秋魯之水名，作宮其上，故稱泮宮。宮成而魯僖公飲酒其上，詩人稱頌僖公，即《詩經·魯頌·泮水》。至《禮記·明堂位》，乃有周學有頖宮之說。漢文帝命博士撰《王制》，遂謂天子之學有辟雍，諸侯之學有泮宮。此後，說經者皆以泮宮為學宮。

〔8〕關於頖宮，亦有二義。《禮記·王制》：「大學在郊，天子曰辟廱，諸侯曰頖宮。」鄭玄注：「頖之言班也，所以班政教也。」《白虎通·辟雍》：「諸侯曰泮宮者，半於天子宮也，明尊卑有差，所化少也。半者，象璜也。獨南面禮儀之方有水耳，其餘雍之言垣，宮名之別尊卑也。明不得化四方也。不言泮雍何？嫌但半天子制度也。《詩》云：『穆穆魯侯，克明其德。既作泮宮，淮夷攸服。』」後泛指學宮。

五帝三代樂之別名

五帝三代樂之別名〔1〕：

黃帝曰雲門〔2〕，顓頊曰六莖〔3〕，帝嚳曰五英〔4〕，堯曰咸池〔5〕，舜曰大韶，一曰大招〔6〕，夏曰大夏〔7〕，殷曰大濩〔8〕，周曰大武〔9〕。天子八佾〔10〕，八八六十四人。八者象八風〔11〕，所以風化天下也。公之樂六佾，象六律也〔12〕。侯之樂四佾，象四時也〔13〕。

【注釋】

〔1〕愚按：此節文字，用《公羊傳》及緯書之說。樂：指一種歌、樂、舞合一的綜合性藝術。《周易·豫》：「先王以作樂崇德，殷薦之上帝，以配祖考。」《禮記·樂記》：「凡音之起，由人心生也。人心之動，物使之然也。感於物而動，故形於聲。聲相應，故生變；變成方，謂之音。比音而樂之，及干戚羽旄，謂之樂。」

鄭玄注：「干，盾也；戚，斧也，武舞所執也。羽，翟羽也；旄，旄牛尾也，文舞所執。《周禮》舞師、樂師掌教舞，有兵舞，有干舞，有羽舞，有旄舞。《詩》曰：『左手執籥，右手秉翟。』」《樂記》又曰：「樂者為同，禮者為異，同則相親，異則相敬。樂勝則流，禮勝則離。合情飾貌者，禮樂之事也。禮義立，則貴賤等矣。樂文同，則上下和矣。好惡著，則賢不肖別矣。刑禁暴，爵舉賢，則政均矣。仁以愛之，義以正之。如此，則民治行矣。」

〔2〕張校：「『黃帝曰雲門』以下四行，《逸史》《漢魏》連上不提行。」雲門：周六樂舞之一，用於祭祀天神。相傳為黃帝時所作。《周禮·春官·大司樂》：「以樂舞教國子。舞《雲門》《大卷》《大咸》《大磬》《大夏》《大濩》《大武》。」鄭玄注：「此周所存六代之樂，黃帝曰《雲門》《大卷》。黃帝能成名萬物，以明民共財，言其德如雲之所出，民得以有族類。」《漢書·禮樂志》：「黃帝作《咸池》。」後云：「《咸池》，備矣。」顏師古注：「咸，皆也。池言其包容浸潤也，故云備矣。」

〔3〕六莖：古樂名。傳為顓頊所作。《漢書·禮樂志》：「顓頊作《六莖》。」後云：「《六莖》及根莖也。」班固《白虎通·禮樂》、應劭《風俗通·聲音》皆謂顓頊之樂曰《六莖》。《太平御覽》卷七九引《帝王世紀》則稱帝嚳高辛氏作《六莖》。《樂葉圖徵》：「顓頊曰五莖。」注：「能為五行之道，立根莖也。」

〔4〕五英：亦作「五䕦」。樂曲名，相傳為帝嚳所作。《漢書·禮樂志》：「帝嚳作《五英》。」後云：「《五英》，英華茂也。」班固《白虎通·禮樂》：「帝嚳曰《五英》者，言能調和五聲以養萬物，調其英華也。」《廣雅·釋樂》：「《五䕦》，帝嚳樂。」按：古樂又有六英，亦作「六䕦」。相傳為帝嚳或顓頊之樂。《呂氏春秋·古樂》：「帝嚳令咸黑作為聲歌：《九招》《六列》《六英》。」《淮南子·齊俗訓》：「《咸池》《承雲》《九韶》《六英》，人之所樂也。」高誘注：「（《六英》），帝顓頊樂。」《樂葉圖徵》：「帝嚳曰《六英》。」注：「六合之英。」

〔5〕咸池：又稱大咸，相傳為堯樂。一說為黃帝之樂，堯增修沿用。《周禮·春官·大司樂》：「乃奏大蔟，歌應鍾，舞《咸池》，以祭地祇。」《周禮·春官·大司樂》：「以樂舞教國子，舞《雲門》《大卷》《大咸》。」鄭玄注：「《大咸》《咸池》，堯樂也。堯能殫均刑法以儀民，言其德無所不施。」《禮記·樂記》：「《大章》，章之也。」鄭玄注：「堯樂名也，言堯德章明也，《周禮》闕之，或作《大卷》。」「《咸池》，備矣。」鄭玄注：「黃帝所作樂名也，堯增修而用之。咸，皆也。池之言施也，言德之無不施也。《周禮》曰《大咸》。」

〔6〕大韶：亦稱《大磬》《韶簫》《簫韶》《韶虞》《昭虞》《招》，簡稱《韶》。周六樂舞之一，相傳為舜樂名。《尚書·益稷》：「夔曰：戞擊鳴球，搏拊琴瑟，以詠。祖考來格，虞賓在位，群后德讓。下管鼗鼓，合止柷敔，笙鏞以間，鳥獸蹌蹌。《簫韶》九成，鳳凰來儀。夔曰：於！予擊石拊石，百獸率舞，庶尹允諧。」《周禮·春官·大司樂》：「以樂舞教國子，舞《雲門》《大卷》《大咸》《大磬》《大夏》《大濩》《大武》。」鄭玄注：「《大磬》，舜樂也，言其德能紹堯之道也。」《禮記·樂記》：「《韶》，繼也。」鄭玄注：「舜樂名也，韶之言紹也，言舜能繼紹堯之德，《周禮》曰《大韶》。」《漢書·禮樂志》：「舜作《招》。」後曰：「《招》，繼堯也。」顏師古注：「韶之言紹，故曰繼堯也。」

〔7〕大夏：周代六樂舞之一，相傳為夏禹時代的樂舞。《周禮·春官·大司樂》：「以樂舞教國子，舞《雲門》《大卷》《大咸》《大磬》《大夏》《大濩》《大武》。」鄭玄注：「此周所存六代之樂……大夏，禹樂也。禹治水傅土，言其德能大中國也。」《禮記·樂記》：「《夏》，大也。」鄭玄注：「禹樂名也。言禹能大堯、舜之德，《周禮》曰《大夏》。」《左傳·襄公二十九年》：「見舞《大夏》者，曰：『美哉！勤而不德，非禹其誰能修之。』」

〔8〕大濩：簡稱《濩》，又稱《韶濩》《大護》或《大護》。周代「六舞」之一。《周禮·春官·大司樂》：「以樂舞教國子，舞《雲門》《大卷》《大咸》《大磬》《大夏》《大濩》《大武》。」鄭玄注：「《大濩》，湯樂也。湯以寬治民，而除其邪，言其德能使天下得其所也。」《呂氏春秋·古樂》：「湯於是率六州以討桀罪，功名大成，黔首安寧，湯乃命伊尹作為《大護》，歌《晨露》，修《九招》《六列》，以見其善。」高誘注：「《大護》《晨露》《九招》《六列》皆樂名。」班固《白虎通·禮樂》：「湯樂曰《大護》。」《廣雅·釋樂》作「大護」。王念孫疏證：「護，各本偽作護，惟影宋本不偽。濩、護古字本通。」《樂葉圖徵》：「殷曰大濩。」注：「承衰而起，能護先王之道。」

〔9〕大武：周代的樂舞之一，是頌揚周武王戰勝商紂王的樂舞。《左傳·襄公二十九年》：「見舞《大武》者，曰：『美哉，周之盛也，其若此乎？』」《周禮·春官·大司樂》：「以樂舞教國子，舞……《大武》。」鄭玄注：「《大武》，武王樂也。武王伐紂以除其害，言其德能成武功。」孔疏：「云『《大武》，武王樂也。武王伐紂，以除其害』者，亦《祭法》文。彼云『災』，災即害，一也。云『言其德能成武功』者，此即『克定禍亂曰武』也。案《元命包》云：『文王時，民樂其興師征伐，故曰武。』又《詩》云：『文王受命，有此武功。』如是，則《大武》

是文王樂名，而云武王樂者，但文王有此武功，不卒而崩，武王卒其伐功以誅虐紂，是武王成武功，故周公作樂，以《大武》為武王樂也。」《白虎通・帝王禮樂》：「周樂曰《大武象》，周公之樂曰《酌》，合曰《大武》。」後解云：「周公曰《酌》者，言周公輔成王，能斟酌文武之道而成之也；武王曰《象》者，象太平而作樂，示已太平也；合曰《大武》者，天下始樂周之征伐行武，故詩人歌之：『王赫斯怒，爰整其旅。』當此之時，天下樂文王之怒，以定天下，故樂其武也。」

〔10〕《春秋公羊傳・隱公五年》：「天子八佾。」何休注：「佾者，列也。八人為列，八八六十四人，法八風。」

〔11〕八風：八方之風，諸說不同。《呂氏春秋・有始》：「何謂八風？東北曰炎風，東方曰滔風，東南曰薰風，南方曰巨風，西南曰淒風，西方曰飂風，西北曰厲風，北方曰寒風。」《淮南子・墜形訓》：「何謂八風？東北曰炎風，東方曰條風，東南曰景風，南方曰巨風，西南曰涼風，西方曰飂風，西北曰麗風，北方曰寒風。」《說文・風部》：「風，八風也。東方曰明庶風，東南曰清明風，南方曰景風，西南曰涼風，西方曰閶闔風，西北曰不周風，北方曰廣莫風，東北曰融風。」《左傳・隱公五年》：「夫舞所以節八音，而行八風。」陸德明《釋文》：「八方之風，謂東方谷風，東南清明風，南方凱風，西南涼風。西方閶闔風，西北不周風，北方廣莫風，東北方融風。」讖緯之學產生後，又有所謂八種季候風。《易緯通卦驗》：「八節之風謂之八風。立春條風至，春分明庶風至，立夏清明風至，夏至景風至，立秋涼風至，秋分閶闔風至，立冬不周風至，冬至廣莫風至。」

〔12〕《春秋公羊傳・隱公五年》：「諸公六。」何休注：「六人為列，六六三十六人，法六律。」

〔13〕《春秋公羊傳・隱公五年》：「諸侯四。」何休注：「四人為列，四四十六人，法四時。」《白虎通義・天子諸侯佾數》：「天子八佾，諸侯四佾，所以別尊卑。樂者，陽也。故以陰數，法八風、六律、四時也。八風、六律者，天氣也。助天地成萬物者也。亦猶樂所以順氣變化，萬民成其性命也。佾者，列也。以八人為行列，八八六十四人也。諸公六六為行，諸侯四四為行。」

朝士外朝之法

朝士【卿】〔外〕朝〔1〕之法：

　　左九棘〔2〕，孤、卿、大夫位也〔3〕，群【臣】〔士〕在其後〔4〕。右九棘，公、侯、伯、子、男位也，群吏在其後〔5〕。〔面〕〔6〕三槐〔7〕，三公之位也，州長眾庶在其後〔8〕。

【注釋】

〔1〕盧校：「舊作『卿』，據《周禮》改正。」愚按：盧校未必當，此節文字，用《周禮·秋官·朝士》文，有脫佚，故文義不完。據《周禮》，此處應作「朝士掌建邦外朝之法」，或「朝士掌外朝之法」。

　　朝士：主管外朝朝儀、財入、獄訟等事務的官員。《周禮·秋官·朝士》：「朝士，掌建邦外朝之法。」《地官·司徒·槀人》賈公彥疏：「又有外朝，在皋門內，庫門外，三槐九棘之朝，是斷獄弊訟之朝，朝士掌之。」

　　外朝：天子三朝，一外二內，此指庫門外、皋門內之朝。《周禮·秋官·朝士》：「朝士掌建邦外朝之法。」鄭玄注：「鄭司農云：『王有五門，外曰皋門，二曰雉門，三曰庫門，四曰應門，五曰路門。路門一曰畢門。外朝在路門外，內朝在路門內。左九棘，右九棘，故《易》曰係用徽纆，實於叢棘。』玄謂《明堂位》說魯公宮曰『庫門，天子皋門。雉門，天子應門。』言魯用天子之禮，所名曰庫門者，如天子皋門。所名曰雉門者，如天子應門。……然則外朝在庫門之外，皋門之內與？今司徒府有天子以下大會殿，亦古之外朝哉。」孔穎達疏：「云『天子諸侯皆有三朝，外朝一，內朝二』者，天子外朝一者，即朝士所掌者是也。內朝二者，司士所掌正朝，大僕所掌路寢朝，是二也。」《地官·司徒·槀人》：「槀人，掌共外內朝冗食者之食。」鄭玄注：「外朝，司寇斷獄弊訟之朝也。今司徒府中，有百官朝會之殿，云天子與丞相舊決大事焉。是外朝之存者與？」

〔2〕張校：「『左九棘』以下三行，《逸史》《漢魏》連上不提行。」九棘：古代群臣外朝之位，樹九棘為標識，以區分等級職位。《周禮·秋官·朝士》鄭玄注：「樹棘以為位者，取其赤心而外刺，象以赤心三刺也。」後因以九棘為九卿的代稱。《後漢書·寇榮傳》：「臣思入國門，坐於肺石之上，使三槐九棘平臣之罪。」

〔3〕孤：古代官名，又稱孤卿。其地位在三公之下。《尚書·周官》：「少師、少傅、少保，曰三孤。」孔傳：「此三官名曰三孤。孤，特也。言卑於公，尊於卿，特置此三者。」《周禮·春官·大宗伯》：「孤執皮帛，卿執羔，大夫執雁。」《漢書·百官公卿表上》：「太師、太傅、太保，是為三公，蓋參天子，坐而議政，

無不總統，故不以一職為官名。又立三少為之副，少師、少傅、少保，是為孤卿，與六卿為九焉。」

卿：古代上大夫稱卿，有時統稱上大夫卿。西周、春秋時天子、諸侯都有卿，分上、中、下三等。秦漢時期三公以下設有九卿。《周禮·天官·序官》：「治官之屬，大宰，卿一人。」《禮記·王制》：「王者之制祿爵……諸侯之上大夫卿、下大夫、上士、中士、下士，凡五等。」鄭玄注：「上大夫曰卿。」《國語·楚語上》：「晉卿不若楚，其大夫則賢。其大夫皆卿才也。」《漢書·陳平傳》：「項羽略地至河上，平往歸之，從入破秦，賜爵卿。」顏師古注引張晏曰：「禮秩如卿，不治事。」《白虎通·天子諸侯爵稱之異》：「卿之為言章也，章善明理也。」

大夫：古職官名。周代在國君之下有卿、大夫、士三等；各等中又分上、中、下三級。後因以大夫為任官職者之稱。秦漢時期，中央要職有御史大夫，備顧問者有諫議大夫、中大夫、光祿大夫等。《白虎通·天子諸侯爵稱之異》：「大夫之為言大扶，扶進人者也。故《傳》曰：『進賢達能，謂之卿大夫。』」

〔4〕盧校：「『臣』非。」愚按：盧校是也。群士：此指眾獄官，後來指百官。《周禮·秋官·鄉士》：「群士司刑皆在，各麗其法，以議獄訟。」賈公彥疏：「云『群士司刑皆在』者，所謂《呂刑》云『師聽五辭』，一也。恐專有濫，故眾獄官共聽之。」《後漢書·董卓傳》：「忍性矯情，擢用群士。」義有不同。

〔5〕群吏：謂各府屬官。《周禮·秋官·朝士》鄭玄注：「群吏，謂府史也。」

〔6〕盧校：「脫，俱據《周禮》改補。」愚按：盧校是也。《周禮·夏官·司士》：「正朝儀之位，辨其貴賤之等。王南向，三公北面東上，孤東面北上，卿、大夫西面北上。王族故士、虎士在路門之左，南面東上。大僕、大右、大儀從者，在路門之右，南面西上。司士擯，孤卿特揖；大夫以其等旅揖；士旁三揖。王還，揖門左，揖門右。大僕前，王入內朝，皆退。」

〔7〕三槐：相傳周代宮廷外種有三棵槐樹，三公朝天子時，面向三槐而立。後因以三槐喻三公。《周禮·秋官·朝士》鄭玄注：「槐之言懷也，懷來人於此，欲與之謀。」賈公彥疏：「云『槐之言懷也者，懷來人於此，欲與之謀』，此亦據三詢而言也。」

〔8〕愚按：《周禮·秋官·朝士》此句後尚有：「左嘉石，平罷民焉。右肺石，達窮民焉。」當據補，文義始足。州長：《周禮·秋官·朝士》鄭玄注：「州長，鄉遂之官。」賈公彥疏：「云『州長，鄉遂之官』者，州長是鄉之官，兼言遂者，

鄉之官既在此，明六遂之官亦在此，故言遂以苞之。」

眾庶：諸府官屬。庶，庶士。《禮記・祭法》：「庶士、庶人，無廟。」鄭玄注：
「庶士，府史之屬。」

四代獄之別名

四代獄之別名〔1〕：

唐虞曰士官〔2〕，《史記》曰皋陶為理〔3〕。《尚書》曰皋陶作士〔4〕。夏曰
均臺〔5〕，周曰囹圄〔6〕，漢曰獄〔7〕。

【注釋】

〔1〕愚按：此節文字或有脫佚，「士官」、「理」、「士」皆為獄官名，「均臺」、「囹圄」、
「獄」為牢獄名，相提並論與綱領不符。或是兩條殘文合為一條。獄：監獄。
《詩經・小雅・小宛》：「哀我填寡，宜岸宜獄。」朱熹集傳：「岸，亦獄也。《韓
詩》作『犴』。鄉亭之繫曰犴，朝廷曰獄。」《漢書・刑法志》：「今郡國被刑而
死者歲以萬數，天下獄二千餘所，其冤死者多少相覆。」司馬遷《報任少卿書》：
「彭越、張敖南面稱孤，繫獄抵罪。」

〔2〕張校：「『唐虞曰士官』以下二行，《逸史》《漢魏》連上不提行。」唐虞：唐堯
與虞舜的並稱。亦指堯與舜的時代，古人以為太平盛世。《論語・泰伯》：「唐虞
之際，於斯為盛。」《史記・汲鄭列傳》：「陛下內多欲而外施仁義，奈何欲效唐
虞之治乎！」《史記・太史公自序》：「唐虞之際，紹重黎之後，使復典之，至於
夏商，故重黎氏世序天地。」

士官：士官即士師，為司寇屬官之一，掌刑獄。《周禮・秋官・士師》：「士師之
職，掌國之五禁之法，以左右刑罰：一曰宮禁，二曰官禁，三曰國禁，四曰野
禁，五曰軍禁。皆以木鐸徇之於朝，書而縣於門閭。」《尚書・立政》：「用咸戒
於王曰：『王左右常伯、常任、準人、綴衣、虎賁。』」孔傳：「準人，平法，謂
士官。」孔穎達疏：「準，訓平也。平法之人，謂士官也。士，察也。察獄之官，
用法必當均平，故謂獄官為準人。《周禮》司寇之長在常任之內，此士官當謂士
師也。」荀悅《漢紀・惠帝紀》：「契作司徒，訓五品；皋陶作士官，正五刑。」

〔3〕皋陶：亦作「咎陶」、「咎繇」、「皋繇」、「皋陶」、「皋繇」。傳說虞舜時的司法官。
《尚書・舜典》：「帝曰：『皋陶，蠻夷猾夏，寇賊奸宄，汝作士。』」《論語・顏
淵》：「舜有天下，選於眾，舉皋陶，不仁者遠矣。」《荀子・非相》：「皋陶之狀，
色如削瓜。」

理：法官。《史記·五帝本紀》：「此二十二人咸成厥功：皋陶為大理，平，民各伏得其實。」張守節《正義》：「皋陶作士，正平天下罪惡也。」《左傳·昭公十四年》：「士景伯如楚，叔魚攝理。」孔穎達疏引孔晁曰：「景伯，晉理官。」《禮記·月令》：「（孟秋之月）命理瞻傷、察創……決訟獄，必端平。」鄭玄注：「理，治獄官也。有虞氏曰士，夏曰大理，周曰大司寇。」

〔4〕士：古代指掌管刑獄的官員。《尚書·舜典》：「皋陶，蠻夷猾夏，寇賊奸宄，汝作士。五刑有服。」孔傳：「士，理官也。」孔穎達疏：「『士』即《周禮》司寇之屬，有士師、卿士等，皆以『士』為官名。鄭玄云：『察也，主察獄訟之事。』士，《月令》云：『命大理。』昭十四年《左傳》云：『叔魚攝理。』是謂獄官為理官也。」《尚書·大禹謨》：「帝曰：『皋陶，惟茲臣庶，罔或干予正。汝作士，明於五刑，以弼五教。』」孔穎達等正義：「帝呼之曰：『皋陶，惟此群臣眾庶，皆無敢有干犯我正道者。由汝作士官，明曉於五刑，以輔成五教，當於我之治體。用刑期於無刑，以殺止殺，使民合於中正之道，令人每事得中，是汝之功，當勉之哉！』」《孟子·告子下》：「舜發於畎畝之中，傅說舉於版築之間，膠鬲舉於魚鹽之中，管夷吾舉於士。」趙岐注：「士，獄官也。管仲自魯囚執於士官，桓公舉以為相國。」《史記·夏本紀》：「皋陶作士以理民。」張守節《正義》：「士若大理卿也。」

〔5〕均臺：或曰夏臺，夏代監獄的別名。《白虎通·五刑》：「夏曰夏臺。」《繹史》卷十四引《太公金匱》：「桀怒湯，以諛臣趙梁計，召而囚之均臺，置之重泉。」《天問疏證》：「古者牢獄在水中洲上，湯所囚均臺，即重泉中之臺，是出重泉即出均臺矣。」

〔6〕囹圄：監獄。《禮記·月令》：「（仲春之月）命有司，省囹圄，去桎梏。」孔穎達疏：「囹，牢也；圄，止也，所以止出入，皆罪人所舍也。」《韓非子·三守》：「至於守司囹圄，禁制刑罰，人臣擅之，此謂刑劫。」《漢書·禮樂志》：「禍亂不作，囹圄空虛。」

〔7〕獄：牢獄。劉熙《釋名》：「獄，確也，實確人之情偽也。又謂之牢，言所在堅牢也。又謂之圜土，築其表牆，其形圜也。又謂之囹吾，囹，領也；吾，御也，領錄囚徒，禁禦之也。」

四夷樂之別名

四夷樂之別名〔1〕：王者必作四夷之樂，以定天下之歡心〔2〕。祭神明，和

而歌之，以管樂為之聲〔3〕。

　　東方曰《韎》〔4〕，南方曰《任》〔5〕，西方曰《株離》（一作《禁》）〔6〕，北方曰《禁》（一作《昧》）〔7〕。

【注釋】

〔1〕盧校：「此當如前例，獨為一行，下『王者』云云，疑當在『東方曰韎』一節後。」愚按：盧校是也。此節文字，融合《周禮·春官·鞮鞻氏》之文及鄭玄注，而鄭玄注又採自《孝經·鉤命決》。《周禮·春官·鞮鞻氏》：「鞮鞻氏，掌四夷之樂，與其聲歌。」鄭玄注：「四夷之樂，東方曰《韎》，南方曰《任》，西方曰《株離》，北方曰《禁》。《詩》云：『以雅以南』是也。王者必作四夷之樂，一天下也。言與其聲歌，則云樂者主於舞。」四夷：古代華夏族對四方少數民族的統稱。含有輕蔑之意。《尚書·畢命》：「四夷左衽，罔不咸賴。」孔傳：「言東夷、西戎、南蠻、北狄，被髮左衽之人，無不皆恃賴三君之德。」《尚書·大禹謨》：「無怠無荒，四夷來王。」《孟子·梁惠王》：「蒞中國而撫四夷也。」《禮記·王制》：「東曰夷，西曰戎，南曰蠻，北曰狄。」《後漢書·東夷傳》：「凡蠻、夷、戎、狄總名四夷者，猶公、侯、伯、子、男皆號諸侯云。」

〔2〕張校：「『王者必作四夷之樂』以下兩行，連上不提行。『以定天下之歡心』，『歡』下有『心』字。」愚按：四庫本、《蔡集》本皆有「心」字，有「心」字是。

〔3〕愚按：《蔡集》本作「以管為樂之聲」。孫詒讓《札迻》云：「案：『和』，當作『吹』，此本《周禮·鞮鞻氏》鄭注義。」管樂：以管發聲的樂器及其所奏的音樂。應劭《風俗通·聲音·篪》：「篪，管樂，十孔，長尺一寸。」《白虎通·禮樂》：「樂所以作四夷之樂何？德廣及之也。《易》曰：『先王以作樂崇德，殷薦之上帝，以配祖考。』《詩》云：『奏鼓簡簡，衎我烈祖。』《樂元語》曰：『受命而六樂。樂先王之樂，明有法也；興其所自作，明有制；興四夷之樂，明德廣及也。故東夷之樂曰《朝離》，南夷之樂曰《南》，西夷之樂曰《昧》，北夷之樂曰《禁》。合歡之樂儛於堂，四夷之樂陳於右，先王所以得之順命重始也。』」

〔4〕張校：「『東方曰韎』以下十七字，《逸史》《漢魏》連上不提行。」《韎》：古代東夷的音樂。又作「《昧》」。《禮記·明堂位》：「《昧》，東夷之樂也。」《孝經鉤命決》：「東夷之樂曰《昧》，持矛助時生。」又作《株離》。《公羊傳·昭公二十五年》：「以舞大夏。」何休注：「四夷之樂，大德廣及也。東夷之樂曰《株離》。」《五經通義》：「東方所謂《侏離》者何？陽始通，萬物之屬，離地而生，故謂之《侏離》。」其樂由韎師掌之。《周禮·春官·序官》：「韎師，下士二人，

府一人，史一人，舞者十有六人，徒四十人。」賈公彥疏：「掌教《韎》樂，亦是樂事，故列職於此也。」孫詒讓正義：「韎師者，此官與旄人、籥師並掌舞事，故次諸奏樂官之後。」又韎師：「韎師掌教《韎》樂。祭祀，則帥其屬而舞之。大饗，亦如之。」鄭玄注：「舞之以東夷之舞。」孫詒讓正義：《韎》雖東夷之樂，其舞亦使中國之人，故韎師帥其屬而舞之也。」

〔5〕《任》：《白虎通·禮樂》作「《南》」。古代南方民族的一種樂曲。《禮記·明堂位》：「昧，東夷之樂也；任，南蠻之樂也。納蠻夷之樂於太廟，言廣魯於天下也。」《公羊傳·昭公二十五年》：「以舞《大夏》。」何休注：「南夷之樂曰《任》。」《五經通義》：「南方所以謂之《任》者何？陽氣盛用事，萬物懷任，故謂之《任》。」《孝經鉤命決》：「南夷之樂曰任，持弓助時養。」

〔6〕《株離》：又作「《侏離》」，又作「《禁》」。古代西方少數民族樂名。《孝經鉤命決》：「西夷之樂曰《侏離》，持鉞助時殺。」一說古代東方少數民族樂名。《公羊傳·昭公二十五年》：「以舞《大夏》。」何休注：「西夷之樂曰《禁》。」《五經通義》：「西方所以謂之《禁》者何？西方陰氣用事，禁止萬物不得長大，故謂之《禁》。」又古舞曲名。《尚書大傳》卷一下：「陽伯之樂，舞《株離》。」鄭玄注：「《株離》，舞曲名，言象物生育離根株也。」

〔7〕《禁》：亦作「《昧》」。古代北方少數民族樂曲名。《公羊傳·昭公二十五年》：「以舞《大夏》。」何休注：「北夷之樂曰《昧》。」《孝經鉤命決》：「北夷之樂曰《禁》，持盾助時藏。」《五經通義》：「北方所以謂之《昧》者何？北方陰氣盛用，萬物暗昧不見，故謂之《昧》。」

《獨斷》卷下

《易》曰帝出於震

《易》曰：帝出於震〔1〕。震者，木也，言宓犧氏始以木德王天下也〔2〕。木生火，故宓犧氏沒〔3〕，神農氏以火德繼之〔4〕。火生土，故神農氏沒，黃帝以土德繼之〔5〕。土生金，故黃帝沒，少昊氏以金德繼之〔6〕。金生水，故少昊氏沒，顓頊氏以水德繼之〔7〕。水生木，故顓頊氏沒，帝嚳氏以木德繼之〔8〕。木生火，故帝嚳氏沒，帝堯氏以火德繼之〔9〕。火生土，故帝舜氏以土德繼之〔10〕。土生金，故夏禹氏以金德繼之〔11〕。金生水，故殷湯氏以水德繼之〔12〕。水生木，故周武以木德繼之〔13〕。木生火，故高祖以火德繼之〔14〕。

【注釋】

〔1〕愚按：此節文字用今文家及緯書說。許校：「叢書本，自此以下為第二卷，盧本同。集本皆合為一卷。案《崇文總目》，本是二卷，集本合之非是。」張校：「『帝出乎震』，《百川》《抱經》『乎』作『於』。」愚按：四庫本亦作「於」，《蔡集》本作「乎」。《周易·序卦》作「乎」。震：指東方。古人以八卦配方位，震位於東方。《周易·說卦》：「萬物出乎震。震，東方也。」孔穎達正義：「『萬物出乎震，震，東方』者。解上帝出乎震，以震是東方之卦，斗柄指東為春，春時萬物出生也。」

〔2〕此句一謂震為東方，於時為春，萬物始生之時也；二謂伏羲德被萬物，其德如春，為帝王之始。

〔3〕許校：「『處』，程本作『宓』，盧本同。劉本上作『毖』，下作『宓』。此『處』

—117—

字，當由新校改。『殞』，各本皆作『沒』。」愚按：四庫本作「宓」，《蔡集》本作「處」。《淮南子·天文訓》：「其帝太皞。」高誘注：「太皞，伏犧氏有天下號也，死託祀於東方之帝也。」

〔4〕《淮南子·天文訓》：「其帝炎帝。」高誘注：「炎帝，少典子也，以火德王天下，號曰神農，死託祀於南方之帝。」

〔5〕《淮南子·天文訓》：「其帝黃帝。」高誘注：「黃帝，少典之子也，號曰軒轅氏，死託祀於中央之帝。」

〔6〕《淮南子·天文訓》：「其帝少昊。」高誘注：「少昊，黃帝之子青陽也，以金德王，號曰金天氏，死託祀於西方之帝。」

〔7〕《淮南子·天文訓》：「其帝顓頊。」高誘注：「顓頊，黃帝之孫，以水德王天下，號曰高陽氏。死託祀於北方之帝。」

〔8〕《禮記·祭法》：「帝嚳能序星辰以著眾。」《古史考》：「高辛氏或曰房姓，以木德王。」

〔9〕《帝王世紀》：「帝堯陶唐氏，祁姓也。母曰慶都，孕十四月而生堯於丹陵，名曰放勳。或從母姓伊祁氏。年十五而佐帝摯，授封於唐，為諸侯。身長十尺。常夢攀天而上之，故年二十而登帝位。以火承木，都平陽。」

〔10〕《帝王世紀》曰：「舜，姚姓也，其先出自顓頊。……年二十始以孝聞，堯以二女娥皇、女英妻之。見舜於二宮，設饗禮，疊為賓主。南面而問政。命為司徒、太尉，試以五典，有大功二十。夢眉長與發等。堯乃賜舜以昭華之玉，老而命舜代己攝政。明年正月上日，始受終於文祖，太尉行事。堯崩，三年喪畢，以仲冬甲子，月次於畢，始即真。以土代火，色尚黃。」

〔11〕《帝王世紀》曰：「伯禹夏后氏，姒姓也。母曰修己，見流星貫昴，夢接意感，又吞神珠薏苡，胸坼而生禹於石紐。虎鼻大口，兩鼻，耳參漏。首戴鉤，胸有玉斗，足文履己，故名文命，字高密。身長九尺二寸。長於西羌，夷人。初，禹未登用之時，父既降在匹庶，有聖德，夢自洗於河，觀於河，始受圖，《括地象》也。圖言治水之意。四嶽舉之，舜進之堯，堯命為司空。」《春秋內事》：「夏后氏金行，初做葦茭，言氣交也。」

〔12〕《帝王世紀》：「成湯，一名帝乙。豐下兌上，指有胼，倨身揚聲。長九尺，臂四肘，有聖德。」《河圖》：「扶都見白氣貫日，感生黑帝湯。」《雜書靈準聽》：「黑帝子湯，長八尺一寸，或曰七尺，連珠庭，臂二肘。」《春秋內事》：「殷人水德，以螺首，慎其閉塞，使如螺也。」

〔13〕張校：「『故周武以木德繼之』，『氏』作『武』。」愚按：四庫本、《蔡集》本皆
作「武」。《漢書·律曆志下》：「武王，《書經·牧誓》：武王伐商紂。水生木，
故為木德。天下號曰周室。」《春秋感精符》：「孔子按《錄書》，含觀五常英人，
知姬昌為蒼帝精。」《春秋內事》：「周人木德，以桃為梗，言氣相更也。」

〔14〕愚按：漢屬何德，諸說紛紛，或言水，或言土，終定為火德。《史記·孝武本紀》：
「夏，漢改曆，以正月為歲首，而色上黃，官名更印章以五字。」裴駰《集解》
引徐廣曰：「一無『名』字。」又《集解》引張晏曰：「漢據土德，土數五，故
用五為印文也。若丞相曰『丞相之印章』，諸卿及守相印文不足五字者，以『之』
足也。」《漢書·郊祀志下》：「漢興之初，庶事草創，唯一叔孫生略定朝廷之儀。
若乃正朔、服色、郊望之事，數世猶未章焉。至於孝文，始以夏郊，而張倉據
水德，公孫臣、賈誼更以為土德，卒不能明。孝武之世，文章為盛，太初改制，
而寬、司馬遷等猶從臣、誼之言，服色數度，遂順黃德。彼以五德之傳，從所
不勝，秦在水德，故謂漢據土而克之。劉向父子以為帝出於《震》，故包羲氏始
受木德，其後以母傳子，終而復始，自神農、黃帝下歷唐、虞三代而漢得火焉。
故高祖始起，神母夜號，著赤帝之符，旗章遂赤，自得天統矣。」

伏犧為太昊氏

　　伏羲為太昊氏〔1〕，炎帝為神農氏〔2〕，黃帝為軒轅氏〔3〕，少昊為金天氏
〔4〕，顓頊為高陽氏〔5〕，帝嚳為高辛氏〔6〕，帝堯為陶唐氏〔7〕，帝舜為有虞氏
〔8〕，夏禹為夏后氏〔9〕，湯為殷商氏〔10〕。

【注釋】

〔1〕伏羲：許校：「程本、劉本作『伏犧』，盧作『伏羲』，此本當亦新校。」張校：
「『伏犧為太昊氏』，《逸史》《漢魏》《抱經》『犧』作『羲』。」愚按：四庫本、
《蔡集》本皆作「犧」。《漢書·律曆志下》：「太昊帝，《易》曰：『炮犧氏之王
天下也。』言炮犧繼天而王，為百王先，首德始於木，故為帝太昊。作罔罟以
田漁，取犧牲，故天下號曰炮犧氏。」

〔2〕炎帝：《漢書·律曆志下》：「炎帝，《易》曰：『炮犧氏沒，神農氏作。』言共工
伯而不王，雖有水德，非其序也。以火承木，故為炎帝。教民耕農，故天下號
曰神農氏。」

〔3〕黃帝：《漢書·律曆志下》：「黃帝，《易》曰：『神農氏沒，黃帝氏作。』火生土，
故為土德。與炎帝之後戰於阪泉，遂王天下。始垂衣裳，有軒、冕之服，故天

下號曰軒轅氏。」

〔4〕少昊：《漢書・律曆志下》：「少昊帝，《考德》曰：『少昊曰清。』清者，黃帝之子清陽也，是其子孫名摯立。土生金，故為金德，天下號曰金天氏。周遷其樂，故《易》不載，序於行。」

〔5〕顓頊：《漢書・律曆志下》：「顓頊帝，《春秋外傳》曰：少昊之衰，九黎亂德，顓頊受之，乃命重黎。蒼林昌意之子也。金生水，故為水德。天下號曰高陽氏。周遷其樂，故《易》不載，序於行。」

〔6〕帝嚳：《漢書・律曆志下》：「帝嚳，《春秋外傳》曰：顓頊之所建，帝嚳受之。清陽玄囂之孫也。水生木，故為木德。天下號曰高辛氏。帝摯繼之，不知世數。周遷其樂，故《易》不載。周人禘之。」

〔7〕帝堯：《漢書・律曆志下》：「唐帝，《帝繫》曰：帝嚳四妃，陳豐生帝堯，封於唐。蓋高辛氏衰，天下歸之。木生火，故為火德，天下號曰陶唐氏。讓天下於虞，使子朱處於丹淵為諸侯。即位七十載。」

〔8〕帝舜：《漢書・律曆志下》：「虞帝，《帝繫》曰：顓頊生窮蟬，五世而生瞽叟，瞽叟生帝舜，處虞之媯汭，堯嬗以天下。火生土，故為土德。天下號曰有虞氏。讓天下於禹，使子商均為諸侯。即位五十載。」

〔9〕夏禹：《漢書・律曆志下》：「伯禹，《帝繫》曰：顓頊五世而生鯀，鯀生禹，虞舜嬗以天下。土生金，故為金德。天下號曰夏后氏。繼世十七王，四百三十二歲。」

〔10〕湯：《漢書・律曆志下》：「成湯，《書經・湯誓》：湯伐夏桀。金生水，故為水德。天下號曰商，後曰殷。」

　　武王為周〔1〕。

【注釋】

〔1〕《漢書・律曆志下》：「武王，《書經・牧誓》：武王伐商紂。水生木，故為木德。天下號曰周室。」

　　高祖為漢〔1〕

【注釋】

〔1〕高祖：《漢書・律曆志下》：「漢高祖皇帝，著《紀》，伐秦繼周。木生火，故為火德。天下號曰漢。」

　　高帝（在位十二年，生惠帝）〔1〕

【注釋】

〔1〕《漢書・律曆志》「著《紀》，高帝即位十二年。」徐天麟《西漢會要》：「太祖高
皇帝諱邦（之字曰國），字季，沛豐邑中陽里人，姓劉氏（母媼，後追尊曰昭靈
后）。高祖為人，隆準而龍顏，美鬚髯，左股有七十二黑子。寬仁愛人，意豁如
也。及壯，試吏，為泗上亭長。秦二世元年，立為沛公。漢元年，立為漢王。
五年二月甲午，即皇帝位於氾水之陽。十二年夏四月甲辰，帝崩於長樂宮。五
月丙寅，葬長陵。群臣曰：『帝起細微，撥亂世反之正，平定天下，為漢太祖，
功最高。』上尊號曰高皇帝（著紀十二，年壽五十三）。諡（諡法無高，以功高
特起名）。《漢書・高五王傳》：「高皇帝八男：呂后生孝惠帝，曹夫人生齊悼
惠王肥，薄姬生孝文帝，戚夫人生趙隱王如意，趙姬生淮南厲王長，諸姬生趙
幽王友、趙共王恢、燕靈王建。」其中劉盈、劉恒先後稱帝。

　　惠帝（七年，無後）〔1〕

【注釋】

〔1〕張校：「『十年無後』，『十』作『七』。」愚按：四庫本、《蔡集》本皆作「七」。
《漢書・律曆志》：「惠帝，著《紀》，即位七年。」徐天麟《西漢會要》：「孝惠
皇帝諱盈（之字曰滿），高祖太子也（母曰呂皇后）。帝年五歲，高祖初為漢王。
二年，立為太子。五年，為皇太子。十二年四月，高祖崩。五月丙寅，即皇帝
位。明年改元。七年秋八月戊寅，帝崩於未央宮。九月辛丑，葬安陵（著紀七
年，壽二十四）。諡（柔質慈民曰惠）。《史記・呂太后本紀》：「太后欲王呂氏，
先立孝惠後宮子彊為淮陽王，子不疑為常山王，子山為襄城侯，子朝為軹侯，
子武為壺關侯。」再加上少帝，是漢惠帝有六子。

　　呂后攝政（八年，立惠帝弟代王為文帝）〔1〕

【注釋】

〔1〕張校：「『呂氏攝政』，『氏』作『后』。」愚按：四庫本、《蔡集》本皆作「后」。
《漢書・律曆志下》：「高后，著《紀》，即位八年。」徐天麟《西漢會要》：「高
皇后呂氏諱雉（之字曰野雞），父單父人呂公，好相人。見高祖狀貌，因重敬
之。呂公曰：『臣少好相人，相人多矣，無如季相，願季自愛。臣有息女，願
為箕帚妾。』呂媼怒呂公曰：『公始常欲奇此女，與貴人。沛令善公，求之不
與，何自妄許與劉季？』呂公曰：『此非兒女子所知。』卒與高祖。生孝惠帝、
魯元公主。高帝五年，尊王后曰皇后。惠帝即位，尊為皇太后。太后立帝姊魯

元公主女為皇后，無子，取後宮美人子名之，以為太子。惠帝崩，太子立為皇帝，年幼，太后臨朝稱制。四年，少帝自知非皇后子，出怨言，皇太后幽之永巷。五月丙辰，立常山王宏為皇帝。八年七月辛巳，皇太后崩於未央宮。既誅諸呂，大臣相與陰謀，以為少帝及三弟為王者皆非孝惠子，復共誅之（著紀八年）。」

文帝（二十三年，生景帝）〔1〕

【注釋】

〔1〕張校：「『二十年生景帝』，『二十』下有『三』字。」愚按：《漢書・律曆志下》：「文帝，前十六年，後七年，著《紀》，即位二十三年。」徐天麟《西漢會要》：「太宗孝文皇帝諱恒（之字曰常），高祖中子也（母曰薄姬）。高祖十一年，立為代王。十七年秋，高后崩（張晏曰，代王之十七年也）。大臣迎代王入代邸。群臣從至，上議曰：『丞相陳平等再拜言大王足下：子宏等皆非孝惠皇帝子，不當奉宗廟。大王高皇帝子，宜為嗣。願大王即天子位。』代王西鄉遜者三，南鄉遜者再。丞相平等奉天子璽符再拜上，代王遂即天子位。後七年夏六月己亥，帝崩於未央宮。乙巳，葬霸陵（著紀二十三，年壽四十六）。孝景元年，申屠嘉等奏：『德莫盛於孝文皇帝，宜為帝者太宗之廟。』制曰：『可。』謚（慈惠愛民曰文）。改元（前八年，中八年，後七年）。」《漢書・文三王傳》：「孝文皇帝四男：竇皇后生孝景帝、梁孝王武，諸姬生代孝王參、梁懷王揖。」

景帝（十六年，生武帝）〔1〕

【注釋】

〔1〕《漢書・律曆志下》：「景帝，前七年，中六年，後三年，著《紀》，即位十六年。」徐天麟《西漢會要》：「孝景皇帝諱啟（之字曰開），文帝太子也（母曰竇皇后）。文帝元年正月，立為皇太子。後七年六月，文帝崩。丁未，即皇帝位。後三年正月甲子，帝崩於未央宮。二月癸酉，葬陽陵（著紀十六年，壽四十八）。謚（布義行剛曰景）。改元（前七年，中六年，後三年）。」《漢書・景十三王傳》：「孝景皇帝十四男。王皇后生孝武皇帝。栗姬生臨江閔王榮、河間獻王德、臨江哀王閼。程姬生魯共王余、江都易王非、膠西於王端。賈夫人生趙敬肅王彭祖、中山靖王勝。唐姬生長沙定王發。王夫人生廣川惠王越、膠東康王寄、清河哀王乘、常山憲王舜。」

武帝（五十四年，生昭帝）〔1〕

【注釋】

〔1〕《漢書・律曆志下》：「武帝建元、元光、元朔各六年。元朔六年十一月甲申朔旦
　　冬至，《殷曆》以為乙酉，距初元七十六歲。元狩、元鼎、元封各六年。漢曆太
　　初元年，距上元十四萬三千一百二十七歲。前十一月甲子朔旦冬至，歲在星紀
　　婺女六度，故《漢志》曰：歲名困敦，正月歲星出婺女。太初、天漢、太始、
　　征和各四年，後二年，著《紀》，即位五十四年。」徐天麟《西漢會要》：「世宗
　　孝武皇帝諱徹（之字曰通），景帝中子也（母曰王美人）。年四歲，立為膠東王。
　　七歲，為皇太子。十六歲，後三年正月，景帝崩。甲子，太子即皇帝位。後元
　　二年二月丁卯，帝崩於五柞宮。三月甲申，葬茂陵（著紀五十四，年壽七十一）。
　　孝宣本始二年，詔尊孝武廟為世宗廟。謚（威強睿德曰武）。年號（建元六年、
　　元光六年、元朔六年、元狩六年、元鼎六年、元封六年、太初四年、天漢四年、
　　太始四年、征和四年、後元二年）。」《漢書・武五子傳》：「孝武皇帝六男。衛
　　皇后生戾太子，趙婕好生孝昭帝，王夫人生齊懷王閎，李姬生燕刺王旦、廣陵
　　厲王胥，李夫人生昌邑哀王髆。」

昭帝（十三年，無後，立先衛太子孫為宣帝）〔1〕

【注釋】

〔1〕張校：「『立元衛太子孫為宣帝』，《逸史》《漢魏》《抱經》『元』作『先』。」愚
　　按：四庫本亦作「元」，《蔡集》本作「先」。《漢書・律曆志下》：「昭帝始元、
　　元鳳各六年，元平一年，著《紀》，即位十三年。」徐天麟《西漢會要》：「孝昭
　　皇帝諱弗陵（後止諱弗之字曰不），武帝少子也（母曰趙婕好）。武帝後元二年
　　二月，立為皇太子。年八歲，以侍中奉車都尉霍光為大司馬大將軍，受遺詔輔
　　少主。明日，武帝崩。戊辰，太子即皇帝位。元鳳四年，帝加元服。元平元年，
　　夏四月癸未，帝崩於未央宮。六月壬申，葬平陵（著紀十三年，壽二十一）。謚
　　（聖聞周達曰昭）。年號（始元六年、元鳳六年、元平一年）。」昭帝無嗣，其
　　異母兄劉據之孫劉病已繼位，是為宣帝。

宣帝（二十五年，生元帝）〔1〕

【注釋】

〔1〕張校：「『二十五年生元帝』，《漢魏》『二』作『三』。」愚按：四庫本、《蔡集》
　　本作「二」，是。《漢書・律曆志下》：「宣帝本始、地節、元康、神爵、五鳳、

甘露各四年，黃龍一年，著《紀》，即位二十五年。」徐天麟《西漢會要》：「中
宗孝宣皇帝諱詢（之字曰謀），武帝曾孫，戾太子孫也。太子納史良娣，生史皇
孫。皇孫納王夫人，生宣帝，號曰皇曾孫。生數月，遭巫蠱事，太子、良娣、
皇孫、王夫人皆遇害。曾孫雖在襁褓，猶坐收繫郡邸獄。丙吉為廷尉監，曾孫
賴吉得全。因遭大赦，有詔掖庭養視，上屬籍宗正。元平元年四月，昭帝崩，
無嗣。大將軍霍光請皇后召昌邑王。六月，王受皇帝璽綬。癸巳，光奏王賀淫
亂，請廢。太后詔曰：『可。』光奏議曰：『孝武帝曾孫病已（潛邸名也），操行
節儉，慈仁愛人，可以嗣孝昭皇帝後。』奏可。宗正德至曾孫尚冠里舍，洗沐，
賜御府衣。太僕以軨獵車奉迎曾孫。庚申，入未央宮，見皇太后，封為陽武侯。
已而群臣奉上璽綬，即皇帝位。元康二年，詔更諱詢。黃龍元年冬十二月甲戌，
帝崩於未央宮（著紀二十五年，壽四十三）。初元元年正月辛丑，葬杜陵。平帝
元始四年，尊孝宣廟為中宗。諡（聖善周聞曰宣）。年號（本始四年、地節四年、
元康四年、神爵四年、五鳳四年、甘露四年、黃龍一年）。」《漢書·宣元六王
傳》：「孝宣皇帝五男。許皇后生孝元帝，張婕妤生淮陽憲王欽，衛婕妤生楚孝
王囂，公孫婕妤生東平思王宇，戎婕妤生中山哀王竟。」

元帝（十六年，生成帝）〔1〕

【注釋】

〔1〕《漢書·律曆志下》：「元帝初元二年十一月癸亥朔旦冬至，《殷曆》以為甲子，
以為紀首。是歲也，十月日食，非合辰之會，不得為紀首。距建武七十六歲。
初元、永光、建昭各五年，竟寧一年，著《紀》，即位十六年。」徐天麟《西漢
會要》：「高宗孝元皇帝諱奭（之字曰盛），宣帝太子也（母曰恭哀許皇后）。宣
帝微時生民間。年二歲，宣帝即位。八歲，立為太子。黃龍元年十二月，宣帝
崩。癸巳，太子即皇帝位。竟寧元年夏五月壬辰，帝崩於未央宮。秋七月丙戌，
葬渭陵（著紀十六年，壽四十三）。平帝元始四年，尊為高宗廟。諡（行義悅民
曰元）。年號（初元五年、永光五年、建昭五年、竟寧一年）。」《漢書·宣元六
王傳》：「孝元皇帝三男。王皇后生孝成帝，傅昭儀生定陶共王康，馮昭儀生中
山孝王興。」

成帝（二十六年，無後，立弟定陶王子為哀帝）〔1〕

【注釋】

〔1〕《漢書·律曆志下》：「成帝建始、河平、陽朔、鴻嘉、永始、元延各四年，綏和

二年，著《紀》，即位二十六年。」徐天麟《西漢會要》：「孝成皇帝諱驁（之字曰俊），元帝太子也（母曰王皇后）。元帝在太子宮生甲觀畫堂。為世嫡皇孫。宣帝愛之，字曰太孫。年三歲而宣帝崩，元帝即位，帝為太子。竟寧元年五月，元帝崩。六月己未，太子即皇帝位。綏和二年三月丙戌，帝崩於未央宮。四月己卯，葬延陵（著紀二十六年，壽四十六）。諡（安民立政曰成）。年號（建始四年、河平四年、陽朔四年、鴻嘉四年、永始四年、元延四年、綏和二年）。」《漢書·成帝紀》：「綏和元年詔曰：『朕承太祖鴻業，奉宗廟二十五年，德不能綏理宇內，百姓怨恨者眾。不蒙天祐，至今未有繼嗣，天下無所繫心。觀於往古近事之戒，禍亂之萌，皆由斯焉。定陶王欣於朕為子，慈仁孝順，可以承天序，繼祭祀。其立欣為皇太子。』」

哀帝（五年，無後，立弟中山王子為平帝）[1]

【注釋】

[1] 盧校：「『五年』當『六年』。」愚按：四庫本作「五年」，無「弟」字。《蔡集》本亦作「五年」，有「弟」字。《漢書·律曆志下》：「哀帝建平四年，元壽二年，著《紀》，即位六年。」徐天麟《西漢會要》：「孝哀皇帝諱欣（之字曰喜），元帝庶孫，定陶恭王子也（母曰丁姬）。年三歲嗣立為王。綏和元年，立為皇太子。綏和二年三月，成帝崩。四月丙午，太子即皇帝位。元壽二年六月戊午，帝崩於未央宮。秋九月壬寅，葬義陵（著紀六年，壽二十六）。諡（恭仁短折曰哀）。年號（建平四年、元壽二年）。」《漢書·哀帝紀》：「孝哀自為藩王及充太子之宮，文辭博敏，幼有令聞。睹孝成世祿去王室，權柄外移，是故臨朝婁誅大臣，欲強主威，以則武、宣。雅性不好聲色，時覽卜射武戲。即位痿痺，末年浸劇，饗國不永，哀哉！」

平帝（五年，王莽篡）[1]

【注釋】

[1] 盧校：「案是時莽尚未篡也，次行當有孺子嬰。《注》：王莽居攝三年篡，此疑脫。」愚按：《漢書·律曆志下》：「平帝，著《紀》即位始五年，以宣帝玄孫嬰為嗣，謂之孺子。」徐天麟《西漢會要》：「孝平皇帝諱衎（之字曰樂），元帝庶孫，中山孝王子也（母曰衛姬）。年三歲嗣立為王。元壽二年六月，哀帝崩，太皇太后遣車騎將軍王舜、大鴻臚左咸使持節迎中山王。九月辛酉，中山王即皇帝位。帝年九歲，太皇太后臨朝，大司馬莽秉政，百官總己以聽於莽。元始二

年更名（平帝本名箕子，今更名衎），告祠高廟。五年十二月丙午，帝崩於未央宮（《漢》注云，帝春秋益壯，以母衛太后故怨不悅，莽自知益疏，篡弒之謀由是生，因到臘日，置藥酒中，弒帝）。有司議曰：『禮，臣不殤君。皇帝年十有四歲，宜以禮斂，加元服。』奏可。葬康陵（著紀五年，壽十有四）。諡（布綱治紀曰平）。年號（元始五年）。」《漢書·平帝紀》注引臣瓚曰：「帝年九歲即位，即位五年，壽十四。」顏師古曰：「《漢》注云帝春秋益壯，以母衛太后故怨不悅。莽自知益疏，篡殺之謀由是生，因到臘日上椒酒，置藥酒中。」

　　王莽（十六年，劉聖公殺之）〔1〕

【注釋】

〔1〕《漢書·律曆志下》：「孺子，著《紀》新都侯王莽居攝三年，王莽居攝，盜襲帝位，竊號曰『新室』。始建國五年，天鳳六年，地皇三年，著《紀》盜位十四年。」新皇帝王莽（前45～23），字巨君，新都哀侯王曼次子，西漢孝元皇后王政君之侄。8～23年在位。《漢書·王莽傳》：「平帝疾，莽作策，請命於泰畤，戴璧秉圭，願以身代。藏策金縢，置於前殿，敕諸公勿敢言。十二月，平帝崩，大赦天下。莽徵明《禮》者宗伯鳳等與定天下吏六百石以上皆服喪三年。奏尊孝成廟曰統宗，孝平廟曰元宗。時元帝世絕，而宣帝曾孫有見王五人，列侯廣戚侯顯等四十八人，莽惡其長大，曰：『兄弟不得相為後。』乃選玄孫中最幼廣戚侯子嬰，年二歲，託以為卜相最吉。王莽攝政，明年改元曰居攝。三年改號始初。九年，王莽廢孺子嬰為定安公，自稱皇帝，改元始建國。自公元六年攝政，歷居攝二年、始初一年，至九年稱帝，歷始建國五年，天風六年，地皇四年，王莽實執政十六年。

　　聖公（二年，【光武】〔赤眉〕殺之）〔1〕

【注釋】

〔1〕盧校：「二年，赤眉殺之。舊俱作『光武殺之』，誤。」愚按：四庫本、《蔡集》本皆作「光武殺之」。《漢書·律曆志下》：「更始帝，著《紀》以漢宗室滅王莽，即位二年。赤眉賊立宗室劉盆子，滅更始帝。自漢元年訖更始二年，凡二百三十歲。」更始帝劉玄（卒於25年），字聖公，西漢皇族，祖父為蒼梧太守劉利，父劉子張，母何氏，漢光武帝劉秀族兄。《後漢書·劉玄傳》：「（地皇）四年正月，破王莽前隊大夫甄阜、屬正梁丘賜，斬之，號聖公為更始將軍。眾雖多而無所統一，諸將遂共議立更始為天子。二月辛巳，設壇場於淯水上沙中，陳兵

大會。更始即帝位，南面立，朝群臣。素懦弱，羞愧流汗，舉手不能言。於是大赦天下，建元曰更始元年。」公元 25 年，赤眉立劉盆子為帝，殺更始帝。劉秀亦於是年稱帝，故劉聖公在位 2 年。

光武（三十三年，生明帝）〔1〕

【注釋】

〔1〕張校：「『二十三年生明帝』，『二』作『三』。」愚按：四庫本、《蔡集》本皆作「三」。《漢書・律曆志下》：「光武皇帝，著《紀》以景帝後高祖九世孫受命中興復漢，改元曰建武，歲在鶉尾之張度。建武三十一年，中元二年，即位三十三年。」徐天麟《東漢會要》：「世祖光武皇帝諱秀（之字曰茂），字文叔，南陽人，高祖九世孫也，出自景帝生長沙定王發。發生舂陵節侯買，買生鬱林太守外，外生鉅鹿都尉回，回生南頓令欽，欽生光武。王莽末，起兵於宛。更始元年，兄伯升立劉聖公為天子，伯升為大司徒，光武為太常偏將軍，破莽軍於昆陽。更始拜光武為破虜大將軍，封武信侯。九月，三輔豪傑共誅王莽，傳首詣宛。更始將北都洛陽，以光武行司隸校尉。更始至洛陽，乃遣光武以破虜將軍行大司馬，持節北度河，鎮慰州郡。二年，更始遣使立光武為蕭王。建武元年即皇帝位於鄗南。中元二年二月，帝崩，年六十二。葬原陵。有司奏上尊廟曰世祖。諡（能昭前業曰光，克定禍亂曰武）。年號（建武三十一、中元二）。」《後漢書・光武十王列傳》：「光武皇帝十一子：郭皇后生東海恭王彊、沛獻王輔、濟南安王康、阜陵質王延、中山簡王焉，許美人生楚王英，光烈皇后生顯宗、東平憲王蒼、廣陵思王荊、臨淮懷公衡、琅邪孝王京。」

明帝（十八年，生章帝）〔1〕

【注釋】

〔1〕徐天麟《東漢會要》：「顯宗孝明皇帝諱莊（之字曰嚴），光武第四子也。母陰皇后。建武十五年封東海公，十七年進爵為王，十九年立為皇太子。中元二年二月戊戌，即皇帝位。永平十八年秋八月壬子，帝崩，年四十八。壬戌，葬顯節陵。十二月癸巳，有司奏宜尊廟曰顯宗。諡（照臨四方曰明）。年號（永平十八）。」漢明帝九子，即漢章帝劉炟、千乘哀王建、陳敬王羨、彭城靖王恭、樂成靖王黨、下邳惠王衍、梁節王暢、淮陽頃王昞、濟陰悼王長。《後漢書・孝明八王列傳》：「孝明皇帝九子：賈貴人生章帝；陰貴人生梁節王暢；余七王本書不載母氏。」

章帝（十三年，生和帝）〔1〕

【注釋】

〔1〕徐天麟《東漢會要》：「肅宗孝章皇帝諱炟（之字曰著），顯宗第五子也，母賈貴
人。永平三年立為皇太子。十八年八月壬子，即皇帝位，年十九。章和二年正
月壬辰，帝崩，年三十三。三月丁卯，葬敬陵。辛酉，有司上奏請上尊廟曰肅
宗。謚（溫克令儀曰章）。年號（建初八、元和三、章和二）。」漢章帝八子，
即和帝肇、千乘貞王伉、平春悼王全、清河孝王慶、濟北惠王壽、河間孝王開、
城陽懷王淑、廣宗殤王萬歲。《後漢書·章帝八王傳》：「孝章皇帝八子：宋貴人
生清河孝王慶，梁貴人生和帝，申貴人生濟北惠王壽、河間孝王開，四王不載
母氏。」

和帝（十七年，生殤帝）〔1〕

【注釋】

〔1〕徐天麟《東漢會要》：「孝和皇帝諱肇（之字曰始），肅宗第四子也。母梁貴人，
卒，竇后養帝以為己子。建初七年立為皇太子。章和二年二月壬辰，即皇帝位，
年十歲。永元三年正月，帝加元服。元興元年十二月辛未，帝崩，年二十七。
延平元年三月甲申，葬慎陵。廟曰穆宗（獻帝初平元年省去廟號）。謚（不剛不
柔曰和）。年號（永元十六、元興一）。」漢和帝二子：長子平原懷王勝，母不
詳。次子漢殤帝隆。

殤帝（一年，無後，取清河王子為安帝）〔1〕

【注釋】

〔1〕徐天麟《東漢會要》：「孝殤皇帝諱隆（之字曰盛），和帝少子也。元興元年十二
月辛未夜，即皇帝位，時誕育百餘日。皇太后臨朝。延平元年八月辛亥崩，年
二歲。九月丙寅，葬康陵。謚（短折不成曰殤）。」《後漢書·孝和孝殤帝紀》：
「孝殤皇帝諱隆，和帝少子也。元興元年十二月辛未夜，即皇帝位，時誕育百
餘日。尊皇后曰皇太后，太后臨朝。」明年改元延平。

安帝（十九年，生順帝）〔1〕

【注釋】

〔1〕徐天麟《東漢會要》：「恭宗孝安皇帝諱祜（之字曰福），肅宗孫也。父清河孝王
慶，母左姬。延平元年八月，殤帝崩，太后使鄧騭持節迎帝，拜為長安侯。詔

以祜為孝和皇帝嗣。即皇帝位,年十三。太后猶臨朝。永初三年正月庚子,帝加元服。延光四年二月甲辰,南巡狩。三月庚申,幸宛。乙丑,自宛還。丁卯,幸葉,帝崩於乘輿,年三十二。庚午,還宮。辛未夕,乃發喪。四月己酉,葬恭陵。廟曰恭宗(獻帝初平元年省去廟號)。謚(寬容和平曰安)。年號(永初七、永寧一、建光一、延光四)。」漢安帝一子,即漢順帝劉保。

順帝(十九年,生沖帝)〔1〕

【注釋】

〔1〕徐天麟《東漢會要》:「孝順皇帝諱保(之字曰守),安帝子也。母李氏。永寧元年立為皇太子。延光三年廢為濟陰王。明年三月,安帝崩,北鄉侯立,濟陰王以廢黜不得上殿。及北鄉侯薨,中黃門孫程等迎濟陰王即皇帝位,年十一。建康元年八月,帝崩,時年三十。九月丙午,葬憲陵。廟曰敬宗(獻帝初平元年省去廟號)謚(慈和徧服曰順)。年號(永建六、陽嘉四、永和六、漢安二、建康一)。」漢順帝一子,即漢沖帝劉炳。

沖帝(一年,無後,取和帝孫樂安王子,為質帝)〔1〕

【注釋】

〔1〕盧校:「案此條舛誤,當作『取章帝曾孫勃海王子,為質帝』,乃後亦作『樂安王子』,豈蔡氏本誤記邪?」張校:「『取和帝孫安樂王子為質帝』,《抱經》『安樂』作『樂安』。《百川》《逸史》『王子』下有『是』字。」愚按:四庫本、《蔡集》本皆作「安樂」,有「是」字。徐天麟《東漢會要》:「孝沖皇帝諱炳(之字曰明),順帝之子也。母曰虞貴人。建康元年立為皇太子,其年八月庚午,即皇帝位,年二歲。皇太后臨朝。永嘉元年正月戊戌,帝崩,年三歲。己未,葬懷陵。謚(幼少在位曰沖)。年號(永嘉一)。」

質帝(一年,無後,取河間孝王孫蠡吾侯子,為桓帝)〔1〕

【注釋】

〔1〕許校:「『河間敬王』,各本同。盧作『孝王』,表亦作『孝王』。」張校:「『取河間敬王孫蠡吾侯子為桓帝』,《抱經》『敬』作『孝』。」愚按:四庫本、《蔡集》本皆作「敬」。徐天麟《東漢會要》:「孝質皇帝諱纘(之字曰繼),肅宗玄孫。曾祖父千乘貞王伉,祖父樂安夷王寵,父勃海孝王鴻,母陳夫人。沖帝不豫,大將軍梁冀召帝到洛陽都亭。及沖帝崩,皇太后與冀定策禁中,使冀持節,以王青蓋車迎帝入南宮,封為建平侯,其日即皇帝位,年八歲。本初元年閏六月

甲申，大將軍梁冀潛行鴆弒，帝崩，年九歲。七月乙卯，葬靜陵。諡（忠正無邪曰質）。年號（本初一）。《後漢書・孝順孝沖孝質帝紀》：「孝質皇帝諱纘，肅宗玄孫。曾祖父千乘貞王伉，祖父樂安夷王寵，父勃海孝王鴻，母陳夫人。沖帝不豫，大將軍梁冀征帝到洛陽都亭。及沖帝崩，皇太后與冀定策禁中，丙辰，使冀持節，以王青蓋車迎帝入南宮。丁巳，封為建平侯，其日即皇帝位，年八歲。」愚按：漢質帝 145 年即位，明年改元本初，當年為梁冀所鴆殺，在位 1 年。

桓帝（二十一年，無後，取解犢侯子立為靈帝）〔1〕。

【注釋】

〔1〕盧校：「『靈』字，後人所增。」徐天麟《東漢會要》：「孝桓皇帝諱志（之字曰意），肅宗曾孫也。祖父河間孝王開，父蠡吾侯翼，母匽氏。翼卒，帝襲爵為侯。本初元年，梁太后召帝到夏門亭，將妻以女弟。會質帝崩，太后遂與兄大將軍冀定策禁中，閏六月庚寅，即皇帝位，時年十五。太后猶臨朝政。建和二年正月甲子，帝加元服。永康元年十二月丁丑，帝崩，年三十六。建寧元年二月辛酉，葬宣陵。廟曰威宗。（獻帝初平元年省去廟號）。諡（克敵服遠曰桓）。年號（建和三、和平一、元嘉二、永興二、永壽三、延熹九、永康一）。」《後漢書・孝桓帝紀》：「孝桓皇帝諱志，肅宗曾孫也。祖父河間孝王開，父蠡吾侯翼，母匽氏。」漢桓帝無子，有三女。

靈帝（二十二年，生史侯，董卓殺之，立史侯弟陳留王為帝）〔1〕

【注釋】

〔1〕盧校：「此一條，後人所續。」張校：「『二十囗年生史侯』，空格有『二』字。」愚按：《蔡集》本作「一十二年」。徐天麟《東漢會要》：「孝靈皇帝諱宏（之字曰大），肅宗玄孫也。曾祖河間孝王開，祖淑，父萇，世封解瀆亭侯，帝襲侯爵。母董夫人。桓帝崩，無子，皇太后與父城門校尉竇武定策禁中，奉迎入殿中。建寧元年正月庚子，即皇帝位，年十二。四年正月甲子，帝加元服。中平六年四月丙辰，帝崩，年三十四。六月辛酉，葬文陵。諡（亂而不損曰靈）。年號（建寧四、熹平六、光和六、中平六）。」《後漢書・孝靈帝紀》：「孝靈皇帝諱宏，肅宗玄孫也。曾祖河間孝王開，祖淑，父萇。世封解瀆亭侯，帝襲侯爵。母董夫人。桓帝崩，無子，皇太后與父城門校尉竇武定策禁中，使守光祿大夫劉儵持節，將左右羽林至河間奉迎。」漢靈帝有二子：漢少帝劉辯、漢獻帝劉協。

從高帝至桓帝，三百八十六年〔1〕，除王莽、劉聖公，三百六十六年〔2〕。從高祖乙未至今壬子歲，【四】〔三〕〔3〕百一十年。呂后、王莽不入數〔4〕，高帝以甲午歲即位，以乙未為元。

〔1〕盧校：「此所紀舛錯難曉，似當作三百六十九年。」

〔2〕盧校：「又誤，似當作三百五十一年。」

〔3〕盧校：「『四』偽。」愚按：四庫本、《蔡集》本皆作「四」。

〔4〕盧校：「壬子歲，是靈帝即位之五年，熹平元年也，上云從高帝至桓帝，故知本無靈帝一條明矣。」愚按：「高祖乙未」即前 206 年，是年高祖稱帝，「壬子歲」為漢靈帝熹平元年，即 172 年，「從高祖乙未至今壬子歲」，共計 378 年，去除王莽 16 年、劉聖公 2 年，則得 360 年。

帝嫡妃曰皇后

帝嫡妃曰皇后，帝母曰皇太后，帝祖母曰太皇太后〔1〕，其眾號皆如帝之稱〔2〕。秦漢已來〔3〕，少帝即位，后代而攝政〔4〕，稱皇太后。詔不言制〔5〕。漢興，惠帝崩，少帝宏立〔6〕，太后攝政。哀帝崩，平帝幼，孝元王皇后以太皇太后攝政〔7〕。和帝崩，殤帝崩，安帝幼，和熹鄧皇后攝政〔8〕。孝順崩，沖帝、質帝、桓帝皆幼，順烈梁后攝政〔9〕。桓帝崩，今上即位，桓思竇后攝政〔10〕。后攝政，則后臨前殿，朝群臣。〔太〕后東面〔11〕，少帝西面，群臣奏事、上書，皆為兩通，一詣太后，一詣少帝〔12〕。

【注釋】

〔1〕《漢書·外戚傳》：「漢興，因秦之稱號，帝母稱皇太后，祖母稱太皇太后，適稱皇后，妾皆稱夫人。」顏師古注：「適讀曰嫡。后亦君也。天曰皇天，地曰后土，故天子之妃，以后為稱，取象二儀。」《漢官儀》：「帝祖母為太皇太后，其所居曰長信宮。」又曰：「帝祖母稱長信宮，帝母稱長樂宮，故有長信少府、長樂少府及職吏，皆宦者為之。」

〔2〕意謂其稱號依與皇帝之關係而定。

〔3〕張校：「『秦漢以來』，《百川》《抱經》『以』作『已』。」愚按：四庫本作「已」，《蔡集》本作「以」。

〔4〕攝政：代國君處理國政。《禮記·文王世子》：「昔者周公攝政，踐阼而治。」《尚書·大誥》：「周公相成王，將黜殷，作《大誥》。」孔傳：「相，謂攝政。」《史記·五帝本紀》：「舜得舉用事二十年，而堯使攝政；攝政八年而堯崩。」

〔5〕《漢書·高后紀》：「惠帝崩，太子立為皇帝，年幼，太后臨朝稱制。」顏師古注：
「天子之言一曰制書，二曰詔書。制書者，謂為制度之命也，非皇后所得稱。
今呂太后臨朝行天子事，斷決萬機，故稱制詔。」

〔6〕張校：「『少子弘立』，『子』作『帝』。」愚按：四庫本、《蔡集》本「宏」皆作
「弘」。愚按：蔡氏誤矣，少帝非「宏（弘）」也。《史記·呂太后本紀》：「宣平
侯女為孝惠皇后時，無子，詳為有身，取美人子名之，殺其母，立所名子為太
子。孝惠崩，太子立為帝。帝壯，或聞其母死，非真皇后子，乃出言曰：『后安
能殺吾母而名我？我未壯，壯即為變。』太后聞而患之，恐其為亂，乃幽之永
巷中，言帝病甚，左右莫得見。太后曰：『凡有天下治為萬民命者，蓋之如天，
容之如地，上有歡心以安百姓，百姓欣然以事其上，歡欣交通而天下治。今皇
帝病久不已，乃失惑惛亂，不能繼嗣奉宗廟祭祀，不可屬天下，其代之。』群
臣皆頓首言：『皇太后為天下齊民計所以安宗廟社稷甚深，群臣頓首奉詔。』帝
廢位，太后幽殺之。五月丙辰，立常山王義為帝，更名曰弘。不稱元年者，以
太后制天下事也。」少帝史不言其名，弘則本常山王義也。

〔7〕《漢書·平帝紀》：「（平）帝年九歲，太皇太后臨朝，大司馬莽秉政，百官總己
以聽於莽。」《元后傳》：「明年，哀帝崩，無子，太皇太后以莽為大司馬，與共
徵立中山王奉哀帝后，是為平帝。帝年九歲，當年被疾，太后臨朝，委政於莽。」

〔8〕張校：「『和熹鄧皇后』，《百川》《逸史》『熹』作『憙』。」愚按：四庫本、《蔡
集》本皆作「憙」。《後漢書·孝安帝紀》：「（安帝）即皇帝位，年十三。太后猶
臨朝。」《皇后紀》：「及殤帝崩，太后定策立安帝，猶臨朝政。」

〔9〕張校：「『順烈梁皇后』，《百川》《逸史》《抱經》無『皇』字。」愚按：四庫本、
《蔡集》本皆無「皇」字。《後漢書·孝桓帝紀》：「本初元年，梁太后徵帝到夏
門亭，將妻以女弟。會質帝崩，太后遂與兄大將軍冀定策禁中，閏月庚寅，使
冀持節，以王青蓋車迎帝入南宮，其日即皇帝位，時年十五。太后猶臨朝政。」

〔10〕《後漢書·皇后紀》：「（桓帝）及崩，無嗣，后為皇太后。太后臨朝定策，立解
犢亭侯宏，是為靈帝。」

〔11〕盧校：「舊脫『太』字，以《後漢書·皇后紀下》注引補。」愚按：前二「后」
前皆當有「太」字。

〔12〕《後漢書·皇后紀》：「尊后曰皇太后，皇太后臨朝。」章懷注曰：「蔡邕《獨斷》
曰：『少帝即位，太后即代攝政，臨前殿，朝群臣。太后東面，少帝西面，群臣
奏事、上書，皆為兩通，一詣后，一詣少帝。』」文字有所不同。

一世			高祖						
二世			惠帝	文帝					
三世				景帝					
四世				武帝	長沙定王				
五世			戾太子	昭帝	春陵節侯				
六世			史皇孫		鬱林太守				
七世			宣帝		鉅鹿都尉				
八世			元帝		南頓令				
九世		定陶共王	成帝		光武				
十世	中山孝王	哀帝			明帝				
十一世	平帝				章帝				
十二世					和帝	清河孝王	千乘貞王	河間孝王	
十三世					殤帝	安帝	樂安夷王	蠡吾侯翼	解瀆亭侯淑
十四世					順帝		渤海孝王	桓帝	解瀆亭侯萇
十五世					沖帝		質帝		靈帝
十六世									獻帝

【注釋】

〔1〕盧校：「靈帝、獻帝，並皆後人所增。」許校：「文帝當與惠帝同列，為二世。光武當與成帝同列，為九世。明帝當與哀帝同列，為十世。此表有直格，無橫格，大錯謬矣。盧本甚善，或出宋本耶？——即呂宗孟本。」張校：「『十五十六世』，『十五』下有「世」字。」；「『中山孝王』，列十世。」；「『平帝』，列十一世。」；「『戾太子、史皇孫』，《逸史》『戾太子』列七世。」；「『宣帝、元帝、成帝』，以下遞降，《漢魏》『戾太子』列四世，以下並列五世六世兩格之內。『成』誤作『武』。」

文帝弟雖在三

文帝弟雖在三〔1〕，禮，兄弟不相為後〔2〕。文帝即高祖子，於惠帝兄弟也，故不為惠帝後，而為第二〔3〕。宣帝弟次昭帝，史皇孫之子〔4〕，於昭帝為兄孫，以繫祖，不得上與父齊〔5〕，故為七世。光武雖在十二，於父子之次，於成帝為兄弟，於哀帝為諸父，於平帝為父祖，皆不可為之後，上至元帝〔6〕，於光武為父，故上繼元帝而為九世〔7〕，故《河圖》曰：赤九世〔8〕會昌，謂光武也〔9〕。十世以光，謂孝明也〔10〕。十一以興，謂孝章也〔11〕。成雖在九，哀雖在十，平雖在十一，不稱次〔12〕。

【注釋】

〔1〕盧校：「古『第』字，下『弟次』同。」愚按：四庫本亦作「弟」字，《蔡集》本作「雖在第三」。此節文字疑有闕文，此敘前表漢代世系，不當直從文帝始，致行文十分突兀。

〔2〕張校：「『兄弟不能為後』，『能』作『相』。」愚按：四庫本、《蔡集》本作「相」。《春秋公羊傳·成公十五年》：「魯人徐傷歸父之無後也，於是使嬰齊後之也。」何休注：「弟無後兄之義，為亂昭穆之序矣。」

〔3〕《春秋公羊傳·文公二年》：「其逆祀奈何？先禰而後祖也。」何休注：「惠公與莊公當同南面西上；隱、桓與閔、僖亦當同北面西上，繼閔者在下。文公緣僖公於閔公為庶兄，置僖公於閔公上，失先後之義，故譏之。傳曰『後祖』者，僖公以臣繼閔公，猶子繼父，故閔公於文公，亦猶祖也。自先君言之，隱、桓及閔、僖各當為兄弟，顧有貴賤耳。」

〔4〕愚按：《蔡集》本「弟次」作「後次」。《漢書·宣帝紀》：「孝宣皇帝，武帝曾孫，戾太子孫也。太子納史良娣，生史皇孫。皇孫納王夫人，生宣帝，號曰皇曾孫。」漢昭帝於宣帝為叔祖。

〔5〕愚按：《蔡集》本作「不得為與父齊」。

〔6〕張校：「『上至元帝』，《逸史》《漢魏》無『上』字。」

〔7〕《後漢書·光武帝紀》：「世祖光武皇帝諱秀，字文叔，南陽蔡陽人，高祖九世之孫也，出自景帝生長沙定王發。」

〔8〕盧校：「《續漢·律志》注無『世』字。」

〔9〕《後漢書·光武帝紀》：「十九年春正月庚子，追尊孝宣皇帝曰中宗。始祠昭帝、元帝於太廟。」章懷注引《漢官儀》曰：「光武第雖十二，於父子之次，於成帝為兄弟，於哀帝為諸父，於平帝為祖父，皆不可為之後。上至元帝，於光武為

父，故上繼元帝而為九代。故《河圖》云『赤九會昌』，謂光武也。」《祭祀上》：
「三十二年正月，上齋，夜讀《河圖會昌符》曰：『赤劉之九，會命岱宗。不慎
克用，何益於承！誠善用之，姦偽不萌。』感此文，乃詔松等復案索《河》《雒》
讖文言九世封禪事者。松等列奏，乃許焉。」又載：「《河圖赤伏符》曰：『劉秀
發兵捕不道，四夷雲集龍鬥野，四七之際火為主。』《河圖會昌符》曰：『赤帝
九世，巡省得中，治平則封，誠合帝道孔矩，則天文靈出，地祇瑞興。帝劉之
九，會命岱宗，不慎克用，何益於承。誠善用之，姦偽不萌。赤漢德興，九世
會昌，巡岱皆當。天地扶九，崇經之常。漢大興之，道在九世之王。封於泰山，
刻石著紀，禪於梁父，退省考五。』《河圖合古篇》曰：『帝劉之秀，九名之世，
帝行德，封刻政。』《河圖提劉予》曰：『九世之帝，方明聖，持衡拒，九州平，
天下予。』《雒書甄曜度》曰：『赤三德，昌九世，會修符，合帝際，勉刻封。』
《孝經鉤命決》曰：『予誰行，赤劉用帝，三建孝，九會修，專茲竭行封岱青。』
《河》《雒》命後，經讖所傳。」

〔10〕愚按：《蔡集》本「謂」作「為」。

〔11〕《後漢書・肅宗孝章帝紀》章懷注：「《河圖》曰：『圖出代，九天開明，受用嗣
　　　興，十代以光。』又《括地象》曰：『十代禮樂，文雅並出。』謂明帝也。」《後
　　　漢書・曹褒傳》：「會肅宗欲制定禮樂，元和二年下詔曰：『《河圖》稱赤九會昌，
　　　十世以光，十一以興。』」章懷注：「九謂光武，十謂明帝，十一謂章帝也。」

〔12〕光武帝復興漢室，為表明自己在法統上的正當性，從血統上上繼元帝，故與其
　　　平輩的成帝，及後輩哀帝、平帝，都不算在漢帝傳承的次序中。

宗廟之制

　　宗廟之制，古學以為人君之居〔1〕，前有朝〔2〕，後有寢〔3〕。終則前制廟
以象朝〔4〕，後制寢〔5〕以象寢。廟以藏主〔6〕，列昭穆〔7〕；寢有衣冠几杖，象
生之具〔8〕，總謂之宮〔9〕。《月令》曰：「先薦寢廟〔10〕。」《詩》云：「公侯之
宮〔11〕。」《頌》曰：「寢廟奕奕。」言相連也〔12〕，是皆其文也。古不墓祭，
至秦始皇出寢〔13〕，起之於墓側〔14〕。漢因而不改，故今陵上稱寢殿〔15〕，有
起居〔16〕衣冠象生之備。皆古寢之意也〔17〕。

【注釋】

〔1〕張校：「『古者以為人君之居』，『者』作『學』。」古學：研究古文經、古文字之
　　　學。何休《春秋公羊注疏序》：「是以治古學、貴文章者，謂之俗儒。」徐彥疏：

「《左氏》先著竹帛，故漢時謂之古學；《公羊》漢世乃興，故謂之今學。是以許慎作《五經異義》云『古者《春秋》左氏說，今者《春秋》公羊說』是也。」漢許沖《上書》：「臣父故大尉南閣祭酒慎，本從逵受古學。」段玉裁注：「古學者，《古文尚書》《詩毛氏》《春秋左氏傳》及《倉頡古文》《史籀大篆》之學也。」《後漢書·鄭玄傳》：「中興之後，范升、陳元、李育、賈逵之徒爭論古今學，後馬融答北地太守劉瓌及玄答何休，義據通深，由是古學遂明。」

〔2〕朝：朝廷，古代君王及高級官吏接受或處理政務的地方皆稱朝。後專指帝王接受朝見、處理政務的地方。《周禮·秋官·朝士》：「周天子、諸侯皆有三朝，外朝一，內朝二。內朝之在路門內者，或謂之燕朝。」賈公彥疏：「云『天子諸侯皆有三朝，外朝一，內朝二』者，天子外朝一者，即朝士所掌者是也。內朝二者，司士所掌正朝，大僕所掌路寢朝，是二也。」《詩經·齊風·雞鳴》：「雞既鳴矣，朝既盈矣。」孔穎達疏：「朝盈，謂群臣辨色入，滿於朝上。」《孟子·公孫丑下》「昔者有王命，有採薪之憂，不能造朝。今病小愈，趨造於朝，我不識能至否乎？」

〔3〕寢：寢宮；臥室。《周禮·天官·宮人》：「宮人掌王之六寢之修。」鄭玄注：「六寢者，路寢一，小寢五。《玉藻》曰：『朝，辨色始入。君日出而視朝。退適路寢聽政。使人視大夫，大夫退，然後適小寢，釋服。』是路寢以治事，小寢以時燕息焉。《春秋》書魯莊公薨於路寢，僖公薨於小寢，是則人君非一寢明矣。」《國語·晉語一》：「獻公田，見翟柤之氛，歸寢不寐。」

〔4〕張校：「『後有寢宮則前制廟以象朝』，『宮』作『終』。」象朝：意謂作為生前朝廷的象徵。

〔5〕寢：此指古代帝王宗廟之後殿，為放置祖宗衣冠之處，作為其生前寢宮的象徵。《後漢書·祭祀下》：「古不墓祭，漢諸陵皆有園寢，承秦所為也。說者以為古宗廟前制廟，後制寢，以象人之居前有朝，後有寢也。《月令》有『先薦寢廟』，《詩》稱『寢廟弈弈』，言相通也。廟以藏主，以四時祭。寢有衣冠几杖象生之具，以薦新物。秦始出寢，起於墓側，漢因而弗改，故陵上稱寢殿，起居衣服象生人之具，古寢之意也。」

〔6〕主：舊時為死者立的牌位。《禮記·曲禮下》：「告喪，曰天王登假。措之廟，立之主，曰帝。」鄭玄注：「《春秋傳》曰：『凡君卒，哭而祔，祔而作主。』」《穀梁傳·文公二年》：「丁丑，作僖公主。」范甯集解：「為僖公廟作主也。主蓋神之所憑依……天子長尺二寸，諸侯長一尺。」

〔7〕昭穆：古代宗法制度，宗廟或宗廟中神主的排列次序，始祖居中，以下父子遞
　　為昭穆，左為昭，右為穆。《周禮・春官・小宗伯》：「辨廟祧之昭穆。」鄭玄注：
　　「遷主所藏之廟。自始祖之後，父曰昭，子曰穆。」《禮記・王制》：「天子七廟，
　　三昭三穆，與太祖之廟而七。」

〔8〕象生：祭祀時以亡者生前所用之物作為象徵，稱象生。《周禮・春官・守祧》：
　　「若將祭祀，則各以其服授尸。」鄭玄注：「尸當服卒者之上服，以象生時。」
　　《周禮・春官・喪祝》：「及祖，飾棺，乃載，遂御。」鄭玄注：「鄭司農云：『祖
　　謂將葬祖於庭，象生時出則祖也，故曰事死如事生，禮也。』」《後漢書・祭祀
　　志下》：「廟以藏主，以四時祭。寢有衣冠几杖象生之物，以薦新物。」

〔9〕宮：此指宗廟。《詩經・召南・采蘩》：「于以用之，公侯之宮。」毛傳：「宮，
　　廟也。」《公羊傳・文公十三年》：「周公曰大廟，伯禽曰大室，群公曰宮。」何
　　休注：「《爾雅》曰：『宮謂之室，室謂之宮。』然則其實一也，蓋尊伯禽而異其
　　名。」

〔10〕《禮記・月令》：「是月（仲夏之月）也，天子乃以雛嘗黍，羞以含桃，先薦寢廟。」
　　寢廟：宗廟中寢和廟的合稱。《詩經・小雅・巧言》：「奕奕寢廟，君子作之。」
　　《禮記・月令》：「（仲春之月）寢廟畢備。」鄭玄箋：「凡廟，前曰廟，後曰寢。」
　　孔穎達疏：「廟是接神之處，其處尊，故在前；寢，衣冠所藏之處，對廟而卑，
　　故在後。但廟制有東西廂，有序牆，寢制惟室而已。故《釋宮》云：『室有東西
　　廂曰廟，無東西廂有室曰寢。』是也。」尋常寢處，亦泛言寢廟。《左傳・襄公
　　四年》：「於虞人之箴曰：『民有寢廟，獸有茂草，各有攸處，德用不擾。』」

〔11〕《國風・召南・采蘩》：「于以采蘩？于沼于沚。于以用之？公侯之事。于以采蘩？
　　于澗之中。于以用之？公侯之宮。被之僮僮，夙夜在公。被之祁祁，薄言還歸。」

〔12〕盧校：「『寢廟』，《毛詩・閟宮》作『新廟』，高注《呂氏春秋・季春紀》及《續
　　漢志》並作『寢廟』，與此同。鄭注《周禮・夏官・隸僕》引《詩》『寢廟繹繹』，
　　相連貌，疑此『奕奕』亦當作『繹繹』。」《詩經・魯頌・閟宮》：「松桷有舄，
　　路寢孔碩。新廟奕奕，奚斯所作。」毛傳：「桷，榱也。舄，大貌。路寢，正寢
　　也。新廟，閔公廟也。有大夫公子奚斯者，作是廟也。」鄭玄箋：「孔，甚。碩，
　　大也。奕奕，姣美也。修舊曰新。新者，姜嫄廟也。僖公承衰亂之政，修周公
　　伯禽之教，故治正寢，上新姜嫄之廟。姜嫄之廟，廟之先也。奚斯作者，教護
　　屬功課章程也。至文公之時，大室屋壞。」《周禮・夏官・司馬》：「隸僕掌五寢
　　之埽除糞灑之事。」鄭玄注：「五寢，五廟之寢也。周天子七廟，惟祧無寢。《詩》

云『寢廟繹繹』，相連貌也。」

〔13〕古不墓祭：意謂古人不於墓上祭祀。《禮記·祭法》：「天下有王，分地建國，置都立邑，設廟、祧、壇、墠而祭之，乃為親疏多少之數。」《後漢書·祭祀下》：「秦始出寢，起於墓側，漢因而弗改，故陵上稱寢殿，起居衣服象生人之具，古寢之意也。」

〔14〕許校：「程、盧『居』作『之』，是也。此『居』字蓋沿喬、劉之誤。」張校：「『至秦始皇出寢起之於墓側』，《逸史》《漢魏》『之』作『居』。」愚按：《蔡集》本作「居」。《漢官儀》：「古者不墓祭，秦始皇起寢於墓側，漢因而不改。」

〔15〕張校：「『故金陵上稱寢殿』，《逸史》《漢魏》《抱經》『金』作『今』。」愚按：寢殿：陵墓的正殿。古代陵墓建有殿堂，為祭祀之所。漢代陵墓皆有園寢，稱寢殿。漢人事死如生，寢殿內陳設著死去皇帝的「衣冠、几杖、象生之具」，「宮人隨鼓漏理被枕、具盥水、陳嚴具」，「日上四食」，完全像服侍活人一樣地服侍死者。

〔16〕起居：指飲食寢興等一切日常生活狀況。《漢書·哀帝紀》：「臣願且得留國邸，旦夕奉問起居。」

〔17〕古之「寢」在宗廟，秦以後移於墓側，其設施、祭儀及子孫禮祭先祖之意，一如在宗廟時，故曰「皆古寢之意也」。

居西都時〔1〕，高帝以下，每帝各別立廟，月備法駕〔2〕，遊衣冠〔3〕。又未定迭毀之禮〔4〕。元帝時，丞相匡衡、御史大夫貢禹〔5〕，乃以經義處正〔6〕，罷遊衣冠，毀先帝親盡之廟〔7〕。高帝為太祖，孝文為太宗，孝武為世宗，孝宣為中宗，祖宗廟皆世世奉祠，其餘惠景以下皆毀〔8〕。五年而【禘】〔再〕〔9〕殷祭〔10〕，猶古之禘祫也〔11〕。殷祭則及諸毀廟，非殷祭則祖宗而已。

【注釋】

〔1〕西都：東漢都洛陽，因稱西漢舊都長安為西都。班固《西都賦》：「漢之西都，在於雍州，實惟長安。」

〔2〕法駕：天子車駕的一種。天子的鹵簿分大駕、法駕、小駕三種，其儀衛之繁簡各有不同。《史記·呂太后本紀》：「乃奉天子法駕，迎代王於邸。」裴駰《集解》引蔡邕曰：「天子有大駕、小駕、法駕。法駕上所乘，曰金根車，駕六馬，有五時副車，皆駕四馬，侍中參乘，屬車三十六乘。」

〔3〕遊衣冠：西漢時，每月初一將高帝的衣冠從陵墓的宮殿中移到祭祀高帝的宗廟裏去，謂之「遊衣冠」。《漢書·叔孫通傳》：「陛下何自築復道高帝寢，衣冠月

出遊高廟？」顏師古注：「服虔曰：『持高廟中衣，月旦以遊於眾廟，已而復之。』
應劭曰：『月旦出高帝衣冠，備法駕，名曰遊衣冠。』如淳曰：『高祖之衣冠藏
在宮中之寢，三月出遊，其道正值今之所作復道下，故言乘宗廟道上行也。』
晉灼曰：『《黃圖》：高廟在長安城門街東，寢在桂宮北，服言衣藏於廟中，如言
宮中皆非也。』師古曰：諸家之說皆未允也。謂從高帝陵寢出衣冠，遊於高廟，
每月一為之，漢制則然。而後之學者不曉其意，謂以月出之時而夜遊衣冠，失
之遠也。」

〔4〕迭毀：古宗廟制度。天子設七廟供奉七代祖先，諸侯設五廟供奉五代祖先。其
中開國帝王、始封之君之廟，世世不毀，餘則親過高祖而毀其廟，遷其神主於
太廟中。親廟依次而毀，故稱「迭毀」。《漢書・韋玄成傳》：「《禮》，王者始受
命，諸侯始封之君，皆為太祖。以下，五廟而迭毀，毀廟之主臧乎太祖……周
之所以七廟者，以后稷始封，文王、武王受命而王，是以三廟不毀，與親廟四
而七。非有后稷始封，文武受命之功者，皆當親盡而毀。」

〔5〕張校：「『元帝丞相匡衡』，『元帝』下有『時』字。」匡衡，生卒年不詳，字稚
圭，東海承（今山東棗莊南）人。西漢名臣、散文家。家世務農，至衡好學，
通《齊詩》。宣帝時，衡射策甲科，以不應令除為太常掌故，調補平原文學。元
帝初大司馬車騎將軍史高辟為議曹史，薦之元帝，帝以為郎中，遷博士，給侍
中。是時有日蝕、地震之變，衡上疏論政治得失，帝悅其言，遷為光祿大夫、
太子少傅。歷光祿勳、御史大夫至丞相。他於當時禮制多所論議建樹，是西漢
末託古改制運動的主將之一。

貢禹（？～前44），字少翁，琅琊（今山東諸城東南）人。以明經潔行著聞，徵
為博士、涼州刺史，病去官。復舉賢良為河南令。元帝初即位，徵禹為諫大夫，
數虛己問以政事。是時，年歲不登，郡國多困，禹奏當行節儉，省宮女，減宮
室儀仗帝納其言，遷為光祿大夫。數上疏議論朝政得失，帝頗納其言，遷為御史
大夫，列於三公。數月卒。禹卒後，上追思其議，下詔罷郡國廟，定迭毀之禮。

〔6〕以經義處正：依據儒家經典的說法做出決斷。

〔7〕《漢書・郊祀志下》：「元帝好儒，貢禹、韋玄成、匡衡等相繼為公卿。禹建言漢
家宗廟祭祀多不應古禮，上是其言。後韋玄成為丞相，議罷郡國廟，自太上皇、
孝惠諸園寢廟皆罷。後元帝寢疾，夢神靈譴罷諸廟祠，上遂復焉。」後或罷或
復，至哀、平不定。《後漢書・祭祀下》：「故高廟三主親毀之後，亦但殷祭之歲
奉祠。」劉昭注：「《決疑要注》曰：『毀廟主藏廟外戶之外，西牖之中。有石函，

名曰宗祏。函中有筒，以盛主。親盡則廟毀，毀廟之主藏於始祖之廟。一世為祧，祧猶四時祭之。二世為壇，三世為墠，四世為鬼，祫乃祭之，有禱亦祭之。祫於始祖之廟，禱則迎主出，陳於壇墠而祭之，事訖還藏故室。迎送皆躍，禮也。』」

〔8〕《漢書・韋賢傳》：「成帝崩，哀帝即位。丞相孔光、大司空何武奏言：『永光五年制書，高皇帝為漢太祖，孝文皇帝為太宗。建昭五年制書，孝武皇帝為世宗。損益之禮，不敢有與。臣愚以為迭毀之次，當以時定，非令所為擅議宗廟之意也。臣請與群臣雜議。』奏可。於是，光祿勳彭宣、詹事滿昌、博士左咸等五十三人皆以為繼祖宗以下，五廟而迭毀，後雖有賢君，猶不得與祖宗並列。子孫雖欲褒大顯揚而立之，鬼神不饗也。孝武皇帝雖有功烈，親盡宜毀。」《袁山松書》載蔡邕議曰：「漢承亡秦滅學之後，宗廟之制，不用周禮。每帝即世，輒立一廟，不止於七，不列昭穆，不定迭毀。孝元皇帝時，丞相匡衡、御史大夫貢禹始建大議，請依典禮。孝文、孝武、孝宣皆以功德茂盛，為宗不毀。孝宣尊崇孝武，廟稱世宗。中正大臣夏侯勝等猶執異議，不應為宗。至孝成皇帝，議猶不定。太僕王舜、中壘校尉劉歆據不可毀，上從其議。古人據正重順，不敢私其君父，若此其至也。後遭王莽之亂，光武皇帝受命中興，廟稱世祖。孝明皇帝聖德聰明，政參文、宣，廟稱顯宗。孝章皇帝至孝烝烝，仁恩博大，廟稱肅宗。比方前世，得禮之宜。自此以下，政事多舛，權移臣下，嗣帝殷勤，各欲褒崇至親而已。臣下懦弱，莫能執夏侯之直。今聖朝尊古復禮，以求厥中，誠合事宜。元帝世在第八，光武世在第九，故以元帝為考廟，尊而奉之。孝明遵述，亦不敢毀。孝和以下，穆宗、威宗之號皆宜省去。五年而再殷，祫食於太祖，以遵先典。議遂施行。」

〔9〕盧注：「『稱』，偽。」許校：「盧云：『稱』偽，改為『再』，是也。」

〔10〕殷祭：盛大的祭典。指三年一次的祖廟大祭（祫）及五年一次合祭諸祖神主的大祭（禘）。《禮記・曾子問》：「君之喪服除，而後殷祭，禮也。」孔穎達疏：「殷，大也。小大二祥變除之大祭，故謂之殷祭也。」《漢書・韋玄成傳》：「毀廟之主，臧乎太祖，五年而再殷祭，言一禘一祫也。」

〔11〕禘祫：古代帝王祭祀始祖的隆重儀禮。或禘祫分稱而別義，或禘祫合稱而義同，歷代經傳，說解不一。《春秋公羊傳・文公二年》：「八月，丁卯，大事於大廟，躋僖公。大事者何？大祫也。大祫者何？合祭也。其合祭奈何？毀廟之主，陳於大祖。未毀廟之主，皆升，合食於大祖，五年而再殷祭。」何休注：「殷，盛

也。謂三年祫五年禘。禘所以異於祫者，功臣皆祭也。祫，猶合也。禘，猶諦也。審諦無所遺失。禮，天子特禘特祫；諸侯禘則不礿，祫則不嘗；大夫有賜於君，然後祫其高祖。」《後漢書·章帝紀》：「其四時禘祫於光武之堂。」章懷注引《續漢書》：「五年再殷祭，三年一祫，五年一禘。」

　　光武中興，都洛陽，乃合高祖以下至平帝為一廟，藏十一帝主於其中〔1〕。元帝於光武為禰〔2〕，故雖非宗而不毀也。後嗣遵承，遂常奉祀〔3〕。光武舉天下以再受命復漢祚〔4〕，更起廟稱世祖〔5〕，孝明臨崩，遺詔遵儉，毋起寢廟，藏主於世祖廟〔6〕。孝章不敢違，是後遵承，藏主於世祖廟，皆如孝明之禮。而園陵皆自起寢廟〔7〕，孝明曰顯宗，孝章曰肅宗，是後踵前〔8〕，孝和曰穆宗，孝安曰恭宗，孝順曰敬宗，孝桓曰威宗。唯殤、沖、質三少帝皆以未踰年而崩，不列於宗廟，四時就陵上祭寢而已。

【注釋】

〔1〕《後漢書·光武帝紀》：「壬子，起高廟，建社稷於洛陽，立郊兆於城南，始正火德，色尚赤。」章懷注：「《漢禮制度》曰：『人君之居，前有朝，後有寢。終則制廟以象朝，後制寢以象寢。光武都洛陽，乃合高祖以下至平帝為一廟，藏十一帝主於其中。元帝次當第八，光武第九，故立元帝為祖廟，後遵而不改。』」

〔2〕愚按：「於」，四庫本作「為」。禰：父死，神主入廟後稱禰。《公羊傳·隱公元年》：「惠公者何，隱之考也。」何休注：「生稱父，死稱考，入廟稱禰。」徐彥疏：「禰字示旁爾，言雖可入廟是神示，猶自最近於己，故曰禰。」顏之推《顏氏家訓·風操》：「禰是父之廟號。」此謂元帝為光武之父輩，於世系相承而言，光武承接元帝。

〔3〕意謂元帝非祖宗，依迭毀之禮，其廟當毀。光武中興，於世系承於元帝，故尊為祖廟而祀之。

〔4〕張校：「『光武舉天下以再受今復漢祚』，『今』作『命』。」愚按：張校是也。四庫本亦誤作「今」。祚：君位；國統。《史記·燕召公世家》：「成王既幼，周公攝政，當國踐祚。」《史記·秦楚之際月表》：「撥亂誅暴，平定海內，卒踐帝祚，成於漢家。」

〔5〕《後漢書·祭祀下》：「光武皇帝崩，明帝即位，以光武帝撥亂中興，更為起廟，尊號曰世祖廟。以元帝於光武為穆，故雖非宗，不毀也。後遂為常。」

〔6〕《後漢書·顯宗孝明帝紀》：「秋八月壬子，帝崩於東宮前殿。年四十八。遺詔無起寢廟，藏主於光烈皇后更衣別室。帝初作壽陵，制令流水而已，石槨廣一丈

二尺，長二丈五尺，無得起墳。萬年之後，掃地而祭，杅水脯糒而已。過百日，唯四時設奠，置吏卒數人供給灑掃，勿開修道。敢有所興作者，以擅議宗廟法從事。」

〔7〕愚按：《蔡集》本「皆如」作「皆為」。園陵：帝王的墓地。《史記·劉敬叔孫通列傳》：「先帝園陵寢廟，群臣莫能習。」《後漢書·光武帝紀上》：「赤眉焚西京宮室，發掘園陵。」李賢注：「園謂塋域，陵謂山墳。」

〔8〕張校：「『及後踵前』，『及』作『是』。」愚按：四庫本、《蔡集》本、《抱經》本皆作「是」。踵前：因襲前例。踵，繼承；因襲。《漢書·刑法志》：「天下既定，踵秦而置材官於郡國。」顏師古注：「踵，因也。」《後漢書·祭祀下》：「明帝臨終遺詔，遵儉無起寢廟，藏主於世祖廟更衣。孝章即位，不敢違，以更衣有小別，上尊號曰顯宗廟，間祠於更衣，四時合祭於世祖廟。語在《章紀》。章帝臨崩，遺詔無起寢廟，廟如先帝故事。和帝即位不敢違，上尊號曰肅宗。後帝承尊，皆藏主於世祖廟，積多無別，是後顯宗但為陵寢之號。」

今洛陽諸陵，皆以晦望〔1〕、二十四氣、伏社〔2〕臘〔3〕，及四時〔祠〕，〔廟〕日上飯〔4〕，大官送用〔物〕〔5〕，園令、食監典省〔6〕，其親陵所宮人隨鼓漏理被枕〔7〕，具鹽水，陳嚴具〔8〕。天子以正月五【日】供畢〔9〕，後上原陵〔10〕，以次周徧，公卿百官皆從，四姓小侯、諸侯家婦〔11〕，凡與先帝〔12〕先后有瓜葛者〔13〕，及諸侯王、大夫、郡國計吏、匈奴朝者、西國侍子皆會〔14〕。尚書官屬〔15〕，陛西除下，先帝神座後〔16〕；大夫計吏皆當軒下，占其郡穀價，四方災異，欲皆使先帝魂神具聞之。遂於親陵各賜計吏而遣之〔17〕。正月上丁〔18〕，祠南郊禮畢〔19〕，次北郊、明堂、高祖廟、世祖廟，謂之五供〔20〕。五供畢，以次上陵也〔21〕。

【注釋】

〔1〕晦：夏曆每月的最後一日。《左傳·僖公十五年》：「己卯晦，震伯夷之廟。」楊伯峻注：「己卯，九月三十日。」《春秋·成十六年》：「甲午晦，晉侯及楚子、鄭伯戰於鄢陵。」《史記·孝文本紀》：「十一月晦，日有食之。十二月望，日又食。」

望：月圓之時，常指夏曆每月十五日。《尚書·召誥》：「惟二月既望。」《傳》：「周公攝政七年二月十五日，日月相望，因紀之。」《釋名·釋天》：「望，月滿之名也。月大十六日，小十五日，日在東，月在西，遙相望也。」

〔2〕盧校：「《續漢·祭祀志》無。」愚按：四庫本、《蔡集》本皆有「社」字。

二十四氣：亦稱「二十四節氣」，我國古代曆法，根據太陽在黃道上的位置，將一年劃分為二十四節氣。《後漢書‧律曆下》「二十四氣」：冬至、小寒、大寒、立春、雨水、驚蟄、春分、清明、穀雨、立夏、小滿、芒種、夏至、小暑、大暑、立秋、處暑、白露、秋分、寒露、霜降、立冬、小雪、大雪。每段開始的一日為節名。二十四節氣表明氣候變化和農事季節，在古人的政治生活和日常生活中具有重要意義，因而每個季節都要舉行祭祀活動。

〔3〕伏臘：亦作「伏臈」。「伏」指伏日，有初伏、中伏、末伏三伏。《漢書‧郊祀志上》：「作伏祠。」顏師古注：「孟康曰：『六月伏日也。周時無，至此乃有之。』師古曰：『伏者，謂陰氣將起，迫於殘陽而未得升，故為臧伏，因名伏日也。立秋之後，以金代火，金畏於火，故至庚日必伏。庚，金也。』」《後漢書‧和帝紀》：「（永元）六年己酉，初令伏閉盡日。」章懷注引《漢官舊儀》曰：「伏日萬鬼行，故盡日閉，不干它事。」臘，農曆十二月，或泛指冬月。常與伏相對。漢楊惲《報孫會宗書》：「田家作苦，歲時伏臘，烹羊炮羔，斗酒自勞。」古人因固定在這兩個季節舉行祭祀活動，因而也作為兩種祭祀的名稱。

〔4〕盧校：「舊無『祠廟』二字，又『日』偽作『曰』，今並從《續志》。」張校：「『曰上飯』，《漢魏》『曰』作『日』。」愚按：四庫本無「祠廟」二字，「日」字不誤。《蔡集》本亦無「祠廟」二字，「日」誤為「曰」。四時：四季，即春夏秋冬。《淮南子‧本經訓》：「四時者，春生夏長，秋收冬藏。」

〔5〕盧注：「舊脫，據《續志》補。」張校：「『太官送用』，《逸史》《漢魏》《抱經》『太』作『大』。」愚按：四庫本無「物」字，《蔡集》本「太」作「大」，亦無「物」字。大官：亦作「太官」，官名。秦有太官令、丞，屬少府。兩漢因之。掌皇帝膳食及燕享之事。《漢書‧百官公卿表上》：「少府，秦官，掌山海池澤之稅，以給共養，有六丞。屬官有尚書、符節、太醫、太官、湯官、導官、樂府、若盧、考工室、左弋、居室、甘泉居室、左右司空、東織、西織、東園匠十六官令丞。」《後漢書‧百官三》：「太官令一人，六百石。本注曰：掌御飲食。左丞、甘丞、湯官丞、果丞各一人。本注曰：左丞主飲食。甘丞主膳具。湯官丞主酒。果丞主果。」

〔6〕園令：陵園令，省作園令，漢代主管陵寢守護的官。《史記‧司馬相如列傳》：「相如拜為孝文園令。」《後漢書‧百官志二》：「先帝陵，每陵園令各一人，六百石。本注曰：掌守陵園，案行掃除。」

食監：漢代陵園所設官名。掌晦望時節祭祀，屬太常。《後漢書‧百官二》：「先

帝陵，每陵食官令各一人，六百石。本注曰：「掌望晦時節祭祀。」劉昭注：「《漢
官》曰：『每陵食監一人，秩六百石；監丞一人，三百石；中黃門八人，從官二
人。』案：食監即是食官令號。」

典省：管理，視察。典，掌管，主持，任職。省，視察，察看。

〔７〕其親陵所宮人：此指負責本陵的宮人。宮人：官名。負責君王的日常生活事務。
《周禮·天官·序官》：「宮人中士四人，下士八人。」孫詒讓正義：「此官掌王
寢，亦主服御之事。」《史記·孝武本紀》：「其春，樂成侯（丁義）上書言欒大。
欒大，膠東宮人，故嘗與文成將軍同師，已而為膠東王尚方。」

鼓漏：鍾鼓漏刻，古代報時用器。《儀禮·士相見禮》：「夜侍坐，問夜。」鄭玄
注：「問夜，問其時數也。」賈公彥疏：「謂若鍾鼓漏刻之數也。」《南齊書·皇
后傳·武穆裴皇后》：「上數遊幸諸苑囿，載宮人從後車，宮內深隱，不聞端門
鼓漏聲。」

〔８〕嚴具：即妝具。盛梳妝用品的器具。避漢明帝劉莊諱改。曹操《內誡令》：「孤
不好鮮飾嚴具，所用雜新皮韋笥，以黃韋緣中。遇亂無韋笥，乃作方竹嚴具，
以帛衣粗布作裏，此孤之平常所用也。」

〔９〕盧注：「舊作『五日畢供』，偽，據《續志》刪改，下文自有釋。」愚按：四庫
本、《蔡集》本皆作「五日畢供」。

〔１０〕原陵：光武帝劉秀之陵。《後漢書·顯宗孝明帝紀》：「（中元二年）三月丁卯，
葬光武皇帝於原陵。」章懷注：「原陵方三百二十步，高六丈，在臨平亭東南，
去洛陽十五里。」

〔１１〕四姓小侯：指明帝外戚樊、郭、陰、馬四姓的子弟。《後漢書·明帝紀》：「為四
姓小侯開立學校，置五經師。」章懷注：「為外戚樊氏、郭氏、陰氏、馬氏諸子
弟立學，號『四姓小侯』，置五經師。以非列侯，故曰小侯。」

冢婦：嫡長子之妻。《禮記·內則》：「冢婦所祭祀賓客，每事必請於姑。」宋車
垓《內外服制通釋·眾子婦》：「嫡長子之婦謂之冢婦，所以奉宗廟為主婦者也，
非眾子婦比也。故舅姑為服不杖期，而為眾子婦則大功而已。」

〔１２〕盧校：「此二字，《續禮儀志》注無，疑衍。」愚按：四庫本、《蔡集》本皆有「先
帝」二字。

〔１３〕愚按：四庫本「后」作「後」。瓜葛：瓜與葛，皆蔓生植物。比喻輾轉相連的親
戚關係或社會關係。

〔１４〕計吏：漢代郡、國每年歲末將戶口、墾田、錢穀出入、盜賊多少等事項加以統

計，派官員呈送朝廷，所派官員稱上計吏，正職稱上計掾，副職稱上計史。《漢書・循吏傳・文翁》：「減省少府用度，買刀布蜀物，齎計吏以遺博士。」

西國侍子：西國：西域諸國。古代屬國之王或諸侯遣子入朝陪侍天子，學習文化，所遣之子稱侍子。《後漢書・光武帝紀下》：「鄯善王、車師王等十六國皆遣子入侍奉獻，願請都護。帝以中國初定，未遑外事，乃還其侍子，厚加賞賜。」

〔15〕愚按：《蔡集》本「官屬」前無「尚書」二字。

〔16〕盧校：「《禮儀志》云『侍中、尚書、陛者皆神座後』，此云『陛西除下』，似誤。」

愚按：此處疑有缺誤，故語義不明。《後漢書・禮儀志上》：「西都舊有上陵。東都之儀，百官、四姓親家婦女、公主、諸王、大夫、外國朝者侍子、郡國計吏會陵。畫漏上水，大鴻臚設九賓，隨立寢殿前。鐘鳴，謁者治禮引客，群臣就位如儀。乘輿自東廂下，太常導出，西向拜，折旋升阼階，拜神坐。退坐東廂，西向。侍中、尚書、陛者皆神坐後。」

神座：亦作「神坐」。神主牌位。亦指神像坐位。《周禮・地官・遂師》：「大喪，使帥其屬以幄帟先。」鄭玄注：「幄帟先，所以為葬空之間，先張神坐也。」《儀禮・士昏禮》：「主人筵於戶西，西上，右几。」鄭玄注：「主人，女父也。筵，為神布席也。戶西者，尊處。將以先祖之遺體許人，故受其體於禰廟也。」賈公彥疏：「此女將受男納采之禮，故先設神座乃受之。」

〔17〕愚按：此段文字語義不明。《後漢書・禮儀上》作：「公卿群臣謁神坐，太官上食，太常樂奏食舉，舞《文始》《五行》之舞。樂闋，群臣受賜食畢，郡國上計吏以次前，當神軒占其郡國穀價，民所疾苦，欲神知其動靜。孝子事親盡禮，敬愛之心也。周遍如禮。最後親陵，遣計吏，賜之帶佩。」

占：口授；口述文辭。《後漢書・袁敞傳》：「（張）俊自獄中占獄吏上書自訟。」章懷注：「占謂口授也，前書曰『陳遵憑几口占書吏』是也。」亦指口述的文辭。

〔18〕上丁：農曆每月上旬的丁日。《禮記・月令》：「（季秋之月）上丁，命樂正入學習吹。」鄭玄注：「為將饗帝也。春夏重舞，秋冬重吹也。」孔穎達疏：「其習舞吹必用丁者，取其丁壯成就之義，欲使學者藝業成故也。」

〔19〕南郊：指帝王在都城南面祭天的大禮。《禮記・郊特牲》鄭玄注：「郊者，祭天之名。」

〔20〕北郊：古代帝王在都城北面祭地的大禮。周制在北門外六里處，漢制在北門外四里。夏至日於此以祭地，冬至日於此以迎冬。《呂氏春秋・孟冬》：「立冬之日，天子親率三公、九卿、大夫，以迎冬於北郊。」高誘注：「六里之郊。」《漢書・

郊祀志下》：「帝王之事莫大乎承天之序，承天之序莫重於郊祀……祭天於南郊，就陽之義也；瘞地於北郊，即陰之象也。」《後漢書・祭祀志中》：「北郊在雒陽城北四里，為方壇，四陛。」

明堂：明堂之義，諸說不一。蔡邕《明堂論》：「明堂者，天子太廟，所以宗祀（續漢志注補作崇禮。俞汝成本同。）其祖，以配上帝者也。夏后氏曰世室，殷人以重屋，周人曰明堂。東曰青陽，南曰明堂，西曰總章，北曰玄堂，中央曰太室。……取其宗祀之貌，則曰清廟。取其正室之貌，則曰太廟。取其尊崇，則曰太室。取其鄉明，則曰明堂。取其四門之學，則曰太學。取其四面之周水圓如璧，則曰辟雍。異名而同事，其實一也。……其制度之數，各有所依。堂方百四十四尺，坤之策也。屋圓屋徑二百一十六尺，乾之策也。太廟明堂方三十六丈，通天屋徑九丈，陰陽九六之變也。圓蓋方載，六九之道也。八闥以象八卦，九室以象九州，十二宮以應十二辰，三十六戶七十二牖，以四戶八牖乘九室之數也。戶皆外設而不閉，示天下不藏也。通天屋高八十一尺，黃鍾九九之實也。二十八柱列於四方，亦七宿之象也。堂高三丈，以應三統。四鄉五色者象其行。外廣二十四丈，應一歲二十四氣。四周以水，象四海。王者之大禮也。」

〔21〕盧校：「自正月上丁至此，正申釋上文『五供』之義，下言宗廟，今改提行。」愚按：四庫本不提行。上陵：帝王到祖先陵墓進行祭祀。《後漢書・皇后紀上・光烈陰皇后》：「明旦日吉，遂率百官及故客上陵。」

四時宗廟用牲，十八太牢，皆有副倅〔1〕。

【注釋】

〔1〕副倅：附添的貢品。《周禮・夏官・諸子》：「諸子掌國子之倅，掌其戒令與其教治，辨其等，正其位。」鄭玄注：「故書『倅』為『卒』。鄭司農云：『卒讀如物有副倅之倅。』」賈公彥疏：「倅謂副代父，則國子為副代父者也。」《左傳・昭公十一年》：「僖子使助薳氏之簉。」杜預注：「簉，副倅也。薳氏之女為僖子副妾，別居在外，故僖子納泉丘人女，令副助之。」《後漢書・祭祀下》：「凡牲用十八太牢，皆有副倅。」

西廟五主

西廟五主，高帝、文帝、武帝、宣帝、元帝也。高帝為高祖，文帝為太宗，武帝為世宗，宣帝為中宗，其廟皆不毀。孝元功薄當毀，光武復天下，屬弟於

元帝為子〔1〕，以元帝為禰廟〔2〕，故列於祖宗，後嗣因承，遂不毀也。

【注釋】

〔1〕屬弟：按次第，論輩分。弟，同「第」。

〔2〕禰廟：父廟。或稱考廟。《禮記·祭法》所稱五廟之一。《左傳·襄公十二年》：「凡諸侯之喪，異姓臨於外，同姓於宗廟，同宗於祖廟，同族於禰廟。」杜預注：「父廟也。同族，謂高祖以下。」《襄公十三年》：「所以從先君於禰廟者。」杜預注：「從先君代為禰廟。」孔穎達疏：「《祭法》云：『諸侯立五廟，曰考廟，王考廟，皇考廟，顯考廟，祖考廟。』此云『禰廟』，即彼『考廟』也。《曲禮》云：『生曰父，死曰考。』考，成也。言有成德也。禰，近也，於諸廟，父最為近也。《禮》，三年之喪畢，則以遷新主入廟。是從先君代為禰廟也。計昭穆之次，昭次入昭廟，穆次入穆廟，皆代為祖廟。而言代為禰廟者，是從先君之近也。」

東廟七主

東廟七主，光武、明帝、章帝、和帝、安帝、順帝、桓帝也。光武為世祖，明帝為顯宗，章帝為肅宗，和帝為穆宗，安帝為恭宗，順帝為敬宗，桓帝為威宗，廟皆不毀〔1〕。少帝未踰年而崩，皆不入廟，以陵寢為廟者三，殤帝康陵、沖帝懷陵、質帝靜陵是也〔2〕。追號為後者三，章帝宋貴人曰敬隱后，葬敬北陵，安帝祖母也〔3〕。清河孝德皇后，安帝母也〔4〕。章帝梁貴人曰恭懷后，葬西陵，和帝母也〔5〕。安帝張貴人曰恭敏后，葬北陵，順帝母也〔6〕。

【注釋】

〔1〕《後漢書·祭祀下》：「光武皇帝崩，上尊號曰世祖廟。……明帝崩，上尊號曰顯宗廟。……章帝崩，上尊號口肅宗。……和帝崩，上尊號曰穆宗。……安帝及崩，無上宗之奏，因以其陵號稱恭宗。……順帝崩，上尊號曰敬宗。……桓帝崩，上尊號曰威宗。……靈帝時，京都四時所祭高廟五主，世祖廟七主，少帝三陵，追尊后三陵。」愚按：此處所說與史載不同，《後漢書·祭祀下》：「初平中，相國董卓、左中郎將蔡邕等以和帝以下，功德無殊，而有過差，不應為宗，及余非宗者追尊三后，皆奏毀之。四時所祭，高廟一祖二宗，及近帝四，凡七帝。」同出蔡邕，差異如此。

〔2〕《後漢書·祭祀下》：「殤帝生三百餘日而崩，鄧太后攝政，以尚嬰孩，故不列於

廟，就陵寢祭之而已。……沖、質帝皆小崩，梁太后攝政，以殤帝故事，就陵寢祭。」

〔3〕許校：「程、盧『北陵』上有『敬』字，劉本無。」張校：「『章宋貴人』，『章』下有『帝』字。『葬敬北陵』，《逸史》《漢魏》無『敬』字。」愚按：四庫本有「敬」字，《蔡集》本無。安帝以清河孝王子即位，建光元年，追尊其祖母宋貴人曰敬隱后，陵曰敬北陵。

〔4〕《後漢書·祭祀下》：「（安帝）追尊父清河孝王曰孝德皇，母曰孝德后，清河嗣王奉祭而已。」愚按：孝德后未另起陵。

〔5〕《後漢書·孝和孝殤帝紀》：「冬十月乙酉，改葬恭懷梁皇后於西陵。」章懷注：「《謚法》曰：『正德美容曰恭，執義揚善曰懷。』《東觀記》曰：『改殯承光宮，儀比敬園。初，后葬有闕，竇后崩後，乃議改葬。』」《後漢書·祭祀下》：「永元中，和帝追尊其母梁貴人曰恭懷皇后，陵曰西陵。以竇后配食章帝，恭懷后別就陵寢祭之。」

〔6〕張校：「『安帝張貴人恭敏后』，『貴人』下有『曰』字。」《後漢書·祭祀下》：「順帝即位，追尊其母曰恭愍后，陵曰恭北陵，就陵寢祭，如敬北陵。」《後漢書·孝獻帝紀》：「是歲，有司奏，和、安、順、桓四帝無功德，不宜稱宗，又恭懷、敬隱、恭愍三皇后並非正嫡，不合稱后，皆請除尊號。」章懷注：「和帝號穆宗，安帝號恭宗，順帝號敬宗，桓帝號威宗。和帝尊母梁貴人曰恭懷皇后，安帝尊祖母宋貴人曰敬隱皇后，順帝尊母李氏曰恭愍皇后。」

兩廟十二主、三少帝、三后，故用十八大牢也〔1〕。

【注釋】

〔1〕愚按：此條與上「十八太牢」條實為一事，因《獨斷》曾散佚，故順序錯亂，語義不明。《後漢書·祭祀下》：「靈帝時，京都四時所祭高廟五主，世祖廟七主，少帝三陵，追尊后三陵，凡牲用十八太牢，皆有副倅。」

漢家不言禘祫

漢家不言禘祫〔1〕，五年而再殷祭，則西廟惠、【帝】景、昭〔三帝〕皆別祠〔2〕，成、哀、平三帝，以非光武所後，藏主長安故高廟，四時祠於東廟〔3〕。京兆尹侍祠〔4〕，衣冠車服，如太常祠行陵廟之禮〔5〕。順帝母故云姓李，或姓張〔6〕。高祖得天下而父在，上尊號曰太上皇〔7〕，不言帝，非天子也。孝宣繼孝昭帝，其父曰史皇孫，祖父曰衛太子〔8〕，太子以罪廢，及皇孫皆死，宣帝

但起園陵，長承奉守〔9〕，不敢加尊號於祖、父也〔10〕。

【注釋】

〔1〕愚按：此說或有誤，《漢書‧平帝紀》：「（元始）五年春正月，祫祭明堂。」是漢代早有禘祫之祭也。《白虎通‧宗廟》：「祭宗廟所以禘祫何？尊人君，貴功德，廣孝道也。位尊德盛，所及彌遠。謂之禘祫何？禘之為言諦也。序昭穆，諦父子也。祫者，合也。毀廟之主，皆合食於太祖也。」

〔2〕盧校：「舊無此二字，『帝』字誤在『景昭』上，今依下文例補正。」許校：「盧改作『惠、景、昭三帝』，是也。」愚按：四庫本、《蔡集》本亦作「則西廟惠帝景昭」。《後漢書‧祭祀下》：「後以三年冬祫，五年夏禘之時，但就陳祭毀廟主而已，謂之殷。太祖東面，惠、文、武、元帝為昭，景、宣帝為穆。惠、景、昭三帝非殷祭時不祭。」

〔3〕愚按：此處疑有脫漏錯亂。《後漢書‧祭祀下》作：「於是雒陽高廟四時加祭孝宣、孝元，凡五帝。其西廟成、哀、平三帝主，四時祭於故高廟。」

〔4〕京兆尹：官名。漢代管轄京兆地區的行政長官，職權相當於郡太守。後因以稱京都地區的行政長官。《漢書‧百官公卿表上》：「內史，周官，秦因之，掌治京師。景帝二年分置左右內史。右內史武帝太初元年更名京兆尹。」亦省稱「京兆」。《漢書‧張敞傳》：「敞為京兆，朝廷每有大議，引古今，處便宜，公卿皆服，天子數從之。」侍祠：陪從祭祀。《史記‧孝文本紀》：「諸侯王列侯使者侍祠天子，歲獻祖宗之廟。」裴駰《集解》：「張晏曰：『王及列侯歲時遣使詣京師，侍祠助祭也。』如淳曰：『若光武廟在章陵，南陽太守稱使者往祭是也。不使侯王祭者，諸侯不得祖天子也。凡臨祭祀宗廟，皆為侍祭。』」

〔5〕愚按：《後漢書‧祭祀下》作：「東廟，京兆尹侍祠，冠衣車服如太常祠陵廟之禮。」無「行」字，疑是。太常：官名。秦置奉常，漢景帝六年更名太常，掌宗廟禮儀，兼掌選試博士。《漢書‧百官公卿表上》：「奉常，秦官，掌宗廟禮儀，有丞。景帝中六年更名太常。屬官有太樂、太祝、太宰、太史、太卜、太醫六令丞，又均官、都水兩長丞，又諸廟寢園食官令長丞，有雍太宰、太祝令丞，五時各一尉。又博士及諸陵縣皆屬焉。」

〔6〕盧校：「此十字似當在前『順帝母也』下作注，不應在此。」張校：「『故天姓李或姓張』，『天』作『云』。」愚按：盧校是也。《後漢書‧皇后紀》：「（順）帝母李氏瘞在洛陽城北，帝初不知，莫敢以聞。及太后崩，左右白之，帝感悟發哀，親至瘞所，更以禮殯，上尊謚曰恭愍皇后，葬恭北陵，為策書金匱，藏於

世祖廟。」

〔7〕太上皇：皇帝為在世父親所上的尊號。《史記·秦始皇本紀》：「追尊莊襄王為太上皇。」《史記·高祖本紀》：「於是高祖乃尊太公為太上皇。」司馬貞《索隱》：「按：蔡邕云『不言帝，非天子也』。又按：本紀秦始皇追尊莊襄王為太上皇，已有故事矣。蓋太上者，無上也。皇者德大於帝，欲尊其父，故號曰太上皇也。」也指把皇位讓給太子而自己退位的皇帝。

〔8〕衛太子：即劉據（前128年～前91年），漢武帝劉徹嫡長子，漢昭帝劉弗陵異母兄。母為衛皇后，故稱「衛太子」。太子為政寬厚，屢屢平反冤案，深得民心。征和二年（前91年），劉據在巫蠱之禍中被江充、韓說等人誣陷，因不能自明而起兵反抗，誅殺江充等人，漢武帝誤信謊情，以為太子劉據謀反，遂發兵鎮壓，劉據兵敗逃亡，最終因拒絕被捕受辱而自殺。漢宣帝劉詢繼位後，為祖父劉據追加諡號曰「戾」，故又稱「戾太子」。《漢書·宣帝紀》：「孝宣皇帝，武帝曾孫，戾太子孫也。太子納史良娣，生史皇孫。皇孫納王夫人，生宣帝，號曰皇曾孫。」又《武五子傳》：「元鼎四年，（衛太子）納史良娣，產子男進，號曰史皇孫。」顏師古注引張晏曰：「皆以舅氏姓為氏，以相別也。」

〔9〕盧校：「『丞』同。」《漢書·武五子傳》：「後八歲，有司復言：『《禮》，父為士，子為天子，祭以天子。悼園宜稱尊號曰皇考，立廟，因園為寢，以時薦享焉。益奉園民滿千六百家，以為奉明縣。尊戾夫人曰戾后，置園奉邑，及益戾園各滿三百家。』」

〔10〕張校：「『不敢加尊號於父、祖也』，『父祖』作『祖父』。」愚按：《四庫》本作「祖父」。《漢書·武五子傳》：「帝初即位，下詔曰：『故皇太子在湖，未有號諡，歲時祠，其議諡，置園邑。』有司奏請：『《禮》：為人後者，為之子也，故降其父母不得祭，尊祖之義也。陛下為孝昭帝後，承祖宗之祀，制禮不踰閑。』」

光武繼孝元，亦不敢加尊號於祖父也〔1〕。世祖父南頓君曰皇考〔2〕，祖鉅鹿都尉曰皇祖，曾祖鬱林太守曰皇曾祖，高祖春陵節侯曰皇高祖，起陵廟，置章陵，以奉祠之而已〔3〕。至殤帝崩，無子弟，安帝以和帝兄子從清河王子即尊號，依高帝尊父為太上皇之義，追號父清河王曰孝德皇〔4〕。順帝崩，沖帝無子弟，立樂安王子是為質帝〔5〕，帝偪於順烈梁后父大將軍梁冀〔6〕，未得尊其父而崩。桓帝以蠡吾侯子即尊位，追尊父蠡吾先侯曰孝崇皇〔7〕，母匽太夫人曰孝崇后〔8〕，祖父河間孝王曰孝穆皇，祖母〔9〕妃曰孝穆后。桓帝崩，無

子，今上即位，追尊父解瀆侯曰孝仁皇，母董夫人曰孝仁后，祖父河間敬王曰孝元皇，祖母夏妃曰孝元后。

【注釋】

〔1〕盧校：「舊本多作『父祖』。」張校：「『亦不敢加尊號於父祖也』，《漢魏》作『祖父』。」愚按：四庫本作「祖父」，《蔡集》本作「父祖」。

〔2〕盧校：「宋刻作『君』。」張校：「『世祖父南頓君』，《逸史》《漢魏》《抱經》『君』作『令』。」愚按：四庫本、《蔡集》本皆作「君」。

〔3〕《後漢書·祭祀下》：「大司徒涉等議：『宜奉所代，立平帝、哀帝、成帝、元帝廟，代今親廟。兄弟以下，使有司祠。宜為南頓君立皇考廟，祭上至舂陵節侯，群臣奉祠。』時議有異，不著。上可涉等議，詔曰：『以宗廟處所未定，且祫祭高廟。其成、哀、平且祠祭長安故高廟。其南陽舂陵歲時各且因故園廟祭祀。園廟去太守治所遠者，在所令長行太守事侍祠。惟孝宣帝有功德，其上尊號曰中宗。』於是雒陽高廟四時加祭孝宣、孝元，凡五帝。其西廟成、哀、平三帝主，四時祭於故高廟。東廟，京兆尹侍祠，冠衣車服如太常祠陵廟之禮。南頓君以上至節侯，皆就園廟。南頓君稱皇考廟，鉅鹿都尉稱皇祖考廟，鬱林太守稱皇曾祖考廟，節侯稱皇高祖考廟，在所郡縣侍祠。」

章陵：光武帝劉秀父、祖之陵的合稱。《後漢書·宗室四王三侯傳》：「初，建武二年，以皇祖、皇考墓為昌陵，置陵令守視；後改為章陵，因以舂陵為章陵縣。」

〔4〕《後漢書·祭祀下》：「安帝以清河孝王子即位，建光元年，追尊其祖母宋貴人曰敬隱后，陵曰敬北陵。亦就陵寢祭，太常領如西陵。追尊父清河孝王曰孝德皇，母曰孝德后，清河嗣王奉祭而已。」

〔5〕盧校：「誤，說見前。」《後漢書·孝順孝沖孝質帝紀》：「孝質皇帝諱纘，肅宗玄孫。曾祖父千乘貞王伉，祖父樂安夷王寵，父勃海孝王鴻，母陳夫人。」

〔6〕張校：「『大將梁冀』，『大將』下有『軍』字。」梁冀：大將軍乘氏侯商之子，順帝梁皇后之兄。官至河南尹、大將軍。專權禍國，迫害忠良，乃至弑帝易主。奢侈驕僭，暴戾恣睢，臣民胥怨。桓帝聯合宦官驟奪其權，梁冀與妻皆自殺。

〔7〕愚按：四庫本作「孝宗皇」。

〔8〕許校：「（匽太夫人），劉本同。程、盧作『匡』。案：范書《紀》作『匡』，是也。」張校：「『追尊父蠡吾侯』，『蠡吾』下有『先』字。『母匽太夫人』，《逸史》《漢魏》『匽』作『匡』。」愚按：《蔡集》本亦作「匡」。

〔9〕盧校：「當有『趙』字。」《後漢書·章帝八王傳》：「梁太后詔追尊河間孝王為

孝穆皇，夫人趙氏曰孝穆后，廟曰清廟，陵曰樂成陵；蠡吾先侯曰孝崇皇，廟曰列廟，陵曰博陵。」

天子太社以五色土為壇

天子大社〔1〕，以五色土為壇〔2〕。皇子封為王者，受天子之社土〔3〕，以所封之方色。東方受青，南方受赤，他如其方色。【且】〔苴〕以白茅，授之【各以其所封方之色】歸國〔4〕以立社，故謂之受茅土〔5〕。漢興，以〔6〕皇子封為王者得茅土。其他功臣〔7〕及鄉亭他姓公侯，各以其戶數租入為限〔8〕，不受茅土，亦不立社也〔9〕。

【注釋】

〔1〕張校：「『天子太社』，《逸史》《漢魏》《抱經》『太』作『大』。」愚按：四庫本作「太」。大社：即太社，亦作「泰社」，天子為群姓祈福、報功而設立的祭祀土神、穀神的場所。班固《白虎通·社稷》：「太社為天下報功，王社為京師報功。」

〔2〕五色土：帝王鋪填社壇用的五種不同顏色的土。分封諸侯時，王者按封地所在方位取壇上一色土授之，供在封國內立社之用。《書·禹貢》：「厥貢惟土五色。」孔傳：「王者封五色土為社，建諸侯，則各割其方色土與之。」孔穎達疏：「《韓詩外傳》云：天子社廣五丈，東方青，南方赤，西方白，北方黑，上冒以黃土。」

〔3〕盧校：「臧云：《續漢·祭祀志》注引作『天子太社，封諸侯者取其土，苞以白茅，授之以立社其國，故謂之受茅土』。此是泛論古之封諸侯者，下乃言漢興云云，《通典·禮五》所引亦同。則此言皇子封為王者，與下重複，必非本文。『受天子之社土』，《初學記》作『受天子太社之土』。」愚按：《後漢書·百官五》：「諸王封者受茅土，歸以立社稷，禮也。」劉昭注引胡廣曰：「諸王受封，皆受茅土，歸立社稷。本朝為宮室，自有制度。至於列侯歸國者，不受茅土，不立宮室，各隨貧富，裁制黎庶，以守其寵。」

〔4〕盧校：「《初學記》，『苴』作『藉』。舊本『授之』下有『各以其所封方之色』八字，復上文，據《初學記》刪。」愚按：四庫本、《蔡集》本皆有「各以其所封方之色」八字。「苴」，《史記·三王世家·索隱》《藝文類聚》卷四十五作「藉」。《後漢書·祭祀下》劉昭注引《獨斷》、《通典》卷四十五作「苞」，其義皆同。

〔5〕《史記·三王世家》司馬貞《索隱》引蔡邕《獨斷》云：「皇子封為王，受天子太社之土，若封東方諸侯，則割青土，藉以白茅，授之以立社，謂之『茅土』。」

似有節略。《白虎通・社稷》引《春秋傳》曰：「天子有大社也，東方青色，南方赤色，西方白色，北方黑色，上冒以黃土。故將封東方諸侯，取青土，苴以白茅。各取其面以為封社明土，謹敬潔清也。」

〔6〕盧校：「《續志》注作『唯』，是。」愚按：徐天麟《東漢會要・封建下・茅土》引蔡邕《獨斷》正作「唯」。

〔7〕許校：「（其地功臣）程、盧『地』皆作『他』，是也。劉本作『地』，蓋沿喬誤。」愚按：《蔡集》本亦作「地」。

〔8〕盧校：「《漢志》注、《通典》並作『節』。」

〔9〕《後漢書・百官五》：「諸王封者受茅土，歸以立社稷，禮也。列土、特進、朝侯賀正月執璧云。」《漢官解詁・漢官篇》：「諸王受封，皆受茅土，歸立社稷。本朝為宮室，自有制度。至於列侯歸國者，不受茅土，不立宮室，各隨貧富，裁制黎庶，以守其寵。」

漢制皇子封為王者

漢制，皇子封為王者，其實古諸侯也。周末諸侯或稱王，而漢天子自以皇帝為稱，故以王號加之〔1〕，總名諸侯王。〔王〕〔2〕子弟封為侯者，謂之諸侯〔3〕；群臣異姓有功封者，謂之徹侯，後避武帝諱，改曰通侯。法律家皆曰列侯〔4〕，功德優盛，朝廷所異者，賜位特進，位在三公下〔5〕。其次朝侯，位次九卿下〔6〕。皆平冕文衣〔7〕，侍祠郊廟，稱侍祠侯〔8〕。其次【下士】但侍祠〔9〕，無朝位，次小國侯。以肺腑宿衛。親公主子孫，奉墳墓在京者，亦隨時見會〔10〕，謂之猥朝侯也〔11〕。

【注釋】

〔1〕盧校：「《初學記》作『加諸侯』，是。」

〔2〕盧校：「舊脫一『王』字，據《史記・呂后本紀・集解》補。無下『弟』字。」愚按：四庫本、《蔡集》本皆脫「王」字。

〔3〕《史記・呂太后本紀》：「辛巳，高后崩，遺詔賜諸侯王各千金。」裴駰《集解》引蔡邕曰：「皇子封為王者，其實古諸侯也。加號稱王，故謂之諸侯王。王子弟封為侯者，謂之諸侯。」或有節略。

〔4〕法律家：熟悉刑法、律令的人士。法律，古指刑罰、律令。郭慶藩《莊子集釋・徐无鬼》：「法律之士廣治。」成玄英疏：「刑法之士，留情格條，懲惡勸善，其治方也。」《後漢書・百官五》：「列侯，所食縣為侯國。本注曰：承秦爵二十等，

為徹侯，金印紫綬，以賞有功。功大者食縣，小者食鄉、亭，得臣其所食吏民。後避武帝諱，為列侯。武帝元朔二年，令諸王得推恩分眾子土，國家為封，亦為列侯。」《漢官解詁》：「列侯金印紫綬，以賞其有功，功大者食縣邑，小者食鄉亭，得臣其所食吏民。本為徹侯，避武帝諱曰通侯。舊時文書，或爵通侯是也，後更曰列侯。今俗人或都言諸侯，乃王爾，非此也。」

〔5〕《後漢書·百官五》：「舊列侯奉朝請在長安者，位次三公。中興以來，唯以功德賜位特進者，次車騎將軍。」特進：官名。始設於西漢末，授予列侯中有特殊地位的人，位在三公下。東漢至南北朝僅為加官，無實職。《漢制度》：「列侯，功德優盛，朝廷所敬異者，賜特進，在三公下，不在車騎下。」

〔6〕《後漢書·百官五》：「賜位朝侯，次五校尉。」與此不同。

〔7〕愚按：此句疑為竄入者。平冕：古代天子郊祭及臨軒，皇太子侍祭，王公、大臣等助祭時戴的冠冕。《後漢書·明帝紀》：「二年春正月辛未，宗祀光武皇帝於明堂，帝及公卿列侯始服冠冕、衣裳、玉佩、絇履以行事。」章懷注：「天子、公卿、特進、諸侯祀天地明堂，皆冠平冕，天子十二旒，三公、九卿、諸侯七，其綬各如其綬色，玄衣纁裳。」《晉書·輿服志》：「天子郊祀天地明堂宗廟，元會臨軒，黑介幘，通天冠，平冕。」又曰：「平冕，王、公、卿助祭於郊廟服之。王、公八旒，卿七旒。以組為纓，色如其綬。」

文衣：華美的服裝。《史記·孔子世家》：「於是選齊國中女子好者八十人，皆衣文衣而舞《康樂》。」

〔8〕《後漢書·百官五》：「賜位侍祠侯，次大夫。」侍祠：陪從祭祀。《史記·孝文本紀》：「諸侯王列侯使者侍祠天子，歲獻祖宗之廟。」裴駰《集解》引張晏曰：「王及列侯，歲時遣使詣京師，侍祠助祭也。」《史記·孝武本紀》：「而泰山下祠五帝，各如其方，黃帝並赤帝，而有司侍祠焉。」《後漢書·祭祀下》：「東廟京兆尹侍祠，冠衣車服如太常祠陵廟之禮。」

郊廟：天子祭天地與祖先。《尚書·舜典》：「汝作秩宗。」孔傳：「秩，序；宗，尊也。主郊廟之官。」孔穎達疏：「郊謂祭天南郊，祭地北郊；廟謂祭先祖，即《周禮》所謂天神人鬼地祇之禮是也。」亦指帝王祭天地的郊宮和祭祖先的宗廟。

〔9〕盧校：「舊有『下士』二字，衍。」愚按：四庫本、《蔡集》本皆有「下士」二字。

〔10〕盧校：「疑倒。」肺腑：同「肺附」。此比喻帝王的宗室近親。《史記·魏其武安

侯列傳》：「上初即位，富於春秋，蚡以肺腑為京師相。」司馬貞《索隱》：「腑音府。肺音廢。言如肝肺之相附。又云柿，木箭，附，木皮也。《詩》云『如塗塗附』，以言如皮之附木也。《正義》顏師古曰：『舊解云肺附，如肝肺之相附著也。一說柿，斫木箭也，喻其輕薄附著大材。』按：顏此說並是疏謬。又改『腑』為『附』就其義，重謬矣。《八十一難》云：『寸口者，脈之大會，手太陰之動脈也。』呂廣云：『太陰者，肺之脈。肺為諸藏之主，通陰陽，故十二經脈皆會乎太陰，所以決吉凶者。十二經有病皆寸口，知其何經之動浮沉濇滑，春秋逆順，知其死生。』顧野王云：『肺腑，腹心也。』案：說田蚡為相，若人之肺，知陰陽逆順，又為帝之腹心親戚也。《三國志‧蜀志‧劉璋傳》：『劉豫州，使君之肺腑，可與交通。』」

〔11〕猥朝侯：《漢官儀》稱「猥諸侯」。漢代，王子封為侯者稱諸侯；群臣異姓以功封者稱徹侯。在長安者，皆奉朝請。其有賜特進者，位在三公下，稱朝侯。位次九卿下者，但侍祠而無朝位，稱侍祠侯。其非朝侯侍祠，而以下土小國或以肺腑宿親，若公主子孫，或奉先侯墳墓在京師者，隨時見會，稱猥諸侯。《後漢書‧鄧寇列傳》：「（鄧康）以侍祠侯為越騎校尉。」章懷注曰：「《漢官儀》曰：『諸侯功德優盛，朝廷所敬者，位特進，在三公下；其次列侯，在九卿下；其次侍祠侯；其次下土小國侯；以肺腑親公主子孫，奉墳墓於京師，亦隨時朝見，是為猥諸侯也。』康，太后從兄，以親侍祀得紹封也。」《後漢書‧百官五》：「其餘以肺附及公主子孫奉墳墓於京都者，亦隨時見會，位在博士、議郎下。」劉昭注：「胡廣《漢制度》曰：『功德優盛，朝廷所敬異者，賜特進，在三公下，不在車騎下。』」

巡狩校獵還

巡狩校獵還〔1〕，公卿以下，陳洛陽都亭前街上〔2〕，乘輿到，公卿下拜，天子下車，公卿親識顏色〔3〕，然後還宮。古語曰：在車則下，惟此時施行〔4〕。

【注釋】

〔1〕愚按：此節文字，缺佚嚴重，以致語義不完。巡狩：亦作「巡守」。謂天子出行，視察邦國州郡。《尚書‧舜典》：「歲二月，東巡守，至於岱宗，柴。」孔傳：「諸侯為天子守土，故稱守。巡，行之。」《孟子‧梁惠王下》：「天子適諸侯曰巡狩。巡狩者，巡所守也。」《漢書‧宣帝紀》：「武帝巡狩所幸之郡國，皆立廟。」《白虎通‧巡狩》：「王者所以巡狩者何？巡者，循也。狩者，牧也。為天下巡行守

牧民也。道德太平，恐遠近不同化，幽隱有不得所者，故必親自行之，謹敬重
民之致考禮義，正法度，同律曆，叶時月，皆為民也。」

校獵：遮攔禽獸以獵取之。亦泛指打獵。《漢書‧成帝紀》：「冬，行幸長楊宮，
從胡客大校獵。」顏師古注：「此校謂以木自相貫穿為闌校耳……校獵者，大為
闌校以遮禽獸而獵取也。」《後漢書‧禮儀中》：「立秋之日，白郊禮畢，始揚威
武，斬牲於郊東門，以薦陵廟。其儀：乘輿禦戎路，白馬朱鬣，躬執弩射牲，
牲以鹿麛。太宰令、謁者各一人，載以獲車，馳送陵廟。於是乘輿還宮，遣使
者齎束帛以賜武官。武官肄兵，習戰陣之儀、斬牲之禮，名曰貙劉。兵、官皆
肄孫、吳兵法六十四陣，名曰乘之。」劉昭注曰：「《月令》曰：『天子乃厲飾，
執弓挾矢以獵。』《月令章句》曰：『親執弓以射禽，所以教兆民戰事也。四時
閒習，以救無辜，以伐有罪，所以強兵保民，安不忘危也。』」

〔2〕張校：「『陳洛陽都亭街』，『都亭』下有『前』字。」愚按：都亭：都邑中的傳
舍。秦法，十里一亭。郡縣治所則置都亭。《史記‧司馬相如列傳》：「於是相如
往，舍都亭。」司馬貞《索隱》：「臨邛郭下之亭也。」

〔3〕張校：「『公卿親戚顏色』，『戚』作『識』。」愚按：顏色：面容，面色。《禮記‧
玉藻》：「凡祭，容貌顏色，如見所祭者。」

〔4〕在車則下：徐天麟《東漢會要‧職官一》：「漢制，三公不與盜賊，若領兵入見，
皆交戟叉頸而前（使虎賁執刃扶之也）。朝臣見三公皆拜，天子御坐即起，在輿
為下。凡拜公，天子臨軒，六百石以上悉會。直事卿贊拜，御史授印綬，三遜
然後受。」

正月朝賀

正月朝賀〔1〕，三公奉璧上殿，向御座北面〔2〕，太常贊曰〔3〕：皇帝為君
興〔4〕。三公伏，皇帝坐，乃進璧。古語曰：御座則起，此之謂也〔5〕。

【注釋】

〔1〕愚按：此節文字脫佚嚴重，語義不完。朝賀：朝覲慶賀。《史記‧秦始皇本紀》：
「始皇推終始五德之傳，以為周得火德，秦代周德，從所不勝。方今水德之始，
改年始朝賀，皆自十月朔。」《史記‧孝景本紀》：「為孝文立太宗廟，令群臣無
朝賀。」

〔2〕北面：面向北。《周禮‧夏官‧司士》：「正朝儀之位，辨其貴賤之等。王南向，
三公北面東上。」古禮，臣拜君，卑幼拜尊長，皆面向北行禮，因而居臣下、

晚輩之位曰「北面」。《韓非子‧功名》：「此堯之所以南面而守名，舜之所以北面而效功也。」

〔3〕太常：朝廷掌宗廟禮儀之官，九卿之一。《漢書‧百官公卿表上》：「奉常，秦官，掌宗廟禮儀，有丞。景帝中六年更名太常。屬官有太樂、太祝、太宰、太史、太卜、太醫六令丞，又均官、都水兩長丞，又諸廟寢園食宮令長丞，有雍太宰、太祝令丞，五畤各一尉。又博士及諸陵縣皆屬焉。」

贊：贊禮；唱贊。《國語‧周語上》：「太宰以王命命冕服，內史贊之，三命而後即冕服。」《漢書‧百官公卿表上》：「典客，秦官，掌諸歸義蠻夷，有丞。景帝中六年更名大行令，武帝太初元年更名大鴻臚。」顏師古注：「應劭曰：『郊廟行禮，贊九賓，鴻聲臚傳之也。』」

〔4〕興：起身；起來。《詩經‧衛風‧氓》：「夙興夜寐，靡有朝矣。」鄭玄箋：「早起夜臥。」《左傳‧襄公二十五年》：「門啟而入，枕屍股而哭，興，三踴而出。」

〔5〕《後漢書‧禮儀中》：「每歲首正月，為大朝受賀。其儀：夜漏未盡七刻，鐘鳴，受賀。及贊，公、侯璧，中二千石、二千石羔，千石、六百石雁，四百石以下雉。百官賀正月。二千石以上上殿稱萬歲。舉觴御坐前。司空奉羹，大司農奉飯，奏食舉之樂。百官受賜宴饗，大作樂。」劉昭注曰：「蔡質《漢儀》曰：『正月旦，天子幸德陽殿，臨軒。公、卿、將、大夫、百官各陪位朝賀。蠻、貊、胡、羌朝貢畢，見屬郡計吏，皆陛觀，庭燎。宗室諸劉親會，萬人以上，立西面。位既定，上壽。群計吏中庭北面立，太官上食，賜群臣酒食，西入東出。御史四人執法殿下，虎賁、羽林張弓挾矢，陛戟左右，戎頭偪脛陪前向後，左右中郎將位東南，羽林、虎賁將位東北，五官將位中央，悉坐就賜。作九賓散樂。』」《漢官儀》：「正月朔賀，三公奉璧上殿，向西北。太常贊曰：『皇帝為三公興！』三公伏，皇帝坐，乃前進璧。古語曰『御坐則起』，此之謂也。」

舊儀三公以下月朝

舊儀：三公以下月朝，後省〔1〕，常以六月朔、十月朔旦朝〔2〕。後又以盛暑，省六月朝。故今獨以為〔3〕正月、十月朔朝也〔4〕。

【注釋】

〔1〕省：除去；裁撤。《國語‧周語下》：「夫天道導可而省否，莧叔反是，以誑劉子，必有三殃。」韋昭注：「省，去也。」《漢書‧元帝紀》：「其令諸宮館稀御幸者勿繕治，太僕減穀食馬，水衡省肉食獸。」顏師古注：「省者，全去之。」

〔2〕《史記·叔孫通傳》：「漢七年，長樂宮成，諸侯群臣皆朝十月。」司馬貞《索隱》：「小顏云：『漢以十月為正，故行朝歲之禮，史家追書十月也。』案：諸書並云十月為歲首，不言以十月為正月。《古今注》亦云『群臣始朝十月』也。」朔旦：舊曆每月初一。亦專指正月初一。《尚書·大禹謨》：「正月朔旦，受命於神宗。」《後漢書·順帝紀》：「三朝之會，朔旦立春，嘉與海內洗心自新。」朔：月相名。舊曆每月初一，月球運行到地球和太陽之間，和太陽同時出沒，地球上看不到月光的月相。《說文·月部》：「朔，月一日始蘇也。」《後漢書·律曆下》：「日月相推，日舒月速，當其同所，謂之合朔。」用以稱舊曆每月初一。《尚書·太甲中》：「惟三祀，十有二月朔，伊尹以冕服奉嗣王歸於亳。」

〔3〕盧校：「疑衍。」愚按：盧校是也。諸本皆誤。

〔4〕《後漢書·禮儀中》：「其每朔，唯十月旦從故事者，高祖定秦之月，元年歲首也。」劉昭注：「蔡邕曰：『群臣朝見之儀，視不晚朝十月朔之故，以問胡廣。廣曰：舊儀，公卿以下每月常朝，先帝以其頻，故省，唯六月、十月朔朝。後復以六月朔盛暑，省之。』」

冬至陽氣始動

冬至，陽氣始動〔1〕；〔夏至，陰氣始起〕〔2〕，麋鹿解角〔3〕，故寢兵鼓〔4〕，身欲寧，志欲靜，不聽事〔5〕。送迎五日〔6〕。臘者，歲終大祭，縱吏民宴飲，非迎氣〔7〕，故但送不迎。正月歲首，亦如臘儀。冬至陽氣起，君道長，故賀。夏至陰氣起，君道衰，故不賀。鼓以動眾，鍾以止眾〔8〕。〔故〕〔9〕夜漏盡，鼓鳴則起；晝漏盡，鐘鳴則息也。

【注釋】

〔1〕愚按：四庫、《蔡集》諸本作「陽氣始起」。陽氣：暖氣，生長之氣。《管子·形勢解》：「春者，陽氣始上，故萬物生。」《淮南子·天文訓》：「陽氣勝則散而為雨露，陰氣勝則凝而為霜雪。」

〔2〕盧校：「『陽氣始』下，舊脫六字，據《禮儀志》注補。」愚按：陰氣：寒氣，肅殺之氣。《詩經·豳風·七月》鄭玄箋：「春，女感陽氣而思男；秋，士感陰氣而思女。是其物化所以悲也。」《管子·形勢解》：「秋者陰氣治下，故萬物收。」

〔3〕盧校：「《禮儀志》注倒。」愚按：《後漢書·禮儀中》劉昭注引蔡邕《獨斷》作「角解」。解角：脫角。《說文·鹿部》：「麠，以夏至解角。」段玉裁注：「《月

令》：『仲夏之月日長至，鹿解角。』」張衡《南都賦》：「松子神陂，赤靈解角。」

〔4〕寢：止息；廢置。《商君書·開塞》：「一國行之，境內獨治；二國行之，兵則少寢；天下行之，至德復立。」《漢書·刑法志》：「三代之盛，至於刑錯兵寢者，其本末有序，帝王之極功也。」

〔5〕《後漢書·光武帝紀下》：「癸亥晦，日有食之，避正殿，寢兵，不聽事五日。」《後漢書·禮儀中》：「立冬之日，夜漏未盡五刻，京都百官皆衣皁，迎氣於黑郊。禮畢，皆衣絳，至冬至絕事。冬至前後，君子安身靜體，百官絕事，不聽政，擇吉辰而後省事。絕事之日，夜漏未盡五刻，京都百官皆衣絳，至立春。諸王時變服，執事者先後其時皆一日。」《白虎通·誅伐》：「冬至所以休兵不興事，閉關商旅不行何？此日陽氣微弱，王者承天理物，故率天下靜，不復行役，扶助微氣，成萬物也。故《孝經讖》曰：『夏至陰氣始動，冬至陽氣始萌。』《易》曰：『先王以至日閉關，商旅不行。』夏至陰始起，反大熱何？陰氣始起，陽氣推而上，故大熱也。冬至陽始起，反大寒何？陰氣推而上，故大寒也。』」
聽事：猶治事。《史記·秦始皇本紀》：「自是後莫知行之所在。聽事，群臣受決事，悉於咸陽宮。」《漢書·宣帝紀》：「令群臣得奏封事，以知下情。五日一聽事，（自丞相）以下各奉職奏事，以傅奏其言，考試功能。」

〔6〕五日：指立春之日、立夏之日、先立秋十八日、立秋之日、立冬之日。《後漢書·孝明帝紀》：「是歲始迎氣於五郊。」章懷注曰：「《續漢書》曰：『迎氣五郊之兆。四方之兆各依其位。中央之兆在未，壇皆三尺。立春之日，迎春於東郊，祭青帝勾芒，車服皆青，歌《青陽》，八佾舞《雲翹》之舞。立夏之日，迎夏於南郊，祭赤帝祝融，車服皆赤，歌《朱明》，八佾舞《雲翹》之舞。先立秋十八日，迎黃靈於中兆，祭黃帝后土，車服皆黃，歌《朱明》，八佾舞《雲翹》《育命》之舞。立秋之日，迎秋於西郊，祭白帝蓐收，車服皆白，歌《白藏》，八佾舞《育命》之舞。立冬之日，迎冬於北郊，祭黑帝玄冥，車服皆黑，歌《玄冥》，八佾舞《育命》之舞。』」

〔7〕迎氣：古代於立春日祭青帝，立夏日祭赤帝，立秋日祭白帝，立冬日祭黑帝。後漢除祭四帝外，於立秋前十八日祭黃帝，用以迎接四季之氣，祈求豐年，謂之「迎氣」。《後漢書·明帝紀》：「（永平二年）始迎氣於五郊。」《後漢書·祭祀中》：「迎時氣，五郊之兆。自永平中，以《禮讖》及《月令》有五郊迎氣服色，因採元始中故事，兆五郊於雒陽四方。」

〔8〕《後漢書·禮儀中》：「日冬至、夏至，陰陽暑景長短之極，微氣之所生也。故使

八能之士八人，或吹黃鍾之律閒竽；或撞黃鍾之鍾；或度晷景，權水輕重，水
一升，冬重十三兩；或擊黃鍾之磬；或鼓黃鍾之瑟，軫間九尺，二十五弦，宮
處於中，左右為商、徵、角、羽；或擊黃鍾之鼓。先之三日，太史謁之。至日，
夏時四孟，冬則四仲，其氣至焉。」

〔9〕盧校：「舊本無，據《禮儀志》注補。」

天子出車駕次第

　　天子出，車駕次第〔1〕，謂之鹵簿〔2〕。有大駕〔3〕，有小駕〔4〕，有法駕。
大駕則公卿奉引〔5〕，大將軍參乘〔6〕，太僕御〔7〕，屬車八十一乘〔8〕，備千乘
萬騎〔9〕。在長安時，出祠天於甘泉〔10〕，備之，百官有其儀注〔11〕，名曰甘泉
鹵簿〔12〕。

【注釋】

〔1〕盧校：「亦當作『弟』。」愚按：車駕：帝王所乘的車。亦用為帝王的代稱。《史
記·佞倖列傳》：「天子車駕蹕道未行，而先使嫣乘副車，從數十百騎，騖
馳視獸。」《漢書·高帝紀下》：「車駕西都長安。」顏師古注：「凡言車駕者，謂天
子乘車而行，不敢指斥也。」

〔2〕鹵簿：古代帝王出時扈從的儀仗隊。出行之目的不同，儀式亦各別。自漢以
後亦用於后妃、太子、王公大臣。《後漢書·皇后紀·匽皇后》：「中謁者僕射典
護喪事，侍御史護大駕鹵簿。」章懷注：「《漢官儀》曰：『天子車駕次第謂之鹵
簿。有大駕、法駕、小駕。大駕公卿奉引，大將軍參乘，太僕御，屬車八十一
乘，備千乘萬騎，侍御史在左駕馬，詗問不法者。』今儀比車駕，故以侍御史
監護焉。」

〔3〕大駕：皇帝出行，儀仗隊之規模最大者為大駕，在法駕、小駕之上。亦泛指天
子的車駕。亦婉稱皇帝。《史記·梁孝王世家》：「太后謂帝曰：『吾聞殷道親親，
周道尊尊，其義一也。安車大駕，用梁孝王為寄。』」

〔4〕小駕：帝王車駕之一，多在祠宗廟或行兇禮時用之。較大駕減損部分車馬儀仗。
《後漢書·輿服上》：「行祠天郊以法駕，祠地、明堂省什三，祠宗廟尤省，謂
之小駕。」

〔5〕張校：「『大駕公卿奉引』，『大駕』下有『則』字。」奉引：為皇帝前導引車。
《周禮·秋官·小司寇》：「大賓客，前王而辟。」鄭玄注：「鄭司農云：『小司
寇為王道，辟除奸人也，若今時執金吾下至令尉奉引矣。』」《史記·韓長孺列

傳》：「丞相田蚡死，安國行丞相事，奉引墮車，蹇。」

〔6〕大將軍：古代武官名。始於戰國，漢代沿置，為將軍最高稱號，多由貴戚擔任，
統兵征戰並掌握政權，職位極高。《後漢書·百官一》：「將軍，不常置。本注曰：
掌征伐背叛。比公者四：第一大將軍，次驃騎將軍，次車騎將軍，次衛將軍。
又有前、後、左、右將軍。」劉昭注：「蔡質《漢儀》曰：『漢興，置大將軍、
驃騎，位次丞相；車騎、衛將軍、左、右、前、後，皆金紫，位次上卿。典京
師兵衛，四夷屯警。』」

參乘：陪乘或陪乘的人。古代乘車，尊者在左，御者在中，一人在右陪坐，稱
「參乘」或「車右」。《周禮·夏官·司馬》：「戎右，中大夫二人，上士二人。」
鄭玄注：「右者，參乘。此充戎路之右，田獵亦為之右焉。」賈公彥疏：「云『右
者參乘』者，若在軍為元帥，則將居鼓下，將在中，御者在左。若凡平兵車，
則射者左，御者居中。若在國，則尊者在左，御者亦中央。其右是勇力之士，
執干戈常在左右。故云『右者參乘也』。」《史記·項羽本紀》：「項王按劍而跽
曰：『客何為者？』張良曰：『沛公之參乘樊噲者也。』」

〔7〕愚按：《蔡集》本「太」作「大」。《後漢書·輿服上》此句在前。太僕：官名。
周官有太僕，掌正王之服位，出入王命，為王左馭而前驅。秦漢沿置，為九卿
之一，為天子執御，掌輿馬畜牧之事。《漢書·百官公卿表上》：「太僕，秦官，
掌輿馬，有兩丞。屬官有大廄、未央、家馬三令，各五丞一尉。又車府、路軨、
騎馬、駿馬四令丞；又龍馬、閑駒、橐泉、騊駼、承華五監長丞；又邊郡六牧
師菀令，各三丞；又牧橐、昆蹏令丞皆屬焉。中太僕掌皇太后輿馬，不常置也。」

〔8〕屬車：帝王出行時的侍從車。秦漢以來，皇帝大駕屬車八十一乘，法駕屬車三
十六乘，分左中右三列行進。《漢書·賈捐之傳》：「鸞旗在前，屬車在後。」顏
師古注：「屬車，相連屬而陳於後也。」《文選·張衡〈東京賦〉》：「屬車九九，
乘軒並轂。」薛綜注：「副車曰屬。」

〔9〕千乘萬騎：極言其儀衛之盛。《漢官儀》：「漢乘輿大駕儀，公卿奉引，太僕御，
大將軍參乘，屬車八十一乘，備千乘萬騎。」

〔10〕甘泉：宮名。故址在今陝西淳化西北甘泉山。本秦宮，漢武帝增築擴建，在此
朝諸侯王，饗外國客。夏日亦作避暑之用。《三輔黃圖·甘泉宮》：「甘泉宮，一
曰雲陽宮。《史記》：秦始皇二十七年，作甘泉宮及前殿，築甬道（築垣牆如街
巷），自咸陽屬之。《關輔記》曰：『林光宮，一曰甘泉宮，秦所造，在今池陽縣
西，故甘泉山，宮以山為名（或曰高泉山，蓋習俗語訛爾）。宮周匝十餘里。漢

武帝建元中增廣之，周十九里。去長安三百里，望見長安城。黃帝以來圜丘祭天處。』」

〔11〕盧校：「『百』字『儀』字皆衍。」儀注：謂皇帝儀仗之順序、儀式等之說明，作為禮官行禮時的依據。

〔12〕甘泉鹵簿：即皇帝去甘泉郊天時車駕儀仗及有關禮儀的文字記載和說明。

　　中興以來希用之。先帝時時〔1〕備大駕，上原陵〔2〕。他不常用，唯遭大喪乃施之〔3〕。法駕，公卿不在鹵簿中〔4〕，唯河南尹、執金吾、洛陽令奉引〔5〕，侍中參乘〔6〕，奉車郎御〔7〕。屬車三十六乘〔8〕，北郊明堂則省諸副車，小駕，祠宗廟用之。每出，太僕奉駕，上鹵簿於尚書侍中〔9〕、中常侍〔10〕，〔小黃門副〕〔11〕；【侍御史】〔尚書〕主者〔12〕，郎令史〔副〕〔13〕；〔侍御史〕，〔蘭臺令史副〕〔14〕，皆執注以督整諸〔15〕【軍】車騎〔16〕，春秋上陵，【令又】〔尤〕〔17〕省於小駕。直事尚書一人從，令以下，皆先行〔後罷〕〔18〕。

【注釋】

〔1〕盧校：「似衍其一。」愚按：希：少；罕有。《論語·公冶長》：「伯夷、叔齊不念舊惡，怨是用希。」皇侃義疏：「希，少也。」《老子》：「不言之教，無為之益，天下希及之。」

〔2〕愚按：四庫本句末有「也」字。

〔3〕愚按：四庫本無「他」字。《蔡集》本「唯」作「惟」，下同。大喪：指帝王、皇后、世子之喪。《周禮·天官·宰夫》：「大喪小喪，掌小官之戒令，帥執事而治之。」鄭玄注：「大喪，王、后、世子之喪也。」

〔4〕公卿：三公九卿的簡稱。《儀禮·喪服》：「公卿大夫室老士貴臣。」《論語·子罕》：「出則事公卿，入則事父兄。」《後漢書·陳寵傳》：「及竇憲為大將軍征匈奴，公卿以下及郡國無不遣吏子弟奉獻遺者。」亦泛指高官。荀悅《漢紀·昭帝紀》：「始元元年，春二月。黃鵠下建章宮太液池中，公卿上壽。」

〔5〕河南尹：官名。東漢建武十五年置，為京都雒陽所在河南郡長官。《後漢書·百官四》：「河南尹一人，主京都，特奉朝請。其京兆尹、左馮翊、右扶風三人，漢初都長安，皆秩中二千石，謂之三輔。中興都雒陽，更以河南郡為尹，以三輔陵廟所在，不改其號，但減其秩。」
執金吾：秦漢時率禁兵保衛京城和宮城的官員。本名中尉。其所屬兵卒也稱為北軍。武帝太初元年，改名為執金吾。王莽時改名奮武，東漢時復稱執金吾。《後漢書·百官四》：「執金吾一人，中二千石。本注曰：掌宮外戒司非常水火

之事。月三繞行宮外，及主兵器。吾猶御也。丞一人，比千石。緹騎二百人。本注曰：無秩，比吏食奉。」劉昭注引胡廣曰：「衛尉巡行宮中，則金吾徼於外，相為表裏，以擒奸討猾。」

〔6〕侍中：古代職官名。秦始置，兩漢沿置，為正規官職外的加官之一。因侍從皇帝左右，出入宮廷，與聞朝政，逐漸變為親信貴重之職。《後漢書·百官三》：「侍中，比二千石。本注曰：無員。掌侍左右，贊導眾事，顧問應對。法駕出，則多識者一人參乘，餘皆騎在乘輿車後。本有僕射一人，中興轉為祭酒，或置或否。」劉昭注引蔡質《漢儀》曰：「侍中、常伯，選舊儒高德，博學淵懿。仰占俯視，切問近對，喻旨公卿，上殿稱制，參乘佩璽秉劍。員本八人，陪見舊在尚書令、僕射下，尚書上；今官出入禁中，更在尚書下。司隸校尉見侍中，執板揖，河南尹亦如之。又侍中舊與中官俱止禁中，武帝時，侍中莽何羅挾刃謀逆，由是侍中出禁外，有事乃入，畢即出。王莽秉政，侍中復入，與中官共止。章帝元和中，侍中郭舉與後宮通，拔佩刀驚上，舉伏誅，侍中由是復出外。」

〔7〕奉車郎：郎官之專為皇帝駕馭、護衛車駕者。《史記·留侯世家》：「擊秦皇帝博浪沙中，誤中副車。」司馬貞《索隱》：「按：《漢官儀》，天子屬車三十六乘。屬車即副車，而奉車郎御而從後。」桓譚《新論》曰：「余年十七為奉車郎，中衛殿中小苑西門。」

〔8〕盧校：「《續漢·輿服志》作『四十六乘』，誤。」愚按：《蔡集》本亦作「四十六乘」。《後漢書·輿服上》：「乘輿法駕，公卿不在鹵簿中。河南尹、執金吾、雒陽令奉引，奉車郎御，侍中參乘。屬車三十六乘。」《隗囂公孫述列傳》：「習漢家制度，出入法駕。」章懷注曰：「法駕，屬車三十六乘，公卿不在鹵簿中，侍中驂乘，奉車都尉御。前驅九斿雲罕，鳳皇闟戟，皮軒。」

〔9〕盧校：「五字《續志》無。」張校：「『於尚書中』，《逸史》《漢魏》《抱經》『尚書』下有『侍』字。」愚按：四庫本作「於尚書中」，《蔡集》本作「於尚書侍中」。《後漢書·輿服上》無此四字。

〔10〕中常侍：官名。秦、西漢為加官。初稱常侍，元帝以後稱中常侍。凡列侯、將軍、卿大夫、將、都尉、尚書以至郎中，加此得出入禁中，常侍皇帝左右。武帝以後參與朝議，成為中朝官。無定員，或多至數十人，任用士人。東漢改為專職官員，侍從皇帝左右，出入皇宮，贊導宮內諸事，顧問應對。初秩千石，後增為比二千石。名義上隸屬少府，實際上直達皇帝。初雜用士人、宦者，明帝時定員四人。自和帝時宦者中常侍鄭眾等參預帷幄，職位漸重，增至十員，

兼領卿署之職。安帝時和熹太后以女主稱制，不接公卿，遂成為高級宦官的專職，把持朝政，權傾人主。《後漢書・百官三》：「中常侍，千石。本注曰：宦者，無員。後增秩比二千石。掌侍左右，從入內宮，贊導內眾事，顧問應對給事。」

〔11〕盧校：「四字脫，《續志》有。」愚按：四庫本、《蔡集》本皆無之。小黃門：漢代低於黃門侍郎一級的宦官。《後漢書・百官志三》：「小黃門，六百石。宦者，無員。掌侍左右，受尚書事。上在內宮，關通中外，及中宮已下眾事。諸公主及王太妃等有疾苦，則使問之」

〔12〕盧校：「句。『尚書』舊作『侍御史』，誤。」愚按：盧校是也。四庫本、《蔡集》本亦作「侍御史」。

〔13〕愚按：盧氏補「副」字。郎令史：官名。戰國秦置，縣府屬吏。一般低級官吏亦稱令史。漢朝蘭臺、尚書臺、三公府及大將軍等府皆置，位在諸曹掾下。據《後漢書・百官一》：「令史及御屬二十三人。本注曰：《漢舊注》公令史百石，自中興以後，注不說石數。御屬主為公卿。閣下令史主閣下威儀事。記室令史主上章表報書記。門令史主府門。其餘令史，各典曹文書。」。

〔14〕盧校：「九字脫，俱據《續志》補。」愚按：盧校是也，如此意義始明。侍御史：御史中丞屬官。《後漢書・百官三》：「侍御史十五人，六百石。本注曰：掌察舉非法，受公卿群吏奏事，有違失舉劾之。凡郊廟之祠及大朝會、大封拜，則二人監威儀，有違失則劾奏。」劉昭注引蔡質《漢儀》曰：「其二人者更直。執法省中者，皆糾察百官，督州郡。公法府掾屬高第補之。初稱守，滿歲拜真，出治劇為刺史、二千石，平遷補令。見中丞，執板揖。」
蘭臺令史：蘭臺，指御史臺。御史中丞掌管蘭臺，故稱。蘭臺令史為御史中丞屬官。《後漢書・百官三》：「蘭臺令史，六百石。本注曰：掌奏及印工文書。」

〔15〕盧校：「下『軍』字衍。」愚按：《後漢書・輿服上》：「行祠天郊以法駕，祠地、明堂省什三，祠宗廟尤省，謂之小駕。每出，太僕奉駕上鹵簿，中常侍、小黃門副；尚書主者，郎令史副；侍御史，蘭臺令史副。皆執注，以督整車騎，謂之護駕。」執注：即手拿鹵簿，以作指導。

〔16〕愚按：《後漢書・輿服上》此下有「謂之護駕」四字，當據補。

〔17〕盧校：「舊作『令又』，二字偽，據《續志》改『尤』。」愚按：四庫本、《蔡集》本亦作「令又」。

〔18〕盧校：「二字舊無，據《續志》補。」愚按：《後漢書・輿服上》「令」前有「其餘」二字。

法駕

　　法駕，上所乘曰金根車〔1〕，駕六馬，有五色安車、五色立車各一〔2〕，皆駕四馬，是謂五時副車〔3〕，俗人名之曰五帝車〔4〕，非也。又有戎立車〔5〕，以征伐，三蓋車名耕根車〔6〕，一名芝車，親耕耤田乘之〔7〕。又有蹋豬車〔8〕，〔重輞〕【幔】〔緵〕輪〔9〕，有畫，田獵乘之。綠車名曰皇孫車，天子〔有〕孫〔10〕，乘之以從。

【注釋】

〔1〕金根車：以黃金為飾的車。帝王所乘。《後漢書·輿服志上》：「秦併天下，閱三代之禮，或曰殷瑞山車，金根之色。」劉昭注：「殷人以為大路，於是始皇作金根之車。殷曰桑根，秦改曰金根。《乘輿馬賦》：『金根，以金為飾。』」

〔2〕五色：即五方色。意謂此副車與五時、五方、五色相對應，春季對應東方其色青，夏季對應南方其色赤，以此類推。

安車：可以坐乘的小車。古車立乘，此為坐乘，故稱安車。供年老的高級官員及貴婦人乘用。高官告老還鄉或徵召有重望的人，往往賜乘安車。安車多用一馬，禮尊者則用四馬。《周禮·春官·巾車》：「安車，彫面鷖總，皆有容蓋。」鄭玄注：「安車，坐乘車。凡夫人車皆坐乘。」《漢書·張禹傳》：「為相六歲，鴻嘉元年以老病乞骸骨，上加優再三，乃聽許。賜安車駟馬，黃金百斤，罷就第，以列侯朝朔望，位特進，見禮如丞相，置從事史五人，益封四百戶。」

立車：須站立乘行的車輛。劉向《列女傳·齊孝孟姬》：「公遊於琅邪，華孟姬從，車奔，姬墮車碎，孝公使駟馬立車載姬以歸。」王照圓補注：「立車者，立乘之車。婦人不立乘。乘安車，坐必以几也。」《後漢書·輿服上》：「乘輿、金根、安車、立車，輪皆朱班重牙。」劉昭注：「蔡邕曰：『五安五立。』徐廣曰：『立乘曰高車，坐乘曰安車。』」

〔3〕愚按：四庫本、《蔡集》本「謂」作「為」。五時副車：依其方色、對應時節隨皇帝出行的車，亦稱「五時車」、「五帝車」。如春時青色車，夏時赤色車之類。《漢官儀》：「天子法駕，所乘曰金根車，駕六龍，以御天下也。有五色安車，有五色立車，各一，皆駕四馬。《毛詩》說云：『四者，示有四方之志也。』是為五時副車。」《後漢書·輿服上》：「五時車，安、立亦皆如之。各如方色，馬亦如之。白馬者，朱其髦尾為朱鬣云。所御駕六，餘皆駕四，後從為副車。」

〔4〕《後漢書·輿服上》劉昭注：「蔡邕《表志》曰：『以文義不著之故，俗人多失其名。五時副車曰五帝車，鷖旗曰雞翹，耕根曰三蓋，其比非一也。』」

〔5〕戎車：兵車。《尚書・牧誓》：「武王戎車三百兩，虎賁三百人。」《詩・小雅・采薇》：「戎車既駕，四牡業業。」《後漢書・張衡傳》：「夫戰國交爭，戎車競驅。」《後漢書・輿服上》：「戎車，其飾皆如之。蕃以矛麾金鼓羽析幢翳，輈青甲弩之箙。」劉昭注：「《漢制度》曰：『戎，立車，以征伐。』《周官》『其矢箙』。《通俗文》曰：『箭箙謂之步义。』干寶亦曰：『今謂之步义。』鄭玄注《既夕》曰：『服，車箱也。』顏延之《幼誥》云：『弩，矢也。』」

〔6〕張校：「『三蓋車名根耕車』，『根耕』作『耕根』。」愚按：耕根車：天子親耕耤田時所乘之車。《後漢書・輿服上》：「耕車，其飾皆如之。有三蓋。一曰芝車，置輈耒耜之箙，上親耕所乘也。」劉昭注：「《新論》桓譚謂楊雄曰：『君之為黃門郎，居殿中，數見輿輦，玉蚤、華芝及鳳皇、三蓋之屬，皆玄黃五色，飾以金玉、翠羽、珠絡、錦繡、茵席者也。』《東京賦》曰：『立戈迤戛，農輿路木。』薛綜曰：『戈，句孑戟，戛，長矛。置車上者邪柱之。迤，邪也。是謂戈路。農輿三蓋，所謂耕根車也。東耕於藉，乘馬無飾，故稱木也。』賀循曰：『漢儀，親耕青衣幘。』《東京賦》說親耕，亦云鸞路蒼龍。賀循曰：『車必有鸞，而春獨鸞路者，鸞鳳類而色青，故以名春路也。』《賦》又曰：『介御間以剡耜。』薛綜曰：『耜，耒金也。廣五寸，著耒耜而載之。天子車參乘，帝在左，御在中，介處右，以耒置御之右。』」

〔7〕愚按：「耤」，四庫本、新安程榮本皆作「籍」。

〔8〕盧校：「《續志》「闟」。」愚按：蹋豬車：即闟戟車，皇帝所乘獵車之名。《晉書・輿服志》：「獵車，駕四馬，天子校獵所乘也。重輞漫輪，繆龍繞之。一名闟戟車，一名蹋豬車。魏文帝改名蹋獸車。《記》云「國君不乘奇車」，奇車亦獵車也。古天子獵則乘木輅，後人代以獵車也。」

〔9〕盧校：「舊脫『重輞』二字，又『縵』作『幔』，俱據《續志》補正。」愚按：四庫本、《蔡集》本皆無「重輞」二字；「縵」作「慢」。《後漢書・輿服上》：「獵車，其飾皆如之。重輞縵輪，繆龍繞之。一曰闟豬車，親校獵乘之。」劉昭注：「魏文帝改曰闟虎車。」

〔10〕盧校：「脫，依《續志》補。」綠車：漢皇孫所乘車，又名皇孫車。《漢書・金安上傳》：「上拜涉為侍中，使待幸綠車載送衛尉舍。」顏師古注：「如淳曰：『幸綠車常置左右以待召載皇孫，今遣涉歸，以皇孫車載之，寵之也。』晉灼曰：『《漢注》綠車名皇孫車，太子有子乘以從。』如晉二說是也。」《後漢書・輿服志上》：「皇孫則綠車以從，皆左右騑，駕三。」

凡乘輿

凡乘輿,車皆羽蓋〔1〕、金華爪〔2〕、黃屋、左纛、金【鍐】〔鍐〕〔3〕,方釳、繁纓、重轂、副【牽】〔轚〕〔4〕。

【注釋】

〔1〕羽蓋:以鳥羽為飾的車蓋。《周禮·春官·御史》:「輦車,組輓,有翣,羽蓋。」鄭玄注:「輦車不言飾,后居宮中從容所乘,但漆之而已。為輇輪,人挽之以行。有翣,所以御風塵。以羽作小蓋,為翳日也。」《漢書·司馬相如傳》:「下摩蘭蕙,上拂羽蓋。」顏師古注:「下摩蘭蕙,謂垂鬖也;上拂羽蓋,謂飛襜也。」

〔2〕金華爪:「金」字疑衍。「華爪」亦作「華蚤」。天子車蓋四周所附的金花。《後漢書·輿服上》:「樠文畫輈,羽蓋華蚤。」劉昭注:「徐廣曰:『翠羽蓋黃裏,所謂黃屋車也。金華施橑末,有二十八枚,即蓋弓也。』《東京賦》曰:『樹翠羽之高蓋。』薛綜曰:『樹翠羽為蓋,如雲龍矣。金作華形,莖皆低曲。』」

〔3〕盧校:「亡犯切,馬頭飾也。舊偽從『夌』,《續志》注亦偽。案李善注《東京賦》『金鍐鏤錫』,引此正作『鍐』,今據改正,下並同。」愚按:四庫本、《蔡集》本皆作「鍐」。

〔4〕盧校:「『牽』偽,下同。」許校「(金華瓜、金鍐、副牽),『瓜』,盧作『爪』,程同。『鍐』,盧據《選注》改為『鍐』,下同。『牽』盧改『轚』。」愚按:四庫本、《蔡集》本皆作「牽」。《後漢書·輿服上》:「乘輿、金根、安車、立車,輪皆朱班重牙,貳轂兩轄。」

黃屋

黃屋者,蓋以黃為裏也〔1〕。

【注釋】

〔1〕愚按:依例此前「羽蓋」、「金華爪」亦應有釋。黃屋:帝王專用的黃繒車蓋。《史記·秦始皇本紀》:「子嬰度次得嗣,冠玉冠,佩華紱,車黃屋車。」裴駰《集解》引蔡邕之說。《史記·項羽本紀》:「楚兵四面擊之,紀信乘黃屋。」張守節《正義》引李斐云:「天子車以黃繒為蓋裏。」陸德明《經典釋文》:「黃屋,車蓋以黃為裏,一云冕裏黃也。」亦借指帝王之車仗。《史記·高祖本紀》:「車服黃屋左纛,葬長陵。」《南越尉佗列傳》:「東西萬餘里,乃乘黃屋左纛,稱制,與中國侔。」

左纛

左纛者〔1〕，以氂牛尾為之〔2〕，大如斗，在最後左騑馬騣〔3〕上。

【注釋】

〔1〕左纛：皇帝乘輿上的飾物，以氂牛尾或雉尾製成，設在車衡左邊或左騑上。《史記·項羽本紀》：「紀信乘黃屋車，傅左纛。」裴駰《集解》云：「李斐曰：『纛，毛羽幢也。在乘輿車衡左方上注之。』蔡邕曰『以氂牛尾為之，如斗，或在騑頭，或在衡上也。』」

〔2〕愚按：《蔡集》本無「牛尾」二字。氂牛：亦作犛牛，即野牛。形狀毛尾全同犛牛，但比犛牛大。《山海經·中山經》：「東北百里，曰荊山……其中多氂牛。」郭璞注：「旄牛屬也，黑色，出西南徼外也。」

〔3〕盧校：「《續志》『軛』，劉昭注引作『頭』。」愚按：《蔡集》本「騣」作「鍐」。騑：亦稱「驂」，駕在車轅兩旁的馬。《墨子·七患》：「撤驂騑，塗不芸，馬不食粟，婢卑不衣帛，此告不足之至也。」孫詒讓《閒詁》：「畢云：『高誘注《呂氏春秋》云：在中曰服，在邊曰騑。』」《後漢書·章帝紀》：「騑馬可輟解，輟解之。」章懷注：「夾轅者為服馬，服馬外為騑馬。」

金鍐

金鍐者〔1〕，馬冠也，高廣各【四】〔五〕寸〔2〕，〔上〕〔3〕如玉華形，在馬【騣】〔髦〕〔4〕前。方釳者，鐵〔也〕〔5〕，廣數寸，在〔6〕【騣】〔鍐〕後〔7〕，有三孔，插翟尾其中〔8〕。繁纓在馬膺前〔9〕，如索帬者是也〔10〕。

【注釋】

〔1〕張校：「『金鍐者，馬冠也』，《漢魏》『鍐』作『騣』。」愚按：四庫本、《蔡集》本皆作「鍐」。金鍐：亦作「金𨱏」、「金鍐」。馬首飾物。《文選·張衡〈東京賦〉》：「龍輈華轙，金鍐鏤錫。」《晉書·輿服志》：「馬並以黃金為文髦，插以翟尾。象鑣而鏤錫，金𨱏而方釳。原注：金𨱏謂以金𨱏為文。釳以鐵為之，其大三寸，中央兩頭高，如山形，貫中以翟尾而結著之也。」《後漢書·馬融傳》：「羽毛紛其髟鼬，揚金𨱏而拖玉鑲。」

〔2〕盧校：「舊『四寸』，今據《續志》注、《文選》注改，下並同。」愚按：四庫本、《蔡集》本皆作「四寸」。

〔3〕盧校：「脫。」

〔4〕盧校：「『騣』偽。」張校：「『在馬鍐前』，《百川》《漢魏》『鍐』作『騣』。」愚

按：四庫本作「驦」，《蔡集》本作「鍐」。

〔5〕盧校：「脫，《續志》注有。」愚按：四庫本、《蔡集》本亦無「也」字。《後漢書‧輿服上》注引無「者」字。劉昭注：「薛綜曰：『鍐中央低，兩頭高，如山形，而貫中翟尾結著之。』顏延之《幼誥》曰：『鍐，乘輿馬頭上防鍐，角所以防網羅，鍐以翟尾鐵翮象之也。』徐廣曰：『金為馬髦。』方鍐：馬飾名。鐵製，在馬頭上。一說在車轅兩邊，防馬之相突。《文選‧張衡〈東京賦〉》：「方鍐左纛，鉤膺玉瓖。」薛綜注：「方鍐，謂轅旁以五寸鐵鏤錫，中央低，兩頭高。如山形，而貫中以翟尾，結著之轅兩邊，恐馬相突也。」《說文‧金部》：「鍐，乘輿馬頭上防鍐，插以翟尾鐵翮，象角。」

〔6〕盧校：「《續志》注有『馬』字。」

〔7〕盧校：「《續志》注重。」張校：「『在鍐後』，《百川》《逸史》《漢魏》『鍐』作『驦』。」愚按：四庫本作「驦」，《蔡集》本作「鍐」。

〔8〕翟：長尾的野雞。《尚書‧禹貢》：「羽畎夏翟。」孔傳：「夏翟，翟雉名，羽中旌旄。羽山之谷有之。」《逸周書‧王會篇》：「揚鑾之翟。」孔晁注：「揚州之蠻貢翟鳥。」《山海經‧西山經》：「女床之山，……有鳥焉，其狀如翟而五彩。」郭璞注：「翟似雉而大，長尾。」

〔9〕繁纓：亦作「緐纓」。天子諸侯所用絡馬的帶飾。繁，馬腹帶；纓，馬頸革。《禮記‧禮器》：「大路繁纓一就，次路繁纓七就。」孔穎達疏：「繁，謂馬腹帶也。」《左傳‧成公二年》：「既，衛人賞之以邑，辭，請曲縣、繁纓以朝，許之。」賈誼《新書‧審微》：「叔孫於奚者，衛之大夫也。曲縣者，衛君之樂體也；繁纓者，君之駕飾也。」《後漢書‧輿服上》劉昭注：「鄭玄曰：『錫面當盧刻金為之，所謂鏤錫也。樊讀如鞶帶之鞶，謂今馬大帶也。』鄭眾曰：『纓謂當胸。《士喪禮》曰：馬纓三就，以削革為之。三就，三重三匝也。』鄭玄曰：『纓，今馬鞅。玉路之樊及纓，皆以五采罽飾之。十二就，就，成也。』杜預曰：『纓在馬膺前，如索裙。』《乘輿馬賦》注曰：『繁纓飾以旄尾，金塗十二重。』」

〔10〕索裙：繫在馬胸前的穗狀飾物。「帬」，「裙」的古字《左傳‧桓公二年》：「鞶、厲、游、纓。」杜預注：「纓，在馬膺前，如索裙。」孔穎達疏：「服虔云：『纓如索裙，今乘輿大駕有之。』然則漢魏以來，大駕之馬膺有索裙，是纓之遺象，故云『如索裙』也。」

重轂

重轂者〔1〕，轂外復有一轂，施〔2〕【牵】〔軬〕其外，乃復設【牵】〔軬〕

施銅〔3〕，金【鏒】〔鍐〕形如緹亞〔4〕，飛軨，以緹油〔5〕廣八【寸】〔尺〕〔6〕，長注地〔7〕，左畫蒼龍〔8〕，右白虎〔9〕，繫軸頭〔10〕。今二千石亦然，但無畫耳。

【注釋】

〔1〕重轂：皇帝乘坐的車，有兩車轂，取其平穩。重轂或又作「重輪」。《文選‧張衡〈東京賦〉》：「重輪貳轄，疏轂飛軨。」薛綜注：「重輪即重轂也。」《文選‧顏延之〈赭白馬賦〉》：「輿有重輪之安，馬無泛駕之佚。」李周翰注：「天子重輪，取其安也。」

〔2〕盧校：「薛綜注《東京賦》引作『副』，《續志》注引作『抱』，下同。」

〔3〕盧校：「《續志》注有『置其中』三字。」許校：「（乃復設牽）盧作『轊』，是也。」愚按：四庫本、《蔡集》本兩「轊」皆作「牽」。轊：同「轄」，即車轄。古代為固定車輪而插在車軸兩端的鍵。《詩經‧邶風‧泉水》：「載脂載轊，還車言邁。」孔穎達疏：「古者車不駕則脫其轊，……今將行，既脂其車，又設其轊。」又《小雅‧車轊序》：「車轊，大夫刺幽王也。」陸德明釋文：「車軸頭鐵也。」字又作「轄」。《左傳‧哀公三年》：「校人乘馬，巾車之轄。」

〔4〕盧校：「此六字疑衍文。」愚按：四庫本、《蔡集》本皆作「金鍐」。盧校或是。《後漢書‧輿服上》：「諸車之文：乘輿，倚龍伏虎，㡛文畫輈，龍首鸞衡，重牙班輪，升龍飛軨。」劉昭注引薛綜曰：「飛軨，以緹油廣八寸，長注地，畫左蒼龍右白虎，繫軸頭。二千石亦然，但無畫耳。」緹亞：即《後漢書‧輿服上》所謂「赤扇汗」，纏在馬銜鐵鑣旁的飾巾。《詩‧衛風‧碩人》「四牡有驕，朱幩鑣鑣。」毛傳：「幩，飾也。人君以朱纏鑣扇汗，且以為飾。」一說即馬銜外鐵。陸德明《釋文》：「鑣，表驕反，馬銜外鐵也，一名扇汗，又曰排沫。」

〔5〕張校：「『飛鈴以緹油』，『鈴』作『軨』。」飛軨：車軸頭上繫的飾物。《文選‧張衡〈東京賦〉》：「重輪貳轄，疏轂飛軨。」劉良注：「飛軨，畫緹油，繫軸上。」也指輕便的獵車，車上有窗。《尚書大傳》卷二：「未命為士，車不得有飛軨。」鄭玄注：「如今窗車也。」《文選‧枚乘〈七發〉》：「將為太子馴騏驥之馬，駕飛軨之輿，乘牡駿之乘。」李周翰注：「飛軨，輕輿也。」

緹油：車軾前屏泥的紅色油布。《漢書‧循吏傳‧黃霸》：「居官賜車蓋，特高一丈，別駕主簿車，緹油屏泥於軾前，以章有德。」《後漢書‧劉盆子傳》：「乘軒車大馬，赤屏泥。」章懷注：「赤屏泥，謂以緹油屏泥於軾前。」後以「緹油」為殊遇之標誌。

〔6〕盧校：「『寸』，據薛綜引改。」愚按：薛綜注即作「寸」，四庫本、《蔡集》本亦

作「八寸」。

〔7〕注地：接觸地面。注：接連，接觸。《戰國策·秦策四》：「王一善楚，而關內二萬乘之主注地於齊，齊之右壤可拱手而取也。」《史記·春申君列傳》：「王又割濮磨之北，注齊秦之要，絕楚趙之脊，天下五合六聚而不敢救。王之威亦單矣。」瀧川資言《會注》引中井積德曰：「注，接也。」

〔8〕蒼龍：古代二十八宿中東方七宿的總稱。《國語·周語中》：「夫辰角見而雨畢，天根見而水涸。」韋昭注：「辰角，大辰蒼龍之角。角，星名也。」《史記·天官書》：「東宮蒼龍，房、心。」

〔9〕白虎：西方七宿奎、婁、胃、昴、畢、觜、參的總稱。賈誼《惜逝》：「蒼龍蚴虯於左驂兮，白虎騁而為右騑。」《史記·天官書》：「參為白虎。」《後漢書·郎顗傳》：「罰者曰白虎，其宿主兵。」章懷注：「《天官書》曰：『參為白虎……下有三星，曰罰，為斬艾之事。』故主兵。」

〔10〕軸頭：車軸的兩端。《急就篇》卷三「轄」，顏師古注：「轄，豎貫軸頭制轂之鐵也。」

前驅

前驅有九斿、雲罕〔1〕、闟戟〔2〕、皮軒〔3〕、鑾旗車〔4〕，皆大夫載。鑾旗者，編羽毛【引】〔列〕〔5〕係橦〔6〕旁〔7〕，俗人名之曰雞翹車〔8〕，非也。後有金鉦、黃鉞〔9〕、黃門鼓車〔10〕。古者諸侯貳車九乘，秦滅九國〔11〕，兼其車服，故大駕屬車八十一乘也。〔法駕半之〕〔12〕，尚書、御史乘之〔13〕，最後一車懸豹尾〔14〕，以前【皆】〔比〕〔省中〕〔15〕。皮軒，虎皮為之也。

【注釋】

〔1〕愚按：此節文字應接前「屬車三十六乘」後，以說明「乘輿法駕」之儀仗，否則不知所指。九斿：即九旒，亦作九游。旌旗上的九條絲織垂飾。《禮記·樂記》：「龍旂九旒，天子之旌也。」《管子·小匡》：「賞服大輅，龍旗九游，渠門赤旂。」《文選·張衡〈東京賦〉》：「雲罕九斿，闟戟轇轕。」李善注引《說文》曰：「斿，旌施旒也。」

雲罕：亦作「雲罘」，車名，或云旌旗。《史記·司馬相如列傳》：「載雲罕，揜群《雅》。」司馬貞《索隱》：「張揖云：『罕，畢也。』文穎曰：『即天畢，星名。前有九旒雲罕之車。』案：說者以雲罕為旌旗，非也。且案中朝鹵簿圖云『雲罕駕駟』，不兼言九旒，罕車與九旒車別。」《文選·張衡〈東京賦〉》：「雲罕九

斿，闟戟轇輵。」薛綜注：「雲罕，旌旗之別名也。」

〔2〕愚按：《後漢書・輿服上》前有「鳳凰」二字。闟戟：兵器名，即長戟。《後漢書・輿服上》劉昭注：「薛綜曰：『闟之言函也，取四戟函車邊。』」《史記・商君列傳》：「持矛而操闟戟者旁車而趨。」《文選・張衡〈東京賦〉》：「雲罕九斿，闟戟轇輵。」

〔3〕皮軒：用虎皮裝飾的車子。《後漢書・輿服上》劉昭注：「胡廣曰：『皮軒，以虎皮為軒。』郭璞曰：『皮軒革車。』或曰即《曲禮》『前有士師，則載虎皮。』」《文選・司馬相如〈上林賦〉》：「拖蜺旌，靡雲旗，前皮軒，後道遊。」郭璞注引文穎曰：「皮軒，以虎皮飾車。天子出，道車五乘，遊車九乘。」《漢書・霍光傳》：「駕法駕，皮軒鸞旗，驅馳北宮、桂宮。」

〔4〕盧校：「《續志》『鸞』，下同。」愚按：《後漢書・輿服上》無「車」字。鑾旗車：又作「鸞旗車」。天子儀仗中載有鸞旗的前導車。《後漢書・輿服上》劉昭注：「應劭《漢官鹵簿圖》曰：『乘輿大駕，則御鳳凰車，以金根為列。』」《晉書・輿服志》：「鸞旗車，駕四，先輅所載也。鸞旗者，謂析羽旄而編之，列系幢傍也。」

〔5〕盧校：「『引』，《續志》『列』。」愚按：《後漢書・輿服上》「毛」作「旄」。鑾旗：亦作「鑾斿」、「鸞旗」、「鸞斿」，應以「鸞旗」為是。天子儀仗中的旗子，上繡鸞鳥，故稱。《漢書・賈捐之傳》：「鸞旗在前，屬車在後。」顏師古注：「鸞旗，編以羽毛，列系橦旁，載於車上，大駕出，則陳於道而先行。」《後漢書・公孫述傳》：「然少為郎，習漢家制度，出入法駕，鑾旗旄騎，陳置陛戟，然後輦出房闥。」

〔6〕盧校：「《續志》『幢』。」愚按：橦：亦作「幢」，竿柱。張衡《西京賦》：「烏獲扛鼎，都盧尋橦。」馬融《廣成頌》：「建雄虹之旌夏，揭鳴鳶之修橦。」《文選・木華〈海賦〉》：「決帆摧橦，戕風起惡。」李善注：「橦，百尺也。」也寫作「幢」。《後漢書・輿服志上》：「鸞旗者，編羽旄，列系幢旁。」

〔7〕盧校：「《文選・甘泉賦》注引作『列系橦旁』。」

〔8〕雞翹：鸞旗，帝王儀仗之一。《後漢書・輿服上》劉昭注：「胡廣曰：『鸞旗，以銅作鸞鳥車衡上。』與本志不同。」《急就篇》：「春草鷄翹鳧翁濯。」顏師古注：「雞翹，雞尾之曲垂也。」

〔9〕張校：「『後有金鉦黃越』，《逸史》《漢魏》《抱經》『越』作『鉞』。」愚按：作「鉞」是也。四庫本亦作「黃越」，《蔡集》本作「鉞」。金鉦：一種樂器。此用

以節制人們的進退及行動節奏。《文選・張衡〈東京賦〉》:「戎士介而揚揮,戴金鉦而建黃鉞。」薛綜注:「金鉦,鐲鐃之屬也。」

黃鉞:飾以黃金的長柄斧子,天子儀仗,亦用以征伐。《尚書・牧誓》:「王左杖黃鉞,右秉白旄以麾。」孔穎達疏引《廣雅》:「鉞,斧也。斧稱黃鉞,故知以黃金飾斧也。」

〔10〕黃門:官署名。《漢書・霍光傳》:「上乃使黃門畫者畫周公負成王朝諸侯以賜光。」顏師古注:「黃門之署,職任親近,以供天子,百物在焉,故亦有畫工。」《元帝紀》:「詔罷黃門乘輿狗馬……假與貧民。」

鼓車:載鼓之車,皇帝出外時的儀仗之一。《漢書・燕刺王劉旦傳》:「建旌旗鼓車,旄頭先驅。」《漢書・韓延壽傳》:「鼓車歌車。」顏師古注:「孟康曰:『如今郊駕時車上鼓吹也。』師古曰:郊駕,郊祀時備法駕也。」《漢書・匈奴傳》:「至則脅拜咸為孝單于,賜安車、鼓車各一。」

〔11〕愚按:《蔡集》本「九國」作「六國」。

〔12〕盧校:「四字脫,依《續志》補。」愚按:據《後漢書・輿服上》,此處脫「法駕半之。屬車皆皂蓋赤裏,朱轓,戈矛弩箙」十七字,當據補,語義始明。

〔13〕愚按:《後漢書・輿服上》「乘之」作「所載」,當據改,語義始明。

〔14〕豹尾:天子屬車上的飾物,懸於最後一車。後亦用於天子鹵簿儀仗。崔豹《古今注》:「豹尾車,周制也,所以象君子豹變。尾言謙也。古軍正建之,今唯乘輿得建焉。」《後漢書・輿服上》劉昭注:「薛綜曰:『侍御史載之。』」

〔15〕盧校:「二字脫,俱據《續志》改補。」愚按:《後漢書・輿服上》句前重「豹尾」二字。四庫本、《蔡集》本作「以前皆皮軒」。此謂豹尾車之前之車仗,其守衛、警戒如同禁中,人不得擅動,外人不得擅入。劉昭注曰:「《小學漢官篇》曰:『豹尾過後,罷屯解圍。』胡廣曰:『施於道路,豹尾之內為省中,故須過後,屯圍乃得解,皆所以戒不虞也。』《淮南子》曰:『軍政執豹皮,所以制正其眾。』《禮記》前載虎皮,亦此之義類。」《漢官解詁》:「施於道路,豹尾之內為省中,故須過後,屯圍乃得解,皆所以戒不虞也。」

金根車

永安七年〔1〕,建金根、耕根諸御車,皆一轅,或四馬,或六馬。金根箱輪,皆以金鎛〔2〕正黃,兩臂前後刻金,以作龍虎鳥龜形,上但以青緩為蓋,羽毛無後戶〔3〕。

【注釋】

〔1〕愚按：此疑有誤，漢朝無「永安」之年號。

〔2〕盧校：「當作『薄』，下疑亦有偽。」愚按：鎛：通「敷」，以金粉塗飾器物。《淮南子·俶真訓》：「雜之以青黃華藻鎛鮮。」俞樾《諸子平議·淮南內篇一》：「按鎛從尃聲，尃猶敷也，謂以金敷布其上也。古者以金飾物謂之鎛。」

〔3〕盧校：「程本作『為後戶』，似臆改。」愚按：四庫本亦作「為後戶」。《蔡集》本作「無後戶」。縑：雙絲織的淺黃色細絹。《淮南子·齊俗訓》：「夫素之質白，染之以涅則黑；縑之性黃，染之以丹則赤。」《漢書·外戚傳·史皇孫王夫人》：「媼為翁須作縑單衣。」顏師古注：「縑，即今之絹也。」

冕冠

冕冠〔1〕，周曰爵弁〔2〕，殷曰冔〔3〕，夏曰收〔4〕，皆以三十〔5〕升漆布為殼〔6〕，廣八寸，長尺二寸，【加爵冕】〔如冕繒〕其上〔7〕。周黑而赤，如爵頭之色，前小後大。殷黑而微白，前大後小。夏純黑【而赤】，〔亦〕〔8〕前小後大，皆有收以持笄〔9〕。《詩》曰：「常服黼冔〔10〕。」《禮》：「朱干玉戚，【冔】〔冕〕〔11〕而舞大武。」《周書》曰：「王與大夫盡弁〔12〕。」〔上〕〔13〕古皆以布，中古以絲。孔子曰：「麻冕，禮也，今也純，儉〔14〕。」漢《雲翹》〔15〕【冠】樂祠天地五郊舞者服之〔16〕。冕冠垂旒。《周禮》：「天子冕前後垂〔17〕延，朱綠藻，十有〔18〕二旒〔19〕。」公侯大夫各有差別。

【注釋】

〔1〕愚按：此節文字脫佚竄亂嚴重，故表述混亂，語義不明。冕冠：帝王、諸侯及卿大夫之禮帽。《周禮·夏官·弁師》：「五采繅十有二就，皆五采玉十有二，玉笄，朱紘。」鄭玄注：「繅，雜文之名也。合五采絲為之繩，垂於延之前後，各十二，所謂邃延也。就，成也。繩之每一帀而貫五采玉，十二旒則十二玉也。每就間蓋一寸。朱紘，以朱組為紘也。紘一條屬兩端於武。繅不言皆，有不皆者。此為衮衣之冕十二旒，則用玉二百八十八。鷩衣之冕繅九旒，用玉二百一十六。毳衣之冕七旒，用玉百六十八。希衣之冕五旒，用玉百二十。玄衣之冕三旒，用玉七十二。」《後漢書·輿服下》：「冕冠，垂旒，前後邃延，玉藻。」劉昭注：「邃，垂也。延，冕上覆。」冕冠主要由延、旒、帽卷、玉笄、武、纓、纊、紘等部分組成。周朝禮儀規定，戴冕冠者都要身著冕服，冕冠的基本樣式以及這套冕冠制度也一直被後代所沿用。

〔2〕爵弁：禮冠的一種，次冕一等。爵，通「雀」。《儀禮‧士冠禮》：「爵弁服：纁裳、純衣、緇帶、韎韐。」鄭玄注：「爵弁者，冕之次，其色赤而微黑，如雀頭然。或謂之緅。其布三十升。」《禮記‧檀弓上》：「天子之哭諸侯也，爵弁絰緇衣。」陳澔集說：「爵弁，弁之色如爵也。」《白虎通‧紼冕》：「爵弁者，何謂也？其色如爵頭，周人宗廟士之冠也。《禮‧郊特牲》曰『周弁』。《士冠經》曰『周弁，殷冔，夏收』。爵何以知指謂其色？又乍言爵弁，乍但言弁，周之冠色所以爵何？為周尚赤。所以不純赤，但如爵頭何？以本製冠者法天。天色玄者不失其質，故周加赤，殷加白，夏之冠色純玄。何以知殷加白也？周加赤，知殷加白也。夏、殷士冠不異何？古質也，以《士冠禮》知之。」

〔3〕冔：殷代冠名。《詩經‧大雅‧文王》：「厥作祼將，常服黼冔。」毛傳：「冔，殷冠也。」《儀禮‧士冠禮》：「周弁，殷冔，夏收。」鄭玄注：「冔名出於幠，幠，覆也，言所以自覆飾也。」

〔4〕收：夏代冠名。《禮記‧王制》：「夏后氏收而祭，燕衣而養老。」鄭玄注：「收，言所以收斂髮也。」《史記‧五帝本紀》：「黃收純衣，彤車乘白馬。」裴駰《集解》引《太古冠冕圖》：「夏名冕曰收。」司馬貞《索隱》：「收，冕名。其色黃故曰黃收，象古質素也。」《白虎通》曰：「謂之收者，十三月之時，陽氣收本，舉生萬物而達出之，故謂之收。」

〔5〕盧校：「《續志》注引多一『六』字，《通典》無。」

〔6〕升：古代布八十縷為升。《儀禮‧喪服》：「冠六升，外畢。」鄭玄注：「布八十縷為升。」劉向《說苑‧臣術》：「進不事上以為忠，退不克下以為廉。八升之布，一豆之食足矣。」《朱子語類》卷八五：「古者布帛精粗皆有升數，所以說布帛精粗不中度不鬻市。」

　　漆布：用漆塗過的布，易於定型。

〔7〕盧校：「舊作『加爵冕其上』，顧云：『殷冔夏收，未必皆如爵形。《續志》作如爵形繢其上，自指周爵弁為說。』《通典‧禮十七》云：『三代以來，皆廣八寸，長尺二寸，如冕無旒。』則此似當作『如冕繢其上』，『繢』字據《續志》補，『爵』字據《通典》刪。」愚按：四庫本、《蔡集》本皆作「加爵冕其上」。顧說有理，此處有闕文，故似上下混而言之，實則下文只釋爵弁，盧氏刪補未必確當。《後漢書‧輿服下》：「爵弁，一名冕。廣八寸，長尺二寸，如爵形，前小後大，繢其上似爵頭色，有收持笄，所謂夏收殷冔者也。祠天地五郊明堂，《雲翹舞》樂人服之。《禮》曰：『朱干玉戚，冕而舞《大夏》。』此之謂也。」

〔8〕盧校:「舊作『而赤』二字,《續志》注引作『亦』。」愚按:四庫本、《蔡集》本皆作「而赤」。《後漢書・輿服下》劉昭注引「前大」與「後小」之間有「而」字。

〔9〕愚按:《後漢書・輿服下》劉昭注引無此句,有「皆以三十六升漆布為之」一句。笄:簪。古時用以貫髮或固定弁、冕。《儀禮・士冠禮》:「皮弁笄,爵弁笄。」鄭玄注:「笄,今之簪。」《史記・張儀列傳》:「其姊聞之,因摩笄以自刺,故至今有摩笄之山。」《國語・晉語》:「折委笄,此男子安髮之笄也。」

〔10〕愚按:《後漢書・輿服下》劉昭注引「曰」作「云」。《詩經・大雅・文王》:「侯服于周,天命靡常。殷士膚敏,祼將於京。厥作祼將,常服黼冔。王之藎臣,無念爾祖。」

〔11〕盧校:「『冔』偽。」許校:「(朱於玉戚),『朱干』,誤刻作『於』。」愚按:《蔡集》本作「冕而舞大武」。盧校本「王戚」似誤,然「王」為古「玉」字。《後漢書・輿服下》劉昭注引無「《禮》:『朱干玉戚,冔而舞大武。』」一句。朱干玉戚:紅色的盾與玉飾的斧。古代武舞所用。《禮記・明堂位》:「朱干玉戚,冕而舞《大武》。」孔穎達疏:「朱干玉戚者,干,盾也;戚,斧也。赤盾而玉飾斧也。」《公羊傳・昭公二十五年》:「乘大路,朱干玉戚以舞《大夏》,八佾以舞《大武》,此皆天子之禮也。」《漢書・董仲舒傳》:「及至周室設兩觀,乘大路,朱干玉戚,八佾陳於庭,而頌聲興。」

〔12〕愚按:《後漢書・輿服下》劉昭注引「《周書》」作「《書》」。《尚書・金縢》:「秋,大熟,未獲,天大雷電以風,禾盡偃,大木斯拔,邦人大恐。王與大夫盡弁以啟金縢之書,乃得周公所自以為功代武王之說。」

〔13〕盧校:「脫,《續志》注引有。」

〔14〕《論語・子罕》:「子曰:『麻冕,禮也;今也純,儉,吾從眾。』」朱熹注曰:「麻冕,緇布冠也。純,絲也。儉,謂省約。緇布冠,以三十升布為之,升八十縷,則共經二千四百縷矣。細密難成,不如用絲之省約。」

〔15〕盧校:「下『冠』字衍。」愚按:《雲翹》:樂舞名。《後漢書・祭祀中》:「先立秋十八日,迎黃靈於中兆,祭黃帝后土……八佾舞《雲翹》《育命》之舞。」

〔16〕《後漢書・輿服下》作「祠天地五郊明堂」。五郊:謂東郊、南郊、西郊、北郊、中郊。古代禮儀,帝王於五郊設祭迎氣。立春之日,迎春於東郊,祭青帝句芒;立夏之日,迎夏於南郊,祭赤帝祝融;立秋前十八日,迎黃靈於中兆,祭黃帝后土;立秋之日,迎秋於西郊,祭白帝蓐收;立冬之日,迎冬於北郊,祭黑帝

玄冥。《後漢書·明帝紀》：「是歲（中平二年），始迎氣於五郊。」

〔17〕盧校：「《玉藻》作『邃』。」《禮記·玉藻》：「天子玉藻，十有二旒，前後邃延。」鄭玄注：「前後邃延者，言皆出冕前後而垂也。」

〔18〕盧校：「舊倒。」愚按：四庫本、《蔡集》本皆作「有十二」。《禮記·禮器》：「天子之冕，朱綠藻十有二旒，諸侯九，上大夫七，下大夫五，士三。」鄭玄注：「此祭冕服也。朱綠，似夏、殷禮也。周禮，天子五采藻。」藻：鄭玄注：「雜采曰藻。天子以五采藻為旒，旒十有二。」

〔19〕《漢官儀》：「周冕與古冕略等，周加垂旒，天子前後垂真白珠各十二。」旒：旌旗懸垂的飾物。《詩經·商頌·長發》：「受小球大球，為下國綴旒。」鄭玄注：「旒，旌旗之垂者也。」《禮記·明堂位》：「旂，十有二旒。」《文選·張衡〈東京賦〉》：「建辰旒之太常，紛焱悠以容裔。」薛綜注：「辰謂日、月、星也，畫之於旌旗，垂十二旒，名曰太常。」又同「邃」。冕冠前後懸垂的玉串。《孔子家語·入宮》：「古者聖主冕而前旒，所以蔽明也。」

漢興，至孝明帝永平二年，詔有司採《尚書·皋陶篇》〔1〕及《周官》《禮記》，定而制焉。皆廣七寸，長尺二寸。前圓後方，朱綠裏而玄上。前垂四寸，後垂三寸，繫白玉珠於其端，是為十二旒〔2〕。組纓如其綬之色〔3〕。三公及諸侯之祠者，朱綠九旒，青玉珠〔4〕。卿大夫七旒，黑玉珠〔5〕。皆有前無後，組纓各視其綬之色〔6〕，旁垂黈纊當耳〔7〕。郊天地【祠】〔8〕宗【廟】〔9〕祀明堂，則冠之〔10〕。衣繡衣〔11〕，佩玉佩，履絇履〔12〕，孔子曰：「服周之冕〔13〕。」鄙人不識，謂之平天冠〔14〕。

【注釋】

〔1〕盧校：「偽《古文》，在《益稷》。」

〔2〕見《周禮·夏官·弁師》

〔3〕《後漢書·輿服下》：「冕冠，垂旒，前後邃延，玉藻。孝明皇帝永平二年，初詔有司採《周官》《禮記》《尚書·皋陶篇》，乘輿服從歐陽氏說，公卿以下從大小夏侯氏說。冕皆廣七寸，長尺二寸，前圓後方，朱綠裏，玄上，前垂四寸，後垂三寸，繫白玉珠為十二旒，以其綬彩色為組纓。三公諸侯七旒，青玉為珠；卿大夫五旒，黑玉為珠。皆有前無後，各以其綬彩色為組纓，旁垂黈纊。郊天地，宗祀，明堂，則冠之。衣裳玉佩備章采，乘輿刺繡，公侯九卿以下皆織成，陳留襄邑獻之云。」劉昭注：「《說文》曰：『組，綬屬也。小者以為冕纓焉。』《禮記》曰『玄冠朱組纓，天子之服』是也。」組纓：繫冠的絲帶。其色因地

位而異。《禮記‧玉藻》：「玄冠朱組纓，天子之冠也……玄冠丹組纓，諸侯之冠也；玄冠綦組纓，士之冠也。」《墨子‧公孟》：「昔者楚莊王，鮮冠組纓，絳衣博袍，以治其國，其國治。」

〔4〕愚按：《後漢書‧輿服下》作「三公諸侯七旒，青玉為珠」，與此不同。

〔5〕愚按：《後漢書‧輿服下》作「卿大夫五旒，黑玉為珠」，與此不同。

〔6〕張校：「『組綬各視其綬之色』，上『綬』字作『纓』。」

〔7〕黈纊：黃綿所製的小球，懸於冠冕之上，垂兩耳旁，以示不欲妄聽是非。《後漢書‧輿服下》劉昭注：「呂忱曰：『黈，黃色也。黃綿為之。』《禮緯》曰：『旒垂目，纊塞耳，王者示不聽讒，不視非也。』薛綜曰：『以珩玉為充耳也。《詩》云：充耳琇瑩。毛萇傳曰：充耳謂之瑱。天子玉瑱。琇瑩，美石也。諸侯以石。』」《淮南子‧主術訓》：「故古之王者，冕而前旒，所以蔽明也；黈纊塞耳，所以掩聰；天子外屏，所以自障。」《文選‧張衡〈東京賦〉》：「夫君人者，黈纊塞耳，車中不內顧。」薛綜注：「黈纊，言以黃綿大如丸，懸冠兩邊，當耳，不欲妄聞不急之言也。」

〔8〕盧校：「舊衍『祠』字。」愚按：四庫本、《蔡集》本亦有「祠」字。

〔9〕盧校：「舊衍『廟』字。」愚按：四庫本亦有「廟」字。盧氏所校據《後漢書‧輿服下》，然此處「郊天地，祠宗廟，祀明堂」對言，未必是誤。

〔10〕《後漢書‧孝明帝紀》：「二年春正月辛未，宗祀光武皇帝於明堂，帝及公卿列侯始服冠冕、衣裳、玉佩、絢屨以行事。」章懷注曰：「《漢官儀》曰：『天子冠通天，諸侯王冠遠遊，三公、諸侯冠進賢三梁，卿、大夫、尚書、二千石、博士冠兩梁，二千石以下至小吏冠一梁。天子、公、卿、特進、諸侯祀天地明堂，皆冠平冕，天子十二旒，三公、九卿、諸侯七，其纓各如其綬色，玄衣纁裳。』《周禮》曰：『王祀昊天上帝則服大裘而冕，祀五帝亦如之。』《三禮圖》曰：『冕以三十升布染而為之，廣八寸，長尺六寸，前圓後方，前下後高，有俛伏之形，故謂之冕。欲人之位彌高而志彌下，故以名焉。』」

〔11〕黼衣：繡有黑白斧形的禮服。《荀子‧哀公》：「黼衣、黻裳者，不茹葷。」楊倞注：「黼衣、黻裳，祭服也。白與黑為黼。」《文選‧韋孟〈諷諫詩〉》：「黼衣朱黻，四牡龍旂。」李善注引應劭曰：「黼衣，衣上畫為斧形，而白與黑為采。」黼，禮服上白黑相間的花紋，取斧形，象臨事決斷。《尚書‧益稷》：「藻火粉米，黼黻絺繡。」孔傳：「黼若斧形。」陸德明釋文：「白與黑謂之黼。」

〔12〕張校：「『佩玉珮』，《逸史》《漢魏》《抱經》『珮』作『佩』。」愚按：四庫本作

「佩玉佩」,《蔡集》本作「玉佩」,無前「佩」字。絇履:即絇屨,有絇飾的鞋。絇,鞋頭上的裝飾,有孔,可穿繫鞋帶。《儀禮·士喪禮》:「乃屨,綦結於跗,連絇。」鄭玄注:「絇,屨飾如刀衣鼻,在屨頭上,以餘組連之,止足坼也。」《禮記·玉藻》:「童子不裘不帛,不屨絇,無緦服。」《荀子·哀公》:「哀公問:『然則夫章甫、絇屨、紳而搢笏者,此賢乎?』」楊倞注:「王肅云:絇謂屨頭有拘飾也。鄭康成云:絇之言拘也,以為行戒,狀如刀衣,鼻在屨頭。」《後漢書·輿服下》:「顯宗遂就大業,初服旒冕,衣裳文章,赤舄絇屨,以祠天地,養三老五更於三雍,於時致治平矣。」

〔13〕《論語·衛靈公》:「顏淵問為邦,子曰:『行夏之時,乘殷之輅,服周之冕,樂則韶舞。放鄭聲,遠佞人。鄭聲淫,佞人殆。』」

〔14〕張校:「『鄙人未識』,『未』作『不』。」洪邁《容齋三筆·平天冠》:「祭服之冕,自天子至於下士執事者皆服之,特以梁數及旒之多少為別。俗呼為平天冠,蓋指言至尊乃得用。」

天子冠通天冠

天子冠通天冠〔1〕,諸侯王冠遠遊冠〔2〕,公侯冠進賢冠〔3〕,公王〔4〕三梁,卿大夫、尚書、二千石、博士冠兩梁〔5〕,千石、六百石以下至小吏〔6〕冠一梁。天子、公卿、特進、朝侯祀天地明堂,皆冠平冕。

【注釋】

〔1〕通天冠:皇帝戴的一種帽子。《後漢書·輿服下》:「通天冠,高九寸,正豎,頂少邪卻,乃直下為鐵卷梁,前有山,展筒為述,乘輿所常服。」有時又省稱「通天」。《文選·張衡〈東京賦〉》:「冠通天,佩玉璽。」薛綜注:「通天,冠名也。」

〔2〕遠遊冠:冠名,秦漢以後歷代沿用,至元代始廢。《後漢書·輿服下》:「遠遊冠,制如通天,有展筒橫之於前,無山述,諸王所服也。」

〔3〕進賢冠:朝見皇帝時戴的一種禮帽,原為儒者所戴,唐時百官皆戴用。《後漢書·輿服下》:「進賢冠,古緇布冠也,文儒者之服也。前高七寸,後高三寸,長八寸。公侯三梁,中二千石以下至博士兩梁,自博士以下至小史私學弟子,皆一梁。宗室劉氏亦兩梁冠,示加服也。」劉昭注:「胡廣曰:『車駕巡狩幸其國,諸侯衣玄端之衣,冠九旒之冕,其盛法服以就位也。今列侯自不奉朝請侍祠祭者,不得服此,皆當三梁冠,皂單衣,其歸國流黃衣皂云。』《晉公卿禮秩》

曰：『太傅、司空、司徒著進賢三梁冠，黑介幘。』」

〔4〕盧校：「《續志》『侯』。」愚按：四庫本、《蔡集》本亦作「王」字。

〔5〕二千石：漢制，郡守俸祿為二千石，即月俸百二十斛。世因稱郡守為「二千石」。《史記‧孝文本紀》：「臣謹請（與）陰安侯、列侯、頃王后，與琅琊王、宗室、大臣、列侯、吏二千石議。」《漢書‧循吏傳序》：「（宣帝）常稱曰：『庶民所以安其田裏而亡歎息愁恨之心者，政平訟理也。與我共此者，其唯良二千石乎！』」顏師古注：「謂郡守、諸侯相。」葛洪《西京雜記》卷一：「京師大水，祭山川以止雨，丞相、御史、二千石禱祠如求雨法。」

博士：學官名。六國時有博士，秦因之，諸子、詩賦、術數、方伎皆立博士。漢文帝置一經博士，武帝時置五經博士，職責是教授、課試，或奉使、議政。《漢書‧百官公卿表上》：「博士，秦官，掌通古今，秩比六百石，員多至數十人。武帝建元五年初置《五經》博士，宣帝黃龍元年稍增員十二人。」

梁：指冠上橫脊。封建時代區分官階的冠飾。宋吳自牧《夢粱錄‧駕出宿齋殿》：「其頭冠各有品從：宰執親王九梁，加貂蟬籠巾；侍從官七梁；餘官六梁至二梁有差；臺諫官增豸角耳。所謂梁者，則冠前額梁上排金銅葉是也。」

〔6〕盧校：「《續志》『史』。」

天子十二旒

天子十二旒，三公九，諸侯卿七，其纓與組〔1〕，各如其綬之色〔2〕。衣玄上纁下〔3〕，日月星辰，山龍華蟲〔4〕，祠宗廟則長冠袀〔5〕玄。〔袀，紺繒也〕〔6〕。其武官，太尉以下及侍中〔7〕，常侍皆冠惠文冠〔8〕，侍中、常侍加貂附蟬〔9〕，御史冠法冠〔10〕，謁者冠高山冠〔11〕。其鄉射行禮〔12〕，公卿冠委貌〔13〕，衣玄端〔14〕，執事者皮弁服〔15〕，宮門僕射冠卻非〔16〕，大樂郊社，祝舞者冠建華〔17〕，其狀如婦人纚籬〔18〕。迎氣五郊，舞者所冠亦為冕，車駕出，後〔19〕有巧士冠。其冠似高山冠而小〔20〕。

【注釋】

〔1〕纓：繫冠的帶子。以二組繫於冠，結在頷下。《禮記‧玉藻》：「玄冠朱組纓，天子之冠也。」《孟子‧離婁上》：「滄浪之水清兮，可以濯我纓。」

組：絲帶。《尚書‧禹貢》：「厥篚玄纁璣組。」孔傳：「組，綬類。」《後漢書‧輿服下》劉昭注：「《說文》曰：『組，綬屬也，小者以為冕纓焉。』《禮記》曰：『玄冠朱組纓，天子之服是也。』」

〔2〕綬：絲帶。用以繫佩玉、官印、帷幕等。綬帶的顏色常用以標誌不同的身份和等級。《禮記‧玉藻》：「天子佩白玉而玄組綬，公侯佩山玄玉而朱組綬。」鄭玄注：「綬者，所以貫佩玉相承受者也。」《周禮‧天官‧幕人》：「幕人掌帷、幕、幄、帟、綬之事。」鄭玄注引鄭司農曰：「綬，組綬，所以繫幄也。」

〔3〕張校：「『玄上壎下』，《逸史》《漢魏》《抱經》『壎』作『纁』。」愚按：四庫本、《蔡集》本作「纁」。玄上纁下：即上衣黑色，下衣黃色。纁：淺絳色。《周禮‧考工記‧鍾氏》：「三入為纁。」鄭玄注：「染纁者，三入而成。」崔豹《古今注‧輿服》：「麾，所以指麾，……刺史、二千石以纁。」《後漢書‧輿服下》：「黃帝、堯、舜垂衣裳而天下治，蓋取諸乾巛。乾巛有文，故上衣玄，下裳黃。」

〔4〕《後漢書‧輿服下》劉昭注：「孔安國注《尚書》曰：『華，象草華；蟲，雉也。』」

〔5〕盧校：「『楊』。」愚按：四庫本作「楊」，《蔡集》本作「楊」。長冠：漢高祖所戴冠名。《後漢書‧輿服下》：「長冠，一曰齋冠，高七寸，廣三寸，促漆纚為之，製如板，以竹為裏。初，高祖微時，以竹皮為之，謂之『劉氏冠』，楚冠制也。民謂之鵲尾冠，非也。祀宗廟諸祀則冠之。」

袀玄：黑色服裝。《後漢書‧輿服下》：「秦以戰國即天子位，滅去禮學，郊祀之服皆以袀玄。」清惲敬《〈十二章圖說〉序》：「古者，十二章之制，始於軒轅，著於有虞，垂於夏殷，詳於有周，蓋二千有餘年。東漢考古定制，歷代損益，皆十二章，亦二千有餘年，可謂備矣。中間秦王水德，上下皆服袀玄，西漢仍之，隔二百有餘年。」又作「袀袨」，意謂純一黑色祭服。《淮南子‧齊俗訓》：「尸祝袀袨，大夫端冕，以送迎之。」

〔6〕盧校：「四字脫，《續志》注引有。」

〔7〕盧校：「當重，下同。」太尉：官名。秦至西漢設置，為全國軍政首腦，與丞相、御史大夫並稱三公。漢武帝時改稱大司馬。東漢時太尉與司徒、司空並稱三公。《漢書‧百官公卿表上》：「太尉，秦官，金印紫綬，掌武事。武帝建元二年省。元狩四年初置大司馬，以冠將軍之號。」《後漢書‧百官一》：「太尉，公一人。本注曰：掌四方兵事功課，歲盡即奏其殿最而行賞罰。凡郊祀之事，掌亞獻；大喪則告諡南郊。凡國有大造大疑，則與司徒、司空通而論之。國有過事，則與二公通諫爭之。世祖即位，為大司馬。建武二十七年，改為太尉。」

〔8〕惠文冠：冠名。相傳為趙惠文王創製，故稱。漢謂之武弁，又名大冠。諸武官冠之。侍中、常侍加黃金璫，附蟬為文，貂尾為飾。侍中插左貂，常侍插右貂。因又稱「貂璫」、「貂蟬」。《漢書‧昌邑王劉賀傳》：「王年二十六七，為人青黑

色，小目，……衣短衣大絝，冠惠文冠。」顏師古注：「蘇林曰：『治獄法冠也。』孟康曰：『今侍中所著也。』服虔曰：『武冠也，或曰趙惠文王所服，故曰惠文。』晉灼曰：『柱後惠文，法冠也。但言惠文，侍中冠。孟說是也。』」《後漢書·輿服下》：「武冠，一曰武弁大冠，諸武官冠之。侍中、中常侍加黃金璫，附蟬為文，貂尾為飾，謂之『趙惠文冠』。」劉昭注：「應劭《漢官》曰：『說者以金取堅剛，百鍊不耗。蟬居高飲潔，口在腋下。貂內勁捍而外溫潤。』此因物生義也。徐廣曰：『趙武靈王胡服有此，秦即趙而用之。』說者蟬取其清高，飲露而不食，貂紫蔚柔潤，而毛采不彰灼，故於義亦取。胡廣又曰：『意謂北方寒涼，本以貂皮暖額，附施於冠，因遂變成首飾。』」王先謙《集解》：「趙惠文王，武靈王子也。其初製必甚麤簡，金玉之飾，當即惠文後來所增，故冠因之而名。」王國維《觀堂集林·胡服考》認為此冠在惠文王父武靈王效胡服時已有之。

〔9〕盧校：「《文選》張衡《四愁詩》注引『侍中中常侍加貂蟬』。《魏都賦》注引『加貂附蟬』，有『附』字是，今據增。」愚按：四庫本、《蔡集》本皆作「加貂蟬」。貂蟬：貂尾和附蟬，為侍中、常侍等貴近之臣的冠飾。貂，指貂尾，帝王貴近之臣的冠飾。應劭《漢官儀》卷上：「中常侍，秦官也。漢興，或用士人，銀璫左貂。光武以後，專任宦者。右貂金璫。」蟬，侍從官的冠飾。《後漢書·輿服下》：「侍中、中常侍加金璫，附蟬為文，貂尾為飾，謂之『趙惠文冠』。」

〔10〕法冠：冠名。本為楚王冠，從秦漢起，御史、使節和執法官皆戴此冠。《史記·淮南衡山列傳》：「漢使節法冠。」裴駰《集解》引蔡邕之說。《晉書·輿服志》：「法冠，一名柱後，或謂之獬豸冠。高五寸，以縱為展筩。鐵為柱卷，取其不曲撓也。侍御史、廷尉正監平，凡執法官皆服之。或謂獬豸神羊，能觸邪佞。《異物志》云：『北荒之中，有獸名獬豸，一角，性別曲直。見人鬥，觸不直者。聞人爭，咋不正者。楚王嘗獲此獸，因象其形以製衣冠。』胡廣曰：『《春秋左氏傳》晉侯觀於軍府，見鍾儀，曰南冠而縶者誰也？南冠即楚冠。秦滅楚，以其冠服賜執法臣也。』」

〔11〕高山冠：冠名。《後漢書·輿服下》：「高山冠，一曰側注。制如通天，頂不邪卻，直豎，無山述展筩，中外官、謁者、僕射所服。太傅胡廣說曰：『高山冠，蓋齊王冠也。秦滅齊，以其君冠賜近臣謁者服之。』」劉昭注：「《漢書音義》曰：『其體側立而曲注。』《史記》酈生初見高祖，儒衣而冠側注。《漢舊儀》曰：『乘輿官高山冠，飛月之纓，幘耳赤，丹紈裏衣，帶七尺斬蛇劍，履虎尾絇履。』案此則亦通於天子。」《晉書·輿服志》：「高山冠，一名側注，高九寸，鐵為卷梁，

制似通天。頂直豎，不斜卻，無山述展筒。高山者，《詩》云『高山仰止』，取其矜莊賓遠者也。中外官、謁者、謁者僕射所服。胡廣曰：『高山，齊王冠也。傳曰桓公好高冠大帶。秦滅齊，以其君冠賜謁者近臣。』應劭曰：『高山，今法冠也，秦行人使官亦服之。』而《漢官儀》云『乘輿冠高山之冠，飛翮之纓』，然則天子亦有時服焉。」

〔12〕鄉射禮：古代射箭飲酒的禮儀。鄉射有二：一為州長春秋於州序（州的學校）以禮會民習射，一為鄉大夫於三年大比貢士之後，鄉大夫、鄉老與鄉人習射。《周禮·地官·鄉大夫》：「退而以鄉射之禮五物詢眾庶。」孫詒讓正義：「退，謂王受賢能之書事畢，鄉大夫與鄉老則退各就其鄉學之庠而與鄉人習射。」秦漢以後，亦有仿行。《史記·太史公自序》：「北涉汶、泗，講業齊、魯之都，觀孔子之遺風，鄉射鄒、嶧。」

〔13〕委貌：亦作「委兒」。古冠名，以皂絹為之。《儀禮·士冠禮》：「委貌，周道也。」鄭玄注：「委，猶安也，言所以安正容貌。」《儀禮·士冠禮》：「委貌，周道也；章甫，殷道也；毋追，夏后氏之道也。周弁、殷冔、夏收，三王共皮弁、素積。」《後漢書·輿服下》：「委貌冠、皮弁冠同制，長七寸，高四寸，制如覆杯，前高廣，後卑銳，所謂夏之毋追，殷之章甫者也。委貌以皂絹為之，皮弁以鹿皮為之。行大射禮於辟雍，公卿諸侯大夫行禮者，冠委貌，衣玄端素裳。執事者冠皮弁，衣緇麻衣，皂領袖，下素裳，所謂皮弁素積者也。」《白虎通·紼冕》：「委貌者，何謂也？周朝廷理政事、行道德之冠名。《士冠經》曰：『委貌周道，章甫殷道，毋追夏后氏之道。』所以謂之委貌何？周統十一月為正，萬物萌小，故為冠飾最小，故曰委貌。委貌者，委曲有貌也。殷統十二月為正，其飾微大，故曰章甫。章甫者，尚未與極其本相當也。夏統十三月為正，其飾最大，故曰毋追。毋追者，言其追大也。」陳立疏證：「《御覽》引《三禮圖》云，元冠亦曰委貌，今之進賢，則其遺像也。」劉熙《釋名》：「委貌，冠形。又委貌之貌上小下大也。」

〔14〕玄端：古代的一種黑色禮服。祭祀時，天子、諸侯、士大夫皆服之。《周禮·春官·司服》：「其齋服有玄端素端。」孫詒讓《正義》引金鶚云：「玄端素端是服名，非冠名，蓋自天子下達至於士通用為齋服，而冠則尊卑所用互異。」天子晏居時亦服之。《禮記·玉藻》：「卒食，玄端而居。」鄭玄注：「天子服玄端燕居也。」劉熙《釋名》：「玄端，其袖下正直，端方與要接也。」《後漢書·輿服下》劉昭注：「鄭眾《周禮傳》曰：『衣有襦裳者為端。』鄭玄曰：『謂之端，取

其正也。正者，士之衣。袂皆二尺二寸而屬幅，是廣袤等也。其祛尺二寸。大夫以上侈之。侈之者，蓋半而益一焉。半而益一，則其袂三尺三寸，祛尺八寸。』」

〔15〕皮弁服：天子視朝、諸侯告朔所著之衣，以白繒為之。也稱「縞衣」。《儀禮·既夕禮》：「薦乘車，鹿淺幭，干、笮、鞁，載旃，載皮弁服，纓、轡、貝勒縣於衡。」鄭玄注：「皮弁服者，視朔之服。」《後漢書·輿服下》劉昭注：「皮弁，質也。石渠論玄冠朝服。戴聖曰：『玄冠，委貌也。朝服布上素下，緇帛帶，素韋韠。』《白虎通》曰：『三王共皮弁素積。素積者，積素以為裳也，言要中辟積也。』」《白虎通·紼冕》：「皮弁者，何謂也？所以法古，至質冠名也。弁之言攀也，所以攀持其髮也。上古之時質，先加服皮以鹿皮者，取其文章也。《禮》曰：『三王共皮弁素積。』裳也，腰中辟積，至質不易之服，反古不忘本也。戰伐田獵，此皆服之。」劉熙《釋名》：「弁如兩手相合抃時也，以爵韋為之謂之爵弁，以鹿皮為之謂之皮弁，以靺韋為之謂之韋弁也。」

皮弁：古冠名。用白鹿皮製成。《周禮·夏官·弁師》：「王之皮弁，會五采玉璂，象邸，玉笄。」鄭玄注：「會，縫中也。璂，讀如薄借綦之綦。綦，結也。皮弁之縫中，每貫結五采玉十二以為飾，謂之綦。《詩》云『會弁如星』，又曰『其弁伊綦』，是也。邸，下柢也，以象骨為之。」又《周禮·春官·司服》：「眡朝，則皮弁服。」孫詒讓《正義》：「皮弁為天子之朝服。《論語·鄉黨篇》：『吉月必朝服而朝』，《集解》孔安國云：『吉月，月朔也。朝服，皮弁服。』《曾子問》孔疏引鄭《論語注》通。蓋以彼月吉諸侯視朔，當服皮弁，而皮弁為天子之朝服，故亦統稱朝服。」黃以周《禮書通故·名物一》：「侯伯璂飾七，子男璂飾五、玉亦三采；孤璂飾四，三命之卿璂飾三，再命之大夫璂飾二，玉亦二采；一命之大夫及士之會無結飾。《釋名》云：『以爵韋為之，謂爵弁，以鹿皮為之，謂皮弁，以靺韋為之，謂之韋弁。』據《釋名》說，三弁之制相同，惟其所為皮色為異耳。」

〔16〕宮門僕射：為掌管宮門之吏。僕射：官名。秦始置，漢以後因之。漢成帝建始四年，初置尚書五人，一人為僕射，位僅次尚書令，職權漸重。《漢書·百官公卿表》：「僕射，秦官，自侍中、尚書、博士、郎皆有。古者重武官，有主射以督課之，軍屯吏、騶、宰、永巷宮人皆有，取其領事之號。」顏師古注引孟康曰：「皆有僕射，隨所領之事以為號也。若屯軍吏則曰屯軍僕射，永巷則曰永巷僕射。」

卻非：即卻非冠，古冠名。《後漢書·輿服下》：「卻非冠，制似長冠，下促。宮

殿門吏僕射冠之。負赤幡，青翅燕尾，諸僕射幡皆如之。」《隋書·禮儀志六》：「卻非冠，高五寸，制似長冠。宮殿門吏僕射冠之。」

〔17〕大樂：即太樂。西漢管理雅樂的機關，東漢改為大予樂。《後漢書·百官二》：「大予樂令一人，本注曰：掌伎樂。凡國祭祀，掌請奏樂，及大饗用樂，掌其陳序。丞一人。」

建華：冠名。《後漢書·輿服下》：「建華冠，以鐵為柱卷，貫大銅珠九枚，制似縷鹿。《記》曰：『知天者冠述，知地者履絢。』《春秋左傳》曰：『鄭子臧好鷸冠。』前圓，以為此則是也。天地、五郊、明堂，《育命舞》樂人服之。」劉昭注曰：《獨斷》曰：『其狀若婦人縷鹿。』薛綜曰：『下輪大，上輪小。』《說文》曰：『鷸，知天將雨鳥也。』」

〔18〕盧校：「《續志》注引作『鹿』。下同。」愚按：四庫本、《蔡集》本作「縷簏」。縷簏：古冠名。《後漢書·輿服下》：「建華冠，以鐵為柱卷，貫大銅珠九枚，制似縷鹿。」劉昭注引薛綜曰：「下輪大，上輪小。」

〔19〕盧校：「文有偽。」張校：「『車加出』，『加』作『駕』。」愚按：四庫本作「車加出」。

〔20〕盧校：「臧云：《續志》『巧士冠，黃門從官四人服之』，此『後』字必『從』之偽，下又脫『官』字。」張校：「『有巧士冠似高山冠而小』，上『冠』字下有『其冠』二字。」愚按：巧士冠：古冠名。《後漢書·輿服下》：「巧士冠，前高七寸，要後相通，直豎。不常服，唯郊天，黃門從官四人冠之，在鹵簿中，次乘輿車前，以備宦者四星云。」

幘

幘者，古〔1〕之卑賤執事不冠者之所服也〔2〕。孝武帝幸館陶公主家〔3〕，召見董偃，偃傅青褠綠幘，主贊曰：主家庖人臣偃，昧死再拜謁。上為之起，乃賜衣冠引上殿〔4〕。董仲舒，武帝時人，其【上兩】〔止雨〕書曰：「執事者皆赤幘。」知皆不冠者之所服也〔5〕。元帝額有壯髮，不欲使人見，始進幘服之，群臣皆隨焉〔6〕。然尚無巾，如今半幘而已〔7〕。王莽無髮，乃施巾，故語曰：王莽禿，幘施屋〔8〕。冠進賢者宜長耳，冠惠文者宜短耳，各隨所宜〔9〕。

【注釋】

〔1〕盧校：「《續志》注引作『古者』，無下『之』字。」愚按：幘：古代包紮髮髻的巾。《光武帝紀》章懷注：「《漢官儀》曰：『幘者，古之卑賤不冠者之所服也。』」

《方言》曰：『覆髻謂之幘，或謂之承露。』」《後漢書‧輿服下》：「幘者，賾也，頭首嚴賾也。至孝文乃高顏題，續之為耳，崇其巾為屋，合後施收，上下群臣貴賤皆服之。文者長耳，武者短耳，稱其冠也。」劉熙《釋名》：「幘，賾也，下齊員賾然也。」

〔2〕執事：從事工作；主管其事。《周禮‧天官‧太宰》：「九曰閒民，無常職，轉移執事。」鄭玄注引鄭司農云：「閒民，謂無事業者，轉移為人執事，猶今傭賃也。」《史記‧蒙恬列傳》：「及武王有病甚殆，公旦自揃其爪以沉於河，曰：『王未有識，是旦執事，有罪殃，旦受其不祥。』」亦指服勞役的人。

〔3〕館陶公主：即劉嫖，漢文帝與竇后之女，漢景帝同母姊，先嫁堂邑侯陳午，午早卒，公主寡居。漢武帝因得公主之力為帝，又娶其女為后，故寵幸莫比。

〔4〕《漢書‧東方朔傳》：「初，帝姑館陶公主號竇太主，堂邑侯陳午尚之。午死，主寡居，年五十餘矣，近幸董偃。……上還，有頃，主疾愈，起謁，上以錢千萬從主飲。後數日，上臨山林，主自執宰敝膝，道入登階就坐。坐未定，上曰：『願謁主人翁。』主乃下殿，去簪珥，徒跣頓首謝曰：『妾無狀，負陛下，身當伏誅。陛下不致之法，頓首死罪。』有詔謝。主簪履起，之東廂自引董君。董君綠幘傅韝，隨主前，伏殿下。主乃贊：『館陶公主胞人臣偃昧死再拜謁。』因叩頭謝，上為之起。有詔賜衣冠上。」顏師古注：「應劭曰：『宰人服也。』韋昭曰：『韝形如射韝，以縛左右手，於事便也。』綠幘，賤人之服也。傅，著也。韝即今之臂韝也。」韝：革製的袖套，用以束衣袖，射箭或操作時用之。亦作「鞲」。《史記‧張耳傳》：「趙王朝夕袒韝蔽，自上食。」裴駰《集解》：「徐廣曰：『韝，臂捍也。』」按：韝、鞲、褠，音義相同，《後漢書‧明德馬皇后紀》：「倉頭衣綠褠，領袖正白。」章懷注：「褠，臂衣，今之臂韝，以縛左右手，於事便也。」

〔5〕盧校：「『上兩』偽。」張校：「『其上兩書』，《百川》『上兩』作『止雨』。」愚按：四庫本作「上兩」，《蔡集》本作「止兩」，無「所」字。《後漢書‧輿服下》劉昭注引「不冠者」前無「皆」字。董仲舒（約前179～前104年），廣川（今河北棗強東）人，經學家、思想家、散文家。他是公羊學大師，以《公羊春秋》為依託，以陰陽五行為基本原理，構建了自己的哲學體系、政治理論和道德觀念，對中國文化和社會生活產生了深遠影響。其《春秋繁露‧止雨》曰：「凡止雨之大體，女子欲其藏而匿也，丈夫欲其和而樂也，開陽而閉陰，闔水而開火，以朱絲縈社十周，衣赤衣赤幘，三日罷。」《太平御覽》卷六八七載董仲舒《止

雨書》：「執事者赤幘。由是言之，知不著冠之所服也。」後二句顯非原文。

〔6〕《漢官儀》：「元帝額上有壯髮，不欲使人見，乃使進幘，群僚隨焉。」

〔7〕巾：古人以巾裹頭，後即演變成冠的一種，稱作巾。《後漢書·郭太傳》：「（郭
太）嘗於陳梁間行遇雨，巾一角墊，時人乃故折巾一角，以為『林宗巾』。」李
時珍《本草綱目·服器·頭巾》：「古者尺布裹頭為巾，後世以紗、羅、布、葛
縫合，方者曰巾，圓者曰帽，加以漆製曰冠。」

〔8〕張校：「『王莽禿，幘施屋』，《漢魏》『屋』作『尾』。」《漢官儀》：「幘本無巾，
如今半幘而已。王莽無髮，因為施巾，故里語曰：『王莽頭禿，施幘屋。』」屋：
覆蓋物。《史記·項羽本紀》：「紀信乘黃屋車。」張守節《正義》引李斐曰：「天
子車以黃繒為蓋裹。」《晉書·輿服志》：「而江左時野人已著帽，人士亦往往而
然，但其頂圓耳，後乃高其屋云。」

〔9〕愚按：《蔡集》本上兩「耳」字皆作「爾」。《後漢書·輿服下》：「古者有冠無幘，
其戴也，加首有頍，所以安物。故《詩》曰：『有頍者弁。』此之謂也。三代之
世，法制滋彰，下至戰國，文武並用。秦雄諸侯，乃加其武將首飾為絳袙，以
表貴賤，其後稍稍作顏題。漢興，續其顏，卻摞之，施巾連題，卻覆之，今喪
幘是其制也。名之曰幘。幘者，賾也，頭首嚴賾也。至孝文乃高顏題，續之為
耳，崇其巾為屋，合後施收，上下群臣貴賤皆服之。文者長耳，武者短耳，稱
其冠也。尚書幘收，方三寸，名曰納言，示以忠正，顯近職也。迎氣五郊，各
如其色，從章服也。皁衣群吏春服青幘，立夏乃止，助微順氣，尊其方也。武
吏常赤幘，成其威也。未冠童子幘無屋者，示未成人也。入學小童幘也句卷屋
者，示尚幼少，未遠冒也。喪幘卻摞反本，禮也，升數如冠，與冠偕也。期喪
起耳有收，素幘亦如之，禮輕重有制，變除從漸，文也。」

通天冠

通天冠，天子〔所〕〔1〕常服，漢〔2〕【服】受之秦。禮無文。

【注釋】

〔1〕盧校：「脫，《續志》有。」

〔2〕盧校：「下『服』字衍。」愚按：《後漢書·儒林列傳》：「天子始冠通天。」章
懷注：「徐廣《輿服雜注》曰：『天子朝，冠通天冠，高九寸，黑介幘，金博山，
所常服也。』」《太平御覽》卷六八五：「《三禮圖》曰：『通天冠，一曰高山冠，
上之所服。』蔡邕《獨斷》曰：『天子冠通天，漢制之秦，禮無文。祀天地明堂，

平冕，鄙人不識，謂之平天冠。」徐廣《輿服雜注》曰：『天子通天冠，高九寸，黑介幘，金博山。』徐爰《釋問》曰：『通天冠，金博山蟬，謂之金顏。』」

遠遊冠

遠遊冠，諸侯王所服，展筩無山〔1〕，禮無文〔2〕。

【注釋】

〔1〕山：即山述，古代通天冠上的裝飾，即用鷸毛做成的山形裝飾。

〔2〕《晉書·輿服志》：「遠遊冠，傅玄云秦冠也。似通天而前無山述，有展筩橫於冠前。皇太子及王者後、帝之兄弟、帝之子封郡王者服之。諸王加官者自服其官之冠服，惟太子及王者後常冠焉。太子則以翠羽為緌，綴以白珠，其餘但青絲而已。」《太平御覽》卷六八五：「《三禮圖》曰：『遠遊冠，諸王所服。』徐廣《輿服雜注》曰：『天子雜服遠遊冠，太子及諸王。遠遊冠制似通天也。天子五梁，太子三梁。』董巴《漢輿服志》曰：『遠遊冠，制如通天，有展筩橫之於前，無山。』」

高山冠

高山冠，齊冠也〔1〕，一曰側注〔2〕。高九寸，鐵為卷梁，不展筩，無山。秦制，行人使官所冠〔3〕，今謁者〔4〕服之，禮無文。太傅胡公說曰〔5〕：高山冠，蓋齊王冠也，秦滅齊，以其君冠賜謁者〔6〕。

【注釋】

〔1〕齊冠：又名高山冠、側注。本為戰國時齊王所服，秦滅齊得冠，以賜謁者。後遂製為中外官、謁者、僕射之冠。

〔2〕側注：古冠名。《史記·酈生陸賈列傳》：「使者對曰：『狀貌類大儒，衣儒衣，冠側注。』」裴駰《集解》：「徐廣曰：『側注冠一名高山冠，齊王所服，以賜謁者。』」

〔3〕行人：官名。掌管朝覲聘問的官。《周禮·秋官》有行人。春秋、戰國時各國都有設置。漢代大鴻臚屬官有行人，後改稱大行令。《周禮·秋官·訝士》：「邦有賓客，則與行人送逆之。」《國語·晉語八》：「秦景公使其弟鍼來求成，叔向命召行人子員。行人子朱曰：『朱也在此。』」韋昭注：「行人，掌賓客之官。」又主號令之官。《漢書·食貨志上》：「孟春之月，群居者將散，行人振木鐸徇於路，以采詩。」顏師古注：「行人，遒人也，主號令之官。」

使官：使臣，奉皇帝命令外出做事的人。《儀禮·有司》：「卒簎，有司官徹饋。」
鄭玄注：「官徹饋者，司馬、司士舉俎，宰夫取敦及豆。此於尸謖改饌，當室之
白，孝子不知神之所在，庶其饗之於此，所以為厭飫。不令婦人改徹饌敦豆，
變於始也，尚使官也。」《後漢書·祭祀下》：「郡縣置社稷，太守、令、長侍祠，
牲用羊豕。唯州所治有社無稷，以其使官。」

〔4〕張校：「『今謁者服之』，『謁』下有『者』字。」

〔5〕胡公：即胡廣（91～172），字伯始，南郡華容（今屬湖南）人。東漢大臣、學
者、文人。少孤貧，入郡為散吏，為法真所賞識，遂舉孝廉。安帝以為天下第
一，旬日拜尚書郎，五遷尚書僕射。歷事安帝、順帝、桓帝、靈帝，凡一履司
空，再作司徒，三登太尉，又為太傅。胡廣練達事體，明解朝章，尤明於漢朝
的禮儀制度，為蔡邕所師。

〔6〕《太平御覽》卷六八五：「《三禮圖》曰：『高山冠，一曰側注，高九寸，鐵為卷
梁，秦制，行人使者所服，今謁者服之。』《續漢輿服志》曰：『安帝立太子，
太子謁高廟，洗馬服高山冠，侍御史奏謂不宜，事下有司，尚書陳忠奏：洗馬
職如謁者，服其服，先帝之舊也。奏可。謁者，古一名洗馬。』董巴《漢輿服
志》曰：『高山冠，一曰側注，如通天，謁者僕射所服。』大傅南郡胡廣說曰：
『高山冠，蓋齊王冠也，秦滅齊，以其君冠賜近臣，謁者服之。』」

進賢冠

進賢冠，文官服之〔1〕，前高七寸，後三寸，長八寸。公侯三梁，卿大夫、
尚書、博士兩梁，千石、八百石以下一梁。漢制，禮無文〔2〕。

【注釋】

〔1〕文官：文職官員。《後漢書·禮儀中》：「立春，遣使者齎束帛以賜文官。」章懷
注：「《漢官名秩》曰：『賜司徒、司空帛四十匹，九卿十五匹。』《古今注》：『建
武八年立春，賜公十五匹，卿十四匹。』」

〔2〕張校：「『千石六百石以下』，《漢魏》《抱經》『六』作『八』。」愚按：四庫本、
《蔡集》本皆作「六」。《太平御覽》卷六八五：「《三禮圖》曰：『進賢冠，前高
七寸，長八寸，後高三寸，一梁，下大夫一命所服；兩梁，再命大夫、二千石
所服；三梁，三命上大夫、公侯之服。』董巴《漢輿服志》曰：『進賢冠，古緇
布冠，文儒者之服也。前高七寸，後三寸，長八寸。公侯三梁，中二千石以下
至博士兩梁，千石已下至小史私學弟子皆一梁。宗室劉氏亦兩梁。』」

法冠

法冠，楚冠也，一曰柱後惠文冠〔1〕。高五寸，以纚裏〔2〕，鐵柱卷〔3〕。秦制，執法〔者〕〔4〕服之。今御史、廷尉監平服之〔5〕，謂之獬豸冠〔6〕。獬豸〔7〕，獸名，蓋一角，今冠兩角，以獬豸為名，非也。太傅胡公說曰：「《左氏傳》：『有南冠而縶者〔8〕。』」《國語》曰：「南冠以如夏姬〔9〕。」是知南冠蓋楚之冠，秦滅楚，以其君冠賜御史〔10〕。

【注釋】

〔1〕柱後：執法官、御史等所戴的一種帽子。也稱惠文冠、獬豸冠。《後漢書·輿服下》：「法冠，一曰柱後。高五寸，以纚為展筩，鐵柱卷，執法者服之，侍御史、廷尉正監平也。或謂之獬豸冠。」

柱後惠文冠：冠名。執法官、御史等所戴。《漢書·張敞傳》：「秦時獄法吏冠柱後惠文。」顏師古注引晉灼曰：「《漢注》法冠也，一號柱後惠文，以纚裏鐵柱卷。秦制執法服，今御史服之。」愚按：柱後，法冠；惠文，武冠。後合稱一種冠。《漢官儀》：「侍御史，周官也，為柱下史，冠法冠。一曰柱後，以鐵為柱。」《漢官儀》：「柱史以鐵為冠。張武曰：『當以柱史惠文冠治之。』」

〔2〕纚：束髮的帛。《儀禮·士冠禮》：「緇纚，廣終幅，長六尺。」鄭玄注：「纚一幅長六尺，足以韜髮而結之矣。」《漢書·江充傳》：「冠襌纚步搖冠，飛翮之纓。」顏師古注：「纚，織絲為之，即今方目紗是也。」

〔3〕柱卷：法冠後部上端捲曲的兩根鐵柱。因鐵製，也稱「鐵柱」。《後漢書·輿服下》：「法冠，一曰柱後。高五寸，以纚為展筩，鐵柱卷，執法者服之。」劉昭注引荀綽《晉百官表》：「鐵柱，言其屬直不曲橈。」因以鐵為柱卷，故也稱「鐵冠」，御史服之。《後漢書·方術傳上·高獲》：「師事司徒歐陽歙。歙下獄當斷，獲冠鐵冠，帶鈇鑕，詣闕請歙。」

〔4〕盧校：「舊無，據《續志》補。」愚按：四庫本、《蔡集》本無「者」字。

〔5〕御史：官名。春秋戰國時期列國皆有御史，為國君親近之職，掌文書及記事。秦設御史大夫，職副丞相，位甚尊，並以御史監郡，遂有糾察彈劾之權，蓋因近臣使作耳目。《史記·蕭相國世家》：「秦御史監郡者與從事，常辨之。何乃給泗水卒史事，第一。秦御史欲入言徵何，何固請，得毋行。」

廷尉：官名。秦始置，九卿之一，掌刑獄。漢初因之，秩中二千石。景帝時改稱大理，武帝時復稱廷尉。東漢以後，或稱廷尉，或稱大理，又稱廷尉卿。《漢書·百官公卿表上》：「廷尉，秦官，掌刑辟，有正、左右監，秩皆千石。景帝

中六年更名大理，武帝建元四年復為廷尉。宣帝地節三年初置左右平，秩皆六百石。哀帝元壽二年復為大理。王莽改曰作士。」顏師古注：「應劭曰：『聽獄必質諸朝廷，與眾共之，兵獄同制，故稱廷尉。』廷，平也。治獄貴平，故以為號。」《後漢書‧百官二》：「廷尉，卿一人，中二千石。本注曰：掌平獄，奏當所應。凡郡國讞疑罪，皆處當以報。正、左監各一人。左平一人，六百石。本注曰：掌平決詔獄。」劉昭注：「胡廣曰：『讞，質也。』《漢官》曰：『員吏百四十人，其十一人四科，十六人二百石廷吏，文學十六人百石，十三人獄史，二十七人佐，二十六人騎吏，三十人假佐，一人官醫。』」又曰：「《前漢》有左右監平，世祖省右而猶曰左。」

廷尉監平，即廷尉監、廷尉平。廷尉平，亦稱「廷平」、「廷尉評」、「廷評」。漢時為廷尉屬官。宣帝地節三年，初置廷尉平四人，稱左右平，秩六百石。東漢光武帝省右平，唯有左平一人，掌平決詔獄事。

〔6〕張校：「『謂之獬豸』，《逸史》《漢魏》《抱經》『豸』下有『冠』字。」愚按：四庫本無「冠」字，《蔡集》本有。《漢官儀》：「獬豸獸性觸不直，故執憲者以其角形為冠。」《後漢書‧隗囂公孫述列傳》：「法冠晨夜，冤繫無辜。」章懷注曰：「《續漢志》曰：『法冠一曰柱後，高五寸，侍御史服之。』」獬豸冠：古代御史等執法官吏戴的帽子。《後漢書‧輿服下》：「獬豸神羊，能別曲直，楚王嘗獲之，故以為冠。胡廣說曰：『《春秋左氏傳》有南冠而縶者，則楚冠也。秦滅楚，以其君服賜執法近臣御史服之。』」

〔7〕獬豸：傳說中的異獸。一角，能辨曲直，見人相鬥，則以角觸邪惡無理者。古人視為祥物。楊孚《異物志》載：「東北荒中有獸，如牛，一角，毛青，四足似熊，見人鬥則觸不直，聞人論則咋不正，名曰解豸。」《文選‧司馬相如〈上林賦〉》：「椎蜚廉，弄獬豸。」郭璞注引張揖曰：「獬豸，似鹿而一角。人君刑罰得中，則生於朝廷，主觸不直者。」

〔8〕南冠：春秋時楚人之冠。《左傳‧成公九年》：「晉侯觀於軍府，見鍾儀，問之曰：『南冠而縶者，誰也？』有司對曰：『鄭人所獻楚囚也。』使稅之，召而弔之。再拜稽首。」

〔9〕《國語‧周語中》：「陳靈公與孔寧、儀行父南冠以如夏氏，留賓不見。」韋昭注：「南冠，楚冠也。」

〔10〕《漢官儀》：「法冠，一曰柱後冠，《左傳》『南冠而縶』，則楚冠也。秦滅楚，以其冠賜近臣，御史服之，即今獬豸冠也。古有獬豸獸，觸不直者。故執憲以其

形用為冠,令觸人也。」又曰:「侍御史,周官也,為柱下史,冠法冠。一名曰柱後,以鐵為柱,言其審固不撓也。或說古有獬豸獸,主觸邪佞,故執憲者以其角形為冠耳。余覽秦事云:始秦滅楚,以其君冠賜御史。漢興襲秦,因而不改。」《漢制度》:「《春秋左氏傳》有南冠而縶者,則楚冠也。秦滅楚,以其君服賜執法近臣御史服之。」《太平御覽》卷六八五:「《三禮圖》曰:『法冠,一曰柱後惠文,一曰獬豸冠,柱高五寸,以縱裏鐵柱卷。秦制,法官服之,禮不記。』董巴《漢興服志》曰:『大傅胡公說《春秋左氏傳》有南冠而縶者,則楚冠也。秦滅楚,以其服賜執法近臣御史服之。』又曰:『武冠,一曰武弁大冠,侍中、中常侍加黃金璫,附蟬為文,貂尾為飾,謂之趙惠文冠。』」

武冠

武冠,或曰繁冠〔1〕。今謂之大冠〔2〕,武官服之。侍中、中常侍加黃金〔璫〕〔3〕,附蟬為文,貂尾飾之〔4〕。太傅胡公說曰:趙武靈王效胡服〔5〕,始施貂蟬之飾〔6〕。秦滅〔7〕趙,以其君冠賜侍中〔8〕。

【注釋】

〔1〕武冠:古代武官戴的一種帽子的名稱。相傳戰國趙武靈王效胡服始用。《晉書・輿服志》:「武冠,一名武弁,一名大冠,一名繁冠,一名建冠,一名籠冠,即古之惠文冠。或曰趙惠文王所造,因以為名。亦云,惠者蟪也,其冠文輕細如蟬翼,故名惠文。或云,齊人見千歲涸澤之神,名曰慶忌,冠大冠,乘小車,好疾馳,因象其冠而服焉。漢幸臣閎孺為侍中,皆服大冠。天子元服亦先加大冠,左右侍臣及諸將軍武官通服之。侍中、常侍則加金璫,附蟬為飾,插以貂毛,黃金為竿,侍中插左,常侍插右。胡廣曰:『昔趙武靈王為胡服,以金貂飾首。秦滅趙,以其君冠賜侍臣。』應劭《漢官》云:『說者以為金取剛強,百鍊不耗。蟬居高飲清,口在掖下。貂內勁悍而外柔縟。』又以蟬取清高飲露而不食,貂則紫蔚柔潤而毛采不彰灼,金則貴其寶瑩,於義亦有所取。或以為北土多寒,胡人常以貂皮溫額,後世效此,遂以附冠。漢貂用赤黑色,王莽用黃貂,各附服色所尚也。」王國維《觀堂集林・胡服考》:「胡服冠飾,既有貂蟬鳥羽之殊,而鳥羽中又有鶡與鵔鸃之異。然武冠則同,其插鵔鸃或貂蟬,蓋無定制,恐自趙時已然……漢時有武冠、武弁、繁冠、大冠諸名,晉宋以後又謂之建冠,又謂之籠冠,蓋比余冠為高大矣。」

繁冠:即大冠。漢代武官所戴之冠。王國維《觀堂集林・胡服考》:「案胡服之

冠，漢世謂之武弁，又謂之繁冠，古弁字讀若盤，繁讀亦如之。疑活用周世之弁，若插貂蟬及鶡尾，則確出胡俗也。」

〔2〕大冠：武冠。《戰國策・齊策六》：「遂攻狄，三月而不克之也。齊嬰兒謠曰：『大冠若箕，脩劍拄頤，攻狄不能，下壘枯丘。』」《後漢書・光武帝紀上》：「及見光武絳衣大冠，皆驚曰『謹厚者亦復為之』，乃稍自安。」章懷注引董巴《輿服志》曰：「大冠者，謂武冠，武官冠之。」

〔3〕盧校：「脫。」璫：漢代宦官充武職者，其冠用璫與貂尾為飾。《後漢書・朱穆傳》：「案漢故事，中常侍參選士人。建武以後，乃悉用宦者。自延平以來，浸益貴盛，假貂璫之飾，處常伯之任，天朝政事，一更其手，權傾海內，寵貴無極，子弟親戚，並荷榮任，故放濫驕溢，莫能禁禦。」章懷注：「璫以金為之，當冠前，附以金蟬也。《漢官儀》曰：『中常侍，秦官也。漢興，或用士人，銀璫左貂。光武以後，專任宦者，右貂金璫。』常伯，侍中。」後代遂以璫作為宦官的代稱。

〔4〕盧校：「舊『附貂蟬鼠尾飾之』，偽，《續志》『飾之』作『為飾』。」愚按：四庫本作「附貂蟬之飾」，亦無「璫」字。《蔡集》本作「附貂蟬鼠尾飾之」。《漢官儀》：「侍中冠武弁大冠，亦曰惠文冠。加金璫，附蟬為文，貂尾為飾，謂之貂蟬。」《漢制度》：「意謂北方寒涼，以貂皮煖額，附施於冠，因遂變成首飾。」

〔5〕趙武靈王效胡服：《資治通鑑》卷三：「趙武靈王北略中山之地，至房子，遂至代，北至無窮，西至河，登黃華之上。與肥義謀胡服騎射以教百姓，曰：『愚者所笑，賢者察焉。雖驅世以笑我，胡地、中山，吾必有之！』遂胡服。」

〔6〕愚按：「始施貂蟬之飾」，四庫本作「始施貂蟬鼠尾飾之」。

〔7〕愚按：「秦滅」二字，四庫本逸在「太傅胡廣」前。

〔8〕愚按：「太傅胡公」以下文字，《四庫》本作「秦滅，太傅胡公說曰：趙武靈王效胡服，始施貂蟬鼠尾飾之。趙以其君冠賜侍中」。文字凌亂，意義不明。《後漢書・輿服下》：「武冠，俗謂之大冠，環纓無蕤，以青系為緄，加雙鶡尾，豎左右，為鶡冠云。五官、左右虎賁、羽林、五中郎將、羽林左右監皆冠鶡冠，紗縠單衣。虎賁將虎文褲，白虎文劍佩刀。虎賁武騎鶡冠，虎文單衣。襄邑歲獻織成虎文云。鶡者，勇雉也，其鬥對一死乃止，故趙武靈王以表武士，秦施之焉。」劉昭注：「莊子曰：『縵胡之纓，武士之服』是也。徐廣曰：『鶡似黑雉，出於上黨。』荀綽《晉百官表注》曰：『冠插兩鶡，鷙鳥之暴疏者也。每所攫撮，應爪摧衂，天子武騎故以冠焉。』傅玄賦注曰：『羽騎，騎者戴鶡。』」

齊冠

齊冠〔1〕，或曰長冠〔2〕，竹裏〔3〕以纚，高七寸，廣三寸，形制如板〔4〕。

【注釋】

〔1〕許校：「盧本提行，另為一條，是也。條本適當行首，蓋喬本如此，後來刻本，變其行款，遂誤連上文。綱目分、合、提之處皆當以盧本為正。」齊冠：即齋冠。又名劉氏冠、長冠。漢高祖劉邦始制，後以為祭服之冠。

〔2〕長冠：漢高祖所戴冠名。《後漢書·輿服下》：「長冠，一曰齋冠，高七寸，廣三寸，促漆纚為之，制如板，以竹為裏。初，高祖微時，以竹皮為之，謂之劉氏冠，楚冠制也。民謂之鵲尾冠，非也。祀宗廟諸祀則冠之。皆服袀玄，絳緣領袖為中衣，絳褲襪，示其赤心奉神也。五郊，衣幘褲襪各如其色。此冠高祖所造，故以為祭服，尊敬之至也。」

〔3〕盧校：「『裏』，宋本『裡』。」愚按：四庫本作「裡」，《蔡集》本作「裏」，作「裏」是。《太平御覽》卷六八五：「三禮圖曰『長冠，竹裏，高七寸，廣三寸。漢高祖以竹皮作之，世云劉氏冠。楚制，禮不記。』」

〔4〕許校：「（形如板）各本『形』下有『制』字，此蓋誤脫。」

高祖冠

高祖冠，以竹皮為之，謂之劉氏冠。楚制，禮無文〔1〕。鄙人不識，謂之鵲尾冠〔2〕。

【注釋】

〔1〕張校：「『漢制禮無文』，『漢』作『楚』。」《史記·高祖本紀》裴駰《集解》引應劭曰：「以竹始生皮作冠，今鵲尾冠是也。求盜者，舊時亭有兩卒，其一為亭父，掌開閉掃除；一為求盜，掌逐捕盜賊。薛，魯國縣也。有作冠師，故往治之。」司馬貞《索隱》引應劭云：「一名『長冠』。側竹皮裏以縱前，高七寸，廣三寸，如板。」

〔2〕鵲尾冠：漢高祖所制的竹皮冠。亦稱「劉氏冠」。《漢書·高帝紀上》：「高祖為亭長，乃以竹皮為冠。令求盜之薛治之，時時冠之，及貴常冠，所謂『劉氏冠』乃是也。」顏師古注引應劭曰：「以竹始生皮作冠，今鵲尾冠是也。」

建華冠

建華冠，以鐵為柱卷，貫大珠九枚，今以銅為珠，形制似縷簏〔1〕。《記》

曰：「知天文者服之〔2〕。」《左傳》曰：「鄭子臧好聚鷸冠〔3〕。」前【圖】〔圓〕（一作徒）〔4〕，以為此則〔5〕是也。天地、五郊、明堂【月令】，〔育命〕〔6〕舞者服之。

【注釋】

〔1〕張校：「『制以縷籭』，『以』作『似』。」愚按：《後漢書・輿服下》劉昭注引作「其狀若婦人縷鹿」。

〔2〕《禮記》曰：「知天文者冠鷸。」《說文》：「鷸，知天將雨鳥也。知天文者冠鷸。」

〔3〕《左傳・僖公二十四年》載：鄭子華之弟子臧出奔宋，好聚鷸冠。鄭文公聞而惡之，使盜誘之。八月，盜殺之於陳、宋之間。君子曰：「服之不衷，身之災也。《詩》曰：『彼己之子，不稱其服。』子臧之服，不稱也夫。《詩》曰『自詒伊戚』，其子臧之謂矣。《夏書》曰『地平天成』，稱也。」杜預注：「鷸，鳥名，聚鷸羽以為冠，非法之服。」鷸：水鳥名。體色暗淡，喙細長，腿亦長，趾間無蹼，常棲田澤，捕食小魚及昆蟲。是一種候鳥，天將雨即鳴。鷸冠：以鷸羽為飾的冠，古時亦為知天文者之冠。

〔4〕盧校：「『圖』，又有注云『一作徒』，皆非。」愚按：四庫本作「圖」，又有注文「一作徒」三字。《蔡集》本亦作「圖」，然無注文「一作徒」。

〔5〕盧校：「『制』，宋本『則』。」張校：「『前圖以為此則是也』，《逸史》《漢魏》『則』作『制』。」愚按：四庫本作「則」，《蔡集》本作「制」。

〔6〕盧校：「『月令』偽，皆據《續漢志》改。」愚按：四庫本、《蔡集》本亦作「月令」，盧氏又補「育命」二字。《晉書・輿服志》曰：「建華冠，以鐵為柱卷，貫大銅珠九枚，古用雜木珠，原憲所冠華冠是也。又《春秋左氏傳》鄭子臧好聚鷸冠，謂建華是也。祀天地、五郊、明堂，舞人服之。漢《育命舞》樂人所服。」《太平御覽》卷六八四：「建華冠，祠天地、五郊，《八佾》舞人服之，以鐵為柱卷，貫雜大珠九枚。」

方山冠

方山冠〔1〕，以五采縠為之〔2〕，漢祀宗廟，《大【享】〔予〕》〔3〕《八佾樂》〔4〕《五行》舞人服之〔5〕，衣冠各從其行之色〔6〕，如其方色而舞焉〔7〕。

【注釋】

〔1〕方山冠：古冠名。漢代祭宗廟時樂舞人所戴之冠。《資治通鑑・漢昭帝元平元

年》:「王嘗見大白犬，頸以下似人，冠方山冠而無尾，以問龔遂。」胡三省注:
「方山冠以五采縠為之，前高七寸，後高三寸，長八寸，樂舞人服之。」

〔2〕縠:縐紗。《戰國策·齊策四》:「王之憂國愛民，不若王愛尺縠也。」吳師道補
正:「縠，縐紗。」《漢書·江充傳》:「充衣紗縠襌衣。」顏師古注:「紗縠，紡
絲而織之也，輕者為紗，縐者為縠。」

〔3〕盧校:「『享』偽。『大予』，明帝所作樂名。」愚按:四庫本、《蔡集》本亦作
「大享」。大予:樂名。大予即「太予」。《後漢書·明帝紀》:「(永平三年)秋
八月戊辰，改大樂為大予樂。」章懷注:「《尚書琁機鈐》曰:『有帝漢出，德
洽作樂名予。』故據《琁機鈐》改之。《漢官儀》曰:『大予樂令一人，秩六百
石。』」大，「太」古字。《詩經·鄘風·蝃蝀》:「乃如之人也，懷婚姻也，大
無信也，不知命也。」陸德明釋文:「大音泰。」《論語·雍也》:「居簡而行
簡，無乃大簡乎？」清江沅《說文釋例》:「古只作「大」，不作『太』，亦不作
『泰』。」

〔4〕愚按:八佾，四庫本作「八月」。八佾:亦作「八溢」、「八羽」，古代天子用的
一種樂舞。佾，舞列，縱橫都是八人，共六十四人。《論語·八佾》:「孔子謂季
氏，『八佾舞於庭，是可忍也，孰不可忍也！』」朱熹集注:「佾，舞列也。天子
八，諸侯六，大夫四，士二。」《漢書·禮樂志二》:「千童羅舞成八溢。」顏師
古注:「溢與佾同，佾，列也。」

〔5〕張校:「『舞者服之』，『者』作『人』。」《五行》:樂舞名。《史記·孝文本紀》:
「舞者，所以明功也。高廟酹，奏《武德》《文始》《五行》之舞。」裴駰《集
解》引孟康曰:「《武德》，高祖所作也。《文始》，舜舞也。《五行》，周舞也。」
《後漢書·輿服下》:「方山冠，似進賢，以五采縠為之。祠宗廟，《大予》《八
佾》《四時》《五行》樂人服之，冠衣各如其行方之色而舞焉。」《太平御覽》卷
六八五:「《三禮圖》曰:『五彩方山冠，各以五彩縠為之，祠廟，天子《八佾樂》
《五行》舞人所服。』」

〔6〕衣冠各從其行之色:意謂木行青，火行赤，土行黃，金行白，水行黑。

〔7〕如其方色而舞焉:意謂東方青，南方赤，西方白，北方黑，中間黃。

術士冠

術士冠〔1〕，前圓，吳制，邐迤〔2〕四重，趙武靈王好服之，今者不用〔3〕，
其說未聞。

【注釋】

〔1〕術士冠：亦稱「術氏冠」。即鷸冠，古代掌天文者所戴的帽子。顏師古《匡謬正俗·鷸》：「鷸，水鳥……古人以其知天時，乃為冠，象此鳥之形，使掌天文者冠之。故逸《禮》記曰：『知天文者冠鷸。』此其證也。鷸字音聿，亦有術音，故《禮》之《衣服圖》及蔡邕《獨斷》謂為『術氏冠』，亦因鷸音轉為術字耳，非道術之謂也。」章炳麟《原儒》：「鷸冠者，亦曰術氏冠，又曰圜冠。」一說非鷸冠。《格致鏡原》卷十三引《秕言》：「《禮圖》以鷸冠為術士冠，此又以述與術音相近而誤。《漢志》自有術士冠，趙武靈王好服之，漢不施用，非鷸冠也。」《晉書·輿服志》：「術氏冠，前圓，吳制，差池四重。趙武靈王好服之。或曰，楚莊王復仇冠是也。」

〔2〕盧校：「《續漢志》『迤乃正體』。」愚按：邐迤：亦作「邐池」，曲折連綿貌。《文選·吳質〈答東阿王書〉》：「夫登東嶽者，然後知眾山之邐池也。」劉良注：「邐池，小而相連貌。」一本作「邐迤」。

〔3〕盧校：「《續志》作『今不施用』。」張校：「『趙武靈好服之』，『武靈』下有『王』字。」愚按：《後漢書·輿服下》：「術氏冠，前圓，吳制，差池邐迤四重，趙武靈王好服之。今不施用，官有其圖注。」劉昭注：「《淮南子》曰：『楚莊王所服雖冠者是。』」《太平御覽》卷六八四：「術氏冠，有五綵衣，青玄裳，前員，其制差池四重。趙氏靈王好服之，今不施用也。」

巧士冠

巧士冠，高五寸〔1〕，要後相通〔2〕，掃除〔3〕從官服之，禮無文。

【注釋】

〔1〕愚按：《後漢書·輿服下》作「前高七寸」。

〔2〕盧校：「《續漢志》有『直豎』二字。」愚按：要，通「腰」。

〔3〕盧校：「《續志》作『黃門』。」愚按：黃門從官次乘輿車前，行清道除障之事。《晉書·輿服志》：「巧士冠，前高七寸，要後相通，直豎。此冠不常用，漢氏惟郊天，黃門從官四人冠之；在鹵簿中，夾乘輿車前，以備宦者四星。或云，掃除從官所服。」《太平御覽》卷六八五：「巧士冠，《三禮圖》曰：『巧士冠，前高五寸，後相通，掃除從官服之。禮不記。』董巴《漢輿服志》曰：『巧士冠，高七寸，不常服，唯郊天，黃門從官四人冠之，在鹵簿中，次乘輿車前以備宦者四星。』」

卻非冠

卻非冠，宮門僕射【者】〔等〕〔1〕服之，禮無文。

〔1〕盧校：「『者』偽，據《通典・禮十七》改。」愚按：《晉書・輿服志》：「卻非冠，高五寸，制似長冠。宮殿門吏僕射冠之。負赤幡，青翅燕尾，諸僕射幡皆如之。」《太平御覽》卷六八五：「《三禮圖》曰：『卻非冠，宮殿門吏僕射冠之，高五寸，禮不記。』又司馬彪《續漢書》曰：『插以燕尾。』董巴《漢輿服志》曰：『卻非冠似長冠。』」

樊噲冠

樊噲冠〔1〕，漢將軍樊噲造次所冠〔2〕，以入項籍營。廣〔九寸，高〕七寸〔3〕，前〔後〕出〔各〕四寸〔4〕，司馬殿門大【護】〔誰〕衛士服之〔5〕。

【注釋】

〔1〕樊噲冠：古冠名，殿門司馬衛士所戴。相傳鴻門宴上，項羽欲殺劉邦，漢將樊噲聞事急，乃裂裳裹盾為冠，闖入羽營，責羽背信，劉邦乘間脫走。後人壯噲意，摹其裹盾之冠狀製冠，因名「樊噲冠」。《後漢書・輿服下》：「樊噲冠，漢將樊噲造次所冠，以入項羽軍。廣九寸，高七寸，前後出各四寸，制似冕。司馬殿門大難衛士服之。或曰，樊噲常持鐵楯，聞項羽有意殺漢王，噲裂裳以裹楯，冠之入軍門，立漢王旁，視項羽。」《太平御覽》卷六八五：「周遷《輿服雜事》曰：『樊噲冠，楚漢會於鴻門，項羽圖危高祖，樊噲聞急，乃裂衣包楯，戴以為冠，排入羽營。』董巴《漢輿服志》曰：『樊噲造次所冠，以入項羽軍，廣九寸，前後各出四寸，制似冕，司馬殿門衛士服之。』」

〔2〕造次：倉猝；匆忙。《論語・里仁》：「君子無終食之間違仁，造次必於是，顛沛必於是。」《後漢書・吳漢傳》：「漢為人質厚少文，造次不能以辭自達。」

〔3〕盧校：「舊脫『九寸高』三字，依《續漢志》補。」

〔4〕盧校：「『後』字、『各』字亦依《續漢志》補。」

〔5〕盧校：「『護』偽。《續志》又偽『難』。案：《漢書・五行志》有『大誰卒』，呵問誰人也，其官有大誰長，今據改正。」《晉書・輿服志》：「樊噲冠，廣九寸，高七寸，前後出各四寸，制似平冕。昔楚漢會於鴻門，項籍圖危高祖，樊噲常持鐵楯，聞急，乃裂裳苞楯，戴以為冠，排入羽營，因數羽罪，漢王乘間得出。後人壯其意，乃制冠象焉。凡殿門司馬衛士服之。」

卻敵冠

卻敵冠，前高四寸，通長四寸，後高三寸，監門衛士服之〔1〕。禮無文〔2〕。

【注釋】

〔1〕監門：禁衛宮門之官，亦泛指守門的人。《周禮·地官·司門》：「祭祀之牛牲繫焉，監門養之。」鄭玄注：「監門，門徒。」《韓詩外傳》卷二：「魯監門之女嬰相從績，中夜而泣涕。」《史記·秦始皇本紀》：「雖監門之養，不虧於此。」司馬貞《索隱》：「謂監門之卒，養即卒也，有廩養卒。」《隋書·百官志下》：「左右監門，各率一人，副率二人，掌諸門禁。」

〔2〕《後漢書·輿服下》：「卻敵冠，前高四寸，通長四寸，後高三寸，制似進賢，衛士服之。」《太平御覽》卷六八五：「《三禮圖》曰：『卻敵冠，前廣四寸，後三寸，衛士服之。』董巴《漢輿服志》曰：『卻敵冠，制似進賢，衛士服之。』」

珠冕〔1〕，爵、冔、收、通天冠、進賢冠、長冠、緇布冠、委貌冠、皮弁、惠文冠〔2〕，古者天子冠所加者〔3〕，其次在漢禮。

【注釋】

〔1〕愚按：《蔡集》本作「珠弁」。

〔2〕珠冕：古代天子之冠，其上飾有垂珠，故名。《漢官儀》：「珠冕與大冕略等，周加重旒，天子前後垂真白珠各十二。」

爵：通「雀」。《後漢書·輿服下》：「爵弁，一名冕。廣八寸，長尺二寸，如爵形，前小後大，繒其上似爵頭色，有收持笄，所謂夏收、殷冔者也。祠天地、五郊、明堂，《雲翹舞》樂人服之。《禮》曰：『朱干玉戚，冕而舞《大夏》。』此之謂也。」

緇布冠：古代士與庶人常用的一種冠。古人行冠禮，初加緇布冠，次加皮弁，次加爵弁。《禮記·玉藻》：「始冠，緇布冠，自諸侯下達，冠而敝之可也。」《儀禮·士冠禮》：「緇布冠缺項，青組纓，屬於缺；緇纚，廣終幅，長六尺。」缺項，冠後當人項處空缺，用青組纓結之。亦省稱「緇布」。《後漢書·禮儀上》：「初緇布進賢，次爵弁，次武弁，次通天。」《晉書·輿服志》：「緇布冠，蔡邕云即委貌冠也。太古冠布，齊則緇之。緇布冠，始冠之冠也。其制有四形，一似武冠，又一似進賢，其一上方，其下如幘顏，其一刺上而方下。行鄉射禮則公卿委貌冠，以皂絹為之。形如覆杯，與皮弁同制，長七寸，高四寸。衣黑而裳素，其中衣以皂緣領袖。其執事之人皮弁，以鹿皮為之。」

〔3〕張校：「『古者天子所加者』，『天子』下有『冠』字。」

帝謚

帝謚〔1〕：

【注釋】

〔1〕盧校：「次第多倒，又偽字並同異處，不能悉訂正，唯舉一二灼然者正之。」《逸
周書‧謚法解》：「謚者，行之跡也。號者，功之表也。車服，位之章也。是以
大行受大名，細行受細名，行出於己，名生於人。」《史記‧謚法解》：「惟周公
旦、太公望開嗣王業，建功於牧野，終將葬，乃制謚，遂敘謚法。謚者，行之
跡；號者，功之表（古者有大功則賜之善號以為稱也）；車服者，位之章也。是
以大行受大名，細行受細名。行出於己，名生於人（名謂號謚）。

違拂不成曰隱〔1〕，靖民則法曰黃〔2〕，翼善傳聖曰堯〔3〕，仁聖盛明曰舜
〔4〕，殘人多壘曰桀〔5〕，殘義損善曰紂〔6〕，慈惠愛親曰孝〔7〕，愛民好與曰惠
〔8〕，聖善【同文】〔周聞〕曰宣〔9〕，聲聞宣遠曰昭〔10〕，剋定禍亂曰武〔11〕，
聰明睿智曰獻〔12〕，溫柔聖善曰懿〔13〕，布德執義曰穆〔14〕，仁義說民曰元〔15〕，
安仁立政曰神〔16〕，布綱治紀曰平〔17〕，亂而不損曰靈〔18〕，保民耆艾曰胡〔19〕，
辟土有德曰襄〔20〕，貞心大度曰匡〔21〕，大慮慈民曰定〔22〕，知過能改曰恭〔23〕，
不生其國曰聲〔24〕，一德不解曰簡〔25〕，夙興夜寢曰敬〔26〕，清白自守曰貞〔27〕，
柔德好眾曰靖〔28〕，安樂治民曰康〔29〕，小心畏忌曰僖〔30〕，中身早折曰悼〔31〕，
慈仁和民曰順〔32〕，好勇致力曰莊〔33〕，恭人短折曰哀〔34〕，在國逢難曰愍〔35〕，
名實過爽曰繆〔36〕，壅遏不通曰幽〔37〕，暴虐無親曰厲〔38〕，致志大圖曰景〔39〕，
辟土兼國曰桓〔40〕，經緯天地曰文〔41〕，執義揚善曰懷〔42〕，短折不成曰殤〔43〕，
去禮遠眾曰煬〔44〕，怠政外交曰攜〔45〕，治典不殺曰祈〔46〕。

【注釋】

〔1〕《逸周書‧謚法解》：「不顯尸國曰隱。隱拂不成曰隱。」《世本‧謚法》：「不顯
尸國曰隱。隱拂不成曰隱。不尸其位曰隱。」秦嘉謨在「不尸其位曰隱」下加
案語曰：「據《左傳》杜氏《集解》所引補入。」《史記‧謚法解》：「隱拂不成
曰隱（不以隱括改其性）。不顯尸國曰隱（以閒主國）。見美堅長曰隱（美過其
令）。」《逸周書‧謚法解》：「隱，哀之也。」

〔2〕張校：「『靖民則法曰廣』，『廣』作『黃』。」《逸周書‧謚法解》：「靜民則法曰

皇。」《世本・謚法》:「靜民則法曰皇。」《史記・謚法解》:「靖民則法曰皇（靖安）。」

〔３〕《史記・五帝本紀》裴駰《集解》:「《謚法》曰:『翼善傳聖曰堯。』」司馬貞《索隱》:「堯，謚也。」

〔４〕《史記・五帝本紀》裴駰《集解》:「《謚法》曰:『仁聖盛明曰舜。』」司馬貞《索隱》:「舜，謚也。」

〔５〕愚按:「多壘」不詞，應為「殺」之訛。《史記・夏本紀》裴駰《集解》:「《謚法》:『賊人多殺曰桀。』」

〔６〕《史記・殷本紀》裴駰《集解》:「《謚法》:『殘義損善曰紂。』」

〔７〕《逸周書・謚法解》:「五宗安之曰孝。協時肇享曰孝。秉德不回曰孝。大慮行節曰孝。」《世本・謚法》:「五宗安之曰孝。慈惠愛親曰孝。協時肇享曰孝。秉德不回曰孝。」《史記・謚法解》:「五宗安之曰孝（五世之宗）。慈惠愛親曰孝（周愛族親）。秉德不回曰孝（順於德而不違）。協時肇享曰孝（協合肇始）。大慮行節曰孝（言成其節）。」

〔８〕《逸周書・謚法解》:「柔質受課曰惠。」《世本・謚法》:「柔質慈民曰惠。愛民好與曰惠。」《史記・謚法解》:「柔質慈民曰惠（知其性）。愛民好與曰惠（與謂施）。」

〔９〕愚按:四庫本、《蔡集》本皆作「同文」。《逸周書・謚法解》:「聖善周聞曰宣。施而不成曰宣。」《世本・謚法》:「聖善周聞曰宣。善問周達曰宣。」秦嘉謨在「善問周達曰宣」下加案語曰:「據杜氏《左傳集解》所引補入。」《史記・謚法解》:「聖善周聞曰宣（聞，謂所聞善事也）。」又曰:「施而不成為宣。」

〔１０〕《逸周書・謚法解》:「昭德有勞曰昭。聖聞周達曰昭。」《世本・謚法》:「昭德有勞曰昭。容儀恭美曰昭。聖聞周達曰昭。」秦嘉謨在「容儀恭美曰昭」下加案語說:「杜氏《左傳解》引作『威儀恭明曰昭』。」《史記・謚法解》:「容儀恭美曰昭（有儀可象，行恭可美）。昭德有勞曰昭（能勞謙）。聖聞周達曰昭（聖聖通合）。」

〔１１〕張校:「『剋定禍亂曰武』，《逸史》《漢魏》『剋』作『克』。」《逸周書・謚法解》:「剛強直理曰武。威強睿德曰武。克定禍亂曰武。刑民克服曰武。大志多窮曰武。」《世本・謚法》:「剛強理直曰武。威強睿德曰武。克定禍亂曰武。刑民克服曰武。誇志多窮曰武。」《史記・謚法解》:「剛強直理曰武（剛無欲，強不屈，

懷忠恕，正曲直）。威強敵德曰武（與有德者敵）。克定禍亂曰武（以兵征，故能定）。刑民克服曰武（法以正民，能使服）。誇志多窮曰武（大志行兵，多所窮極）。」又曰：「除惡為武。」

〔12〕《逸周書・諡法解》：「博聞多能曰獻。聰明睿哲曰獻。惠無內德曰獻。」《世本・諡法》：「聰明睿哲曰獻。」《史記・諡法解》：「聰明叡哲曰獻（有通知之聰）。知質有聖曰獻（有所通而無蔽）。」

〔13〕《逸周書・諡法解》：「溫柔聖善曰懿。」《世本・諡法》：「溫柔聖善曰懿。」《史記・諡法解》：「溫柔賢善曰懿（性純淑）。」

〔14〕《逸周書・諡法解》：「布德執義曰穆。中情見貌曰穆。」《世本・諡法》：「布德執義曰穆。中情見貌曰穆。」《史記・諡法解》：「布德執義曰穆（故穆穆）。中情見貌曰穆（性公露）。」

〔15〕《逸周書・諡法解》：「能思辯眾曰元。行義說民曰元。始建國都曰元。主義行德曰元。」《世本・諡法》：「能思辯眾曰元。行義說民曰元。始建國都曰元。主義行德曰元。」《史記・諡法解》：「能思辯眾曰元（別之，使各有次）。行義說民曰元（民說其義）。始建國都曰元（非善之長，何以始之）。主義行德曰元（以義為主，行德政）。」

〔16〕《逸周書・諡法解》：「一人無名曰神。」盧文弨依《史記正義》改為「民無能名曰神」。《世本・諡法》：「民無能名曰神。」《史記・諡法解》「民無能名曰神（不名一善）」

〔17〕《逸周書・諡法解》：「治而清省曰平。執事有制曰平。布綱治紀曰平。」《世本・諡法》：「治而無眚曰平。執事有制曰平。布綱治紀曰平。」《史記・諡法解》：「治而無眚曰平（無災罪也）。執事有制曰平（不任意）。布綱治紀曰平（施之政事）。」又曰：「惠無內德為平。」

〔18〕《逸周書・諡法解》：「死而志成曰靈。亂而不損曰靈。極知鬼事曰靈。不勤成名曰靈。死見鬼能曰靈。好祭鬼神曰靈。」《世本・諡法》：「死而志成曰靈。亂而不損曰靈。極知鬼神曰靈。不勤成名曰靈。死見神能曰靈。好祭鬼神曰靈。」《史記・諡法解》：「不勤成名曰靈（任本性，不見賢思齊）。死而志成曰靈（志事不杏命）。死見神能曰靈（有鬼不為厲）。亂而不損曰靈（不能以治損亂）。好祭鬼怪曰靈（瀆鬼神不致遠）。極知鬼神曰靈（其智慧聰徹）。」

〔19〕張校：「『保民耆艾曰明』，《抱經》『明』作『胡』。」愚按：四庫本、《蔡集》本

皆作「明」。《逸周書・諡法解》：「保民耆艾曰胡。彌年壽考曰胡。」《世本・諡法》：「照臨四方曰明。譖訴不行曰明。」又曰：「保民耆艾曰胡。彌年壽考曰胡。」《史記・諡法解》：「照臨四方曰明（以明照之）。譖訴不行曰明（逆知之，故不行）。思慮果遠曰明（自任多，近於專）。」又曰：「彌年壽考曰胡（久也）。保民耆艾曰胡（六十曰耆，七十曰艾）。」

〔20〕《逸周書・諡法解》：「辟地有德曰襄。甲冑有勞曰襄。」《世本・諡法》：「辟地有德曰襄。甲冑有勞曰襄。因事有功曰襄。」秦嘉謨加按語曰：「杜預《左傳・集解》引「辟地」作「辟土」。」在「因事有功曰襄」下又說：「據杜預《左傳・集解》所引補入。」《史記・諡法解》：「辟地有德曰襄（取之以義）。甲冑有勞曰襄（亟征伐）。」又曰：「辟地為襄。」

〔21〕《逸周書・諡法解》：「貞心大度曰匡。」《世本・諡法》：「貞心大度曰匡。」《史記・諡法解》：「貞心大度曰匡（心正而用察少）。」

〔22〕《逸周書・諡法解》：「大慮靜民曰定。安民大慮曰定。安民法古曰定。純行不傷曰定。」《世本・諡法》：「大慮靜民曰定。安民大慮曰定。安民法古曰定。純行不二曰定。」《史記・諡法解》「大慮靜民曰定（思樹惠）。純行不爽曰定（行一不傷）。安民大慮曰定（以慮安民）。安民法古曰定（不失舊意）。」

〔23〕愚按：四庫本作「知改能改曰恭」。《逸周書・諡法解》：「敬事供上曰恭。尊賢貴義曰恭。尊賢敬讓曰恭。既過能改曰恭。執事堅固曰恭。安民長悌曰恭。執禮敬賓曰恭。芘親之闕曰恭。尊長讓善曰恭。淵源流通曰恭。」《世本・諡法》：「敬事供上曰恭。尊賢貴義曰恭。尊賢敬讓曰恭。既過能改曰恭。執事堅固曰恭。愛民長弟曰恭。執禮御賓曰恭。芘親之闕曰恭。尊賢讓善曰恭。淵源流通曰恭。」秦嘉謨加案語曰：「案『恭』傳文或作『共』，古音同。」《史記・諡法解》「尊賢貴義曰恭（尊事賢人，寵貴義士）。敬事供上曰恭（供奉也）。尊賢敬讓曰恭（敬有德，讓有功）。既過能改曰恭（言自知）。執事堅固曰恭（守正不移）。愛民長弟曰恭（順長接弟）。執禮御賓曰恭（迎待賓也）。芘親之闕曰恭（修德以蓋之）。尊賢讓善曰恭（不專己善，推於人）。」

〔24〕張校：「『丕匡其國曰聲』，『丕匡』作『不生』。」愚按：四庫本、《蔡集》本亦作「不生」。《世本・諡法》：「不生其國曰聲。」《史記・諡法解》：「不生其國曰聲（生於外家）。」

〔25〕張校：「『一德不懈曰簡』，《抱經》『懈』作『解』。」愚按：四庫本、《蔡集》本皆作「懈」。《逸周書・諡法解》：「壹德不解曰簡。平易不疵曰簡。」《世本・諡

法》:「壹德不解曰簡。平易不疵曰簡。」秦嘉謨:「案『簡』之為諡,不當先乎
『文武』。盧學士文弨以為諡法本係兩排,此錯簡之誤也。」《史記‧諡法解》:
「一德不懈曰簡(一不委曲)。平易不訾曰簡(不信訾毀)」

〔26〕愚按:四庫本、《蔡集》本皆作「夜寐」。《逸周書‧諡法解》:「夙夜警戒曰敬。
夙夜恭事曰敬。象方益平曰敬。合善法典曰敬。」《世本‧諡法》:「夙夜警戒曰
敬。夙夜恭事曰敬。象方益平曰敬。善合法典曰敬。」《史記‧諡法解》:「夙夜
警戒曰敬(敬身思戒)。合善典法曰敬(非敬何以善之)。」

〔27〕《逸周書‧諡法解》:「清白守節曰貞。大慮克就曰貞。不隱無克曰貞。」《世本‧
諡法》:「清白守節曰貞。大慮克就曰貞。不隱無屈曰貞。」《史記‧諡法解》:
「清白守節曰貞(行清白,執志固)。大慮克就曰貞(能大慮,非正而何)。不
隱無屈曰貞(坦然無私)。」

〔28〕愚按:古靖、靜同。《逸周書‧諡法解》:「柔德考眾曰靜。供己鮮言曰靜。寬樂
令終曰靜。」《世本‧諡法》:「柔德考眾曰靜。恭己鮮(秦嘉謨校注:「鮮」原
本誤作「解」,據《周書‧諡法解》改)言曰靜。寬樂令終曰靜。」《史記‧諡
法解》:「柔德安眾曰靖(成眾使安)。恭己鮮言曰靖(恭己正身,少言而中)。
寬樂令終曰靖(性寬樂義,以善自終)。」

〔29〕《逸周書‧諡法解》:「溫年好樂曰康。安樂撫民曰康。」《世本‧諡法》:「豐年
好樂曰康。安樂撫民曰康。令民安樂曰康。」《史記‧諡法解》:「淵源流通曰康
(性無忌)。溫柔好樂曰康(好豐年,勤民事)。安樂撫民曰康(無四方之虞)。
合民安樂曰康(富而教之)。」

〔30〕《逸周書‧諡法解》:「有伐而還曰釐。質淵受諫曰釐。慈惠愛親曰釐。」《世本‧
諡法》:「有伐而還曰釐。質淵受諫曰釐。小心畏忌曰釐。」在「有伐而還曰釐」
下秦嘉謨加案語曰:《史記‧齊世家‧集解》徐廣曰:『釐,僖也。』蓋古字通
用。」在「小心畏忌曰釐」下他又說:「據《左傳‧僖元年‧集解》補入(校注:
案本條亦作者據《左傳》所補,而未注明,援上『文襄』兩條,為補此注文)。」
《史記‧諡法解》:「小心畏忌曰僖(思所當忌)。質淵受諫曰釐(深故能愛)。
有罰而還曰釐(知難而退)。」又曰:「剛克為僖。」愚按:「有罰」當依《世本‧
諡法》作「有伐」方與注義和。《逸周書‧諡法解》:「有過為僖。」

〔31〕《逸周書‧諡法解》:「年中早夭曰悼。肆行勞祀曰悼。恐懼從處曰悼。」《世本‧
諡法》:「年中早夭曰悼。肆行勞祀曰悼。恐懼從處曰悼。」《史記‧諡法解》:
「肆行勞祀曰悼(放心勞於淫祀,言不修德)。年中早夭曰悼(年不稱志)。恐

懼從處曰悼（從處，言險圮）。」

〔32〕張校：「『慈仁和民曰順』」，《百川》『順』下有『一曰傾』三字。」愚按：四庫本「順」後有「一曰傾」三字。《蔡集》本無。《逸周書・謚法解》：「慈和徧服曰順。」《世本・謚法》：「慈和徧服曰順。」《史記・謚法解》：「慈和徧服曰順（能使人皆服其慈和）。」

〔33〕《逸周書・謚法解》：「兵甲亟作曰莊。睿通克服曰莊。死於原野曰莊。屢征□伐曰莊（王謨《增訂漢魏叢書》本作「殺」，盧文弨從，朱駿聲補「致」）。武而不遂曰莊。」《世本・謚法》：「兵甲亟作曰莊。睿圉克服曰莊。勝敵志強曰莊。死於原野曰莊。屢征殺伐曰莊。武而不遂曰莊。勝敵克亂曰莊。」秦嘉謨在「勝敵克亂曰莊」下加案語說：「據杜氏《左傳集解》所引補入。」《史記・謚法解》：「兵甲亟作曰莊（以數徵為嚴）。睿圉克服曰莊（通邊圉，使能服）。勝敵志強曰莊（不撓，故勝）。死於原野曰莊（非嚴何以死難）。屢征殺伐曰莊（以嚴釐之）。武而不遂曰莊（武功不成）。」《逸周書・謚法解》：「履亡為莊。」

〔34〕張校：「『恭仁短折曰哀』，『仁』作『人』。」愚按：四庫本、《蔡集》本亦作「恭人」，作『仁』是，見盧校。《逸周書・謚法解》：「蚤孤短折曰哀。恭仁短折曰哀。」《世本・謚法》：「蚤孤短折曰哀。恭仁短折曰哀。」《史記・謚法解》：「蚤孤短折曰哀（早未知人事）。恭仁短折曰哀（體恭質仁，功未施）。」

〔35〕張校：「『佐國逢難曰愍』，『佐』作『在』。」愚按：四庫本、《蔡集》本亦作「在」。《逸周書・謚法解》：「在國逢難曰愍。使民折傷曰愍。在國連憂曰愍。禍亂方作曰愍。」《世本・謚法》：「在國逢難曰愍。使民折傷曰愍。在國連憂曰愍。禍亂方作曰愍。」《史記・謚法解》：「在國遭憂曰愍（仍多大喪）。在國逢囏曰愍（兵寇之事）。禍亂方作曰愍（國無政，動長亂）。使民悲傷曰愍（苛政賊害）。」

〔36〕愚按：四庫本「繆」後有注文「立穆切」三字。《蔡集》本無。《逸周書・謚法解》：「名與實爽曰謬。」《世本・謚法》：「名與實爽曰繆。」《史記・謚法解》：「名與實爽曰繆（言名美而實傷）。」

〔37〕張校：「『雍遏不通曰幽』，《逸史》《漢魏》《抱經》『雍』作『壅』。」愚按：《四庫》本作「雍」。《蔡集》本作「壅」。《逸周書・謚法解》：「蚤孤有位曰幽。壅遏不通曰幽。動祭亂常曰幽。」《世本・謚法》：「蚤孤鋪位曰幽。壅遏不通曰幽。動祭亂常曰幽。」《史記・謚法解》：「壅遏不通曰幽（弱損不凌）。蚤孤鋪位曰幽（鋪位即位而卒）。動祭亂常曰幽（易神之班）。」

〔38〕《逸周書・謚法解》：「致戮無辜曰厲。」《世本・謚法》：「殺戮無辜曰厲。」《史

記‧諡法解》:「殺戮無辜曰厲。」

〔39〕《逸周書‧諡法解》:「由義而濟曰景。布義行綱曰景」《世本‧諡法》:「由義而濟曰景。布義行剛曰景。耆意大慮曰景。」《史記‧諡法解》:「由義而濟曰景(用義而成)。耆意大慮曰景(耆,強也)。布義行剛曰景(以剛行義)。」又曰:「景,武也。」又曰:「由義而濟為景。」

〔40〕《逸周書‧諡法解》:「辟土服遠曰桓。」《世本‧諡法》:「辟土服遠曰桓。克敬勤民曰桓。辟土兼國曰桓。」《史記‧諡法解》:「辟土服遠曰桓(以武正定)。克敬動民曰桓(敬以使之)。辟土兼國曰桓(兼人故啟土)。」又曰:「服遠為桓。」

〔41〕愚按:四庫本作「經天緯地曰文」。《逸周書‧諡法解》:「經緯天地曰文。道德博厚曰文。學勤好問曰文。慈惠愛民曰文。愍民惠禮曰文,錫民爵位曰文。」《世本‧諡法》:「經緯天地曰文。(秦嘉謨:「案《諡法》宣諡文者凡七,當時史臣定諡,必有所專取,如杜預《左氏解》,於『魯文公』下引《諡法》『慈惠愛民曰文』、『忠信接禮曰文』,於『宣公』下引《諡法》『善問周達曰宣』之類,蓋即當時史臣定諡之本意,亦疑即《世本‧諡法》之原文,今《世本》原篇既亡,則皆不知其取義所在,惟以《諡法》列於前,而以得諡者次於後,不敢意為穿鑿也。」)道德博聞曰文。學勤好問曰文。慈惠愛民曰文。愍民惠禮曰文,錫民爵位曰文。忠信接禮曰文。」秦嘉謨:「此句據《左傳‧文元年‧集解》補入。」《史記‧諡法解》:「經緯天地曰文(成其道)。道德博聞曰文(無不知)。學勤好問曰文(不恥下問)。慈惠愛民曰文(惠以成政)。愍民惠禮曰文(惠而有禮)。賜民爵位曰文(與同升)。」又曰:「施德為文。」

〔42〕《逸周書‧諡法解》:「幸義揚善曰懷。慈義短折曰懷。」《世本‧諡法》:「執義揚善曰懷。慈仁短折曰懷。」《史記‧諡法解》:「執義揚善曰懷(稱人之善)。慈仁短折曰懷(短未六十,折未三十)。」又曰:「懷,思也。」

〔43〕《逸周書‧諡法解》:「短折不成曰殤。未家短折曰殤。」《世本‧諡法》:「短折不成曰殤。未家短折曰殤。」《史記‧諡法解》:「未家短折曰傷(未家,未娶)。短折不成曰殤(有知而夭殤)。」

〔44〕《逸周書‧諡法解》:「去禮遠眾曰煬。」《世本‧諡法》:「去禮遠眾曰煬。好內遠禮曰煬。好內怠政曰煬。」《史記‧諡法解》:「好內遠禮曰煬(朋淫於家,不奉禮)。去禮遠眾曰煬(不率禮,不親長)。」

〔45〕愚按:《史記‧諡法解》無「攜」諡。《逸周書‧諡法解》:「息政外交曰攜。」

（盧文超改「推」為「攟」，云：「舊本『攟』作『推』。」）《世本‧諡法》：「息政外交曰攟。」

〔46〕盧校：「元校云『一曰震』。」愚按：四庫本、《說郛》本作「治典不敷曰祈」，《蔡集》本作「興治不敷曰祈」。「祈」後皆有「一曰震」三字。《史記‧諡法解》：「治典不殺曰祁（秉常不衰）。」

盧校：「『隱』，不應首見。『周聞』，舊作『同文』，今依《周書》改。『夜寢』，當從《續博物志》作『夜寐』。『好眾』，當從《周書》作『考眾』。『恭人』，《周書》作『恭仁』。『名實過爽』，《周書》作『名與實爽』。『不殺』，舊偽『不敷』，依《史記正義》改。『彼祈』作『祁』，案蘇明允《諡法》亦作『震』，『震』與『祁』古音相近，余向謂支齊與真文多相通，此亦可見。」

右蔡氏《獨斷》一編，古之制度文為，類於此乎？考錄本多舛，今稍是正而刻之舒泮。淳熙庚子六月初吉，江都呂宗孟書。

附錄一 《獨斷》佚文

　　余擇中對《獨斷》的搜輯、整理，內容遠不完備，筆者從後世著作中輯出今存《獨斷》所無的佚文數十條，臚列如下。

　　制詔，制者，王者之言，必為法制也。詔，猶告也，告，教也，三代無其文，秦漢有也。

——李昉等《太平御覽》卷五九三引

　　皇帝六璽，皆玉螭虎紐，文曰『皇帝行璽』、『皇帝之璽』、『皇帝信璽』、『天子行璽』、『天子之璽』、『天子信璽』，皆以武都紫泥封之。

——《後漢書·光武帝紀》章懷注引

　　璽凡九，各有文刻，皆以玉為之，螭虎紐，一曰傳國璽，一曰神璽，以鎮國，中藏而不用。一曰受命璽，以封禪禮神。其所謂六璽者，皇帝行璽，以報王公書；皇帝之璽，以勞王公；皇帝信璽，以召王公；天子行璽，以報四夷書；天子之璽，以勞四夷；天子信璽，以召兵四夷。皆以武都紫泥封，盛以青囊，白素裏，兩端無縫，尺一板中約署。

——《御批資治通鑑綱目》卷十二下「璽」引

　　玉衡長八尺，孔徑一寸，下端望之，以視星宿，並縣機以象天，而以衡望之，轉璣窺衡，以知星宿。璣徑八尺，圓週二丈五尺而強也。

——《史記·五帝本紀》張守節《正義》引

麻田曰疇。

——《史記・天官書》裴駰《集解》引

平城門，正陽之門，與宮連，郊祀法駕所從出，門之最尊者。

——《後漢書・孝靈帝紀》章懷注引

見客平樂，饗衛士，瑰偉壯觀也。

——《後漢書・禮儀中》劉昭注引

袗，紺繒也。

——《後漢書・輿服下》劉昭注引

干將，劍名。《越絕書》曰：楚王令歐冶子、干將為鐵劍三枚，一曰龍淵，二曰大阿，三曰工市。《吳越春秋》曰：干將者，吳人造劍二枚，一曰干將，二曰莫耶。

——《六臣注文選》卷七引

諸侯適子稱世子。

——李善《文選注》卷三十引

諸侯言曰教。

——李善《文選注》卷三六引

故曰湯孫之緒也。

——《御纂詩義折衷》卷二十引

夏以十寸為尺，商以九寸為尺，周以八寸為尺。

——清鄂爾泰《日講禮記解義卷十・王制》引

明堂廣二十四丈。

——《欽定禮記義疏卷四十四・明堂位第十四》引

明堂方百四十四尺，坤之策也。屋圜屋徑二百一十六尺，乾之策也。太廟方三十六丈，通天屋徑九丈，陰陽九六之變也。圜蓋方載六九之道也，八闥以

象八卦，九室以象九州，十二宮以應辰，三十六戶，七十二牖，以四戶八牖乘九室之數也。外戶設而不閉，示天下不藏也。通天屋高八十一尺，黃鍾九九之實也。二十八柱列於四方，亦七宿之象也。堂高三丈以應三統，四鄉五色象五行，外廣二十四丈，以應二十四氣，四周以水象四海也。

——清任啟運《宮室考》卷下引

干，干也，其名有十，亦曰十母，即今甲、乙、丙、丁、戊、己、庚、辛、壬、癸是也；支，枝也，其名十有二，亦曰十二子，即今子、丑、寅、卯、辰、巳、午、未、申、酉、戌、亥是也。謂之天皇氏者，取其天開於子之義也，謂之地皇氏者，取其地辟於丑之義也，謂之人皇氏者，取其人生於寅之義也。故干、支之名在天皇時始制，而地皇氏則爰定。三辰道分晝夜，以三十日為一月。而干、支始各有所配。人皇氏者，主不虛，王臣不虛，貴政教，君臣所自起，飲食男女所自始，始得天地陰陽之氣，而有子母之分，於是干支始各有所屬焉。至於伏羲，仰觀象於天，俯觀法於地，中觀萬物與人，始畫八卦，以通神明之德，以類萬物之情，以作甲曆而文字生焉。逮及黃帝，授河圖，見日月星辰之象，於是始有星官之書，命大撓探五行之情，占斗綱所建，於是始作甲子，配五行納音之屬。

——明萬民英《三命通會》卷一引

夏至日，南方有赤雲如馬者，離氣也。

——宋高似孫《緯略》卷八引

相國，自蕭何以後，殆非復人臣之位。

——歐陽詢《藝文類聚》卷四十五引

夏至之日，離卦用事，日中時，南方有赤雲如馬者，離氣至也，宜黍。離氣不至，日月無光，五穀不成，人病目疼，冬中無冰，應在十一月內。夏至之日，風從離來為順，其年大熟。夏至前一日，夏至後十日、十六日為窮日。《月令占候圖》曰：夏至：朔日夏至並二日、三日至六日夏至，五穀熟；二十二日、二十四日夏至，五穀不熟；二十五日、三十日夏至，時價平和；晦日夏至，五穀貴。

——李昉等《太平御覽》卷二三引

勞讓克躬，菲薄為務，是以尚官損服，衣不粲英，饔人徹羞，膳不過擇，黃門闕樂，魚龍不作，織室絕伎，纂組不經，尚方抑巧，雕鏤不為，離宮罕幸，儲峙不施，遐方斷筐，侏離不貢。

——《御定淵鑒類函》卷五一引

相見無期，惟是書疏可以當面。

——《御定淵鑒類函》卷一九七引

皇子為王，古文。

——陳彭年，吳銳，邱雍等《重修玉篇》卷一引

董卓自多很用。

——清莊履豐、莊鼎鉉《古音駢字‧古音駢字續編》卷四引

成王將加元服，周公使人來零陵，取文竹為冠。

——明董斯張《廣博物志》卷三八引

神農作耒耜，教民耕。

——《御定駢字類編》卷一六一引

東南稱門，西北稱闈，故《周官》有門闈之學。

——《御定佩文韻府》卷五之一「門闈」引

冬為太陰，夏為太陽。

——《御定佩文韻府》卷二二之一「太陽」引

瓜葛，疏親也。

——查慎行《蘇詩補注》卷二八引

諸侯境內自相以下皆為諸侯稱臣，於朝皆稱陪臣。

——李善《文選注》卷三七引

天子所居，加密石。

——黃宗羲《明文海》卷一「敦以密石」引

附錄二　歷代著錄

《七錄》:《蔡邕集》二十卷,目錄一卷。

《隋書‧經籍志》:《蔡邕集》十二卷,後漢左中郎將。

《舊唐書‧經籍志》別集類:《蔡邕集》二十卷。

《新唐書‧藝文志》別集類:《蔡邕集》二十卷。

《郡齋讀書志》經解類:蔡邕《獨斷》二卷,右漢左中郎將蔡邕撰。

《崇文總目》儀注類:《獨斷》二卷。

《遂初堂書目》儀注類:漢蔡邕《獨斷》。

《通志‧藝文略》禮類儀注:蔡邕《獨斷》二卷。

《直齋書錄解題》史部禮注類:《獨斷》二卷,漢議郎陳留蔡邕伯喈撰。

《宋史‧藝文志》史部故事類:蔡邕《獨斷》二卷。

《文獻通考‧經籍考》經部儀注類:《獨斷》二卷。

《文淵閣書目》子部雜家類:蔡邕《獨斷》一部一冊。

《補續漢書藝文志》史部典章類:蔡邕《獨斷》二卷。

《補後漢書藝文志》史部儀注類:蔡邕《獨斷》(《漢魏叢書》《抱經堂叢書》並有刊本)。

《補後漢藝文志》史部儀制類:蔡邕《獨斷》二卷。

《補後漢書藝文志並考》記傳志‧舊事禮制之屬:蔡邕《獨斷》二卷(宋志二卷,今存二卷)。

《蕘圃藏書題識》子類:《獨斷‧中華古今注‧九經補韻三種》(舊鈔本)。

《鐵琴銅劍樓藏書目錄》子部雜家類:《獨斷》二卷,漢左中郎將陳留蔡

邕撰（明刊本）。

《萬卷精華樓藏書記》子部雜家類：《獨斷》二卷，漢蔡邕撰。

《愛日精廬藏書志》子部雜家類：《獨斷》二卷，漢左中郎將陳留蔡邕撰（呂宗孟淳熙庚子刊版跋、劉遜弘治癸亥重刊序）。

《抱經樓藏書志》子部雜家類：《獨斷》一卷（明刊本），漢陳留蔡邕撰。

《皕宋樓藏書志》子部雜家類：《獨斷》二卷（宋刊本），漢左中郎將陳留蔡邕撰。

《善本書室藏書志》子部雜家類：《獨斷》二卷，漢蔡邕著（《漢魏叢書》本、《抱經堂叢書》本）。

《章氏四當齋藏書目》子部雜家類·雜考之屬：《獨斷》一卷，漢陳留蔡邕撰。

《四庫全書總目》子部雜家類·雜考之屬：《獨斷》二卷，漢蔡邕撰。

《鄭堂讀書記》子部雜家類·雜學雜考之屬：《獨斷》二卷，漢蔡邕撰（《百川學海》本）。

《中國古籍善本總目》子部雜家雜考：《獨斷》二卷，漢蔡邕撰（明弘治十六年（1503）劉遜刻本、明萬曆程榮刻《漢魏叢書》本）；《獨斷》一卷，漢蔡邕撰（明萬曆何允中刻《廣漢魏叢書》本，清盧文弨並跋，丁丙跋）。

《香港所藏古籍書目》經翼類：《獨斷》一卷，漢蔡邕撰（清王謨輯，清乾隆五十六年（1791）金溪王氏《增訂漢魏叢書》本）。

《清華大學圖書館藏善本書目》經翼類：《獨斷》一卷，漢蔡邕撰（清乾隆五十六年（1791）明何允中編刻《廣漢魏叢書八十種》本）。

附錄三　歷代序跋

歐靜《蔡中郎集原序》

漢蔡中郎《傳》，邕博學辭章，為《靈紀》《十意》及雜文，凡百四篇傳於世。《傳》所載者，《釋誨》《幽冀刺史闕疏》《陳政要七事》《金商門答災異疏》《被收時表》，及世傳《獨斷》《女訓》《文選·陳太丘等〈碑文〉》《初學記·〈短人賦〉》，才十數篇而已。按《唐書·藝文志》，泊吳氏《西齋書目》並云邕集十五卷，今之所傳才十卷，亡外計六十四篇，其中可疑者，《宗廟頌讚》述武皇平亂之功，又有「昊天眷祐我魏」之句，蓋以宗廟指魏也。又有魏武帝《祀橋太尉文》，稱丞相冀州牧魏主操謹遣掾再拜祀。《姜伯淮碑》稱建安二年卒，《劉鎮南碑》建安十三年薨，太和二年葬。按邕本《傳》，董卓被誅，邕為王允所害，時年六十一。據邕《金商門答災異被收表》云：臣今年四十八，靈帝光和元年也。董卓被誅，獻帝初平三年也。光和元年戊子至初平三年壬申，邕正六十一矣。又初平盡四年改興平，二年改建安，至二十五年正月操薨。三月改延康，十月禪於魏王丕，即初平四年，是為二十六年。太和二年乃魏明帝之二年，至是又八年，計邕死已三十六年矣。按初平已前操尚在，誅卓之歲，操始為東郡太守，破黃巾於壽張，至建安十三年，操自為丞相，二十一年，操自進為魏王，亦有魏宗廟，而操不得先稱魏王、武帝及武皇也。其姜伯淮、劉鎮南薨葬，相後年代差遠，邕安得紀述邪？是《集》也，今既缺五卷矣，見所傳者，蓋後之好事者不本事蹟，編他人之文相混之耳，非十五卷之本編固矣。建安、黃初之文體多相類，復不逮廣披眾集，固不可知其誰之作也，偶閱而有得，識於帙末。天聖紀號，龍集癸亥，余月哉生，明後八日，海陵西齋平陽歐靜識之敘。

王應麟《序》

　　《蔡邕傳》著《獨斷》《勸學》,《書目》二卷,採前古及漢以來典章制度、品式稱謂,考證辨釋,凡數百事。其書間有顛錯。嘉祐中,余擇中更為次序,釋以己說,故別本題《新定獨斷》。

戴表元《讀蔡氏〈獨斷〉》

　　蔡氏《獨斷》二卷,本傳載伯喈嘗著此書,而世儒或疑今本非真,出於後來者掇拾漢史餘文以成之。余考之伯喈之學,不止於此,謂不出於伯喈,亦非也。當由本書散亡,幸而存者僅此耳。若車服諸《志》,乃其所已創,與范曄史文時相出入,蓋曄取伯喈,非放伯喈者取曄也。古人作史,咸有所本,一史成而諸書皆廢。伯喈之書,其以范曄《史》廢哉?然猶僅存,則猶有不可盡廢焉者矣。伯喈才識數倍於曄,繼孟堅者當在伯喈,天奪其成,逸而歸至於偃蹇取死,二人之道雖絕不同,而皆不得免其身,士亦何貴於文哉!讀其編,竟之三歎,益增學道之慕云。(《剡源文集》卷二十三)

劉遜《序》

　　或有遺余漢左中郎將蔡邕《獨斷》一帙,喜其書之近古也,爰命工刻之。嗟乎!邕在東漢本以文學見重於時,而且以孝行名,何失足權奸,竟罹誅殛!則所謂孝,所謂學者,亦可知矣!士君子立身一敗萬事瓦裂者,可鑒也,已然。班孟堅有《漢書》,而伯喈有此,故足傳也。若彼鉤黨諸君子,舉不賴是,卒烜赫宇宙間,與風霆日星相為悠久,乃不待刻而自流衍布濩,使邕得與斯列,則死且不朽,而是書雖不傳可也。覽者尚當有感於斯云云。

　　弘治癸亥孟秋之吉,賜進士第僉湖廣按察司事分巡湖北道安成劉遜序。

《四庫全書總目提要》

　　臣等謹案:《獨斷》二卷,漢蔡邕撰,王應麟《玉海》謂是書間有顛錯,嘉祐中,余擇中更為次序,釋以己說,故別本題《新定獨斷》。擇中之本今不傳,然今書中序歷代帝系末云:從高祖乙未至今壬子,歲四百一十年。壬子為靈帝建寧五年,而靈帝世系末行小注乃有二十二年之事,又有獻帝之諡,則決非邕之本文,蓋後人亦有所竄亂也。是書於禮制多信《禮記》,不從《周官》,若五等封爵,全與大司徒異,而各條解義,與康成《禮》注合者甚多。其釋「六祝」一條,與康成「大祝」注字句全符,則其所根據,當同出一書。又《續漢

書·輿服志》，「樊噲冠廣九寸，高七寸，前後出各四寸」，是書則謂高七寸，前出四寸，其詞小異。劉昭《輿服志》注引《獨斷》曰：三公諸侯九旒，卿七旒。今本則作三公九，諸侯卿七。建華冠注引《獨斷》曰其狀若婦人縷鹿。今本並無此文。又《初學記》引《獨斷》曰：乘輿之車皆副轄者，施轄於外乃復設轄者也。與今本亦全異。此或諸家援引偶訛，或今本傳寫脫誤，均未可知，然全書條理統貫，雖小有參錯，固不害其宏旨，究考證家之淵藪也。

乾隆四十六年九月恭校上。總纂官臣紀昀、臣陸錫熊、臣孫士毅，總校官臣陸費墀。

盧文弨《序》

《獨斷》，蔡中郎所著，見《漢書》本傳，唐人多引用之，而傳者絕少，宋《崇文總目》云二卷，採前古及漢以來典章制度品式稱謂，考證辨釋凡數百事，其書間有顛錯，嘉祐中余擇中更為次序，釋以己說，故別本題《新定獨斷》云。案今世唯《漢魏叢書》中有之，其偽舛甚不易讀，未必是嘉祐余本之舊。友人海寧吳槎客，詒余宋刻《百川學海》中本，蓋出於南宋淳熙中呂宗孟刻之舒洴者，所異於時本者，只綱與目分合之間，而他亦未有以遠過也。余不欲虛良友之意，思校訂傳之，而又自歎精力之已衰，識一忘十。賴有武進臧生鏞堂、顧生明，助余不逮，偽者正，脫者補，始可授梓以傳人間。以視前人舊本，庶或過之。顧吾猶惜中郎所欲為之《十意》未就，而此書亦因流傳久遠，轉寫多偽，中間復為後人所增損，雖復參稽互考，有可取正者正之，而疑者仍缺，冀後人有能通之者，且加之注釋，如余氏所為，不更善之善乎！抑今內府梓有衛宏《漢官舊儀》，倘更取以係此後而合梓之，則漢氏一代之儀文法制，鬱然大備，較王深寧之區區掇拾者，自遠不侔矣。

乾隆五十五年九月，杭東里人盧文弨書於常州之龍城書院。

許瀚原《跋》

咸豐四年九月，友人丁子伯才，買書胊山，得海源閣新刻蔡中郎集。歸以見示，乃吾友高君伯平司校勘。其所據者，黃復翁、顧澗蘋校徐刻十卷本，參以喬、劉、汪、張諸本。顧、黃所據，則有樸學齋鈔本，華氏活字本。伯平臚其同異，辨其是非，至詳且慎。自有蔡集以來，未有如此本之善也。顧鈔本脫偽難讀，而古字古義，往往而存。徐本文從字順，而不堪按據。披誦數過，棄

取從違，尚或未愜，輒疏鄙見，積六百餘條。（並補遺外集，共九百餘條）敝藏僅徐、劉二本，餘則但就伯平所及者論之爾。漢人去古未遠，字多假借，中郎明小學，善佐書，所為文字，碑銘居多，以校漢碑法校之，庶有合焉。伯平久別，恨不得如曩者朝夕過從，共相商榷也。瀚識。

姚振宗《獨斷敘錄》

《獨斷》二卷。范書本傳所著《論議》《獨斷》凡若干篇，傳於世。唐《日本國見在書目》雜家《獨斷》一卷。今案蔡邕纂，雜記自古國家制度及漢朝故事，王莽無髮，蓋見於此。……按《獨斷》今所傳者，似中郎修史時隨筆札記之文，亦多見於《續漢八志》中。其原書恐不若是，頗似後人輯錄者。唐以前編入本集，故隋唐志皆不著其別本，單行始見於《日本書目》《崇文總目》。

張元濟《跋》

宋《崇文書目》：《獨斷》二卷，採前古及漢以來典章制度、品式稱謂，考證辨釋凡數百事。其書間有顛錯，嘉祐中余擇中更為次序，釋以己說，題曰《新定獨斷》。今其書已不傳，傳者有《百川學海》《古今逸史》《漢魏叢書》諸本，是為明弘治癸亥劉遜所刊、卷末淳熙江都呂宗孟跋，與《百川》本同。蓋同出一源，但彼此亦互有殊異。其他二刻均出其下。盧抱經有校正本，視諸本差勝，然自言轉寫多訛，仍有疑莫能通之處。古書難讀，大抵皆然，無足怪也。《四庫》著錄者為通行本，《提要》謂劉昭《輿服志》「建華冠」注引是書「其狀若夫人縷鹿」，今無此文。是本卷下第十一頁「天子十二旒」節，其文具存，特「縷鹿」作「縷籭」耳。又謂《初學記》「乘輿之車皆副轄者，施轄於外，乃復設轄」數語，與今本亦全異。是本卷下第九頁「凡乘輿」節曰「重轂副牽」，又下二節曰「施牽其外，乃復設牽」，此三「牽」字各本皆同，惟盧抱經指為「羍」字之偽。按《漢書‧天文志》「北一星曰羍」，引晉灼曰：「羍，古轄字也。」《左傳‧昭公二十五年》「昭子賦《車轄》」，杜氏注《詩‧小雅》「周人思得賢女以配君子」。云：「轄」本又作「羍」，是「羍」、「轄」二字通用，則《初學記》所引明明即此數語，又何得謂為全異乎？是本亦有訛奪，今取上所舉四本互相讎對，摘錄校記，附諸卷末，用資參正。惟抱經本僅以其原文為限，其據他書，或以己意訂補者，概未闌入。海鹽張元濟。

附錄四 《後漢書‧蔡邕傳》

　　蔡邕字伯喈，陳留圉人也。六世祖勳，好黃、老，平帝時為眉邠令。王莽初，授以厭戎連率。勳對印綬仰天歎曰：「吾策名漢室，死歸其正。昔曾子不受季孫之賜，況可事二姓哉？」遂攜將家屬，逃入深山，與鮑宣、卓茂等同不仕新室。父棱，亦有清白行，諡曰貞定公。

　　邕性篤孝，母常滯病三年，邕自非寒暑節變，未嘗解襟帶，不寢寐者七旬。母卒，廬於冢側，動靜以禮。有菟馴擾其室傍，又木生連理，遠近奇之，多往觀焉。與叔父從弟同居，三世不分財，鄉黨高其義。少博學，師事太傅胡廣。好辭章、數術、天文，妙操音律。

　　桓帝時，中常侍徐璜、左悺等五侯擅恣，聞邕善鼓琴，遂白天子，敕陳留太守督促發遣。邕不得已，行到偃師，稱疾而歸。閑居玩古，不交當世。感東方朔《客難》及楊雄、班固、崔駰之徒設疑以自通，乃斟酌群言，韙其是而矯其非，作《釋誨》以戒厲云爾。

　　有務世公子誨於華顛胡老曰：「蓋聞聖人之大寶曰位，故以仁守位，以財聚人。然則有位斯貴，有財斯富，行義達道，士之司也。故伊摯有負鼎之衒，仲尼設執鞭之言，寧子有清商之歌，百里有豢牛之事。夫如是，則聖哲之通趣，古人之明志也。夫子生清穆之世，稟醇和之靈，覃思典籍，韞櫝《六經》，安貧樂賤，與世無營，沈精重淵，抗志高冥，包括無外，綜析無形，其已久矣。曾不能拔萃出群，揚芳飛文。登天庭，序彝倫，掃六合之穢慝，清宇廟之埃塵，連光芒於白日，屬炎氣於景雲，時逝歲暮，默而無聞。小子惑焉，是以有云。方今聖上寬明，輔弼賢知，崇英逸偉，不墜於地，德弘者建宰相而裂土，才羨

者荷榮祿而蒙賜。盍亦回塗要至,俯仰取容,輯當世之利,定不拔之功,榮家宗於此時,遺不滅之令蹤?夫獨未之思邪,何為守彼而不通此?」

胡老憮然而笑曰:「若公子,所謂睹曖昧之利,而忘昭皙之害;專必成之功,而忽蹉跌之敗者已。」公子謖爾斂袂而興曰:「胡為其然也?」胡老曰:「居,吾將釋汝。昔自太極,君臣始基,有羲皇之洪寧,唐、虞之至時。三代之隆,亦有緝熙,五伯扶微,勤而撫之。於斯已降,天網縱,人紘弛,王塗壞,太極陁,君臣土崩,上下瓦解。於是智者騁詐,辯者馳說。武夫奮略,戰士講銳。電駭風馳,霧散雲披,變詐乖詭,以合時宜。或畫一策而絟萬金,或談崇朝而錫瑞珪。連衡者六印磊落,合從者駢組流離。隆貴翕習,積富無崖,據巧蹈機,以忘其危。夫華離蒂而萎,條去幹而枯,女冶容而淫,士背道而辜。人毀其滿,神疾其邪,利端始萌,害漸亦牙。速速方轂,夭夭是加,欲豐其屋,乃蔀其家。是故天地否閉,聖哲潛形,石門守晨,沮、溺耦耕,顏歜抱璞,蓬瑗保生,齊人歸樂,孔子斯征,雍渠驂乘,逝而遺輕。夫豈憸主而背國乎?道不可以傾也。

「且我聞之,日南至則黃鍾應,融風動而魚上冰,蕤賓統則微陰萌,蒹葭蒼而白露凝。寒暑相推,陰陽代興,運極則化,理亂相承。今大漢紹陶唐之洪烈,蕩四海之殘災,隆隱天之高,拆絙地之基。皇道惟融,帝猷顯丕,汦汦庶類,含甘吮滋。檢六合之群品,濟之乎雍熙,群僚恭己於職司,聖主垂拱乎兩楹。君臣穆穆,守之以平,濟濟多士,端委縉紳,鴻漸盈階,振鷺充庭。譬猶鍾山之玉,泗濱之石,累珪璧不為之盈,採浮磬不為之索。曩者,洪源辟而四隩集,武功定而干戈戢,獫狁攘而吉甫宴,城濮捷而晉凱入。故當其有事也,則蓑笠並載,摜甲揚鋒,不給於務;當其無事也,則舒紳緩佩,鳴玉以步,綽有餘裕。

「夫世臣、門子,摯御之族,天隆其祜,主豐其祿。抱膺從容,爵位自從,攝鬚理髥,余官委貴。其取進也,順傾轉圓,不足以喻其便;逡巡放麾,不足以況其易。夫夫有逸群之才,人人有優贍之智。童子不問疑於老成,瞳矇不稽謀於先生。心恬淡於守高,意無為於持盈。粲乎煌煌,莫非華榮。明哲泊焉,不失所寧。狂淫振蕩,乃亂其情。貪夫殉財,誇者死權。瞻仰此事,體躁心煩。闇謙盈之效,迷損益之數。騁駑駘於脩路,慕騏驥而增驅,卑俯乎外戚之門,乞助乎近貴之譽。榮顯未副,從而顛踣,下獲熏胥之辜,高受滅家之誅。前車已覆,襲軌而騖,曾不鑒禍,以知畏懼。予惟悼哉,害其若是!天高地厚,蹋

而蹢之。怨豈在明，患生不思。戰戰兢兢，必慎厥尤。

「且用之則行，聖訓也；舍之則藏，至順也。夫九河盈溢，非一垍所防；帶甲百萬，非一勇所抗。今子責匹夫以清宇宙，庸可以水旱而累堯、湯乎？懼煙炎之毀燼，何光芒之敢揚哉！且夫地將震而樞星直，井無景則日陰食，元首寬則望舒朓，侯王肅則月側匿。是以君子推微達著，尋端見緒，履霜知冰，踐露知暑。時行則行，時止則止，消息盈沖，取諸天紀。利用遭泰，可與處否，樂天知命，持神任己。轝車方奔乎險路，安能與之齊軌？思危難而自豫，故在賤而不恥。方將騁馳乎典籍之崇塗，休息乎仁義之淵藪，槃旋乎周、孔之庭宇，揖儒、墨而與為友。舒之足以光四表，收之則莫能知其所有。若乃丁千載之運，應神靈之符，闓閶闔，乘天衢，擁華蓋而奉皇樞，納玄策於聖德，宣太平於中區。計合謀從，己之圖也；勳績不立，予之辜也。龜鳳山翳，霧露不除，踴躍草萊，祗見其愚。不我知者，將謂之迂。脩業思眞，棄此焉如？靜以俟命，不斁不渝。『百歲之後，歸乎其居。』幸其獲稱，天所誘也。罕漫而已，非己咎也。昔伯翳綜聲於鳥語，葛盧辯音於鳴牛，董父受氏於豢龍，奚仲供德於衡軏，倕氏興政於巧工，造父登御於驊騮，非子享土於善圉，狼瞫取右於禽囚，弓父畢精於筋角，佽非明勇於赴流，壽王創基於格五，東方要幸於談優，上官效力於執蓋，弘羊據相於運籌。僕不能參跡於若人，故抱璞而優游。」

於是公子仰首降階，忸怩而避。胡老乃揚衡含笑，援琴而歌。歌曰：「練余心兮浸太清，滌穢濁兮存正靈。和液暢兮神氣寧，情志泊兮心亭亭，嗜欲息兮無由生。踔宇宙而遺俗兮，眇翩翩而獨征。」

建寧三年，辟司徒橋玄府，玄甚敬待之。出補河平長。召拜郎中，校書東觀。遷議郎。邕以經籍去聖久遠，文字多謬，俗儒穿鑿，疑誤後學，熹平四年，乃與五官中郎將堂谿典、光祿大夫楊賜、諫議大夫馬日磾、議郎張馴、韓說、太史令單颺等，奏求正定《六經》文字。靈帝許之，邕乃自書丹於碑，使工鐫刻立於太學門外。於是後儒晚學，咸取正焉。及碑始立，其觀視及摹寫者，車乘日千餘兩，填塞街陌。

初，朝議以州郡相黨，人情比周，乃制婚姻之家及兩州人士不得對相監臨。至是復有三互法，禁忌轉密，選用艱難。幽、冀二州，久缺不補。邕上疏曰：

伏見幽、冀舊壤，鎧馬所出，比年兵饑，漸至空耗。今者百姓虛縣，萬里蕭條，闕職經時，吏人延屬，而三府選舉，踰月不定。臣經怪其事，而論者云『避三互』。十一州有禁，當取二州而已。又二州之士，或復限以歲月，狐疑

遲淹,以失事會。愚以為三互之禁,禁之薄者,今但申以威靈,明其憲令,在任之人豈不戒懼,而當坐設三互,自生留閡邪?昔韓安國起自徒中,朱買臣出於幽賤,並以才宜,還守本邦。又張敞亡命,擢授劇州。豈復顧循三互,繼以末制乎?三公明知二州之要,所宜速定,當越禁取能,以救時敝;而不顧爭臣之義,苟避輕微之科,選用稽滯,以失其人。臣願陛下上則先帝,蠲除近禁,其諸州刺史器用可換者,無拘日月三互,以差厥中。

書奏不省。

初,帝好學,自造《皇羲篇》五十章,因引諸生能為文賦者。本頗以經學相招,後諸為尺牘及工書鳥篆者,皆加引召,遂至數十人。侍中祭酒樂松、賈護,多引無行趣埶之徒,並待制鴻都門下,憙陳方俗閭里小事,帝甚悅之,待以不次之位。又市賈小民,為宣陵孝子者,復數十人,悉除為郎中、太子舍人。時頻有雷霆疾風,傷樹拔木,地震、隕雹、蝗蟲之害。又鮮卑犯境,役賦及民。六年七月,制書引咎,詔群臣各陳政要所當施行。邕上封事曰:

臣伏讀聖旨,雖周成遇風,訊諸執事,宣王遭旱,密勿祗畏,無以或加。臣聞天降災異,緣象而至。辟歷數發,殆刑誅繁多之所生也。風者天之號令,所以教人也。夫昭事上帝,則自懷多福;宗廟致敬,則鬼神以著。國之大事,實先祀典,天子聖躬所當恭事。臣自在宰府,及備朱衣,迎氣五郊,而車駕稀出,四時至敬,屢委有司,雖有解除,猶為疏廢。故皇天不悅,顯此諸異。《鴻範傳》曰:「政悖德隱,厥風發屋折木。」《坤》為地道,《易》稱安貞。陰氣憤盛,則當靜反動,法為下叛。夫權不在上,則雹傷物;政有苛暴,則虎狼食人;貪利傷民,則蝗蟲損稼。去六月二十八日,太白與月相迫,兵事惡之。鮮卑犯塞,所從來遠,今之出師,未見其利。上違天文,下逆人事。誠當博覽眾議,從其安者。臣不勝憤滿,謹條宜所施行七事表左:

一事:明堂月令,天子以四立及季夏之節,迎五帝於郊,所以導致神氣,祈福豐年。清廟祭祀,追往孝敬,養老辟雍,示人禮化,皆帝者之大業,祖宗所祗奉也。而有司數以蕃國疏喪,宮內產生,及吏卒小汙,屢生忌故。竊見南郊齋戒,未嘗有廢,至於它祀,輒興異議。豈南郊卑而它祀尊哉?孝元皇帝策書曰:「禮之至敬,莫重於祭,所以竭心親奉,以致肅祗者也。」又元和故事,復申先典。前後制書,推心懇惻。而近者以來,更任太史。忘禮敬之大,任禁忌之書,拘信小故,以虧大典。《禮》,妻妾產者,齋則不入側室之門,無廢祭之文也。所謂宮中有卒,三月不祭者,謂士庶人數堵之室,共處其中耳,豈謂

皇居之曠，臣妾之眾哉？自今齋制宜如故典，庶答風霆災妖之異。

二事：臣聞國之將興，至言數聞，內知己政，外見民情。是故先帝雖有聖明之姿，而猶廣求得失。又因災異，援引幽隱，重賢良、方正、敦樸、有道之選，危言極諫，不絕於朝。陛下親政以來，頻年災異，而未聞特舉博選之旨。誠當思省述脩舊事，使抱忠之臣展其狂直，以解《易傳》「政悖德隱」之言。

三事：夫求賢之道，未必一塗。或以德顯，或以言揚。頃者，立朝之士，曾不以忠信見賞，恒被謗訕之誅，遂使群下結口，莫圖正辭。郎中張文，前獨盡狂言，聖聽納受，以責三司。臣子曠然，眾庶解悅。臣愚以為宜擢文右職，以勸忠謇，宣聲海內，博開政路。

四事：夫司隸校尉、諸州刺史，所以督察奸枉，分別白黑者也。伏見幽州刺史楊憙、益州刺史龐芝、涼州刺史劉虔，各有奉公疾姦之心，憙等所糾，其效尤多。餘皆枉橈，不能稱職。或有抱罪懷瑕，與下同疾，綱網弛縱，莫相舉察，公府臺閣亦復默然。五年制書，議遣八使，又令三公謠言奏事。是時奉公者欣然得志，邪枉者憂悸失色。未詳斯議。所因寢息。昔劉向奏曰：「夫執狐疑之計者，開群枉之門；養不斷之慮者，來讒邪之口。」今始聞善政，旋復變易，足令海內測度朝政。宜追定八使，糾舉非法，更選忠清，平章賞罰。三公歲盡，差其殿最，使吏知奉公之福，營私之禍，則眾災之原庶可塞矣。

五事：臣聞古者取士，必使諸侯歲貢。孝武之世，郡舉孝廉，又有賢良、文學之選，於是名臣輩出，文武並興。漢之得人，數路而已。夫書畫辭賦，才之小者，匡國理政，未有其能。陛下即位之初，先涉經術，聽政餘日，觀省篇章，聊以遊意，當代博弈，非以教化取士之本。而諸生競利，作者鼎沸。其高者頗引經訓風喻之言；下則連偶俗語，有類俳優；或竊成文，虛冒名氏。臣每受詔於盛化門，差次錄第，其未及者，亦復隨輩皆見拜擢。既加之恩，難復收改，但守奉祿，於義已弘，不可復使理人及仕州郡。昔孝宣會諸儒於石渠，章帝集學士於白虎，通經釋義，其事優大，文、武之道，所宜從之。若乃小能小善，雖有可觀，孔子以為「致遠則泥」，君子故當志其大者。

六事：墨綬長吏，職典理人，皆當以惠利為績，日月為勞。褒責之科，所宜分明。而今在任無復能省，及其還者，多召拜議郎、郎中。若器用優美，不宜處之冗散。如有釁故，自當極其刑誅。豈有伏罪懼考，反求遷轉，更相放效，臧否無章？先帝舊典，未嘗有此。可皆斷絕，以覈真偽。

七事：伏見前一切以宣陵孝子為太子舍人。臣聞孝文皇帝制喪服三十六

日，雖繼體之君，父子至親，公卿列臣，受恩之重，皆屈情從制，不敢踰越。今虛偽小人，本非骨肉，既無幸私之恩，又無祿仕之實，惻隱思慕，情何緣生？而群聚山陵，假名稱孝，行不隱心，義無所依，至有姦軌之人，通容其中。桓思皇后祖載之時，東郡有盜人妻者亡在孝中，本縣追捕，乃伏其辜。虛偽雜穢，難得勝言。又前至得拜，後輩被遺；或經年陵次，以暫歸見漏；或以人自代，亦蒙寵榮。爭訟怨恨，凶凶道路。太子官屬，宜搜選令德，豈有但取丘墓凶醜之人？其為不祥，莫與大焉。宜遣歸田里，以明許偽。

書奏，帝乃親迎氣北郊，及行辟雍之禮。又詔宣陵孝子為舍人者，悉改為丞尉焉。光和元年，遂置鴻都門學，畫孔子及七十二弟子像。其諸生皆勑州郡三公舉用辟召，或出為刺史、太守，入為尚書、侍中，乃有封侯賜爵者，士君子皆恥與為列焉。

時妖異數見，人相驚擾。其年七月，詔召邕與光祿大夫楊賜、諫議大夫馬日磾、議郎張華、太史令單颺詣金商門，引入崇德殿，使中常侍曹節、王甫就問災異及消改變故所宜施行。邕悉心以對，事在《五行》《天文志》。

又特詔問曰：「比災變互生，未知厥咎，朝廷焦心，載懷恐懼。每訪群公卿士，庶聞忠言，而各存括囊，莫肯盡心。以邕經學深奧，故密特稽問，宜披露失得，指陳政要，勿有依違，自生疑諱。具對經術，以皁囊封上。」邕對曰：

臣伏惟陛下聖德允明，深悼災咎，褒臣末學，特垂訪及，非臣螻蟻所能堪副。斯誠輸寫肝膽出命之秋，豈可以顧患避害，使陛下不聞至戒哉！臣伏思諸異，皆亡國之怪也。天於大漢，殷勤不已，故屢出祅變，以當譴責，欲令人君感悟，改危即安。今災眚之發，不於它所，遠則門垣，近在寺署，其為監戒，可謂至切。蜺墮雞化，皆婦人干政之所致也。前者乳母趙嬈，貴重天下，生則貲藏侔於天府，死則丘墓踰於園陵，兩子受封，兄弟典郡；續以永樂門史霍玉，依阻城社，又為姦邪。今者道路紛紛，復云有程大人者，察其風聲，將為國患。宜高為堤防，明設禁令，深惟趙、霍，以為至戒。今聖意勤勤，思明邪正。而聞太尉張顥，為玉所進；光祿勳姓璋，有名貪濁；又長水校尉趙玹、屯騎校尉蓋升，並叨時幸，榮富優足。宜念小人在位之咎，退思引身避賢之福。伏見廷尉郭禧，純厚老成；光祿大夫橋玄，聰達方直；故太尉劉寵，忠實守正：並宜為謀主，數見訪問。夫宰相大臣，君之四體，委任責成，優劣已分，不宜聽納小吏，雕琢大臣也。又尚方工技之作，鴻都篇賦之文，可且消息，以示惟憂。《詩》云：「畏天之怒，不敢戲豫。」天戒誠不可戲也。宰府孝廉，士之高選。

近者以辟召不慎，切責三公，而今並以小文超取選舉，開請託之門，違明王之典，眾心不厭，莫之敢言。臣願陛下忍而絕之，思惟萬機，以答天望。聖朝既自約厲，左右近臣亦宜從化。人自抑損，以塞咎戒，則天道虧滿，鬼神福謙矣。臣以愚贛，感激忘身，敢觸忌諱，手書具對。夫君臣不密，上有漏言之戒，下有失身之禍。願寢臣表，無使盡忠之吏，受怨奸仇。

章奏，帝覽而歎息，因起更衣，曹節於後竊視之，悉宣語左右，事遂漏露。其為邕所裁黜者，皆側目思報。

初，邕與司徒劉郃素不相平，叔父衛尉質又與將作大匠陽球有隙。球即中常侍程璜女夫也，璜遂使人飛章言邕、質數以私事請託於郃，郃不聽，邕含隱切，志欲相中。於是詔下尚書，召邕詰狀。邕上書自陳曰：

臣被召，問以大鴻臚劉郃前為濟陰太守，臣屬吏張宛長休百日，郃為司隸，又託河內郡吏李奇為州書佐，及營護故河南尹羊陟、侍御史胡母班，郃不為用致怨之狀。臣征營怖悸，肝膽塗地，不知死命所在。竊自尋案，實屬宛、奇，不及陟、班。凡休假小吏，非結恨之本。與陟姻家，豈敢申助私黨？如臣父子欲相傷陷，當明言臺閣，具陳恨狀所緣。內無寸事，而謗書外發，宜以臣對與郃參驗。臣得以學問特蒙褒異，執事秘館，操管御前，姓名貌狀，微簡聖心。今年七月，召詣金商門，問以災異，齎詔申旨，誘臣使言。臣實愚贛，唯識忠盡，出命忘軀，不顧後害，遂譏刺公卿，內及寵臣。實欲以上對聖問，救消災異，規為陛下建康寧之計。陛下不念忠臣直言，宜加掩蔽，誹謗卒至，便用疑怪。盡心之吏，豈得容哉？詔書每下，百官各上封事，欲以改政思譴，除凶致吉，而言者不蒙延納之福，旋被陷破之禍。今皆杜口結舌，以臣為戒，誰敢為陛下盡忠孝乎？臣季父質，連見拔擢，位在上列。臣被蒙恩渥，數見訪逮。言事者因此欲陷臣父子，破臣門戶，非復發糾奸伏，補益國家者也。臣年四十有六，孤特一身，得託名忠臣，死有餘榮，恐陛下於此不復聞至言矣。臣之愚冗，職當咎患，但前者所對，質不及聞，而衰老白首，橫見引逮，隨臣摧没，并入坑埳，誠冤誠痛。臣一入牢獄，當為楚毒所迫，趣以飲章，辭情何緣復聞？死期垂至，冒昧自陳。願身當辜戮，勾質不并坐，則身死之日，更生之年也。惟陛下加餐，為萬姓自愛。

於是下邕、質於洛陽獄，劾以仇怨奉公，議害大臣，大不敬，棄市。事奏，中常侍呂強愍邕無罪，請之，帝亦更思其章，有詔減死一等，與家屬髠鉗徙朔方，不得以赦令除。陽球使客追路刺邕，客感其義，皆莫為用。球又略其部主

使加毒害，所賂者反以其情戒邕，故每得免焉。居五原安陽縣。

邕前在東觀，與盧植、韓說等撰補《後漢記》，會遭事流離，不及得成，因上書自陳，奏其所著十意，分別首目，連置章左。帝嘉其才高，會明年大赦，乃宥邕還本郡。邕自徙及歸，凡九月焉。將就還路，五原太守王智餞之。酒酣，智起舞屬邕，邕不為報。智者，中常侍王甫弟也，素貴驕，慚於賓客，詬邕曰：「徒敢輕我！」邕拂衣而去。智銜之，密告邕怨於囚放，謗訕朝廷。內寵惡之。邕慮卒不免，乃亡命江海，遠跡吳會。往來依太山羊氏，積十二年，在吳。

吳人有燒桐以爨者，邕聞火烈之聲，知其良木，因請而裁為琴，果有美音，而其尾猶焦，故時人名曰「焦尾琴」焉。初，邕在陳留也，其鄰人有以酒食召邕者，比往而酒以酣焉。客有彈琴於屏，邕至門試潛聽之，曰：「憘！以樂召我而有殺心，何也？」遂反。將命者告主人曰：「蔡君向來，至門而去。」邕素為邦鄉所宗，主人遽自追而問其故，邕具以告，莫不憮然。彈琴者曰：「我向鼓弦，見螳蜋方向鳴蟬，蟬將去而未飛，螳蜋為之一前一卻。吾心聳然，惟恐螳蜋之失之也。此豈為殺心而形於聲者乎？」邕莞然而笑曰：「此足以當之矣。」

中平六年，靈帝崩，董卓為司空，聞邕名高，辟之。稱疾不就。卓大怒，詈曰：「我力能族人，蔡邕遂偃蹇者，不旋踵矣。」又切敕州郡舉邕詣府，邕不得已，到，署祭酒，甚見敬重。舉高第，補侍御史，又轉持書御史，遷尚書。三日之閒，周歷三臺。遷巴郡太守，復留為侍中。

初平元年，拜左中郎將，從獻帝遷都長安，封高陽鄉侯。

董卓賓客部典議欲尊卓比太公，稱尚父。卓謀之於邕，邕曰：「太公輔周，受命翦商，故特為其號。今明公威德，誠為巍巍，然比之尚父，愚意以為未可。宜須關東平定，車駕還反舊京，然後議之。」卓從其言。

二年六月，地震，卓以問邕。邕對曰：「地動者，陰盛侵陽，臣下踰制之所致也。前春郊天，公奉引車駕，乘金華青蓋，爪畫兩轓，遠近以為非宜。」卓於是改乘皂蓋車。

卓重邕才學，厚相遇待，每集讌，輒令邕鼓琴贊事，邕亦每存匡益。然卓多自佷用，邕恨其言少從，謂從弟谷曰：「董公性剛而遂非，終難濟也，吾欲東奔兗州，若道遠難達，且遯逃山東以待之，何如？」谷曰：「君狀異恒人，每行觀者盈集。以此自匿，不亦難乎？」邕乃止。

及卓被誅，邕在司徒王允坐，殊不意言之而歎，有動於色。允勃然叱之曰：

「董卓國之大賊，幾傾漢室。君為王臣，所宜同忿，而懷其私遇，以忘大節！今天誅有罪，而反相傷痛，豈不共為逆哉？」即收付廷尉治罪。邕陳辭謝，乞黥首刖足，繼成漢史。士大夫多矜救之，不能得。太尉馬日磾馳往謂允曰：「伯喈曠世逸才，多識漢事，當續成後史，為一代大典。且忠孝素著，而所坐無名，誅之無乃失人望乎？」允曰：「昔武帝不殺司馬遷，使作謗書，流於後世。方今國祚中衰，神器不固，不可令佞臣執筆在幼主左右。既無益聖德，復使吾黨蒙其訕議。」日磾退而告人曰：「王公其不長世乎？善人，國之紀也；制作，國之典也。滅紀廢典，其能久乎！」邕遂死獄中。允悔，欲止而不及。時年六十一。搢紳諸儒莫不流涕。北海鄭玄聞而歎曰：「漢世之事，誰與正之！」兗州、陳留閒皆畫像而頌焉。

其撰集漢事，未見錄以繼後史。適作《靈紀》及十意，又補諸列傳四十二篇，因李傕之亂，湮沒多不存。所著詩、賦、碑、誄、銘、贊、連珠、箴、弔、論議、《獨斷》《勸學》《釋誨》《敘樂》《女訓》《篆埶》、祝文、章表、書記，凡百四篇，傳於世。

論曰：意氣之感，士所不能忘也。流極之運，有生所共深悲也。當伯喈抱鉗扭，徙幽裔，仰日月而不見照燭，臨風塵而不得經過，其意豈及語平日倖全人哉！及解刑衣，竄歐越，潛舟江壑，不知其遠，捷步深林，尚苦不密，但願北首舊丘，歸骸先壟，又可得乎？董卓一旦入朝，辟書先下，分明枉結，信宿三遷。匡導既申，狂僭屢革，資《同人》之先號，得北叟之後福。屬其慶者，夫豈無懷？君子斷刑，尚或為之不舉，況國憲倉卒，慮不先圖，矜情變容，而罰同邪黨？執政乃追怨子長謗書流後，放此為戮，未或聞之典刑。

贊曰：季長戚氏，才通情侈。苑囿典文，流悅音伎。邕實慕靜，心精辭綺。斥言金商，南徂北徙，籍梁懷董，名澆身毀。

主要參考文獻

1. 〔清〕永瑢、紀昀等：《文淵閣四庫全書》，上海古籍出版社 1987 年版。

2. 《續修四庫全書》編委會：《續修四庫全書》，上海古籍出版社 2003 年版。

3. 〔清〕阮元校勘：《十三經注疏》，上海古籍出版社 1997 年版。

4. 《諸子集成》，上海書店 1986 年版。

5. 《諸子百家叢書：風俗通義·獨斷·人物志》，上海古籍出版社 1990 年版。

6. 〔漢〕宋衷注，秦嘉謨等輯：《世本八種》，中華書局 2008 年版。

7. 〔清〕黃以周撰，王文錦點校：《禮書通故》，中華書局 2007 年版。

8. 〔清〕嚴可均：《全上古三代秦漢三國六朝文》，中華書局 1958 年版。

9. 〔日〕安居香山，中村璋八輯：《緯書集成》，河北人民出版社 1993 年版。

10. 〔清〕馬國翰：《玉函山房輯佚書》，廣陵書社 2005 年版。

11. 〔清〕王仁俊：《玉函山房輯佚書續編三種》，上海古籍出版社 1989 年版。

12. 王雲五主編：《叢書集成初編》，中華書局 1985 年版。

13. 張元濟等編：《四部叢刊三編》，上海書店 1986 年版。

14. 〔漢〕蔡邕撰，曹元忠校：《獨斷》，光緒元年湖北崇文書局刻本。

15. 〔漢〕蔡邕撰，羅以智校：《獨斷》，光緒庚寅番禺陶氏愛廬覆刻《蔡中郎集》本。

16. 〔漢〕蔡邕撰，〔清〕盧文弨校：《獨斷》，民國十二年北京直隸書局影印本。

17. 〔漢〕蔡邕撰，張元濟校：《獨斷》，《四部叢刊三編》，上海書店 1985 年版。

18. 鄧安生：《蔡邕集編年校注》，河北教育出版社 2002 年版。

19. 高長山：《蔡邕評傳》，中華書局 2009 年版。

20. 〔清〕許瀚：《楊刻蔡中郎集校勘記》，齊魯書社 1985 年版。

21. 〔清〕高均儒編：《蔡中郎年表》，光緒七年陸心源十萬卷樓重刻《蔡中郎集》本。

22. 〔清〕王昶：《蔡中郎年表》，咸豐二年聊城楊氏海源閣刻《蔡中郎集》本。

23. 〔清〕王闓運：《尚書大傳補注》，《叢書集成初編》，中華書局 1991 年版。

24. 〔漢〕劉熙撰，〔清〕畢沅疏證，〔清〕王先謙補，祝敏徹，孫玉文點校：《釋名疏證補》，中華書局 2008 年版。

25. 〔唐〕劉知幾撰，〔清〕浦起龍通釋，王煦華整理：《史通通釋》，上海古籍出版社 2009 年版。

26. 〔宋〕蘇洵撰：《謚法》，臺灣商務印書館影印《文淵閣四庫全書》646 冊，臺灣商務印書館 1983 年版。

27. 〔元〕馬端臨：《文獻通考》，中華書局 1986 年版。

28. 〔清〕黎庶昌輯：《日本國見在書目》（影舊鈔本），《古逸叢書》，廣陵古籍刻印社影印 1990 年版。

29. 〔清〕沈德壽：《抱經樓藏書志》，中華書局 1990 年版。

30. 〔清〕陸心源：《皕宋樓藏書志》，中華書局 1990 年版。

31. 〔清〕黃丕烈撰：《蕘圃藏書題識》，中華書局 1993 年版。

32. 〔清〕瞿鏞編纂，瞿果行標點，瞿鳳起複校：《鐵琴銅劍樓藏書目錄》，上海古籍出版社 2000 年版。

33. 〔清〕梁章鉅，鄭珍撰，馮惠民，李肇翔，楊夢東點校：《稱謂錄·親屬記》，中華書局 1996 年版。

34. 〔清〕顧炎武撰，黃汝成集釋，欒保群，呂宗力點校：《日知錄集釋》，上海古籍出版社 2006 年版。

35. 〔清〕永瑢等：《四庫全書總目》，中華書局 1965 年版。

36. 孫啟治，陳建華編撰：《中國古佚書輯本目錄解題》，上海古籍出版社 2009 年版。

37. 〔明〕胡應麟：《四部正訛》，太平書局 1963 年版。

38. 〔清〕孫星衍等輯，周天有點校：《漢官六種》，中華書局 1990 年版。

39. 〔宋〕朱熹：《四書章句集注》，中華書局 1983 年版。

40. 〔隋〕虞世南：《北堂書鈔》，天津古籍出版社 1988 年版。

41. 〔唐〕歐陽詢著，汪紹楹校：《藝文類聚》，上海古籍出版社 1999 年版。

42. 〔唐〕杜佑：《通典》，中華書局 1984 年版。

43. 〔唐〕李林甫等撰，陳仲夫點校：《唐六典》，中華書局 1992 年版。

44. 〔宋〕李昉等：《太平御覽》，中華書局 1960 年版。

45. 〔宋〕王欽若等：《冊府元龜》，中華書局 1960 年版。

46. 〔宋〕王應麟：《玉海》，江蘇古籍出版社 1987 年版。

47. 〔唐〕徐堅等：《初學記》，中華書局 1962 年版。

48. 〔清〕張英，王士禎：《御定淵鑒類函》，臺灣商務印書館 1986 年版。

49. 楊伯峻：《春秋左傳注》，中華書局 1990 年版。

50. 黃懷信，張懋鎔，田旭東：《逸周書彙校集注》，上海古籍出版社 2007 年版。

51. 〔春秋〕左丘明著，〔三國〕韋昭注：《國語》，上海古籍出版社 1988 年版。

52. 〔晉〕郭璞注：《山海經》，上海古籍出版社 1989 年版。

53. 黎翔鳳撰，梁運華整理：《管子校注》，中華書局 2004 年版。

54. 何建章注釋：《戰國策注釋》，中華書局 1990 年版。

55. 〔清〕王聘珍：《大戴禮記解詁》，中華書局 1983 年版。

56. 湯炳正，李大明，李誠等注：《楚辭今注》，上海古籍出版社 1996 年版。

57. 〔漢〕劉安撰，何寧集釋：《淮南子集釋》，中華書局 1998 年版。

58. 〔漢〕揚雄撰，汪榮寶注：《法言義疏》，中華書局 1987 年版。

59. 〔漢〕班固撰，陳立疏證：《白虎通疏證》，中華書局 1994 年版。

60. 〔明〕胡應麟：《少室山房筆叢》，中華書局 1958 年版。

61. 〔漢〕王充撰，黃暉校釋：《論衡校釋》，中華書局 1990 年版。

62. 〔漢〕應劭撰，王利器校注：《風俗通義校注》，中華書局 1981 年版。

63. 〔晉〕葛洪撰，楊明照校箋：《抱朴子外篇校箋》，中華書局 1991 年版。

64. 〔梁〕劉勰撰，黃叔琳注，李詳補注，楊明照校注拾遺：《文心雕龍校注》，中華書局 2000 年版。

65. 〔梁〕蕭統撰，李善注：《文選》，上海古籍出版社 1986 年版。

66. 〔唐〕釋道世撰，周叔迦，蘇晉仁校注：《法苑珠林校注》，中華書局 2003 年版。

67. 楊向奎：《中國古代社會與古代思想研究》（上冊），上海人民出版社 1962 年版。

68. 〔宋〕晁公武撰，孫猛校證：《郡齋讀書志校證》，中華書局 1990 年版。

69. 〔宋〕陳振孫撰：《直齋書錄解題》，中華書局 1987 年版。

70. 〔元〕馬端臨：《文獻通考》，中華書局 1986 年版。

71. 〔清〕段玉裁：《說文解字注》，浙江古籍出版社 1998 年版。

72. 〔漢〕司馬遷撰，〔南朝宋〕裴駰集解，〔唐〕司馬貞索隱，〔唐〕張守節正義：《史記》，中華書局 1959 年版。

73. 〔漢〕班固撰，顏師古注：《漢書》，中華書局 1962 年版。

74. 〔南朝宋〕范曄撰，〔唐〕李賢等注：《後漢書》，中華書局 1965 年版。

75. 〔漢〕劉珍等撰，吳樹平校注：《東觀漢記校注》，中華書局 2008 年版。

76. 周天游：《八家後漢書輯注》，上海古籍出版社 1986 年版。

77. 〔清〕王先謙撰：《後漢書集解》，中華書局 1984 年版。

78. 〔漢〕荀悅，〔晉〕袁宏撰，張烈點校：《兩漢紀》，中華書局 2002 年版。

79. 〔晉〕陳壽撰，〔南朝宋〕裴松之注：《三國志》，中華書局 1982 年版。

80. 〔清〕錢儀吉：《三國會要》，上海古籍出版社 2006 年版。

81. 〔唐〕房玄齡：《晉書》，中華書局 1974 年版。

82. 〔梁〕沈約：《宋書》，中華書局 1974 年版。

83. 〔唐〕李延壽：《南史》，中華書局 1975 年版。

84. 〔唐〕李延壽：《北史》，中華書局 1974 年版。

85. 〔梁〕蕭子顯：《南齊書》，中華書局 1972 年版。

86. 〔唐〕姚思廉：《梁書》，中華書局 1973 年版。

87. 〔唐〕姚思廉：《陳書》，中華書局 1972 年版。

88. 〔北齊〕魏收：《魏書》，中華書局 1974 年版。

89. 〔唐〕李百藥：《北齊書》，中華書局 1972 年版。

90. 〔唐〕令狐德棻等：《周書》，中華書局 1971 年版。

91. 〔唐〕魏徵：《隋書》，中華書局 1973 年版。

92. 〔後晉〕劉昫等：《舊唐書》，中華書局 1975 年版。

93. 〔宋〕歐陽修，宋祁等：《新唐書》，中華書局 1975 年版。

94. 〔元〕脫脫等：《宋史》，中華書局 1977 年版。

95. 〔宋〕司馬光撰，胡三省注：《資治通鑑》，中華書局 1962 年版。

96. 〔清〕章學誠撰，葉瑛校注:《文史通義校注》，中華書局 1994 年版。

97. 〔清〕趙翼撰，王樹民校證:《廿二史劄記》，中華書局 1984 年版。

98. 二十五史刊行委員會:《二十五史補編》，中華書局 1955 年版。

99. 金景芳:《中國奴隸社會史》，上海人民出版社 1983 年版。

100. 王玉哲:《中華遠古史》，上海人民出版社 2003 年版。

101. 胡厚宣，胡振宇:《殷商史》，上海人民出版社 2003 年版。

102. 楊寬:《西周史》，上海人民出版社 2003 年版。

103. 顧德融，朱順龍:《春秋史》，上海人民出版社 2003 年版。

104. 楊寬:《戰國史》，上海人民出版社 2003 年版。

105. 呂思勉:《秦漢史》，上海開明書店印行 1947 年版。

106. 林劍鳴，周天游，黃留珠，余華青等:《秦漢社會文明》，西北大學出版社 1985 年版。

107. 顧頡剛:《漢代學術史略》，人民出版社 2008 年版。

108. 吳樹平:《秦漢文獻研究》，齊魯書社 1988 年版。

109. 汪桂海:《漢代官文書制度》，廣西教育出版社 1999 年版。

110. 黃留珠:《周秦漢唐文明》，陝西人民出版社 1999 年版。

111. 楊光輝:《漢唐封爵制度》，學苑出版社 1999 年版。

112. 袁庭棟:《古人稱謂》，山東畫報出版社 2007 年版。

113. 王暉，賈俊俠:《先秦秦漢史料學》，中國社會科學出版社 2007 年版。

114. 郭善兵:《中國古代帝王宗廟禮制研究》，人民出版社 2007 年版。

115. 〔明〕吳納撰，于北山點校:《文章辨體序說》，人民文學出版社 1998 年版。

116. 〔明〕徐師曾撰，羅根澤點校:《文體明辨序說》，人民文學出版社 1998 年版。

117. 林海村，李均明編:《疏勒河流域出土漢簡》，北京文物出版社 1984 年版。

118. 謝桂華，李均明，朱國炤等著:《居延漢簡釋文合校》，文物出版社 1987 年版。

119. 衛廣來:《漢魏皇權嬗代》，書海出版社 2002 年版。

120. 甘肅文物考古研究所編:《居延新簡釋粹》，蘭州大學出版社 1988 年版。

121. 甘肅文物考古研究所編:《敦煌漢簡》，中華書局 1991 年版。

122. 甘肅省文物考古所，甘肅省博物館，中國文物研究所，中國社會科學院歷史研究所等編:《居延新簡》，中華書局 1994 年版。

123. 中國畫像石編輯委員會編：《中國畫像石全集》，山東美術出版社 2000 年版。

124. 中國社會科學院考古研究所編：《西漢禮制建築遺址》，文物出版社 2003 年版。

125. 徐玉立主編：《漢碑全集》，河南美術出版社 2006 年版。

126. 李均明：《秦漢簡牘文書分類輯解》，文物出版社 2009 年版。

127.〔日〕大庭脩撰，林劍鳴等譯：《秦漢法制史研究》，上海人民出版社 1991 年版。

128.〔日〕福井重雅：《譯注西京雜記‧獨斷》，（東京）東方書店 2000 年版。

129.〔美〕巫鴻著，柳楊，岑河譯：《武梁祠：中國古代畫像藝術的思想性》，生活‧讀書‧新知三聯書店 2006 年版。